普通高等教育文化产业管理专业系列教材

主 编 赵尔奎
副主编 于亚娟 张黎敏

文化资源学(第二版)

西安交通大学出版社
XI'AN JIAOTONG UNIVERSITY PRESS

内容简介

本书对文化资源属性、文化资源开发、文化资源保护和管理的理论和现实问题进行研究和梳理,构建了文化资源学的学科理论框架,包括文化资源的概念、类型、价值属性、表现形态等基础理论部分,并基于文化资源开发与保护的要求,对文化资源调查、文化资源评估做了介绍。同时,本书以"创造性的转化、创新性的发展"的思想为指导,结合国内外实际案例,重点介绍了历史文化资源开发、智能文化资源开发、文化资源数字化的基本路径和相关策略,构建了文化遗产保护和文化资源管理理论体系。

本书适用于普通高等院校文化产业管理专业的本科生和研究生,对文化产业的从业人员也有较大的借鉴和指导意义。

图书在版编目(CIP)数据

文化资源学 / 赵尔奎主编. -- 2版. -- 西安:西安交通大学出版社,2024.6
. --(普通高等教育文化产业管理专业系列教材). -- ISBN 978-7-5693-3835-5
Ⅰ. G114
中国国家版本馆 CIP 数据核字第 20246X0770 号

书　　名	文化资源学(第二版)
	WENHUA ZIYUANXUE(DI-ER BAN)
主　　编	赵尔奎
责任编辑	王建洪
责任校对	史菲菲
装帧设计	任加盟
出版发行	西安交通大学出版社
	(西安市兴庆南路1号　邮政编码 710048)
网　　址	http://www.xjtupress.com
电　　话	(029)82668357　82667874(市场营销中心)
	(029)82668315(总编办)
传　　真	(029)82668280
印　　刷	西安明瑞印务有限公司
开　　本	787mm×1092mm　1/16　印张 15.5　字数 392千字
版次印次	2016年4月第1版　2024年6月第2版　2024年6月第1次印刷(累计第6次印刷)
书　　号	ISBN 978-7-5693-3835-5
定　　价	46.80元

如发现印装质量问题,请与本社市场营销中心联系。
订购热线:(029)82665248　(029)82667874
投稿热线:(029)82665379　QQ:793619240
读者信箱:793619240@qq.com

版权所有　侵权必究

第二版序

自《文化资源学》第一版出版以来,已经有8年时间,其间,我国文化产业快速发展,文化及相关产业增加值已经从2016年30785亿元增加至2022年53782亿元,占国内生产总值(GDP)的比重由4.12%增加到4.46%。随着国家文化数字化战略的深入实施,以数字化、网络化、智能化为主要特征的文化新业态快速发展,成为推动我国文化产业高质量发展的重要支撑。党的二十大报告提出,激发全民族文化创新创造活力,增强实现中华民族伟大复兴的精神力量。对中华优秀传统文化,我们应坚持创造性转化、创新性发展,积极运用大数据、人工智能等手段,及时捕捉公众文化消费的心理、习惯,推动文化产品不断推陈出新,探索文化产品"个性化+批量化"智能创作生产模式,提高文化产品市场竞争力,扩大文化产品市场规模。

2019年4月29日,教育部、中央政法委、科技部等13个部门在天津联合启动"六卓越一拔尖"计划2.0,全面推进新工科、新医科、新农科、新文科建设,旨在切实提高高校服务经济社会发展的能力。文化产业管理专业是一个实践性很强的专业,推进新文科建设迫在眉睫。随着文化强国战略目标的提出,我国文化资源开发的力度得到进一步加强,文化资源开发理念、开发模式、保护与管理方式发生了较大改变,文化资源开发与管理活动更趋向于实践,文物和文化遗产保护传承利用新路在数字化的背景下得到进一步的拓展。新版《文化资源学》以"创造性的转化、创新性的发展"的思想为指导,以实践性为特色,重点体现新文科建设要求,强调文化学、管理学、经济学等学科交叉融合。

希望此次对教材内容和形式的更新,能够及时反映文化资源开发、管理、保护的最新理论和实践,能够更好地满足文化资源学教学的新需求。本次修订内容说明如下:

第一,重新调整了教材的内容体系,对相关章节内容进行了重新整合。第一章修订了文化资源分类的标准,删减了文化资本相关内容,增加了文化资源学学科发展的内容;第三章对文字内容进行了调整,删减了原第五节内容;对原第四章进行了拆分,改为两章内容,充实了文化资源调查与评估的内容;修订了文化资源开发的内容,对第一版第六、七、八、九章的内容进行新的整合,原第六章文化资源整合方面的内容也融入了第二版的第六章;原第八章拆分为两章内容,分为历史文化资源开发和智能文化资源开发,并增加了文化资源数字化一章;第十章对历史文化资源保护内容进行了重新整合,将原第三章文化遗产并入此章,进一步扩充了文化遗产保护的范围;第十一章文化资源管理与配置将原第七章文化资源配置的内容并入,并对相关内容重新做了修订。

第二,增加了文化资源数字化一章内容。2022年5月,中共中央办公厅、国务院办公厅联合印发《关于推进实施国家文化数字化战略的意见》。党的二十大报告再次强调,要实施国家文化数字化战略。文化数字化已经成为建设社会主义文化强国、实现文化高质量发展的战略选择。文化数字化在促进我国文化发展、提升我国文化产业国际竞争力、维护我国文化安全等方面,发挥着不可替代的重要作用。第九章对文化资源数字化的实践内容进行了详细介绍,重点体现了学科新文科的特征。

第三，丰富了章节案例。基于近些年文化资源开发与保护的实践，补充了一些新的案例，例如欢乐春节、长恨歌、长安十二时辰、赛事经济、苏州文化遗产保护等，同时在部分章节内容中增加了课堂案例和拓展阅读的内容，使教材的可读性进一步增强。

第四，增加了本章小结，更新了文化资源开发相关数据，丰富了文化资源学课程的相关资料，并且对章节学习目标和课后思考与练习题进行了更新。

本次修订是国内一些学校文化产业管理专业教师和相关行业专家共同合作的结晶，由赵尔奎、于亚娟、张黎敏主持编写，内蒙古财经大学于亚娟编写了第二章，山西财经大学张黎敏、焦敬华编写了第六章，陕西学前师范学院熊艳、刘迎辉编写了第七章，西安交通大学出版社祝翠华编写了第八章、第九章，其余章节由西安建筑科技大学赵尔奎负责编写。本书修订过程中，还得到了国内多所高校文化产业管理专业老师的反馈和建议，同时，也从近几年出版的《文化资源学》等相关图书中得到了一些启发，在修订中进行了吸收借鉴。本书出版也得到了西安建筑科技大学"十四五"规划教材基金的资助，在此一并表示衷心感谢！

为了方便教学，我们在超星慕课平台建立了网络课程，提供了配套课程视频、电子课件、练习思考题、拓展素材、教学案例等内容，有需要的授课教师可以与编者或出版社联系。

最后，要感谢拿到这本书的所有读者，我们会认真对待大家对本书提出的批评和建议（请将反馈意见发至 zbt2003@xauat.edu.cn）。期待能够与各位同仁进一步深入交流学习，促使本教材不断完善。

编 者

2024 年 5 月

第一版序

　　文化产业管理作为一个本科专业,已经经历了十多年的探索和发展。在这段时间里,不管是文化产业的理论,还是面临的现实情况,乃至于文化产业本身都发生了巨大的变化。在这样的发展中,文化产业管理的理论和实践,都为自己的丰富和完善积累了宝贵经验,它的内涵、外延以及学科构架,在众多研究者和实践者的努力下都逐渐清晰起来。这种理论和现实经验的积累,对于文化产业今后的发展而言,无疑是一笔宝贵的财富。

　　但是,十多年的时间,并不足以让一个新兴学科真正成熟起来,与哲学、文学、历史学这些拥有悠久传统的学科比起来,文化产业管理学科的研究还没有形成一个完整的、经典的理论范式,最主要的表现就是,国内高校文化产业管理课程设置还各具特色,还没有形成系统的课程体系。

　　文化产业管理是为适应国家文化产业快速发展而设立的专业,以培养具有宽阔的文化视野和现代产业理念及经营技能的复合型文化管理人才为目标。作为一个有着明显现实指向的专业,文化产业管理的学科设置应当也必须考虑它的产生背景和最终归属地——市场。

　　基于现实的需要,文化产业管理专业在学科设置上可以分为文化产业概论、文化资源学、文化政策学、文化策划学、文化经济学、文化项目管理、文化产业管理和文化研究等几个方面。在专业建设过程中,开办文化产业管理专业的院校根据自身的特色,也设置了其他专业课程。文化资源学是一门随着文化产业繁荣发展而衍生出来的交叉应用型学科。目前,国内开设文化产业管理专业的院校几乎都开设了"文化资源学"课程,然而其学科理论建设仍然不足,如没有形成一套经典教材,研究对象模糊,方法论欠缺等。

　　"文化资源学"是文化产业管理专业的基础课程,从某种程度上讲,文化产业的形成与发展,都必须建立在对文化资源的开发和利用之上,因此,文化产业的研究者、学习者和从业人员,最先需要了解的就是文化资源。就目前的学术界而言,《文化产业管理概论》之类的教科书多达几十本,虽然也出现了几本《文化资源学》的教材,但大多内容为区域性的文化资源学,主要覆盖历史文化资源开发、文化旅游、文化资本等内容,并没有形成较为完整的内容体系和成熟的学科范式。

　　2004年,教育部批准在山东大学、中国传媒大学、中国海洋大学、云南大学四所高校中开设文化产业管理本科专业,学制四年,毕业后授予管理学学士学位。随后,众多高校纷纷开设文化产业管理专业。西安建筑科技大学于2010年开设了文化产业管理专业,专业开办之初,学院就将其作为重点专业进行打造,加大对专业建设的投入,要求相关代课老师结合学校、学院专业的特色,编写专业教材。文化资源学作为一门新的学科,还没有形成固定的学科范式和研究内容,且在现有的教材中,也是各有其侧重。本教材以市场需求为导向,确立了11章内容:第一章对文化与文化资源进行了阐述,第二至四章对文化资源属性、价值与文化资源的形态以及文化遗产等做了详细的分析与描述,第五章为文化资源的调查与评估,第六至九章重点阐述了文化资源开发的方法与手段,并对文化资源营销的方法进行了分析,第十章对历史文化资源的保护问题进行了探讨,第十一章探讨了文化资源管理的机制以及管理的方法。对于文化资源学而言,应首先阐明文化及文化资源的内涵、构成、分类、范围、特征和作用,还应系统地论述其在文化产业中的基础作用,以及它在市场化开发中所面临的问题和机遇。学习文化资源学的目的在于文化资源的保护与开发,因而,文化资源学把重点放在文化资源的保护和开发上面,并梳理文化资源的管理机制,透析文化资本在文化市场中对文化资源进行整合与产业化的具体途径。最后,文化资源学还应当能够阐述文化资源管理方法,并对这些方法做出客观的评价。在这个过程中,文化资源学还应兼顾文化资源的文化属性对当代文化形成和发展的特殊影响。

编写一本教材,看似容易,实则很难。本教材从开始筹划,到最终形成一个完整的框架,修修改改历经五年多的时间。文化资源学涉及内容极广,我们所能做的主要还是借鉴学习,在此,对已经在文化资源学研究方面作出贡献的专家学者表示深深的谢意。

本书是在我承担该门课程本科和研究生五年教学工作的基础上编写的。在过去的五年,上过此门课程的学生为我们的思考和写作作出了重要贡献,在此深表感谢!直接参与本书编写的是西安建筑科技大学赵尔奎和杨朔两位老师,其中,杨朔负责本书的第三、十、十一章和课后案例的撰写,其余内容由赵尔奎撰写。同时,在成书的过程中,西安建筑科技大学管理学院的詹绍文教授提出了很多建议,在此对他表示感谢。同时,西安建筑科技大学文化产业管理专业的研究生闫亚茹、胡梦丹、付伟参与了本书的校核工作。另外,还要感谢西安建筑科技大学出版基金给予的资助。

赵尔奎

2015 年 11 月 15 日

目 录

第一章 文化资源概述 (1)
- 第一节 文化概述 (1)
- 第二节 文化资源概述 (10)
- 第三节 文化资源学学科发展 (16)
- 本章小结 (20)
- 思考与练习题 (21)

第二章 文化资源要素及价值 (23)
- 第一节 文化资源的要素 (23)
- 第二节 文化资源的价值属性 (26)
- 本章小结 (31)
- 思考与练习题 (31)

第三章 文化资源的表现形态 (34)
- 第一节 文献形态的文化资源 (34)
- 第二节 造型艺术形态的文化资源 (40)
- 第三节 表演形态的文化资源 (44)
- 第四节 节庆活动形态的文化资源 (51)
- 本章小结 (57)
- 思考与练习题 (57)

第四章 文化资源调查 (59)
- 第一节 文化资源调查概述 (59)
- 第二节 文化资源调查的实施 (60)
- 第三节 文化资源调查的方法 (65)
- 本章小结 (69)
- 思考与练习题 (69)

第五章 文化资源评估 (71)
- 第一节 文化资源评估概述 (71)
- 第二节 文化资源评估指标体系 (76)
- 第三节 文化资源评估方法 (81)

  本章小结 ………………………………………………………………………… (83)
  思考与练习题 ……………………………………………………………… (84)

第六章　文化资源开发概述 …………………………………………………… (88)
  第一节　文化资源开发概念、分类及原则 …………………………………… (88)
  第二节　文化资源开发的产品形态 …………………………………………… (92)
  第三节　文化资源开发模式 …………………………………………………… (97)
  第四节　文化资源市场营销 ………………………………………………… (106)
  本章小结 ……………………………………………………………………… (111)
  思考与练习题 ………………………………………………………………… (111)

第七章　历史文化资源开发 …………………………………………………… (115)
  第一节　历史文化资源概述 ………………………………………………… (115)
  第二节　历史文化资源开发策略 …………………………………………… (119)
  第三节　历史文化资源的旅游业开发 ……………………………………… (121)
  第四节　历史文化资源的艺术业开发 ……………………………………… (131)
  第五节　历史文化资源出版产业开发 ……………………………………… (136)
  本章小结 ……………………………………………………………………… (140)
  思考与练习题 ………………………………………………………………… (141)

第八章　智能文化资源开发 …………………………………………………… (144)
  第一节　智能文化资源的版权业开发 ……………………………………… (144)
  第二节　智能文化资源的创意业开发 ……………………………………… (152)
  本章小结 ……………………………………………………………………… (160)
  思考与练习题 ………………………………………………………………… (161)

第九章　文化资源数字化 ……………………………………………………… (164)
  第一节　数字文化资源与文化资源数字化 ………………………………… (164)
  第二节　文化资源数字化实践 ……………………………………………… (169)
  第三节　数字藏品 …………………………………………………………… (175)
  本章小结 ……………………………………………………………………… (181)
  思考与练习题 ………………………………………………………………… (181)

第十章　文化遗产保护与传承 ………………………………………………… (184)
  第一节　文化遗产的定义 …………………………………………………… (184)
  第二节　世界遗产 …………………………………………………………… (186)
  第三节　文化遗产保护 ……………………………………………………… (197)

第四节　我国文化遗产保护的发展 …………………………………………（202）
　　本章小结 …………………………………………………………………………（208）
　　思考与练习题 ……………………………………………………………………（208）

第十一章　文化资源管理与配置 ………………………………………………（214）
　　第一节　文化资源管理概述 ……………………………………………………（214）
　　第二节　文化资源管理政府规制 ………………………………………………（220）
　　第三节　文化资源配置概述 ……………………………………………………（224）
　　本章小结 …………………………………………………………………………（228）
　　思考与练习题 ……………………………………………………………………（229）

参考文献 …………………………………………………………………………………（232）

第一章 文化资源概述

 学习目标

1. 理解并掌握文化、文化资源的概念,区分文化与文明的异同;
2. 了解"文化"汉语与英语的词源;
3. 理解文化的构成要素、文化的特征、文化的基本功能;
4. 理解并掌握文化竞争力的概念;
5. 了解资源的概念,掌握文化资源的基本特征;
6. 掌握文化资源的分类方式;
6. 了解文化资源学科的发展状况;
7. 掌握文化资源学的学科属性。

文化是个体对自然世界认知的不同维度的体现,它涵盖了一个国家或地区的价值观、信仰、传统、艺术、历史、语言、文学、音乐、舞蹈、电影、美食等众多方面,这些方面共同构成了一个社会或群体的文化资源。文化资源是人类社会发展的重要组成部分,是经济发展的重要驱动力,可以为文化产业和其他相关行业提供丰富的素材和创意。

第一节 文化概述

文化,是人类最常用的词语之一,在一定意义上说,恐怕也是被使用得"最滥"的词语之一。据统计,"文化"的定义多达 200 个以上,许多事物后面都可以挂上个"文化",不分大小,不分虚实,都有文化,大到国家民族,小到吃喝拉撒;从中华文化、传统文化,到工业文化、农业文化,再到茶文化、酒文化,几乎整个世界都是文化。正因为如此,文化的内涵太宽泛、内容太庞杂、使用太广,致使文化的界定很不容易。所以,关于文化的界定是一个棘手的难题。

一、文化的词源与概念

(一)文化的词源

1. 英语文化的词源

"文化"在英语中是用单词"culture"来表示的,大约在 16 世纪中叶出现。它有两种来源说:一种说法是它来自中古法语的"culture",表示"耕田"(the tilling of land);另一种说法是它直接来自晚期拉丁语的"cultura",表示"一种耕作农业"(a cultivating agriculture)。17 世纪初期,随着"culture"由原先对土地和农田的"till"(开垦)和"cultivate"(耕种),向对土地和农田及其耕种物的"照顾"(tend)和"保护"(guard)方向意义的拓展,"文化"一词逐渐被引用和延伸到对人的培养的描写,即具有了"教化"(cultivation through education)的意义。1805年,其逐渐有了"文明程度智力方面的内容"(civilization of aspects of the intellect)。随着"culture"的意蕴进一步拓宽、抽象和概括,其被用来笼统地指称社会群体模式化的行为或行为组型(a patterned way of doing things)。1867年,该词演变为指代一个集体的习惯、行为方式以及民族的社会风气等,具有了集体智慧结晶的集中体现(collective customs and achievements of a people)的意思①。

2. 汉语文化的词源②

在中国,"文化"一词,古已有之。

"文"通"纹",系指各色交错的纹理,有文饰、文章之义。《周易·系辞下》载"其旨远,其辞文""物相杂,故曰文;文不当,故吉凶生焉",《礼记·乐记》称"五色成文而不乱",《说文解字》称"文,错画也。象交文。凡文之属皆从文",均指此义。在此基础上,"文"又有若干层引申义。其一,为包括语言文字内的各种象征符号,进而具体化为文物典籍、礼乐制度。《尚书·序》所载伏羲画八卦,造书契,"由是文籍生焉";《论语·子罕》所载孔子说"文王既没,文不在兹乎",是其实例。其二,由伦理之说导出彩画、装饰、人为修养之义,与"质""实"对称,所以《中论·务本》疏曰"经纬天地'曰文'",《论语·雍也》称"质胜文则野,文胜质则史。文质彬彬,然后君子"。其三,在前两层意义之上,更导出美、善、德行之义,这便是《礼记·乐记》所谓"礼减而进,以进为文",郑玄注"文犹美也,善也",《尚书·大禹谟》所谓"曰文命,敷于四海,祗承于帝"。

"化"通"匕",《说文解字》的解释是"匕,变也"。徐灏注曰:"匕化古今字。"是以《离骚》中有"伤灵修之数化"一句,王逸注曰:"化,变也。"《庄子·逍遥游》称:"化而为鸟,其名为鹏。"《周易·系辞上》道:"在天成象,在地成形,变化见矣。""变化者,进退之象也。""知变化之道者,其知神之所为乎。""是故,形而上者谓之道,形而下者谓之器。化而裁之谓之变。"《周易·系辞下》:"穷神知化,德之盛也。""天地氤氲,万物化醇。男女构精,万物化生。"《黄帝内经·五常政大论》:"化不可代,时不可违。"《礼记·中庸》:"可以赞天地之化育。"《周礼·春官宗伯》:"以礼乐合天地之化、百物之产。"归纳以上诸说,"化"指事物形态或性质的改变,并由此引申为教行迁善之义。

"文"与"化"并联使用,较早见之于战国末年儒生编辑的《周易·易经·贲》:"贲,亨;柔来而文刚,故亨。分刚上而文柔,故小利有攸往。天文也;文明以止,人文也。观乎天文,以察时变;观乎人文,以化成天下。"郑玄注曰:"贲,文饰也。""天文在下,地文在上,天地二文,相饰成贲者也。犹人君以刚柔仁义之道饰成其德也。""天文",日月往来交错文饰于天,亦即天道自然规律;"文明以止,人文也",与"天文"相对照的是"人文",指人伦社会规律,即社会生活中人与人之间纵横交织的关系,如君臣、父子、夫妇、兄弟、朋友,构成复杂网络,具有纹理表象。"观乎人文,以化成天下""以文教化"的思想已十分明确。由此可见,中国的"文化"概念在其萌芽阶段就已经包含了物质、制度和精神等不同层面的意蕴。西汉以后,"文"与"化"方合成一词,如"圣人之治天下也,先文德而后武功。凡武之兴为不服也。文化不改,然后加诛"(刘向《说

---

① 宋启军,鲁克园,刘绍忠."Culture"的词源学视野及其启示[J].柳州师专学报,2011,26(6):41-43.
② 张岱年,方克立.中国文化概论(修订版)[M].北京:北京师范大学出版社,2004.

苑·指武》），"设神理以景俗，敷文化以柔远"（王融《三月三日曲水诗序》），"文化内辑，武功外悠"（晋·束皙《补亡诗·由仪》）。这里的"文化"，或与天造地设的"自然"对举，或与无教化的"质朴""野蛮"对举。

可以看出，文化一词在汉语语境中，最先以一个政治道德概念出现，它指的是以非暴力的、非强制性的方式来实现人的社会化，或者说是实现一种政治道德秩序，但它也含有现代文化内涵的某些内容，如体现国家的文明成就、社会组织和思想观念等。西方的"culture"一词与中国古代"文化"一词的"文治教化"内涵比较接近。所不同的是，中国的"文化"一词一开始就专注于精神领域，而"culture"却是从人类的物质生产活动生发，继而才引申到精神活动领域的。

（二）文化概念解读

"文化"的定义相当复杂，不同层次、不同尺度，都可以有文化的称谓。在不同的历史时期和不同的语境下，人们对其有着不同解构，给它下一个严格而精确的定义是一件非常困难的事情。20世纪初以来，不少哲学家、社会学家、人类学家、历史学家和语言学家一直努力试图从各自学科的角度来界定"文化"。然而，迄今为止仍没有获得一个公认的、令人满意的定义。

文化一词作为名词进入人们的意识形态领域之后，也同时进入了人文科学的各个领域。哲学家康德对文化的定义是："有理性的实体为了一定的目的而进行的能力之创造。"（《批判力批判》，1790）这种"创造"是指人类在精神和肉体两个方面由受自然力统治的"原始状态"向统治自然力的状态逐步发展。康德还认为，文化从一开始并不属于个人，而是属于整个民族和人类。格尔茨认为："文化是指一个群体或社会共同具有的价值观和意义体系，主要包括人们的思维模式、生存模式和行为模式。"[1]

在近代，给文化一词作出经典定义的首推英国人类学家爱德华·泰勒[2]。其在《原始文化》（1871）一书中指出："文化，或文明，就其广泛的民族学意义来说，是包括全部的知识、信仰、艺术、道德、法律、风俗以及作为社会成员的人所掌握和接受的任何其他的才能和习惯的复合体。"[3]此定义至今仍为人类学界所普遍接受。

英国人类学家马凌诺斯基[4]发展了泰勒的文化定义，其在所著《文化论》（1937）一书中认为："文化是指那一群传统的器物、货品、技术、思想、习惯及价值而言的，这概念包容着及调节着一切社会科学。我们亦将见，社会组织除非视作文化的一部分，实是无法了解的；一切对于人类活动、人类集团及人类思想和信仰的个别专门研究，必会和文化的比较研究相衔接，而且得到相互的助益。"[5]他还进一步把文化分为物质的和精神的，即所谓"已改造的环境和已变更的人类有机体"两种主要成分。

用结构功能的观点来研究文化也是英国人类学的一个传统。人类学家拉德克利夫·布朗

---

[1] 格尔茨.文化的解释[M].韩莉，译.南京：译林出版社，1999.
[2] 爱德华·泰勒（Edward Tylor,1832—1917），英国人类学家，被人类学界尊称为"人类学之父""在人类学中是第一个伟大的名字"，是具有影响的进化派和人类学派的经典作家，代表作有《原始文化》《人类学——人及其文化研究》等。
[3] 泰勒.原始文化[M].连树声，译.桂林：广西师范大学出版社，2005：01.
[4] 马凌诺斯基（Malinowski,1884—1942），社会人类学大师，功能学派的缔造者，田野民族志方法的奠基人之一，曾任伦敦经济学院、伦敦大学、耶鲁大学教授。
[5] 马凌诺斯基.文化论[M].费孝通，译.北京：华夏出版社，2001：15.

认为,文化是一定的社会群体或社会阶级与他人的接触交往中习得的思想、感觉和活动的方式。文化是人们在相互交往中获得知识、技能、体验、观念、信仰和情操的过程。他强调,文化只有在社会结构发挥功能时才能显现出来,如果离开社会结构体系就观察不到文化。例如,父与子、买者与卖者、统治者与被统治者的关系,只有在他们交往时才能显示出一定的文化。法国人类学家列维·斯特劳斯从行为规范和模式的角度给文化下定义。他提出:"文化是一组行为模式,在一定时期流行于一群人之中……并易于与其他人群之行为模式相区别,且显示出清楚的不连续性。"

马克思主义的理论家对文化作了一种新的解释,把文化分为广义和狭义两种。马克思认为文化是"人们物质关系的直接产物"①,本质就是人创造性的实践劳动。毛泽东认为文化是"一定社会的政治和经济的反映"②。在罗森塔尔·尤金所编的《哲学小辞典》中,文化"是人类在社会历史实践过程中创造的物质财富和精神财富的总和"。这就是所谓广义的文化。与之区别的狭义的文化则是专指精神文化而言,即社会意识形态以及与之相适应的典章制度、政治和社会组织、风俗习惯、学术思想、宗教信仰、文学艺术等。

《世界大百科全书》对文化的定义是:全部社会遗产,包括人类生活中不是与生俱来的所有东西——生产工具、武器、机器、社会机构、信仰、思想、宗教、艺术、音乐和文学。《现代汉语词典》(第7版)对文化给出了三种解释:①人类在社会历史发展过程中所创造的物质财富和精神财富的总和,特指精神财富,如文学、文艺、教育、科学等。②指运用文字的能力及一般知识。③考古学用语,指同一历史时期的不依分布地点为转移的遗迹、遗物的综合体。同样的工具、用具,同样的制造技术等,是同一种文化的特征,如仰韶文化、龙山文化。《现代汉语词典》(第7版)中对文化的解释,基本上涵盖了人们日常所说的各种有关文化的含义。

对文化的界定,互有长短,反映了近现代人类学家、社会学家和社会心理学家对文化认识的历史过程。无论从马克思主义唯物史观看,还是从西方文化人类学看,不论以何种方式解释文化,文化的核心都是人,即人类在实践活动创造了文化,文化反过来又对个人和社会进行"教化",从而塑造个人,引导社会。因此,文化不仅具有传递文明和构建精神世界的作用,作为一种价值体系和行为规范,还具有规范行为、凝聚社会的作用。

知识拓展

文化与文明异同

文明和文化是紧密相连的。一般来说,文明是指人类一定发展阶段所形成的历史形态,包括文化的基本构成;文化是一定文明的具体存在模式,是文明形态的实践方式。文化是具体的、感性的实践行为和意识形态,文明是概括的、总体的、历史的形态。文明是历史以来沉淀下来的,有益于增强人类对客观世界的适应和认知,符合人类精神追求,能被绝大多数人认可和接受的人文精神、发明创造以及公共秩序、良好风俗的总和。

①从内容上看,文化是人类征服自然、社会及人类自身的活动、过程、成果等多方面内容的总和,而文明则主要是指文化成果中的精华部分。

---

① 马克思恩格斯文集:第1卷[M].北京:人民出版社,2009:524.
② 毛泽东选集:第2卷[M].北京:人民出版社,1991:663-664.

②从时间上看,文化存在于人类生存的始终,人类在文明社会之前便已产生原始文化,文明则是人类文化发展的一定阶段。

③从表现形态上看,文化是动态的、渐进的、不间断的发展过程,文明则是相对稳定的、静态的、跳跃式的发展过程。

④文化是中性概念,文明是褒义概念。人类征服自然和社会过程中化物化人的活动、过程和结果是一种客观存在,其中既包括优秀成果,也有糟粕,既有有益于人类的内容,也有不利于人类的因素,它们都是文化。文明则和某种价值观相联系,是指文化的积极成果和进步方面,作为一种价值判断,它是一个褒义概念。

文明是现代化国家的显著标志,是人类改造世界的积极进步成果的总和,是社会发展中各种相互关系的高级属性和积极特征的复合体系,是社会进步和人类开化状态的标志。文明体系是包含物质文明、政治文明、精神文明、社会文明、生态文明以及人的文明的体系,各要素之间相互联系。

二、文化的要素

文化是由各种要素组成的一个复杂的体系,这个体系中的各部分在功能上互相依存,在结构上互相联结,共同发挥社会整合和社会导向的功能。综合对"文化"的界定,知识、信仰、艺术、道德、法律、风俗、技能、社会关系、社会组织、价值观念、行为规范和模式、语言符号、人造物品、物品的式样等都是文化的要素,举不胜举。为了便于理解和把握,社会学家把文化要素分为四类:物质要素、精神要素、规范体系、语言和象征符号要素。

(一)物质要素

文化的物质要素即文化的物质部分,包括人类创造出来的一切物质产品,其中尤以生产工具最为重要。人类创造文化,必须通过有形的制造品表现出来,如器皿、布衣、建筑物、水坝、公园等。改造自然所使用的生产工具,反映了人的需要和技术发展水平,反映了人类改造自然的能力,因此,它在各种物质要素中是起决定作用的要素。人们对时代的划分有时是以使用什么样的生产工具为标准的,如石器时代、青铜器时代、铁器时代、蒸汽机时代、内燃机时代、电气时代、信息时代、网络时代等。人们也用使用工具的特性来表示不同的文化,如"青铜器文化""电气文化"等。可见,工具及使用工具制造出来的物质产业是文化不可缺少的要素。

(二)精神要素

精神要素即精神文化,包括哲学、科学、宗教、艺术以及各种思想观念,其中尤以价值观念最为重要。精神文化是文化不可或缺的部分。人们改造自然与社会,创造和享受文化的活动无不是在一定的思想观念指导和推动下进行的,所以观念形态的文化是文化要素中最有活力的部分,尤其是价值观念更是文化的精髓或灵魂,是核心要素。价值观念是人们判断是非、选择行为方向和目标的标准。人们追求什么,摈弃什么,是由价值观念决定的。价值观是在社会共同生活中培养起来的,所以在一个群体或社会中,会形成大体一致的价值观,这就是群体或社会的价值。群体或社会的价值决定着这个群体或社会的特有生活式样。

(三)规范体系

有些人类学家把文化归结为人的行为规范和模式,足见行为规范和模式对于文化的重要性。人做事要有规矩,不同的人做不同的事,要遵守不同的规矩。规矩就是社会规矩,是人们在社会互动过程中根据需要制定或衍生出来的,它是一定的价值观念的具体化,是支撑价值观念的。规范是一个群体和社会文化的外部表现,所以了解一个群体和社会的文化,首先是从认识规范开始的,进而才能达到文化的核心——价值观念。各种规范互相配合共同调节人们的各种社会行为,以维护社会秩序。世界各国规矩之多,差距之大,令人茫然。一个不懂宴会礼仪的人参加宴会会感到局促不安,无法顺利地与人交往;相反,在一个普通的家庭聚会上使用正规宴会的礼仪,会令人觉得装腔作势、可笑。

(四)语言和象征符号要素

人的交往只有借助语言和符号才能进行,一切知识的继承和传递也只有借助语言和符号才能实现。符号是一种无声的语言,也是社会互动过程中不可缺少的手段,甚至运用得比语言还更广泛。符号有身体的姿势、表情、动作、声音,以及图形、标志等。有的符号是表征的,如国徽、军旗,有的符号是指意的,如禁止通行的符号,前者含义丰富,后者意义明确。符号的不同也是文化特色的表现。例如,在美国影片中,几乎每部电影都会刻意出现图书馆、大学讲堂、家庭场景、汽车文化、科学实验室、国旗、国家标志性建筑等"美国知识",这类文化符号和文化知识的视觉传播看上去是娱乐,但仍然主动承载了传播知识、宣扬文化的功能,且对于世界观众很有吸引力。

马凌诺斯基认为,语言不仅是一个工具体系,而且是一套长期养成发音的习惯。人类学家们长期考察发现,世界上大约有2800种不同的语言,其中大部分语言没有共同的词汇。人们用语言在自己的头脑里建造了客观的世界,所以语言不同,对世界的反映也不同。例如对颜色和味道的表达,有的语言词汇很多,可以区分许多极细微的差别,而有的语言词汇很少,区分度很低。中国人常用酸、甜、苦、辣、涩来形容味道,难道世界上所有物质就只有这五种味道吗?其实不然。再如,中文里有"你"和"您"两个词来表示第二人称,英文中就只有一个"you",以致当中国人面对年长尊贵的美国客人说话时,很不好意思直呼"you"。其实英语中对年老位高的人表示尊敬,不是用一个词,而是用不同的句型来表达的,这就是中美之间文化的不同。

三、文化的特征

在人类社会的发展过程中,人们生活方式和生产方式发生了巨大的变化,人类社会文明的知识结构也发生了根本性变化,从而形成了具有民族、宗教、国家、地域特色的文化形态。从文化概念的内涵和外延、结构和要素以及人类对文化的观察和感悟中,可以总结出文化的诸多特征。

(一)文化是人类超越于动物的本质特征

文化是由人类进化过程中衍生出来或创造出来的,自然存在物不是文化,只有经过人类有意无意加工制作出来的东西才是文化。人类的文化是人与一般动物的比较和差别。对这个比较和差别的概括就形成了人类的本性——"文化性"。因为人性是建立在与一般动物的对立上的,所以它会以一般动物相反的本性特征表现出来;又因为,人类文化的成因与人类自身的历史实践活动有关,因而在人的"文化性"中不可避免地具有了人与周围世界关系的性质。文化是人的生活形式和符号化的东西,仅为人所拥有。让·拉特利尔[①]认为:"正是在一个人的文

---

① 让·拉特利尔,法国哲学家兼科学家,著作有《科学和技术对文化的挑战》。

化之中并且通过这一文化,他的生活才真正称之为人的生活,他才能升华超越他的纯粹生物的存在水平。他的文化向他提供'生活形式',在这种生活方式中,他作为个体的存在方才得以实现。只有在这种生活形式的联系中,他才得以安身立命。如科学、理性、进步和发展之类的内容,并以此与一般动物相区别。"[①]文化是人类共同创造的社会性产物,它必须为一个社会或群体的全体成员共同接受和遵循,才能成为文化。

"文化性"是人类的根本属性,是区别于一般动物野蛮、落后、愚昧、凶残的根本标志。这种特征完全限定在了人的身上;限定在了人类适应世界、改造世界的能力和文明、进步的程度上;限定在了人类征服自然、战胜自然的技能素质上。因此,所谓的物质财富只能作为人类文化的结果或载体而存在,而精神财富也只能以文化的形式或手段来使用,它们是不能自立为文化的。

(二)文化是经验的和理性的,也是历史的和多样的

文化的发生和发展源于生活经验的总结,也源于理性的思考和创造,因此,文化是经验的、理性的,尤其是在文化达到较高的阶段即形成知识体系之后。美国科学社会学家、纽约州立大学奥尔巴尼分校社会学系教授莫里斯·李克特(Maurice Richter)认为:文化知识体系一般倾向于具有某种理性的和经验的特征——理性强调逻辑的重要性,经验强调观测的重要性。但是,在大多数前科学的文化体系中,这种特征在某些方面可能是相当有限的。

文化也具有历史性和多样性的特征。文化的历史性体现在菲利普·巴格比的说法中:把这一定义置入非技术的语言,我们就可以说,文化是众人行事的方法。因为历史本身就是众人所作所为的结果。所以我们就能知道,文化就是模式化地和反复地出现在历史中的因素。文化与历史并不是同一的,文化,不如说是历史的可理解的方面[②]。

无论从全球(比如东方文化、西方文化等)看,还是从国家和地区(阿拉伯文化、中国文化,以及中原文化、岭南文化等)、部门(人文文化、科学文化等)、层次(通俗文化、精英文化等)看,文化都是多样性的。像生物多样性有利于生物的竞争和进化一样,文化的多样性也有利于文化的创造与昌盛。布达佩斯俱乐部的创始人、前沿的思想家和科学家欧文·拉兹洛认为:"只有在文化上是多样的,才可能是可行的,一致性在人类领域里可能像在自然领域里一样是极其有害的。"

(三)文化是模式化和符号化的

文化是模式化的存在,不同的共同体或群落拥有不同的文化模式。文化模式既构造了行为和仪式,也构造了感知和思想,乃至塑造了个人的心理和群体的"地方性""民族性""国民性"——这往往以"集体无意识"的形式显示出来。人是唯一拥有文化和使用符号的动物,这本身就隐含着符号是文化的表征,或文化是符号的运用。当代美国人类学家莱斯利·A.怀特[③]指出,符号是整个人类行为和文明或文化的基本单位。全部人类行为起源于符号的使用,人类行为是符号行为,符号行为是人类行为。正是符号使类人猿变成人,使人类的所有文化得以产

---

① 拉特利尔.科学和技术对文化的挑战[M].吕乃基,等译.北京:商务印书馆,1997:4.
② 巴格比.文化:历史的投影[M].上海:上海人民出版社,1987:167.
③ 莱斯利·A.怀特(1900年1月19日—1975年3月31日),当代美国人类学家,以文化进化理论和他称之为"文化学"的科学研究著称。

生和流传下来。文化是以社会符号为媒介的行为总和。在众多的符号中，语言符号占有特殊的地位。语言这种心智能力是人类独有的，是真正的文化产生的前提。语言（包括书面语言）的出现和使用，使文化得以广泛交流、迅速传播、有效保存和积极创新。由于文化是模式化的和符号化的存在，它就有可能呈现出某些规律性，从而可以借助经验方法加以考察，借助理性方法加以分析，借助人类学方法加以体味。

（四）文化是民族性和阶级性的统一

文化是民族最基本的象征。文化体现既定群体生存方式，也显现人们思维方式。居于特定地域的人们由于共有价值取向和精神状态，必然体现出共同的民族文化特征。民族文化的载体是语言和文字以及其所形成的知识体系，包括经济、政治、文学、历史、宗教、科技、心理、艺术、法律、医学、地理、美学等学科体系。文化载体的交流碰撞往往带来民族的交流、冲突和融合。任何一个民族的文化都是一种历史的积累，是其长期形成、发展的结果，这就是文化传统。

文化的发展有相对的独立性和发展规律。不同社会发展阶段的文化具有一定社会历史形态的特征。在阶级存在的社会里，文化现象会打上深刻的阶级烙印。资本主义社会中为剥削阶级服务的文化占主导地位，社会主义社会中为人民群众服务的文化占主导地位。中国特色社会主义文化是面向现代化、面向世界、面向未来的，民族的科学的大众的社会主义文化。在分裂为阶级的社会中，由于各阶级所处的物质生活条件不同，社会地位不同，因而他们的价值观、信仰、习惯和生活方式也不同，从而也就出现了各阶级之间的文化差异。

（五）文化具有传承性

文化既是一定社会、一定时代的产物，是一份社会遗产，又是一个连续不断的积累过程。每一代人都出生在一定的文化环境之中，并且自然地从上一代人那里继承了传统文化。同时，每一代人都根据自己的经验和需要对传统文化加以改造，在传统文化中注入新的内容，抛弃那些过时的不合需要的部分。

任何一个民族的文化都是一种历史的积累，其中体现着民族的特性，而这种特性是通过长期的文化创造反映出来的。文化能够传承一定是因为其具有不可替代的传承价值。一般而言，一个民族的文化大都经过从初创到发展，逐渐形成自己的特质，最终基本形成有自己民族特色的文化形态，其中必然存在着一个继承、发展、创新的问题。一个民族的文化是这个民族共同智慧的结晶，是一代又一代人传承下来的。无论是发展也好，创新也罢，都不能丢掉历史、舍弃传统，而是要在学习、吸收、掌握传统精髓的前提下发展和创新，否则，文化就可能成为无源之水、无本之木，最终成为不伦不类的东西。

四、文化的基本功能

文化起源于人类的生产劳动，并随着生产方式的发展而发展，每一社会都有与其物质生产方式相适应的文化。毛泽东指出："一定的文化（当作观念形态的文化）是一定社会的政治和经济的反映，又给予伟大影响和作用于一定社会的政治和经济。"人类创造的丰富文化内容构成了自己生产、交往活动的文化环境，人的活动是在文化的影响制约下展开的。文化功能是指文化对个人（个体）、团体（群体）和社会等不同层面所起的作用。人类创造了文化，文化反过来亦对社会发挥作用。文化对于个人、群体和社会所起的作用就是文化的功能。文化具有多方面的功能，主要表现在以下三个方面。

(一)文化的导向功能

从文化的本质而言,文化是人的本质力量的对象化,即文化是人活动的产物,从文化的功能来说,则是化人、育人。人既是文化的创造者,也是文化的产物。文化通过社会化塑造了合格的社会成员,来实现社会控制的功能。具体说来,文化通过价值规范、行为方式等要素约束人们的行为,并通过舆论、纪律、法律等系统的赏罚机制来保证约束的效力。个人如果违反了社会的习俗与道德,会受到社会舆论的谴责;如果违反了法律,则会受到法律的制裁。反之,如果个人顺应了文化的规定,会得到奖赏或鼓励。文化正是通过正反两方面的力量来规范人们的行为,避免越轨,实现社会控制功能的。

文化的导向功能是指文化具有对人们的思想观念、行为模式和生活方式进行引导的作用。文化具有塑造社会成员的作用,在社会个体从"自然人""生物人"向"社会人"转化的过程中,主要得益于文化的"化育",离开了文化的塑造功能,个体社会化的过程是根本不可能完成的。

文化在社会导向中的功能:①提供知识。社会导向要以新的知识为动力,新的知识包括新的理论、科学、技术等依赖于文化上的发明和发现。②协调社会工程管理。有计划地推动社会进步,是一项巨大的社会系统工程,它包括决策、规划、组织实施等阶段。在总体系统工程中,又包括许多子系统。各阶段和各子系统的协调配合有赖于文化的调适。首先是目标调适,使社会全体成员认可社会导向的总目标和分阶段目标,使个人和群体目标与社会导向的总目标一致起来。其次是机构和制度的调适。为了实现社会导向的目标,要建立有效的机构和制度,对旧的机构和制度进行调整和改革。最后是行为调适。它使社会成员在行为上协调一致,确定共同的社会导向目标。③巩固社会导向的成果。文化是一份逐步积累的社会遗产。每一次社会改革和社会进步所取得的成果,都有赖于新的制度的巩固。文化在新制度建设过程中以及建成以后,起着协调整合作用,以维持新制度的秩序和稳定。

(二)文化的整合功能

文化的整合功能集中表现为文化具有把一个社会或群体中的个人团结起来的作用。文化的整合功能通过三个途径实现:

(1)价值整合。价值整合是最基本、最重要的一种功能,只有价值一致,才有结构与行为的协调,才会有共同的社会生活。任何社会中的人们在价值观上都会有差异,但经由统一文化的熏陶,必然在社会生活的基本方面形成大体一致的观念。例如,被一个社会文化肯定的事物与行为,必定是社会绝大多数成员所追求的;被社会文化否定的事物与行为,则是为大多数人所鄙弃的。

(2)规范整合。规范因价值需要而产生,因文化的整合而系统化和协调一致。整合功能使规范内化为个人的行为准则,进而将社会成员的行为纳入一定的轨道和模式,以维持一定的社会秩序。

(3)结构整合。社会是一个多元结构的系统,社会的异质性愈强,分化的程度就愈高;多元结构愈复杂,功能整合的作用愈重要。一个复杂的多元社会,是由众多互相分离而又互相联结的部分和单位组成的,每一个部分和单位都具有自己的功能,但这种功能的发挥,必须和其他部分的功能联结起来才能实现,才能对整个社会的运行发挥作用,即所谓功能互补。

文化整合功能是民族团结和社会秩序的基础。社会学中的功能学派和结构功能主义都强调文化的整合功能。一个社会,如果缺乏整合,必将四分五裂。一个民族,由于共享一份文化,不论他们是否居住在一起,或者是否生活在同样的社会制度之中,都会有民族的认同感和在心理上、行为上的一致性特征。例如,中华民族的文化维系着世界各地的亿万炎黄子孙。

(三)文化的负功能

文化不仅有正向功能,而且有负向功能。美国功能论者默顿认为,社会并非处于整合状态,非整合状态也兼而有之。个人或群体并不总是服从社会的,违反规范的行为也时有发生。非整合状态和违规行为并不是偶然的,而是文化功能的一种体现。默顿认为,文化的反向功能是在两种情形下发生的:一是发生于文化滞后时,二是发生于负文化团体之中。例如,社会的机会结构是一种文化安排,这种机会结构使一部分人通过合法的方式去追求自己的目标,而使另一些人通过非法的方式去追求自己的目标。前者是文化的正向整合功能的表现,后者是负向的非整合功能的表现。正向功能保持社会体系的均衡,负功能破坏这种均衡。

文化的负功能是在两种情形下发生的:一是文化滞后,二是负文化。在文化变迁过程中,各部分变化的速度并不相同。在通常情况下,非物质文化要落后于物质文化的发展,这就造成了文化滞后现象。当这种情形出现时,文化的滞后部分对于整体所发挥的功能是非整合的负向功能。思想意识、社会制度等常常成为滞后部分。此外,在文化总体中存在着许多亚文化,有些亚文化是负文化,如犯罪团伙等。这些负文化所发挥的功能,对于整个文化来说,也是反方向的、非整合的。

第二节　文化资源概述

文化资源是人类在历史长河中留下的各种文化遗产,包括文物、文献、建筑、艺术品、传统技艺等,这些文化资源不仅是人类文明的重要组成部分,也是人类社会发展的重要标志。文化资源是人们从事文化生活和文化生产所必需的前提准备。

一、资源的概念

资源是人类生存和社会发展的基础。长期以来,人类主要从自然资源的角度把握资源的内涵和外延。人类社会每一重大进步,都紧紧伴随着对资源的认识、开发和利用的革命性变化。资源是相对于人类而言的,依人类存在而存在,依人类发展而发展。马克思在《资本论》中指出:"劳动和土地,是财富两个原始的形成要素。"恩格斯指出:"其实,劳动和自然界在一起,它才是一切财富的源泉,自然界为劳动提供材料,劳动把材料转变为财富。"[①]马克思、恩格斯关于财富的定义,既指出了自然资源的客观存在,又把人(包括劳动力和技术)的因素视为财富的另一不可或缺的来源。可见,资源的来源及组成,不仅包括自然资源,还包括人类劳动的社会、经济、技术等因素,即人力、人才、智力(信息、知识)等资源。《经济学解说》将"资源"定义为"生产过程中所使用的投入",这一定义反映了"资源"一词的经济学内涵,资源从本质上讲就是生产要素的代名词。

一般来说,资源是指不直接用于生活消费的生产性资产。资源常常讲利用或开发,与生产的关系十分紧密。随着人类生产的发展和社会经济生活的复杂化,人类自身创造的资源越来

[①] 中共中央马克思恩格斯列宁斯大林著作编译局.马克思恩格斯选集:第四卷[M].2版.北京:人民出版社,1995:373.

越多,资源的构成也越来越复杂。符号化知识、经验型技能、创新型能力、通信手段、社会组织系统等,都成为生产的要素,即生产的资源。资源不仅包括经济生产方面的资源,而且包括社会生活方面的资源,如政治资源、社会资源、人脉资源等。

据此,所谓资源指的是一切可被人类开发和利用的物质、能量和信息的总称,它广泛地存在于自然界和人类社会中,是一种自然存在物或能够给人类带来财富的物质。或者说,资源就是指自然界和人类社会中一种可以用以创造物质财富和精神财富的具有一定量的积累的客观存在形态,如土地资源、矿产资源、森林资源、海洋资源、石油资源、人力资源、信息资源等。

二、文化资源的概念

(一)文化资源的界定

"文化资源"一词由美国国家公园管理局在20世纪70年代率先使用,然后就很快被广泛采纳。美国国家公园管理局所定义的"文化资源"与"文化遗产"基本同义,是指"与人类活动有关的自然和人工物质遗迹,包括遗址、建筑物和其他单独或同时具有历史、建筑、考古或人文发展方面重要性的物件"。另外,依据国际产业文化资产保存委员会的定义,文化资产指的是历史的、技艺的、社会的、建筑的或科学价值的文化遗产。这两个定义涵盖了文化遗产的各个方面,但是在实践中,美国的"文化资源管理"主要侧重于对史前历史时期考古资源的研究与管理,是对考古遗存管理的一种新手段,与其他历史遗物(著名的历史建筑、古战场等)的保护措施互相补充。

"文化资源"作为一个独立的概念,虽然已经得到普遍认可,但至今并未被国家法律法规等正式文件所采用。关于文化资源的概念界定,从对人们的贡献力量来看,有广义和狭义之分:广义上的文化资源泛指人们从事一切与文化活动有关的生产和生活活动的总称,它以精神状态为主要存在形式;狭义上的文化资源是指对人们能够产生直接和间接经济利益的精神文化内容。文化资源包含多方面的内容,譬如民族文化传统和民族精神、科学和教育发展水平、文化事业和文化产业、体制建设和民主法制建设、历史文化遗产、科教文化事业等。

在学术界,关于文化资源的定义,更是见仁见智,未有定论。较早对文化资源概念作出界定的是程恩富,他认为,文化资源是人们从事文化生产或文化活动所利用的各种资源总和。这实际上指文化产业资源,包括资金、人力等一般性经济资源。周正刚认为,"所谓文化资源,是指可供主体利用和开发,并形成文化实力的各种文化客观对象,包括前人所创造积累的文化遗产库,今人所创造的文化信息和文化形式库,以及作为文化活动、设施与手段的文化载体库等"。丹增认为,"一般说来,人类发展进程中所创造的一切含有文化意味的文明成果及其承载着一定文化意义的活动、物件、事件乃至一些名人、名城等,都是某种形式的文化资源"。董雪梅认为,文化资源是人们从事文化生产或文化活动时所利用或可供利用的各种资源。吕庆华认为,文化资源是人类劳动创造的物质成果及其转化。王广振、曹晋彰将文化资源界定为能够满足人类文化需求、为文化产业提供基础的自然资源或社会资源。从文化资源开发角度出发,上述定义都过于宽泛。

本教材认为,作为文化产业开发的对象和原材料,文化资源是人类为开拓、发展和完善自己赖以生存的环境,在改造利用自然、维系社会规范和塑造人类自身的长期实践过程中所创造的,能满足人们精神文化需要的物质文化、制度文化(社会文化)和精神文化的总和。

(二)文化资源的层次

从文化资源的载体和构成上来看,文化资源可分为五个层次:

(1)器物-技术层面,主要包括历史上存留下来的各种人类活动的遗迹、文物和现代社会中的各种文化、艺术产品,如各类遗址、艺术品、宗教器物、神话传说、民间故事、影视作品、新闻出版物等。

(2)制度-组织层面,包括一个特定社会中所实行的与文化资源有关的有效制度和各种形式的组织。制度如法律法规、官方文件、纪律条例、乡规民约、惯例等,组织如政府机构、政党、行业协会、社团等。

(3)习俗-行为层面,主要指一定社会生活中形成的生活习惯、民风民俗,乃至饮食偏好、行为性格特征等。

(4)观念-心理层面,指在人们思想观念中形成的有影响力或支配作用的思维方法、思想倾向和认识,包括最核心的价值观、人生观、世界观以及道德观、法律观、审美观等。

(5)语言-表达层面,指人类的语言及文字表达符号系统,既包括各种语言表达方式,也包括无声语言、肢体语言。

三、文化资源的特征

文化资源是现有社会发展的底蕴,也是未来发展的基础。文化资源除具有一般资源的一些特征外,如有效益性、共享性、消费性、融合性、可利用性等,也具有一些独有的特征。

(一)物质性与精神性

由于文化内涵的复杂性,故文化资源的物质形态和精神形态又相互混合在一起。文化资源通常由两部分组成,一是构成文化资源的精神内容,二是这一精神内容呈现给人们需要借助的物质载体或者传播媒介。文化资源的精神属性是指文化资源是人类创造的精神财富的积累。文化资源作为资源被加以利用,主要是对其精神内容的开发和利用。例如,以古建筑为形态的文化历史遗迹和可移动文物,是对物质载体依赖性最强的文化资源。用现代技术完全地去复制这样的古建筑和文物却并不难,在材质和工艺上甚至可以做到比文物原件更加完好和精细,但是复制品也只能复制出文物的基本造型和样式,永远无法创造出新的精神内容和文化价值。这些精神要素是文化资源的价值决定因素。

(二)可衍生性

文化资源的衍生性就是指文化资源中的精神内容具有这样的特征,它可以被提取、分离,并和其他物质载体结合,形成新的文化产品。以文化创新不断催生文化的衍生发展,是每一代人文化生活的真切需求和存在价值确认。欧洲文化之都、东亚文化之都活动,都属于催生优质衍生文化动力的行为。它们以不断的创意性、创新性劳动,以举办大型活动、演出、体育赛事等交流性、参与性活动,吸引人们的关注和参与,形成良好的宣传效应。这种衍生性使得人们可以在不破坏文化资源原有状态的情况下,对文化资源的精神内容加以开发和利用。将文化资源中的精神内容加以提取、转化和移植的难易程度,决定了文化资源作为资源加以利用和开发的可能性。文化资源中精神内容和物质载体的不同结合方式,决定了文化资源的存在状态和类型,也决定了文化资源的精神内容可以被提取并加以利用的方式。

(三) 可交易性

文化资源作为资源，具有使用价值，因而具有可交易性。文化资源的可交易性是指文化资源可以作为经济资源，在市场上进行交易。文化资源的需求方通过购买产权或者经营权等方式，获取文化资源的投资与开发权利。对不可移动和可移动的文化资源，除了一些文物可以通过拍卖和买卖的方式获得外，大部分文化资源由于受到文化保护和传承的政策限制，其交易主要是通过经营权授让的方式，获取投资开发权利。对于非物质文化资源来说，交易性是指传承者和非遗的生产机构以非遗的相关产品进行市场销售。

(四) 耗竭性

文化资源同一般的物质资源一样，会随着开发与利用而逐步损耗，因此有耗竭的危险。文化资源耗竭可能有自然环境的侵蚀、社会环境的变化、人为的毁坏等多种原因。文化资源的损耗和耗竭，可以表现出多种形式。第一种是文化资源的物质载体因长期损耗而耗竭。第二种是传承者的耗竭，即非物质文化资源传承人因为后继无人，现有传承者老去或去世，造成非物质文化资源失传。第三种是精神内容的耗竭，即文化资源的精神内容损耗和失传的情形。第四种是最为严重的情况，就是文化资源整体的灭失，这是文化资源物质载体连同精神内容全部灭失，精神内容信息也没有用文字或者影像记录，造成文化资源无法复原和再生的情况。第五种情况是文化资源使用价值的耗竭，即文化资源虽然还存在，但是已经不能作为资源加以利用。

(五) 递增性

作为有形的自然资源，是越用越少，不断递减，而作为精神现象的自然资源不但不会越用越少，反而会越用越多，逐渐递增。使用文化的过程，必然就是创造文化的过程，文化是人类智慧的结晶。在人类的历史演进中，一代人有一代人的智慧，而且，后代人总是拥有比前代人更多的智慧。因为人是在学习、吸收前代人智慧的基础上丰富前代人的智慧，并创造新的智慧。文化资源就是经过一代一代人的努力，随着历史的演进而不断生长、不断递进的。只要人类思维和创造活动不停止，人类文化就会不断丰富、发展、创新，并不断产生新的特质。

(六) 多样性

文化资源多样性主要包含两层含义：事物多样性、价值多样性。文化资源是和当地自然、人文结合非常密切的一种资源。例如，一个城镇或乡村的文化资源，是该城镇或者乡村当地社会风土人情的现实写照，文化资源中蕴含了大量与历史相关的信息，其反映的多是一种继承性的关系。我国国土辽阔，纵观中华文明五千年历史，已经形成了不同区域特征的文化资源形式，例如沿海一带具有海洋特色的文明，西北地区则是黄土文明。不管是哪种文明形态，都蕴藏着社会劳动创造者智慧的结晶。这些文明之间也是极不相似的，比如我国沿海南部主要以信仰妈祖为多，而以连云港为代表，则更多的是信奉龙王，虽都是海神，却信仰不同，从这一点上，也反映出文化资源的事物多样性。价值多样性是指同一种文化资源，可以转变成不同形式的文化产品，满足不同年龄、不同文化层次人的需求。

四、文化资源的分类

文化资源的分类和文化的概念一样，是研究者非常感兴趣的课题。迄今为止，大部分文化资源的分类是以"文化"的分类为参照的，即有多少种文化类型，就有多少种文化资源类别。例如,有的学者将文化分为物质文化、精神文化、行为文化、制度文化,于是就有了以"文化层次理论"为准绳的文化资源分类:物质文化资源、精神文化资源、行为文化资源、制度文化资源。

(一)文化资源的一般分类

目前,对文化资源的分类有很多,按照不同的分类标准,文化资源呈现出不同的分类体系。

1. 按照服务对象不同,文化资源可以分为产业文化资源和公共文化资源

产业文化资源是具有产业属性的资源,包括传统、现代两种基本形态。传统产业文化资源是指不同历史时期所形成的包含了产业性质的文化资源;现代产业文化资源主要是一种内容资源,它的整个生产过程按照产业化的方式进行,市场运作也是按一般产品的市场运营规律进行的。产业文化资源是文化资源中具有较强产业属性的资源,能够直接产生经济效益,且经由一定的产业化开发利用的文化资源,也可以成为产业资源,实现它的产业价值。

公共文化资源是指以满足公民基本文化需求为主要目的所提供的公共文化设施、产品、活动、服务以及与上述对象相关的公共文化主体等各类要素。按照公共文化资源的基本属性、存在形式和主要表现方式,其又可以分为公共文化设施、公共文化产品、公共文化活动、公共文化服务、公共文化主体。

2. 按照性质的不同,文化资源可以分为物质文化资源和精神文化资源

物质文化资源主要指有形文化资源,主要包括历史文物古迹、特色民居建筑、历史文化街区、历史文化名城名镇名村、特色民族服饰、民族民间工艺品等;精神文化资源主要指无形文化资源,主要包括语言文字、文学艺术、音乐舞蹈、美术绘画、民间传说、民风民俗、节日节庆、制度规范、思想文化、宗教信仰等。

3. 按照是否有实物性形态,文化资源可以分为有形文化资源和无形文化资源

有形文化资源是指那些可以直观感受到的文化遗产和文物,它们通常具有历史、艺术、科学、文化等多重价值。这些资源包括历史遗存遗址、特色民居建筑、历史文化名城名镇、博物馆、图书馆、艺术画廊、传统手工艺品等。

无形文化资源是指那些看不见、摸不着,但却蕴含着深刻文化内涵和价值的资源。这些资源主要包括语言文字、文学艺术、美术绘画、音乐舞蹈、神话传说、风俗习惯、民族节庆、传统技艺、传统节日等非物质文化遗产。

4. 按照内容不同,文化资源可以分为历史文化遗产、民族文化资源、宗教文化资源、语言文字资源、民俗文化资源等

历史文化遗产是指那些具有历史、艺术、科学价值的文物、古迹等。例如,中国的长城、埃及的金字塔等。这些资源是人类历史发展的重要见证,也是人类文化传承的重要载体。

民族文化资源是指那些具有民族特色的文化产物和现象。例如,中国的民族音乐、印度的瑜伽等。这些资源是不同民族文化的瑰宝,也是民族文化传承和发展的重要载体。

宗教文化资源是指那些具有宗教特色的文化产物和现象。例如,基督教的教堂、伊斯兰教的清真寺等。这些资源是不同宗教文化的瑰宝,也是宗教文化传承和发展的重要载体。

语言文字资源是指那些具有语言文字特色的文化产物和现象。例如,汉语的汉字、英语的英文等。这些资源是人类文化传承的重要载体,也是人类文明发展的重要基石。

民俗文化资源是指那些具有民俗特色的文化产物和现象。例如,中国的春节、西方的圣诞节等。这些资源是民间文化的重要组成部分,也是人类文化传承和发展的重要载体。

在实践过程中,如甘肃省在2014年进行的文化资源普查中,为了便于统计,将文化资源分为历史文化、少数民族语言文字、非物质文化遗产、自然景观文化、宗教文化、文学艺术、饮食文化、建筑文化、节庆(会)及赛事文化、文化之乡、地名文化、新闻出版、广播影视、社科研究、文化类高等教育、文艺机构和团体、文化产业、文化人才等18大类。湖北省2023年进行的文化资源普查和旅游资源普查,涵盖古籍、美术馆藏品、地方戏曲剧种、传统乐器乐种、非遗、文物等6大类文化资源,以及地文景观、水域景观、生物景观、天象与气候景观、建筑与设施、历史遗迹、旅游购品、人文活动等8大类旅游资源。

(二)基于文化产业的文化资源分类

事物的分类需要标准,确立标准需要逻辑起点。从演艺业、出版业、会展业、影视业、设计业、动漫业、网络业、报刊业、广告业、收藏业,甚至文化旅游业等各种文化产业领域来看,有什么样的资源,文化产业才可能开发什么、运用什么、表达什么、生产什么、收益什么;反之,有什么样的文化产业,就需要什么类型的文化资源。因此,研究文化资源的分类,逻辑起点应该基于文化产业发展的需要。从文化资源的实际状况和文化产业的实践经验出发,文化资源应包括物质文化遗产、非物质文化遗产、自然文化遗产和智能文化资源四部分,其中物质文化遗产与"历史文化资源"相对应,非物质文化遗产与"民俗文化资源"相对应,智能文化资源属于现实文化资源。

1. 物质文化遗产

物质文化遗产(material cultural heritage),又称"有形文化遗产",与"非物质文化遗产"合称"文化遗产"。根据《保护世界文化和自然遗产公约》(简称《世界遗产公约》),文化遗产包括:①古迹,从历史、艺术或科学角度看具有突出的普遍价值的建筑物、碑雕和碑画,具有考古性质的成分或构造物、铭文、窟洞以及联合体;②建筑群,从历史、艺术或科学角度看在建筑式样、分布均匀或与环境景色结合方面具有突出的普遍价值的单立或连接的建筑群;③遗址,从历史、审美、人种学或人类学角度看具有突出的普遍价值的人类工程或自然与人联合工程以及考古地址等地方。

从文化产业的需要来看,无论历史建筑还是历史文物,时间越久、保存越完整,文物的价值就越高;文物的创造者、制造者,包括曾经的拥有者知名度越高,经历的事件越离奇,文物的价值就越高;历史见证性越强,文物的认识价值就越高。同时,文物的艺术含量越高,审美特征越鲜明、越独特,其产业价值就越高。

2. 非物质文化遗产

非物质文化遗产(intangible cultural heritage)指被各群体、团体,有时为个人视为其文化遗产的各种实践、表演、表现形式、知识体系和技能及其有关的工具、实物、工艺品和文化场所。各个群体和团体随着其所处环境、与自然界的相互关系和历史条件的变化不断使这种代代相传的非物质文化遗产得到创新,同时使他们自己具有一种认同感和历史感,从而促进了文化多样性,激发了人类的创造力。

非物质文化遗产包括了人类的情感,包含着难以言传的意义和不可估量的价值。一个民族的非物质文化遗产,往往蕴藏着传统文化的最深的根源,保留着形成该民族文化的原生状态以及各民族特有的思维方式等。中国作为拥有五千年历史的大国,在非物质文化遗产方面具有丰厚的积累,民间文化中的口头文学、神话、史诗、语言、民歌、民间艺术、民俗文化、民俗礼仪、民间祭典、民居建造术等均是非物质文化遗产。

3. 自然文化遗产

根据《保护世界文化和自然遗产公约》，符合以下条件者，可列为自然遗产：从审美或科学角度看具有突出的普遍价值的由物质和生物结构或这类结构群组成的自然面貌；从科学或保护角度看具有突出的普遍价值的地质和自然地理结构以及明确划为受威胁的动物或植物生境区；从科学、保护或自然美角度看具有突出的普遍价值的天然名胜或明确划分的自然区域。保护世界文化与自然遗产是联合国教科文组织开展的一项国际合作活动。

4. 智能文化资源

文化创意产业属于智力密集型产业，文化创意产业的竞争常常表现为优秀人才的竞争。就文化创意产业的发展而言，最需要的是复合型的经营人才，这样的人才既需要具备较高的文化艺术修养和创新能力，又要具备文化产业经营管理的素质和能力。智能文化资源就是指通过人的智力运作发挥知识的创造力，在产业运行中创造价值、实现价值的增值的资源。智能文化资源分为外显型智能文化资源和内隐型智能文化资源。

第三节 文化资源学学科发展

文化产业的发展以文化资源开发利用为基础，为了培养文化资源开发人才，"文化资源学"被列为文化产业管理专业核心基础课程。从2014年开始，从事"文化资源学"教学的教师或学者已经出版了多种教材，基本形成了"文化资源学"课程内容体系和学科范式。

一、文化资源学的学科概念

（一）文化资源学科缘起

托马斯·库恩认为，科学界是由一个流行的范式所控制的，代表了科学界的世界观，指导和决定问题、数据和理论的选择，直至新的范式将其取代。他进一步解释，范式具有这样的特征：是一种全新的解释系统，即有关对象的本体论、本质与规律的理解系统；是一种全新的知识体系，即构成该学术群体的研究基础及范围、概念系统、基本范畴和核心理论架构；是一种全新的理论背景，即范式是一个学术共同体共同遵守并捍卫的学术平台，是一套新颖的方法论，代表一种学术传统、学术品格和学术派别。

20世纪90年代初，我国学术界开始使用"文化资源"一词。从检索的相关研究文献发现，"文化资源"最早出现在关键发表的《海南文化资源的开发与民族的发展》一文中。此后研究文献逐渐增多，具有代表性的著作有程恩富的《文化经济学》、胡惠林的《文化经济学》、吕庆华的《文化资源产业开发的若干问题》等。

文化资源学科的发展随着我国文化产业管理专业的创办而出现。2003年10月，山东大学、北京大学、清华大学、上海交通大学等七家高校联合成立发起"全国高校文化产业研究与学科建设联席会议"，会间商定，依托山东大学文史见长的学科优势，牵头向教育部申请在高校中增设文化产业管理专业。2004年3月，教育部下发《关于公布2003年度经教育部备案或批准设置的高等学校本专科专业名单的通知》，正式批准在山东大学、中国传媒大学（时为北京广播学院）、中国海洋大学和云南大学四所高校中首先开设文化产业管理专业，授管理学学士学位，这标志着文化产业管理专业的正式设立。在文化产业管理专业核心课程设置中,将"文化资源学"列为专业核心必修课程。随后关于文化资源的教材陆续出版,截至2023年,已经出版关于文化资源的教材的版本有10多种。

(二)文化资源学科概念

学科(subject)包含两种含义:一是作为知识的"学科",二是围绕这些"学科"而建立起来的组织。一般认为,可以从三个不同的角度来阐述学科的含义:从创造知识和科学研究的角度来看,学科是一种学术的分类,指一定科学领域或一门科学的分支,是相对独立的知识体系;从传递知识和教学的角度来看,学科就是教学的科目;从大学里承担教学科研的人员来看,学科就是学术的组织,即从事科学与研究的机构。

文化资源学还是一门新的学科,学界对文化资源学的研究还没有形成共同的研究范式。

张胜冰的《文化资源学导论》认为,文化产业的核心是对文化资源的开发利用,这种开发利用通常是有效而充分地整合文化资源的结果。而对文化资源的整合又离不开产业化的方式,通过文化产业化的方式整合文化资源已经成为文化资源开发利用的重要环节。为此,该教材深入论述了有关文化资源与文化产业的一些重要问题,内容涉及文化资源的构成及特点、文化资源的表现形式、文化资源的生态保护与开发利用、文化资源管理、文化资源与文化资本、文化资源与区域发展模式的选择等前沿问题。

王晨、王媛的《文化资源学》对文化资源学的基础理论和现实问题加以研究和梳理,建立了文化资源学的理论框架,包括文化资源的概念、类型、价值决定和价值评估等基础理论部分,文化遗产、非物质文化遗产、文物资源、世界遗产的保护与利用等文化资源的理论应用部分,以及文化资源的数字化保护及利用、文化资源公共管理等现实问题。

刘燕、李树榕、王敬超的《文化资源学》涵盖了文化资源的理论界定、分类标准、市场调查与价值评价,还包括文化资源开发与保护、文化资源的市场配置与规制。

李林的《文化资源学——理论与案例》立足文化资源学基本理论与文化产业具体实践的结合,以文化资源学理论和文化资源产业化案例两大板块展开,包括文化资源分类、文化资源调查与价值评估、文化资源保护、文化资源的产业化开发等基础理论阐释,同时也涵盖文化资源与动漫产业、游戏产业、音乐产业、电影产业、电视产业、演艺产业、旅游产业和创意设计产业等相关产业化发展的案例介绍与分析。

姚伟钧的《文化资源学》在整合历史学、文化产业管理学等学科的基础上,对文化资源的保护与文化产业开发的理论、实务与战略进行了系统探索,重点研究了文化资源的特征、性质、分类及其构成要素,文化资源与文化市场发展的关系,并对文化资源的保护与开发问题展开了多重深入的思考。

现有教材的内容有其共性的部分,也有各自特色的内容,但总体上来讲,文化资源学涵盖了多个领域的研究,主要关注文化资源的保护、传承、开发和利用。文化资源学科涉及文化遗产、历史、民俗、艺术、人类学、社会学等多个方面,旨在通过对文化资源的深入研究,为文化资源开发与保护和文化产业发展提供科学依据和有效途径。

文化资源学涉及学科众多,包括人类学、社会学、民族学、宗教学、历史学、民俗学、经济学、管理学等,相关研究领域包括物质文化遗产、非物质文化遗产、文化景观、文化线路、文化资源保护与管理等。可以看出,文化资源学是一门随着文化产业繁荣发展而衍生出来的交叉应用型学科。

二、文化资源学的研究对象、内容和方法

(一)文化资源学的研究对象

文化资源学研究的目的就是要用独特的眼光去发现、认识、研究文化资源,用科学的方法保护、开发、利用文化资源,通过对文化资源的产业开发,变资源优势为产业优势,生产出具有独特创意、质高量大的文化产品,不断满足人民群众物质文化生活的需要,从而推动经济、社会和人的全面发展。

关于文化资源的研究多分散在对文化遗产、知识产权、文化产业、旅游资源等不同领域,尚缺乏概括性、一般性的理论建构。文化资源学作为一门学科,其研究对象是各类文化资源,主要是通过对各种存在形态文化资源的发掘评估,探索文化资源保护、开发利用的途径、方法和规律,为文化事业和文化产业乃至地方和国民经济社会的发展服务。

文化资源学的研究对象具有较强的广泛性,主要体现在两个方面:其一,从静态文化资源学研究对象的分类来讲,几乎涉及人类活动的方方面面;其二,从文化资源学课程的动态研究视角看,对文化资源学的研究从基本概念的界定、内涵外延的阐释、定量定性方法的评估,直至文化资源开发投资、文化资源保护及产业开发,是一个动态性、复杂性的研究过程。

(二)文化资源学的研究内容

综合现有文化资源学教材内容体系,文化资源学的内容体系主要包括以下几个方面。

1. 文化资源的属性

文化资源的基本属性是文化资源学首先需要界定的问题。文化资源的属性主要包括文化资源的概念界定、文化资源的价值属性、文化资源的分类、文化资源的特点、文化资源的表现形态等。

2. 文化资源调查

在文化资源保护和文化资源开发中,首先需要摸清文化资源的家底,因此文化资源调查就成为文化资源开发和保护的基础。文化资源调查主要包括文化资源调查原则、调查活动组织、调查实施以及调查方法等。

3. 文化资源价值评估

文化资源价值评估是文化产业生产过程中文化形态演变的第一环节,是创意的基础。文化资源价值评估的主要内容包括文化资源价值评估原则、文化资源价值评估的指标体系、文化资源价值评估的流程、文化资源价值评估的方法、文化资源价值评估报告等。

4. 文化资源开发和利用

文化资源是文化产业链上的重要环节,发展文化产业需要开发和利用文化资源。文化资源的开发是指发挥、提高和改善文化资源的利用率,并使文化生产顺利进行所采取的一系列技术经济措施与活动。文化资源开发的实质是将文化由抽象的概念开发变成具体商品的过程,也是文化产业化的过程。文化资源开发主要研究的内容包括文化资源开发的基本特性、文化资源开发的途径、文化资源开发的基本模式、文化资源整合与配置、文化资源的市场营销、历史文化资源开发、智能文化资源开发、文化资源数字化等。

5. 文化资源的保护

文化资源同自然资源一样,如果不加以合理保护,也会面临消亡。因此,文化资源的保护应放在文化资源开发的第一位,只有树立保护意识,对文化资源进行合理有效的保护,才能谈文化资源的开发和利用。文化资源保护也是重要的文化资源学的研究内容,历史文化资源保护的意义、原则、措施是文化资源保护的重要课题。

6. 文化资源管理

文化资源具有分散性、流失性与变动性等特点,因此,对文化资源实施有效管理不仅是十分必要的,也是非常迫切的。不同的国家产生了不同的管理模式,如欧洲的"一臂间隔",美国的文化遗产管理等。文化资源管理的主要内容包括文化资源开发规制、文化资源配置等。

(三)文化资源学的研究方法

文化资源学是一门研究人类文化的学科,其研究的范围涉及人类创造的艺术、文学、音乐、行为模式等多个方面,可通过观察、面谈、收集文件证据、描述统计、测验、问卷、图片、影片或录像资料等方法,获得文化资源的相关数据信息。

1. 实证研究法

实证研究法是文化类学科研究中的一种常用方法,它通过搜集和整理各类现实数据,用数据分析和比较等手段来揭示人类文化的内在规律性和本质特征。这种方法可分为两种类型:定性研究和定量研究。文化类学科采用定性研究方法时,研究者会采用问卷或访谈等方式进行调查,而定量研究方法则需要采用数据分析和统计学方法。

2. 文献研究法

文献研究法是各类学科研究最常用的一种研究方法,它主要依据文献资料,对人类文化的特点和规律进行分析、总结和探讨。文献资料包括书籍、期刊论文、报纸、古籍、史料、档案等。这种方法的优点是资源比较丰富,而且文献材料经过筛选和整理后,可以为研究者提供有价值的源头材料。

3. 比较研究法

比较研究法是文化资源学科研究中的一种应用广泛的方法,它需要通过比较不同地区、不同国家以及不同时期的文化资源发展的现象,来探寻文化的异同和发展趋势。研究者可以通过对比参数来寻找不同区域文化资源的差异和相似之处,进而了解文化资源产生的背景和内在原因。

4. 历史研究法

历史研究法是文化资源学研究中的一种常用的方法,主要侧重于研究文化资源产生与发展的历史进程,考察不同时期文化资源的变化和演变。在研究过程中,研究者需要通过对历史文献材料的挖掘和整理,来还原历史时期的文化资源的表现形态和特点。

5. 案例研究法

案例研究法亦称个案研究法,是指追踪研究某一个体或团体的行为的一种方法。它包括对一个或几个个案材料的收集、记录,并写出个案报告。案例就是经验,案例就是事实,研究案例是一种将理论与实践相结合的研究和学习方法。在进行文化资源开发的研究中,研究者通过案例引出具体的问题以激发讨论,如文化资源的价值、文化资源开发的模式、文化遗产、文化资源管理等方面的研究学习,都运用案例分析和讨论促进问题的解决、经验的提升和规律的总结。

文化资源学的研究方法非常多样化,不同的研究方法可以互补,也可以独立应用。在实际的研究中,研究者需要根据具体问题和研究目的选择最适合的研究方法,以期达到最好的研究效果。

(四)文化资源学的学科属性

文化资源学作为一门综合性、交叉性的学科,研究文化资源的分布、特征、价值、保护和利用。它涉及历史学、社会学、人类学、地理学、艺术学等多个领域,是人文社科领域的重要分支。

文化资源学的学科属性主要体现在以下几个方面:

首先,文化资源学是一门理论与应用并重的学科。它不仅需要研究文化资源的理论问题,还需要解决实际应用中的问题。例如,如何保护和利用历史文物,如何传承非物质文化遗产等。这需要研究者具备扎实的理论基础和广泛的知识储备。

其次,文化资源学是一门定性与定量相结合的学科。它需要研究者运用定性的研究方法对文化资源进行深入分析和理解。同时,也需要运用定量的研究方法对文化资源的分布、数量、特征等进行统计和分析。通过定性与定量的结合,可以更加全面地认识和理解文化资源。

最后,文化资源学是一门本土与国际并重的学科。它不仅需要研究本国或本地区的文化资源,还需要关注国际上的文化资源及其动态。通过比较和分析不同国家和地区的文化资源,可以更好地认识和理解不同文化之间的差异和共性,同时,也有助于推动世界文化的交流与合作。

文化资源既是文化产业、旅游业发展的核心要素和基础禀赋条件,也是文化艺术交流、文化事业发展的重要内容和载体。文化资源成为文化产业管理、旅游管理、文化事业管理等领域的重要研究对象,"文化资源学"也是文化产业管理、艺术管理、旅游管理、公共事业管理(或文化管理)等相关专业的基础课程之一。

本章小结

1. 文化是人类社会特有的现象。文化是由人所创造、为人所特有的,是人类在社会历史实践过程中创造的物质财富和精神财富的总和。文化是相对于经济、政治而言的人类全部精神活动及其产品。文化是由物质要素、精神要素、规范体系、语言和象征符号要素等各种要素组成的一个复杂的体系,具有鲜明的人类社会的特征,主要包括人为创造性、后天习得性、历史性、多样性、民族性、阶级性、传承性等特征。文化功能是指文化对个人(个体)、团体(群体)和社会等不同层面所起的作用。文化具有整合和导向功能。

2. 资源是人类生存和社会发展的基础。文化资源是人们从事文化生活和文化生产所必需的前提准备。作为文化产业开发的对象和原材料,文化资源是人类为开拓、发展和完善自己赖以生存的环境,在改造利用自然、维系社会规范和塑造人类自身的长期实践过程中所创造的,能满足人们精神文化需要的物质文化、制度文化(社会文化)和精神文化的总和。

3. 文化资源是现有社会发展的底蕴,也是未来发展的基础。文化资源具有物质性与精神性、可衍生性、可交易性、耗竭性、递增性、多样性等等多种特征。

4. 基于文化资源的实际状况和文化产业的实践经验,文化资源可以分为物质文化遗产、非物质文化遗产、自然文化遗产和智能文化资源四部分,其中物质文化遗产与"历史文化资源"相对应,非物质文化遗产与"民俗文化资源"相对应,智能文化资源属于现实文化资源。

5. 文化资源学是一个新兴的、交叉的前沿学科,主要研究内容有文化资源的属性、文化资源调查、文化资源价值评估、文化资源开发利用、文化资源保护和文化资源管理等。文化资源学的主要研究方法包括实证研究法、文献研究法、比较研究法、历史研究法、案例研究法等。

思考与练习题

1. 如何理解文化概念?
2. 简述文化的基本特征。
3. 如何理解文化的竞争力?
4. 举例说明文化在人类社会发展过程中的作用。
5. 如何认识和理解文化资源?
6. 简述文化资源的分类。
7. 文化产业资源与一般意义上的文化资源有何不同?
8. 简述文化资源学的研究对象和主要内容。
9. 文化资源学研究的主要方法有哪些?
10. 为什么说文化资源学是一个交叉性学科?

案 例

"欢乐春节"兔年吉祥物火遍全球①

长耳朵,短尾巴,两只眼睛眨呀眨,一身红装镶金边,憨态可掬人人夸。这只颜值突出、软萌可爱的兔子可大有来头,它就是文化和旅游部特别推出的2023年欢乐春节"吉祥兔"。

"吉祥兔"由中央美术学院设计,以福袋作为基础形象,兼具文化元素和实用性——不仅还原出来的玩偶让人眼前一亮,表情逗趣的衍生表情包也是活灵活现,单单在微信平台就被发送了近10万次。

2023年春节期间,这只兔子漂洋过海,在全球范围内狠狠地刷了一把存在感:它现身莫斯科,为俄罗斯朋友们带去节日祝福;它落地斯德哥尔摩,展现了中瑞两国文化互鉴互赏的默契;它在柏林中国文化中心露面,增进中德人民之间的相互了解和友谊;它来到东京,和国宝大熊猫一起,与日本朋友共同参加上野熊猫春节祭。

除了"吉祥兔"这一形象外,作为中国生肖文化的象征,在中国春节中,"兔"自然而巧妙地拉近着各国之间的距离:"吉祥兔"领衔的兔年主题电车行驶于罗马的大街小巷;冰雕白兔闪耀于瑞士的少女峰脊;中国与匈牙利、斐济等国家联合发行了兔年生肖邮票……

中国春节,已经逐渐成为一项国际性的重要节庆。从著名的旧金山农历新年大巡游,到英国伦敦特拉法加广场的春节庆典;从著名球星穿上中文球衣,到NBA勇士队、篮网队举办舞

---

① 本案例改编自光明网《一"兔"何以火遍全球?中华文化这样焕发奇妙魅力》,2023-02-05,有删减。

狮、玉兔迎新等庆祝春节活动,再到法甲联赛"中国日"庆祝春节……春节正走出唐人街,成为全球共享,世界人民乐在其中的节日。

值得注意的是,中国春节民俗活动已走进全球近200个国家和地区,就连"逛庙会"这一相当地道的中式春节民俗,也越来越红火。加拿大蒙特利尔春节庙会以"振兴华埠迎兔年"为主题,腰鼓、歌舞等文艺节目赢得满堂彩;泰国曼谷春节庙会上大红灯笼高高挂,身着各式唐装的泰国民众和各国游客热情参与其中;"欢乐春节寻兔馆"活动则亮相比利时那慕尔中国春节游园庙会,生肖主题互动留影、生肖文化普及等一系列互动体验活动将现场气氛烘托得年味十足。

传统节日能跨越千年而历久弥新的魅力之一,就在于其丰富又多样化的庆贺方式。同样是过春节,马来西亚峇峇娘惹族群送王船、吃"捞生";旧金山唐人街的新年大游行舞龙舞狮、燃放鞭炮;菲律宾男子职业篮球联赛上,几只瑞狮腾跃翻飞,为参赛队伍加油助威;尼日利亚举办新春庙会,一群非洲小伙舞起长龙;德国柏林中国文化中心举行"欢乐春节——品味中国年夜饭"春节烹饪课,拍黄瓜、口水鸡、清蒸鱼及水饺等东方美味让外国民众赞不绝口……

在族裔文化向公共文化转变的进程中,本身必定会迎来重构——春节文化正是如此。纵观2023兔年春节的"全球过年",中西文化之间的交流互鉴、融合创新令人眼前一亮,这一特点在中国文化和旅游部2023年"欢乐春节"大型文化交流活动中展现得淋漓尽致。

以《唐诗的回响:iSING! Suzhou和费城交响乐团中国新年音乐会》为例,主创团队以一首《春节序曲》开场,随后来自中国、美国、意大利等10个国家的15位国际青年歌唱家在交响乐的伴奏下,共同演绎了《静夜思》《将进酒》《枫桥夜泊》等一首首让人耳熟能详的经典唐诗。激烈高昂的交响乐与含蓄隽永的唐诗相映成趣,以艺术为媒,向世界生动地诠释了中国故事。

同样,作为2023年"欢乐春节"活动的开幕演出,"欢乐春节 和合共生"音乐会也在对中国传统文化的创造性转化和创新性发展上下足了功夫。"欢乐春节"文化大使、钢琴家郎朗演绎的《太极随想曲》,琵琶演奏家赵聪与虚拟人歌手洛天依的跨界合作,让网友觉得网卡住了的《百鸟朝凤》,以及世界青年合唱团用中文演绎的《让世界充满爱》,都以耳目一新的形式呈现给了全球观众。

虽然庆贺方式花样迭出,但世界对于中国春节的内涵都秉持着和而不同的理念。农历新年对于中国人来说,蕴含着"一元复始,万象更新"的寓意,也寄托了"团团圆圆,阖家欢乐"的憧憬。这一寓意,也在走出国门,日益深入人心。

从春节正式成为加拿大的官方节日,令唐人街的热闹与繁华自成一景,到如今加拿大向华人致以新春祝福,赞扬华人社区对该国和世界作出的贡献,这个世界的很多地方,都在潜移默化地发生着改变。正如美国纽约帝国大厦、英国伦敦眼、澳大利亚悉尼歌剧院、日本东京塔等多国地标建筑都会在除夕夜不约而同地点亮象征喜庆的"中国红",以示祝贺。可以看出,中国春节带给了这个世界"和而不同"的全新气象。

在未来,海外中国春节的庆贺内容与形式仍会不断丰富和变化。更重要的是,在这欢乐祥和的气氛中,蕴含着的团圆和美的中华文化,以及背后"可信、可爱、可敬"的中国形象,一定能深深地镌刻在全球各国人民心中。

案例思考题:

1. 中国春节何以让世界"和而不同"?
2. 谈谈中国传统文化是如何影响世界的。

第二章　文化资源要素及价值

学习目标

1. 掌握文化资源要素构成；
2. 了解文化资源的功能与作用；
3. 理解文化资源的时间价值；
4. 重点掌握文化资源的经济价值；
5. 理解文化资源价值的潜在性、滞后性和整体性；
6. 理解历史文化资源的整体性。

文化之所以成为一种重要的、可以应用的资源，主要在于其本身的要素与价值。文化资源是文化经济发展的核心、基础和前提。文化资源可作为文化生产经营原料的各种物质要素和精神要素，以及所需要的环境要素，因此对于文化资源要素与价值的研究分析，对文化资源开发具有非常重要的意义。

第一节　文化资源的要素

要素是构成事物必不可少的因素，是构成事物必不可少的现象，又是组成系统的基本单元，是系统产生、变化、发展的动因。文化资源的要素是文化传承和创新的基础，对其进行深入研究和了解是保护和开发文化资源的重要前提。在文化资源的开发利用中，必须对这些要素进行深入研究和了解，才能更好地保护和传承文化资源，同时实现文化的创新和发展。

一、文化资源的要素构成

文化资源的要素是指构成文化资源的原始材料和基础元素，是文化资源的重要组成部分，具有多样性和独特性，是文化传承和创新的基础。文化资源主要包含品相、效用、开发预期、传承能力等要素。

（一）品相

品相一般是用来表示收藏品的完好程度，诸如纸币、书法、国画、邮票、书籍等都可以用品相表示其保存的完好程度。文化资源尤其是历史文化资源，不同于一般自然资源、经济资源或者可具象化的任何其他资源，其关键的一点就是文化资源的内生性。外生的资源具有可以界定的清晰轮廓，比如矿产、水、森林、资本、设备等自然资源、经济资源等外生性资源具有清晰的指标和可以量化考察的前提，而内生性的文化资源则需要更为强烈的主观意志加以评价。文化资源的品相要素集中地浓缩了资源的特征和基本属性。一般地,文化资源的品相应包括文化特色、保存状态、知名度、独特性、稀缺性及分布范围等基本属性。

知识拓展

书画艺术品的品相

书画艺术品的品相就是其外观质量。书法、国画很讲究品相,同样一幅书画,品相不同,其价格会相差数倍。书画的品相以"品"来界定:

一级品:作品全新,装裱精良,流传有序,档案齐全,包装、附件齐全、良好。

二级品:作品全新,装饰优良,流传有序,档案齐全,包装、附件有瑕疵;重大作品,作品全新,装饰有瑕疵。

三级品:作品全新,装饰有瑕疵,流传有序,档案齐全,包装、附件有瑕疵;重大作品,作品全新,档案齐全,装饰有瑕疵。

四级品:作品有瑕疵,但不伤及作品的精、气、神;装饰有瑕疵,档案不齐全,包装、附件有瑕疵。

五级品:作品有伤及作品的精、气、神之一的瑕疵;装饰有重大瑕疵,档案不齐全,包装、附件有重大瑕疵;重大作品有瑕疵,档案不齐全,装饰有重大瑕疵。

六级品:作品有伤及作品的精、气、神之二的瑕疵,但可修复,其他元素有重大瑕疵。

七级品:作品有损伤,虽然已进行重大修复,但是可以明显看出修复痕迹。

八级品:作品有硬伤,几乎不可修复或无修复的意义。

(二)效用

效用是能满足人们某种需要的物品的效用。文化资源效用大致包括社会效用、经济效用、民间风俗礼仪、公众道德、资源消费人群以及资源市场规模等方面。文化资源作为生产要素,具有促进生产力发展的功能,有利于形成比较优势。文化可以作为独立的生产要素直接创造财富,如文化产业的发展;也可通过对生产力系统中其他要素的内化作用推动生产力发展,即增加物质产品的文化含量。文化资源具有消费的无损耗性和利用的再生性,具有传统资源无法比拟的优势。消费的无损耗性表现在文化资源具有无形性,无论怎样转移和利用都不会失去资源的使用价值,资源可重复利用。利用的再生性表现在文化资源满足人们需求和利用的过程中需要生产者和消费者再开发,同时会生产出新的文化,文化资源利用越多、越广,效用发挥越充分,创造出的新文化资源就越多。

文化资源的效用不同于经济资源或者其他直接用于人们生活和生产方面的资源,它具有强烈的可替代性和地域差异。这实际上就是丰富多彩的文化差异形成的关键因素。在人类历史的长期发展中,效用成为文化资源不同于经济资源而久久传承的动力。中国的书法艺术、剪纸艺术、民间戏曲艺术、风俗礼仪等,就从多方面满足了人们表达情感、信仰、生活态度的需求,从而逐渐固化成为人们所说的文化资源的效用。

(三)开发预期

文化资源并不是一只点石即可成金的"金手指",不是直接挖矿就能烧来取暖的燃料,也不是简单贴标就可转型销售的临时内容。从文化资源到文化需求,到文化IP,再到文化产业,如何发现、了解、满足人们的文化需求,带动人们的文化消费,实现"需求侧改革",已成为文化产业发展的重要课题。

文化资源作为文化产业发展的核心要素,产业化的开发是其重中之重。文化资源开发的结果可以给文化资源所在地的经济发展、交通运输、生活服务、商务服务等带来整体上的提升,也就构成了社会的整体发展环境。

(四)传承能力

文化资源的传承能力主要是指资源规模、资源综合竞争力、资源成熟度、资源环境等。一般讲,发展规模大、传播范围广的文化资源具有较强的传承能力。京剧的资源规模就明显大于许多地方剧种,因此发展规模决定了其传承能力强于许多地方戏。资源的综合竞争力则是指资源在产品、地域、人群、发展、竞争对手等方面集中表现出来的强于同类资源的竞争优势,这种优势从竞争的角度看,实际上就是竞争力。成熟的资源具有更好的发展空间和发展潜力,也更容易形成良好、健康的传承机制,同时对资源的环境也将产生很大影响。

二、文化资源的功能和作用

(一)提供加工对象的功能

提供加工对象是文化资源功能最直接的体现。以各种方式广泛存在的文化资源,在客观上为人们对其进行开发提供了可能性和条件。利用现代科技手段,依据各自对特定文化资源的理解,人们可以对文化资源进行进一步加工,以生产出满足特定需求的文化产品,并通过文化产品的销售实现开发者的经济目的。从提供加工对象这一功能来说,文化资源与自然资源等资源形态并没有本质的差别,有的只是加工方式的不同而已。文化产业的发展就是通过对各类的文化资源进行开发、利用,从而实现文化经济效益的。例如,将网络文学作品改编成电影电视剧本,如网络文学作品《长安十二时辰》,不仅拍成电视剧,还被开发成沉浸式文化景区。

(二)提高地方和企业形象,增加产品文化附加值

文化资源的开发,不仅使开发企业获得经济上的利益,也使得文化得以迅速传播。随着文化资源开发的不断深入,企业和地区的形象及知名度也必然会随着赋予文化内涵的相关产品的销售而不断提高。增加文化附加值即通过对文化资源进行开发利用,赋予商品特定的文化内涵,以使其增值。例如,竹叶青产于峨眉山。峨眉山是我国著名的风景旅游区之一,有着秀美的风光和深厚的人文底蕴。作为联合国教科文组织自然和非物质文化"双遗产",峨眉山的青山秀水为人们提供了一处难得的精神家园。历代文人多有赞美峨眉秀丽风光和悠久茶文化的诗句,唐代诗人元稹有"锦江滑腻峨眉秀",南宋诗人范成大有"三峨之秀甲天下",南宋诗人陆游有"雪芽近自峨嵋得,不减红囊顾渚春"等。青山秀水的人文形象融汇到企业和产品当中,会使消费者产生美好的心理感受。竹叶青公司"身体而力行,小步终成千里""平常心,竹叶青""心存高远,意守平常""君子之交,竹叶青"等一系列企业和产品形象定位,将乐山、峨眉山本土人文精神中的仁者乐山、智者乐水、善良仁爱、道法自然、美的追求、内在修养等涵括其中,以人文关怀作为其基本内核,既有道法自然追求平常心的旷达,又有乐善至美、创新力行的创新和开拓精神,营造本土人文精神与企业文化的共生与共鸣,极大地增加了企业和产品的文化附加值,这成为竹叶青公司在众多茶叶企业中脱颖而出的重要原因。

(三)优化经济环境,促进产业升级

将历史上和现代生活中可供利用的文化资源进行开发,增加地区经济发展环境中的文化含量,可以大大优化经济发展的环境。这种优化经济发展环境的功能主要体现在:对硬环境的优化和对软环境的优化。对硬环境的优化包括:在地区或企业内部建筑、雕塑、文化娱乐设施、绿化形式与格局等环境要素的构建中,通过利用文化资源的开发来增加其文化含量,可以提高物质环境的档次,从而优化和美化环境,例如全国某些城市地铁站点的装修风格,充分将地方特色文化融入站点装修,呈现当地文化内涵。对软环境的优化包括:崇高的社会道德风尚的推崇、优良的社会习俗的形成、高品位的大众性的文化娱乐活动的开展、高雅的文化消费产品的提供等。以优化环境为主要目标的文化资源的开发,不仅可以使开发企业获得丰厚的回报,也使得这一地区的投资环境和经济发展环境得以进一步优化,不仅能够吸引大量的外部资金,而且有利于该地区或企业的生产效率的提高,由此形成良性循环,使得特定地区和相关企业受益无穷。

文化产业推动产业结构调整主要通过新的价值链条创造、资源配置结构调整和经济质量结构升级三种方式实现。新的价值链条创造指文化产业的发展促进文化理念渗透到传统产业的设计、生产、营销、品牌和经营管理等环节,从而改变传统产业的价值链,创造新的增值空间而形成新的价值分配链条。资源配置结构调整指资源由低效率区向高效率区流动和转移,由传统产业流入文化产业,从而促进传统产业的结构调整。经济质量结构升级指文化产业通过提升工业、服务业的文化含量与经济价值,提升整个社会经济的质量,从而实现了结构的调整。

第二节 文化资源的价值属性

价值是指客体的存在、作用及变化对于主体的某种需要的满足。自然资源有经济价值,文化资源同样有其价值表现。文化资源作为人类创造的物质文化、制度文化和精神文化的总和,不仅具有独特的科学价值、艺术价值,从资源对发展的有用性出发,它更具有经济价值。

一、文化资源的价值

文化资源的价值是指文化资源为社会或企业带来的社会价值和经济价值。与自然资源不同,文化资源不仅能够创造经济价值,也承担着文化传承、民众教化、国家形象塑造等社会角色。

(一)文化价值

文化资源的文化价值是其最显著的价值本体。文化价值作为文化资源的核心和本质,它体现了文化资源的社会性和人类活动赋予资源的深厚价值取向。一方面,有些文化资源本身就是文化,如非物质文化遗产就是鲜活的文化,具有原生态的文化基因,通过它人们可以认识一些民族独具特色的历史文化发展踪迹,了解这些民族本身的文化内涵。另一方面,文化价值是让某一个内容或概念在文化上"升值"的重要因素,一些纯粹的自然景观,有时因为人为的文化定义,也可能成为文化资源或者文化景观。比如一些旅游景点,由于定义了人文价值,使得对自然景观拥有了丰富的想象力,从而变成人文荟萃。文化价值包括很多带有情感性质的内容,会持续受到语境的影响,并针对不同读者呈现不同的意义。例如,"泰山"一词在中国不仅是个地理名词,也是一个文化概念,经由漫长历史不断叠加的评价与判断之后,逐渐获得了"庄

严""稳重""神圣"等含义,甚至获得了"五岳之尊"的称号,从而拥有了泰山 IP 在华人圈内的高端文化价值,这些就是文化资源内在文化价值的体现。

(二)时间价值

分析文化资源的时间价值必须考虑以下几个因素:

1. 文化资源形成的历史久远性

文化是人类劳动和思想意识的积淀,长期的劳动和思考凝结在这些巨大的文化载体上,就形成了今天的文化资源。越是久远的文化资源,其中蕴含的人类的文化因素越多,也就越具有高贵的价值。

一般地,形成历史年代久远的文化资源,其时间价值要高于年代较近的资源。时间长短是检验文化资源生命力是否旺盛的重要尺度,是检验文化资源是否具有强大传承能力的试金石。从实践的角度看,一件东周列国时期的文物,其价值显然要高于隋唐以后的文物价值。因此,时间成为文化资源评价与考察的一个重要指标。例如,世界文化遗产的认定中就有"作为文化遗产项目能够为一种已经消失的文明或者文化传统提供一种历史的见证"标准,像周口店北京人遗址、甘肃敦煌莫高窟、长城、秦兵马俑等,这些文化资源的形成和成熟年代均处于我国历史的早期阶段,都体现了时间价值的重要性。

2. 文化资源的稀缺性

资源的稀缺性是指相对于人类无限增长的需求而言,在一定时间与空间范围内,资源总是有限的,相对不足的资源与人类绝对增长的需求相比造成了资源的稀缺性。资源的稀缺性可以进一步划分为绝对稀缺和相对稀缺。绝对稀缺是指资源的总需求超过总供给,相对稀缺是指资源的总供给能够满足总需求,但分布不均衡会造成局部的稀缺,通常所说的稀缺性是相对稀缺。

对于文化资源来讲,例如一些古籍、文献、名人字画,由于时间久远,逐渐衰微,逐渐成为稀缺资源,也就因此具有了更加昂贵的度量价值,古代文物的价值就是如此界定的。对资源稀缺性的度量是相对的,目前还难以拿出一个很理想的稀缺性参数来客观地评价和衡量它的价值。物以稀为贵,因此稀缺的文化资源具有较高的可度量价值。比较可行的方法是比较这些资源的稀缺程度,并利用非参数的方法来进行资源的比较评价。

3. 文化资源体现了生成年代的社会经济发展水平

一般文化资源的形成受到了当时社会经济文化发展和政治稳定的极大影响。从古代的甲骨文、竹简,到现代的电子书籍、网络资源,文化资源的形态随着时代的变迁而不断演变。在古代,文字的保存受限于物质载体,如甲骨文需要优质的龟壳或动物骨头,竹简则需要砍伐和加工竹子。这些资源不仅稀少,而且难以获取,因此文化资源的传承和发展受到了很大的限制。然而,随着社会经济的发展和科技的进步,文字和符号的载体在不断演变。如今,我们可以通过电子书籍、网络资源等数字化形式获取和传承文化信息,这些信息资源不仅易于获取,而且可以随时随地使用,大大提高了信息的利用效率。

(三)研究价值

文化资源作为人类发展过程中所创造的物质文化、社会文化和精神文化遗产,其本身包含着科学研究价值。文化资源作为历史的产物,是对历史上相应时期生产力发展状况、科学技术发展程度、人类创造能力和认识水平的保留和反映,是后人获取科技信息的源泉。它为人类进行科学研究、考古等历史研究提供了重要的依据。科学家通过对一些文化资源的研究,可以了解世界,探知人类社会发展的历史与未来。拿非物质文化遗产来说,它经过历史的洗礼与沉淀传承,又相对完整地保留着,为考古学家、历史学家、民俗学家、剧作家提供了考察研究的范本。

(四)历史价值

文化资源在某一地区、某一民族深厚的传统文化、悠久的历史发展过程中,历经岁月沧桑,保存、流传下来,反映着历史传统和文化变迁。如古代建筑、非物质文化遗产等,它们历史悠久,本身承载着丰富的历史价值,是历史留给人类的精神财富。很多文化资源都远离都市,在相对闭塞的环境中得以比较完整地保留到现在,供人类参观和研究,如一些民俗民风、宗教信仰、节庆庙会等。这些文化资源为地方史、社会史、经济史、文化史等的研究提供了完整详细的资料,对于认识研究人类社会发展变迁的轨迹具有重要的参考价值。同时,还有很多文化资源被开发,通过旅游等形式使更多的人了解文化、认识历史。

(五)美学价值

文化资源经历史选择、传承至今依然保存较好,而且又各具特色,韵味不尽相同,这都是源于其本身体现和传承着人类对美的追求。如民族工艺品、民族表演艺术、民族服饰等,它们是历史上不同时代、不同民族人民劳动和智慧的结晶,展现着各民族的生活风貌、艺术创造力和审美情趣。历史对物的选择大都遵循"取其精华,去其糟粕"的规律,这些包含艺术价值、美学价值的文化资源当然不会被历史遗弃,而是通过这样或那样的方式使其完整地展现在人类的各个历史时期,供人类观赏愉悦。如我国传统的剪纸艺术、皮影、木板年画、石雕、青铜器复制品等,都具有观赏愉悦的审美价值。这些物品给人的美感不仅体现在形式上,而且体现在其内涵上,其作品反映的对象都是生活中的事物,不仅表现了当地淳朴的民俗民情,而且融入了创作人的思想情感和善恶的判断;既反映了人类对大自然、人生和美好生活的热爱,也表现了对真善美的追求。

(六)经济价值

文化与经济有着千丝万缕的联系,在新的历史条件下,文化是经济发展的重要媒介。许多地区利用当地特有的文化资源发展旅游业,变文化资源为经济资源,产生经济价值。如非物质文化遗产,由于其具有原生态的文化特征,所以蕴涵着巨大的经济价值。通过对民间艺术真实的展演、对民俗文化的旅游开发,可不断提高当地的知名度;与此同时,对传统工艺品进行重新设计包装成旅游商品,游客购买当地的旅游商品,对当地能产生巨大的经济效益,从而拉动经济增长。随着人们消费水平的提升,文化消费已成为经济发展的重要力量,成为国民消费增长最快的领域之一。例如,近年来国内旅游人数大幅增长,古代建筑、传统民间工艺、个人收藏等的消费能力显著攀升,说明了文化旅游经济的蓬勃发展势头。

 课堂案例

凤翔泥塑:"泥耍货"变身"聚宝盆"[①]

陕西省凤翔县新明泥塑非遗工坊依托国家级非遗代表性项目凤翔泥塑成立于2020年,成

[①] 本案例来自文化和旅游部、人力资源社会保障部、国家乡村振兴局《2022年"非遗工坊典型案例"》。

立之初,工坊即投入1000多万元,建设中国"泥土文化馆"和凤翔泥塑研学体验中心项目、改扩建2000多平方米生产教学场地、购置200多套研学体验设备、设计定制泥塑脸谱等非遗体验学习包20000多份,实现单次接待800~1000人体验团队的目标。工坊坚持走"小泥塑大产业"发展策略,大力推行"非遗+创意+旅游+研学+农户"模式,带动当地群众就业增收。2022年,新明泥塑非遗工坊下属加工生产农户68户,对口帮扶脱贫户11户,工人35名,开发设计创作新的泥塑品种60多项,年产泥塑等各类手工艺品10多万件,年接待国内外游客11万余人次。工坊已培养了300多名学徒,解决就业人数118人,安置脱贫户及残疾人就业6人,带动从事相关产业脱贫群众46名,助力人均月收入达到4500元,让凤翔泥塑在乡村振兴中大放异彩,实现了凤翔泥塑从"泥耍货"变身"聚宝盆"的华丽转变。

二、文化资源价值的特性

由于对文化和文化资源认识的分歧,对文化资源价值的评价比对自然资源困难得多。因为文化资源与精神和意识有关,故文化资源的价值具有潜在性、滞后性和整体性。正确认识文化资源的价值,首先要充分认识它的潜在性、滞后性和整体性。

(一)文化资源价值的潜在性

潜在性是指潜藏的、一旦条件成熟就可能发挥出来。文化资源价值的潜在性与文化的存在形式有关。计算价值的前提是对象化和具体化。物质产品,例如,一支笔、一斤粮、一匹布,可以对象化,有明确的单价,计算价值比较容易。在庞大的文化体系中,只有一部分可以对象化,意识文化中的绘画、音乐、诗歌、小说等,可以对象化;物质文化中的建筑、园林、服饰等也可以对象化;纯意识文化、理论意识文化、制度文化等很难对象化。无法对象化的文化资源很难度量,然而它的巨大影响是客观存在的。优秀的文化具有强烈的冲击力、震撼力和感召力,能够升华思想,激扬精神,醇化道德,陶冶灵魂。正如严家炎先生在《重视人文科学的无用之用》中所说的那样,优秀的文化,"犹如天空中的氧气,自然界的春雨,不可或缺却视之无形,飘飘洒洒,润物无声"。

文化结构与潜在价值如图2-1所示。

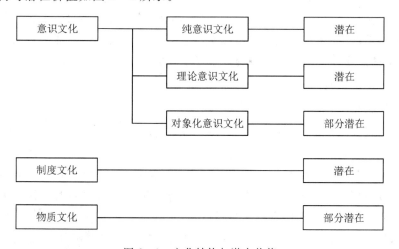

图2-1 文化结构与潜在价值

(二)文化资源价值的滞后性

大多数文化产品的功能是在审美过程中释放的,是持久的。优秀的文化产品可以满足人们世世代代的需求,是全人类的共同财富。文化产品功能的持久性是文化资源价值滞后性的基础,关于文化资源价值的滞后性可以从三方面进行分析。

1. 供需规律与古董效应

物以稀为贵。古董的价格和价值很难用一般的商品模式计算。随着岁月流逝和经济发展,人们对文化遗产的留恋程度和需求量提升。古董是文化产品之一。大部分文化产品,如绘画、雕塑、古建等,是不可再生的,这类文化产品经历一定年代后通常称作古董,它的增值速度比一般商品快很多。古董的价格运行轨迹可以从侧面说明整个文化产品交易价值的变化。例如,我国现代杰出的画家和美术教育家徐悲鸿画作,在2010年的春季拍卖会,一共拍出徐悲鸿的画作117幅,成交了98幅,总成交额达到了4.458亿元。这一年的拍卖会上,徐悲鸿的画大放异彩,他的《十二生肖》成交额达到了7280万元;《春山驴背图》以6720万元的价格成交;《神骏双游》以600万元的价格起拍,经过一番激烈的竞价,最后以1568万元的价格成交;《竹鸡图》以500万元的价格起拍,以1512万元的价格成交;《怅望》以200万元的价格起拍,经过一番激烈的竞价,最终以1188.8万元的价格成交。2010年北京推出了徐悲鸿的《秋风立马图》,此画是徐悲鸿画给弟子徐晓明的,最终成交价为3360万元。同年,《巴人汲水图》拍卖价格1.713亿元,首破亿元大关。2011年,《九州无事乐耕耘》在北京保利以2.668亿元成交,突破2亿元大关。徐悲鸿画作的拍卖价格随着时间的推移,价格还在不断上涨,这充分体现了经济学上的稀缺性。

2. 认识过程

"白鹭立雪,愚者看鹭,聪者观雪,智者见白。"台湾诗人林清玄禅诗中说,不同文化素养的人群对同一个文化产品有不同的感受,人们对文化资源也有一个逐步认识的过程。不少文学家、艺术家,如曹雪芹、凡·高等,生前穷困潦倒,死后作品价值连城。凡·高生前只卖出一幅画。1890年6月,凡·高创作《加歇医生像》时写道:"人们也许会长久地凝视它们,甚至在100年后带着渴念追忆它们。"然而这个事情就是这么巧合,1990年5月15日纽约克里斯蒂拍卖行在3分钟内将其以8250万美元的价格拍卖给了日本第二大造纸商斋藤良荣(Ryoei Saito)先生,正好被他的话预言中了,所以这幅画,不仅仅是因为画作的出色、大师的名气,还带有那么一点点的神秘预言色彩。

3. 消费高层次化

对文化的需求程度是走向文明的重要标志。随着社会发展,人们对高层次消费需求增加,文化资源的价值逐渐释放出来。人们追求真、善、美,科学求真,道德求善,艺术求美。真、善、美的基础是科学、道德和艺术,是文化。体验经济是对消费高层次化的注释,美国未来学家托夫勒在马来西亚看到一栋房子外面有许多人排队,导游说是进去看雪景。托夫勒认为这就是体验经济,马来西亚在热带,人们没有见过雪,愿意花钱体验雪景。高品位的文化资源有独具性,有新鲜感,最值得回味,最值得体验。进入体验经济阶段,文化资源的价值可以充分展现美国心理学家亚伯拉罕·马斯洛提出的需求层次理论。该理论把需求分成生理需求、安全需求、社交需求、尊重需求和自我实现需求五类,依次由较低层次到较高层次排列,较低层次是物质需求,较高层次是精神需求,文化是精神需求的主要内涵。

(三)文化资源价值的整体性

文化资源价值的整体性是指一个民族或地区的文化资源不是孤立的,而是相互关联、相互依存的。文化资源之间有着密切的联系和互动,因此它们的价值也是相互影响、相互促进的。

美学有两条重要原则:①调和原则,将相近的东西排列在一起,相近的色彩组合在一起,使人们在协调中感受美。②统一原则,将多种要素组合在一起,既不杂乱,又不单调,既活泼,又有序,形成和谐的整体。遵循这两个原则,文化资源的价值轨迹是1+1大于2,违反这两个原则,文化资源的价值轨迹是1+1小于2。

例如,城市的建筑、历史、民俗文化等都是相互关联的,共同构成了一个城市的文化特色。如果只重视其中的某一方面,而忽略了其他方面,就会导致文化资源的整体性遭到破坏。因此,在城市规划和建设中,需要全面考虑城市的文化地域特色,注重它们的整体性和协调性。如西安城墙,其吸引人的原因是得到整体保护,包括对周边环境的必要保护。

又如,中国的传统文化中,诗歌、绘画、音乐等艺术形式之间有着紧密的联系。古代的文人雅士往往同时擅长多种艺术形式,他们在创作中不仅注重表现自己的情感和思想,还注重不同艺术形式之间的相互借鉴和融合。这种文化资源的整体性不仅使得中国传统文化更加丰富多彩,也促进了不同艺术形式之间的交流和互动。

历史文化资源具有整体性,它的价值要通过整体性的规划和保护来反映。历史文化资源的整体性表现在三个方面:

(1)建设风貌整体性。城市的格局、街坊和居住区格局,都有整体性,不是单体建筑可以表达的。

(2)自然背景整体性。历史文化遗迹有特定的自然背景,有河、湖、山、丘的衬托,有古木花草的掩映。

(3)社会活动整体性。传统的民俗、宗教活动、文艺歌舞演出能够使文化资源熠熠生辉。

本章小结

1. 文化之所以成为一种重要的、可以应用的资源,主要在于其本身的要素与价值。文化资源的要素包括品相、效用、开发预期以及传承能力等。同时,文化资源具有提供加工对象的功能,具有提升地方和企业形象,增加产品的附加值,优化经济环境,推进产业结构调整的功能。

2. 文化资源的价值是指为社会或企业带来的社会价值和经济价值。与自然资源不同,文化资源不仅能够创造经济价值,也承担着文化传承、民众教化、国家形象塑造等社会角色,具有重要的社会价值。具体来讲,文化资源价值主要表现为文化资源的文化价值、时间价值、研究价值、历史价值、美学价值和经济价值。

3. 文化资源与精神和意识有关,文化资源的价值具有潜在性、滞后性和整体性特性。

思考与练习题

1. 简述文化资源的要素构成。

2. 简述文化资源的价值属性。
3. 如何理解文化资源的时间价值?
4. 试述文化资源价值的特殊性。
5. 文化资源的功能主要体现在哪些方面,试举例说明。
6. 正确认识文化资源价值的滞后性对文化资源开发有什么意义?
7. 搜集、查询名画、古代瓷器等文物的市场拍卖价格,试阐述产生古董效应的原因。
8. 怎样理解历史文化资源的整体性?

案 例

平遥古城的历史文化价值

平遥古城位于山西省晋中市平遥县,其规划、布局、城墙、街道、建筑和文物都保留着明清时期的特色,被称作研究中国古代城市的活样本,被列为世界文化遗产。平遥古城始建于西周时期,距今已有2700多年的历史。在秦、汉、唐、宋、元、明、清等时期,平遥古城先后作为政治、军事、商业、文化中心,为中国古代城市的演化历程贡献了重要的篇章。

平遥古城是中国城市规划史上的一座典范,它体现了中国传统城市的黄金时期,也反映了中国城市规划的源起和发展。它之所以被列为世界文化遗产,与其保存完整的历史文化价值密不可分。

平遥古城的城墙是中国保存最为完整的明清时期城墙之一,城墙长约6.4公里,城墙上有72座敌楼和3座城门楼。城墙采用灰砖夯土而成,阴阳墙、角楼、瓮城、栏楼、箭亭等构件齐备,构造纯粹,细腻优美,形成了独特的夯土建筑风格。

平遥古城内建筑多为明清时期的传统建筑,如庙宇、会馆、县衙、商铺、民居等。这些建筑的格局和规制、布局和装饰,都呈现出丰富的、深厚的文化内涵,具有极高的历史、艺术和建筑价值。

平遥古城还保存有众多的历史文物,如古街、石碑、纹银、元明清版画等。这些文物代表了不同的历史时期和不同的文化形态,对研究中国历史、文化、艺术等学科领域,都具有重要的研究价值。

平遥古城的历史文化价值不仅体现在城墙、建筑、文物等方面,还体现在其他方面。

首先,平遥古城是中国传统商业发展的重要见证。平遥古城自唐代以来,便成为商贸中心,商业发达。在场衙、宝庆、通衢、北大街、南大街等范围内,聚集了各类商铺和货栈,以及金融机构、邮政、咸亨醋行等商业机构。这些商业机构的发展,不仅推动了平遥古城的繁荣,还为中国古代商业文化的发展作出了重要贡献。

其次,平遥古城还是中国传统文化的重要代表。平遥古城保存的传统建筑、传统艺术、传统节日等,都体现了中国古代的文化传统。平遥古城的"古都才子文化节""全国木版年画展览"等文化活动,更是将中国传统文化的魅力展现得淋漓尽致。

最后,平遥古城还是中国古代城市管理制度的典范。从平遥古城的布局、规划、建筑到管理制度,都体现了中国传统城市管理的精髓,对于今天中国城市发展,有着重要的启示作用。

平遥古城是中国的一颗文化瑰宝,保存了中国古代城市建筑、商业、文化、管理等方面的重要历史遗迹,是了解中国传统文化和城市发展的重要窗口。

案例思考题:

1. 从历史、文化、政治、经济等方面分析保护平遥古城的意义。
2. 查阅资料,了解平遥古城是如何对文化资源进行开发利用的。

第三章 文化资源的表现形态

学习目标

1. 了解文献形态文化资源的分类、载体内容；
2. 掌握造型艺术形态文化资源的概念和不同表现形式；
3. 掌握表演艺术形态文化资源的概念和分类；
4. 掌握节事和节庆文化资源形态的类型；
5. 了解发展体育文化活动和体育旅游的意义；
6. 掌握各种形态的文化资源与发展文化产业的关系。

文化资源存在的范围和领域很广泛，也很分散。并且以此为基点构成了种类繁多的文化资源，不同领域和不同范围的文化资源，其形态也是不同的。现在所说的文化资源除了公认的文化遗产外，至少还包括文献形态、造型艺术形态、表演形态和节庆活动形态文化资源等重要形态。

第一节 文献形态的文化资源

文献作为记载、传承人类文明成果的一种物质形态，为社会的发展提供了重要的物质基础。在几千年的发展历程中，随着科技的不断发展和人类信息需求的变化，文献形态也在进行着相应的演变，期间经历了从简单到复杂、从无纸到有纸、从低级到高级的变化过程。这个过程体现着不同历史时期生产力的发展水平和科学技术的进步程度，它为社会经济、文化、科技等方面的发展提供了重要的物质基础，成为社会生活的重要元素。以文献为基础形成的信息资源体系是社会发展的重要组成部分。

一、文献的概念内涵

（一）文献的来源

"文献"一词最早见于《论语·八佾》，南宋朱熹《四书章句集注》认为，"文，典籍也；献，贤也"。所以那时候的文指典籍文章，献指的是古代先贤的见闻、言论以及他们所熟悉的各种礼仪和自己的经历。《虞书·益稷》也有相关的引证说明"文献"一词的原意是指典籍与宿贤。

宋代马端临《文献通考》中将文与献作为叙事与论事的依据："文"是经、史历代会要及百家传记之书；"献"是臣僚奏疏、诸儒之评论、名流之燕谈、稗官之记录。在他的影响之下，关于文献的认识，便只限于一般的文字记载，不能表达为文字记载的东西，则不能称之为文献。

数千年来,人类创造出丰富而灿烂的各类文化硕果,主要录存于浩如烟海的古代图书典籍之中,这些就是古典文献。而其中与某一学科直接相关的图书资料,就是该学科的文献。古典文献学的基本任务,是继承古代校雠学家的方法、经验和成就,运用历史唯物主义和辩证唯物主义的观点与方法,发掘、搜集、整理、研究这些文献,去伪存真,考究源流,使之为各个学科、各个层次的专业工作者所了解、掌握和利用,并在此基础上创造新的文化,进而为全人类作出贡献。

(二)文献的内涵

随着社会的发展,"文献"的内涵已发生了巨大变化,除了泛指古籍外,近人把具有历史价值的古迹、古物、模型、碑刻、绘画等,统称为"历史文献"。2021年中华人民共和国国家标准《信息与文献 资源描述》(GB/T 3792—2021)给"文献"的定义是:"包含知识内容和/或艺术内容的有形的或无形的实体,它作为一个单元被构想、制作和/或发行,形成单一书目描述的基础。"在这一定义中,有两个关键词:"知识内容和/或艺术内容"是文献的核心,"有形的或无形的实体"是知识赖以保存的物质外壳,即可供记录知识的某些人工固态附着物。也就是说,除书籍、期刊等出版物外,凡载有文字的甲骨、金石、简帛、拓本、图谱乃至缩微胶片、视盘、声像资料等,皆属文献的范畴。

文献是用文字、图形、符号、声频、视频等技术手段记录人类知识的一种载体,或理解为固化在一定物质载体上的知识,也可以理解为古今一切社会史料的总称。文献是记录、积累、传播和继承知识的最有效手段,是人类社会活动中获取情报的最基本、最主要的来源,也是交流传播情报的最基本手段。

二、文献的分类

文献分类是指根据文献内容和形式的异同,按照一定的标准或体系有系统地组织和区分文献。

(一)根据文献载体不同分类

载体,就是记载文献的物质材料,文献总是附着于一定的载体。为了有效地存贮、传播知识,人类先后发明了各种各样的物质材料来记录信息。古代人类的知识主要是记录在甲骨、泥板、兽皮、竹简等上面。自纸张和印刷术发明以来,人类的知识主要以纸张为载体,加以保存和传递。随着信息记录与存取技术的发展,文献载体形式呈现多样化,如音像磁带、微缩胶卷、光盘等,这些非纸型文献的出现使文献的范围进一步扩大,使文献的生产和传递更加迅速,使知识、信息的存储和利用更加便捷。目前,文献主要有纸张文献、缩微文献、电子文献、音像文献四种。

(1)纸张文献(paper document),是文献的最基本方式,是利用手写、铅印、油印、胶印、石印等作为记录手段,将信息记载在纸张上形成的文献。它是传统的文献形式,便于阅读和流传,但存贮密度小、体积大,不便于管理和长期保存。

(2)缩微文献(micro-form document)是利用光学技术以缩微照相为记录手段,将信息记载在感光材料上形成的文献,如缩微胶卷、缩微平片。其特点是存贮密度大、体积小,便于保存和传递,但必须借助专门的设备才能阅读。世界上许多文献信息服务机构都将长期收藏的文献制成缩微品加以保存。

(3)电子文献(electronic document),也称机读型文献,是指以数字代码方式将图、文、声、像等信息存储到磁、光、电介质上,通过计算机或类似设备阅读使用的文献。目前电子文献种类多、数量大、内容丰富,如各种电子图书、电子期刊、联机数据库、网络数据库、网络新闻、光盘数据库等。其特点是信息存储量大,出版周期短、易更新,传递信息迅速,存取速度快,可以融文本、图像、声音等多媒体信息于一体,信息共享性好、易复制,但必须利用计算机才能阅读。

(4)音像文献(audio-visual document),也称视听型文献,是采用录音、录像、摄影、摄像等手段,将声音、图像等多媒体信息记录在光学材料、磁性材料上形成的文献,如音像磁带、唱片、幻灯片、激光视盘等。其特点是形象、直观,尤其适于记录用文字、符号难以描述的复杂信息和自然现象,但其制作、阅读需要利用专门设备。

(二)根据不同出版形式及内容分类

文献根据不同出版形式及内容,可以分为图书、连续性出版物、特种文献。

1. 图书

图书是由书籍演变发展的集合概念,是以文字或图像的形式记录信息的媒介,通常篇幅达到 48 页(由纸莎草、羊皮纸、牛皮纸或纸制成)以上一个书目单元的文献,装订在一起并用封面保护。古代的图书是指地图、法令、户籍等文献典籍,以手工缮写、拓印线装形式为主;近代的图书是指书籍、期刊、报纸、图片等出版印刷品;现代的图书泛指各种知识载体,包括书刊资料印刷品、手稿、缩微复制品、视听资料以及计算机磁带、磁盘资料等。狭义的图书主要是指以纸张为材料、具有完整装订形式的各种印刷品。图书文献是人类记录与传播知识或情报的信息载体。

2. 连续性出版物

连续性出版物包含期刊(其中含有核心期刊)、报纸、年度出版物。期刊又名杂志,定期或不定期连续刊行,有统一的名称,固定的版型、开本和篇幅,用连续的卷期或年月顺序编号,汇集若干作者分别撰写多篇文章、资料或线索,由编辑人员编辑出版。报纸是以刊载新闻和时事评论为主的定期向公众发行的印刷出版物或电子类出版物。报纸是大众传播的重要载体,具有反映和引导社会舆论的功能。年度出版物,是指以同一总名称,逐年出版的连续出版物,如年刊、年报、年历、年编、年鉴以及按年出版的手册、指南等。

3. 特种文献

特种文献是指出版发行和获取途径都比较特殊的科技文献,一般包括会议文献、科技报告、专利文献、学位论文、标准文献、科技档案、政府出版物七大类。特种文献特色鲜明、内容广泛、数量庞大、参考价值高,是非常重要的信息源。

(三)根据文献内容、性质和加工情况分类

根据文献的内容、性质和加工情况,可将文献分为零次文献、一次文献、二次文献、三次文献。

零次文献是指未经加工出版的手稿、数据原始记录等文件。一次文献指以作者本人的研究成果为依据而创作的文献,如期刊论文、研究报告、专利说明书、会议论文等。一次文献包括图书、期刊、会议文献、学位论文、专利文献、政府刊物、产品样本、科技报告、标准文献、档案等。二次文献是对一次文献进行加工整理后产生的一类文献,如书目、题录、简介、文摘等检索工

具。三次文献是在一、二次文献的基础上,经过综合分析而编写出来的文献,人们常把这类文献称为"情报研究"的成果,如综述、专题述评、学科年度总结、进展报告、数据手册等。与此类似,也有把情报分成一次情报、二次情报、三次情报的。

 小知识

永乐大典

《永乐大典》是明永乐年间由明成祖朱棣先后命解缙、姚广孝等主持编纂的一部集中国古代典籍于大成的类书。初名《文献大成》,后明成祖亲自撰写序言并赐名《永乐大典》。全书22877卷(目录60卷,共计22937卷),11095册,约3.7亿字,汇集了古今图书七八千种。《永乐大典》内容包括经、史、子、集,涉及天文地理、阴阳医术、占卜、释藏道经、戏剧、工艺、农艺,涵盖了中华民族数千年来的知识财富。《不列颠百科全书》在"百科全书"条目中称中国明代类书《永乐大典》为"世界有史以来最大的百科全书"。《永乐大典》已经成为中国文化的一个重要符号。

永乐元年(公元1403年),朱棣决心修一部巨著彰显国威,造福万代。宗旨是"凡书契以来经史子集百家之书,至于天文、地志、阴阳、医卜、僧道、技艺之言,备辑为一书"。最初令解缙主持编纂(规模147人),一年后修成《文献大成》,但朱棣亲阅后不甚满意,钦点姚广孝担任监修,同时编纂队伍扩大到了2196人(累计达3000多人),于永乐五年(公元1407年)定稿,朱棣亲自作序并赐名《永乐大典》。全书于永乐六年(公元1408年)才抄写完毕。

2023年2月8日,《永乐大典》高清影像数据库(第一辑)在国家图书馆正式发布,发布会由国家图书馆(国家古籍保护中心)与北京大学联合主办,国家图书馆出版社和北京字节跳动公益基金会协办。

三、文献载体的演变

当今世界,社会信息化和科技进步的迅猛发展,推动了文献载体的变革。作为一种存储和表达人们思想的物质载体,在人类文明的演进过程中,从古代到现代,从金石、竹简、丝帛到纸质、电子等,它的功能在不断延伸和扩大,在方式上不断更新和飞跃。这一发展演变也就是载体材料本身的笨重到轻便,信息记录的密度由小到大,信息记录传递由慢到快的进程。

(一)天然材料

在文字产生之前,语言是表达人类思想以及人类认识自然、改造自然结果的重要载体,人们使用语言来传递信息、表达感情。由于语言这种生理性载体不易存储的局限性,故信息传递效果得不到保障。

原始社会初期,社会生产力水平低下,人们认识和改造自然的能力有限,传播与交流要靠语言、表情、手势、行动等自然的表达方式。这种原始的记录方式,符合当时的社会状况。但是,到了原始社会后期,由于社会生产力的不断发展,文字作为语言的辅助工具应运而生了,逐渐形成了人们共同创造最后约定俗成共同使用的工具。

人类创造了文字,这时的文字就是一些记号、符号,其载体是一些自然物的简单加工,有的过于笨重,有的过于昂贵,有的极易损坏,大都不便流通。如古埃及的莎草纸,古巴比伦的泥板书,印度的贝叶经、欧洲的羊皮书,古罗马的铅书、铜书等。

在中国,也经历了同样的过程,产生了以龟甲、兽骨、青铜器、石碑、竹简、木版、帛等为载体的文献。商朝时,人们把文字刻在龟甲上,称甲骨文,于是就有了中国最早的"文献"。但它们只是文字记录和信息符号,虽然在一定程度是起到了书的作用,但不算正式图书。正式图书的出现以简策、木牍、缣帛①为标志。在竹简和木简上写字,要比在甲骨上刻字容易,而且也便于编连。

(二) 人造纤维材料

东汉元兴元年(公元105年),蔡伦将造纸的方法写成奏折,连同纸张呈献汉和帝,得到汉和帝的赞赏,汉和帝便诏令天下朝廷内外使用并推广,朝廷各官署、全国各地都将造纸视作奇迹。由于在全国各地逐步推行的新造纸方法是蔡伦发明的,人们便把这种纸都称为"蔡侯纸"。纸作为一种较为理想的书写材料,迅速广泛地传播到全世界。人造纤维材料的产生、纸的发明,为文献载体材料的发展创造了新的物质条件,使得纸写本书籍有了产生的可能,从而推动了文化发展。纸张兼顾了竹木简策和缣帛的优点,克服了它们笨重和昂贵的缺点,使图书文献进入社会化的生产、保存、传播的新时代。纸质型载体材料终于以本身物美价廉的优越性逐渐取代了简策和帛书型载体材料,从此纸写本的文献载体书的数量就越来越多了。纸载体材料轻便、密度大、成本低、流传阅读方便,成为图书世界最主要的文献载体材料。

纸的出现虽然解决了载体与文献发展的矛盾,但纸张载体与手工抄写产生了新的矛盾,因为抄写是有文字以来的文明史上最重要的记录方式,当时大部分的著作都是手抄的,速度慢、效率低,而且较容易出错。抄写,这种文献生产手段和水平使当时的文献信息总量非常有限。为了解决这个问题,隋朝创造了雕版印刷术。北宋庆历年间毕昇发明了活字印刷术,此后陆续出现了木活字、铜活字、铅活字,但仍以雕版印刷为主。古代印刷术的发明是文献发展史上的一大飞跃,它为文献的整理和流传带来了巨大的变化,为历史文化的存储和传播、交流带来了前所未有的便捷,促进广大人民共享世界文明成果,并参与世界文化交流之中。印刷术的发明,对文献的快捷生产、存贮、复制、传递、交流信息等起到了强有力的推动作用。

(三) 光电磁化材料

随着科技的发展,人造材料得到了进一步发展,光电磁化材料在图书文献中得到应用。新型文献载体材料的不断涌现,让传统的纸型文献载体失去了一统天下的地位,多种文献载体相互依存,互相补充,相互结合。

随着印刷术的发展、装订技术的进步,以及社会对文献信息需求的增加,印刷型文献呈现海量增长,极大影响了文献的传递、检索和利用,导致文献的增长和存储之间的矛盾,同时也给文献的高密度存储带来了一定的困难,于是人们就开始寻找一种占据空间小、存储密度大、传递速度快的文献载体。19世纪末,开始出现以感光材料为记录知识信息的载体,它是以缩微照相为记录手段而产生的一种信息存储载体,如缩微胶卷、缩微平片等,其优点是存储密度大、体积小、价格便宜、寿命长、携带方便,但这种文献载体必须借助于阅读机进行阅读,且人眼容易疲劳,这是它的局限性所在。

20世纪60年代前后,伴随着文献信息的不断增长,文献载体发生了又一次革命性的变

---

① 缣帛是中国古代以丝织品为记录知识的载体,也称为帛书或缯书。

革,出现了以磁性材料为载体的文献。信息技术、通信技术等应用于文献信息领域,将知识信息以数字符号的形式记录在磁带、磁盘、磁鼓上,并成为可阅读的文献。

20世纪80年代,载体材料的再一次变革是利用激光技术在特制的圆盘上记录产生的信息,它是继纸张、缩微品、磁性存储介质之后创造出的又一种新的知识载体,是当时世界上既能存储文字、图像、符号,又能存储声音等各种知识信息中最为理想的文献信息载体——光盘、数据库。这种载体存储容量大,读取速度快,性能好,使用方便,对知识信息的存储、传递交流及信息产业的发展产生了深远的影响。

电子数字型文献是伴随着计算机技术和网络技术的发展而产生的,以计算机处理技术为核心记录信息的一种文献形式。它是信息社会文献载体形成、发展、进化的必然产物,是一种新型的知识和信息载体。这种文献存储容量大、检索速度快捷、灵活、使用方便。电子数字型文献必须借助于电子图书阅读器,从Internet上下载图书,进行离线和脱机阅读。有人说,电子图书的产生是继印刷术、纸张发明之后又一次书业革命。

在人类社会步入网络时代后,以网络文献为代表的新兴文献形态层出不穷,改变了以往各种形态文献的构成和布局,给文献的开发、组织、管理、利用、评价等各方面均带来了根本性的变革,对社会经济、文化、科技、教育等都产生了很大影响。从现实和理论层面出发,研究网络环境下文献形态演变的内在因素和外在因素的作用机制,无疑对文献资源的开发利用、组织管理等诸多方面具有很好的指导意义,为宏观管理机构、文献出版者、利用机构、文献使用者、科研理论工作者等科学、合理地开展文献工作提供了理论和实践指导。

文献载体从非纸质文献过渡到纸质文献,直至现代的电子文献,经历了漫长的发展演变过程,这个发展演变过程与人类社会文明发展程度、社会生产力的发展水平、科学技术的发展水平、社会文献信息量的需求等诸多因素紧密相关。随着时代的进步,我们期待着更加先进的文献载体问世。

四、文献的作用

从一个民族的口头语言到书面形式,从摄影术的发明到电影、电视和计算机网络传播手段的发明,其主要意义就在于尽量准确地、真实地记载人类的发展历程,这恰恰是获取以历史人物和历史事件为主的文化资源最有效的途径。文献蕴涵着人类宝贵的精神财富,并在人类社会发展过程中发挥着巨大的功能作用。文献对社会的功能作用表现在多个方面。

(一)文献是人们获取知识的重要媒介

文献是人类文化发展到一定阶段(具有可记录的内容与记录的工具、手段时期)的产物,并随着人类文明的进步而不断发展,是人类知识宝库的组成部分,是人类的共同财富。人类认识社会与自然界的各种知识的积累、总结、贮存与提高,主要是通过文献的记录、整理、传播、研究而实现的。文献能使人类的知识突破时空的局限而久远流传。

(二)文献是确认科学研究成果的主要形式

文献是科学研究和技术研究结果的最终表现形式,是确认研究人员对某一发现或发明的优先权的基本手段。文献的内容,反映了人们在一定社会历史阶段的知识水平;而文献的存在形式(诸如记录手段、书写材料、构成形态与传播方式等),又受当时社会科技文化发展水平的影响与制约。文献是衡量研究人员创造性劳动效率的重要指标。

（三）文献是科学研究的基础

文献是研究人员自我表现和确认自己在科学中的地位的手段，因而是促进研究人员进行研究活动的重要激励因素。任何一项科学研究都必须广泛搜集文献资料，在充分占有资料的基础上，分析资料的种种形态，探求其内在的联系，进而做更深入的研究。文献是在空间、时间上传播情报的最佳手段。

（四）文献是非常重要的文化资源

文献有多种表现语言，开发利用好文献资源将会促进人类社会发展。就我国历史典籍的分类而言，可分为记载1840年鸦片战争之前的古代史，记载1840年鸦片战争到1919年五四运动前夕的近代史，记载1919年五四运动到1949年中华人民共和国成立前夕的现代史，记载1949年中华人民共和国成立至今的当代史。从电视剧《努尔哈赤》《汉武大帝》《唐明皇》《武则天》到《成吉思汗》《朱元璋》《康熙王朝》《雍正王朝》《北洋水师》《大秦赋》等，无一不是从历史典籍中大力开发、深度挖掘其民族文化资源的。另外，摄影、摄像是非常年轻的记载人类历史的科技手段，摄影诞生于1839年，电影诞生于1895年，其所承载的信息量在文化资源中所占的份额也越来越大。

第二节 造型艺术形态的文化资源

造型意义的本质或现象，是形成造型风格与精神的基本条件。在早期西方的希腊罗马文化及中国商周文化中，造型仅纯粹为机能上的用途而创作，无论是在建筑、家具、家用器皿还是在产品上，造型是表达人类文化自主的精神表现，由当代的礼仪制度、生活习惯与地理环境可以分辨出来；到了后世的文明文化，造型艺术的发展已不再是单纯机能的产物。

一、造型艺术的概念

造型是一种可见的、有内涵的形式，狭义的造型可以解释为一种具体的现象；广义的造型包括了存在的形态、形式、样式、轮廓、外貌等意义。凡是可以透过人的感知意识、视觉概念而体会到具体与存在的现象，就可称之为"造型"。造型艺术是艺术形态之一，是指以一定物质材料（如绘画用颜料、墨、绢、布、纸、木板等，雕塑、工艺用木、石、泥、玻璃、金属等，建筑用多种建筑材料等）和手段创造的可视静态空间形象来反映社会生活与表现艺术家思想情感。它是一种再现空间艺术，也是一种静态视觉艺术。

就造型的价值体系而言，中古世纪之文艺复兴时代的艺术价值观，在本质上是一种神学观念，导致了神学化的价值哲学思想。古希腊、罗马文化时代造型艺术的创作，几乎都是以神学（圣经）人物或历史故事为主要依据，所以文明与文化历史主导了整个价值体系的认定。

就造型实质而言，造型创作也基于人类体验审美价值关系，实现在社会生活中的各种造型活动（设计、艺术、宗教、文化、建筑、学术），促成了社会文化不断演进。造型不仅是一项审美性的技术，它更包含着有关人文、自然、社会、艺术、科学等的综合的本质存在。

二、造型艺术的分类

艺术体现和物化着人的一定审美观念、审美趣味与审美理想。无论艺术的审美创造抑或审美接受,都需要通过主体一定的感官去感受和传达并引发相应的审美经验。造型艺术形态主要包括绘画、雕塑、建筑、摄影、书法、篆刻艺术等。

(一)绘画和雕塑艺术

绘画和雕塑都主要运用形、色、质以及点、线、面、体等造型手段构成一定的艺术形象。绘画是在二维平面上表现,雕塑则在三维空间中塑造,造型性是它们最重要的审美特征。

由于表现手段不同,绘画种类非常丰富,写实与表现是两种最主要的方式。写实性绘画直接模仿自然和现实事物形象,多用逼真的手段达到特定的具象效果;表现性绘画侧重强调主观精神,多采取夸张、变形、象征、抽象等手法直接表达主体情感体验与审美需要,实现艺术形象的创造。例如,中国画的特色不仅在于其工具材料(毛笔、宣纸、墨色)有着很大的特殊性,更重要的是,它高度重视抒发主体的内在精神,强调"以形写神""神形兼备",追求气韵、传神和意境,不是向着客观世界去研究形象的物质特性,而是为心灵需要去触及绘画的形象性,含蓄、深沉地表现主体精神品质,由此形成中国画独特的审美意蕴。

 小知识

中国国画

中国古代绘画是我国漫长文化发展过程中艺术家用绘画的形式描绘和记录的我国古代社会生活的画面,简称"中国画""国画"。中国画强调"外师造化,中得心源",要求以形写神、形神兼备,做到"意存笔先,画尽意在"。

从时间上来看,中国古代绘画一般指我国封建社会以前各个社会的绘画,包括原始社会、奴隶社会、封建社会等漫长的数千年文明进程遗留给我们的绘画遗迹。

中国画的题材主要有人物画、山水画、花鸟画。人物画的出现早于山水画、花鸟画。人物画可以进一步分为道释画、仕女画等。仕女画,亦作"士女画"。笼统意义上,花鸟画包括翎毛走兽、花卉瓜果、禽鸟虫鱼。明清之际盛行画花卉不写全株,只表现从树干上折取的部分花枝,故名折枝。山水画以描写山川自然景色为主体。

中国十大传世名画是:《洛神赋图》《千里江山图》《清明上河图》《富春山居图》《汉宫春晓图》《百骏图》《步辇图》《唐宫仕女图》《五牛图》《韩熙载夜宴图》。

中国十大传世名画是中国美术史的丰碑,华夏文明的巨著,是流动的历史、无声的乐章;承载着古老东方民族独特的艺术气质;用色彩记录了中华绵延五千年的悠久历史和横亘万里的锦绣河山。

雕塑对于艺术形象的塑造具有高度的概括性和象征性。它以物质实体性的形体,在三维空间中塑造可视、可触的立体艺术形象,其审美特性是在空间中获得的,与雕塑有关的周围环境也是雕塑作品的有机组成部分。一般来讲,雕塑主要通过两种方式表达:一是清晰的呈现,二是含蓄的暗示。例如,现代主义雕塑往往通过抽象与暗示来获得新颖的艺术效果。

(二)建筑艺术

建筑是一种具有象征性的视觉艺术,它"一般只能用外在环境中的东西去暗示移植到它里面去的意义""创造出一种外在形状只能以象征方式去暗示意义的作品"。

建筑充分体现了功用和审美、技术与艺术的有机结合。尽管各种建筑的形式、用途各不相同,但它们总体上都体现了古罗马建筑学家维特鲁威(Vitruvius)所强调的"实用、坚固、美观"的原则,总是力图展现各种基本自然力的形式、人类的精神与智慧。也就是说,建筑在具备实用功能(可以供人居住等)的同时,有其一定的审美功能特性。它通过形体结构、空间组合、装饰手法等,形成有节奏的抽象形式美来激发人在观照过程中的审美联想,从而形成种种特定的审美体验。如中国古代宫殿的方正严谨、中轴对称,使人感觉整齐肃穆;哥特式教堂一层高似一层的尖顶、昂然高耸的塔楼,则令人有向上飞腾之感。北京的天坛、埃及的金字塔、法国的巴黎圣母院、澳大利亚的悉尼歌剧院等,都以风格特异的抽象造型,给人以独特的审美感受和启迪。随着当代人类对生态环境保护意识的日益提高,建筑与环境的和谐也越来越成为人类的迫切需求,蓝天、绿地、水面、林荫使人们对建筑的视觉审美扩展到了一个更大的范围。

建筑也是时代文化精神的一面镜子,犹如用石头写成的历史。雨果在《巴黎圣母院》里谈到大教堂时就曾经指出:"这是一种时间体系。每一个时间的波浪都增加它的砂层,每一代人都堆积这些沉淀在这个建筑物上。"面对各式各样的建筑,人们不仅能够欣赏它的造型之美,而且可以从中认识和感受历史的风貌、时代的变迁、民族的精神和文化的创造。古希腊建筑的庄严与优美,哥特式建筑①的挺拔高耸,洛可可建筑②的华丽风格,现代建筑光滑平薄的立面,后现代建筑充满隐喻的变形、分裂、夸张的装饰,都相当准确地反映了各个历史阶段的时代文化精神面貌,反映出不同历史时期人们的审美趣味。

(三) 书法艺术

书法作为一门独特的中国艺术,是从实用升华而来的。它利用毛笔和宣纸的特殊性,通过汉字的点画线条,在字体造型的组合运动与人的情感之间建立起一种同构对应的审美关系,使一个个汉字仿佛具有了生命,体现出书法家的精神气质与审美追求。"中国的书法,是节奏化了的自然,表达着深一层的对生命形象的构思,成为反映生命的艺术。"具体而言,书法的审美特征主要体现在以下几个方面:

第一,姿态。草书和行书或轻盈或敏捷或矫健,隶书、楷书在安定稳重里透露着飞动流美,篆书分行布白圆润齐整、用笔流畅飞扬,它们个个具有造型姿态的美。在书法作品中,笔法墨法相兼相润,字形笔画自由多样,线条曲直回环运动,传达出各种姿态和气势,形成了一种变化无穷的艺术效果。而书法家自身人格的蕴藉,更使点画笔墨形成一种用笔之力、运笔之势,反映出生命的运动美。王羲之的《兰亭集序》便具有一种浑然天成、洗练含蓄的秀润之美,"字势雄强,如龙跳天门,虎卧凤阁",达到了姿态美的高峰。

第二,表情。书法是一种心灵的写照。南齐书法家王僧虔认为:"书之妙道,神采为上。"书法创造中,线条变化与空间构造表现出某种宽泛的情感境界,自由灵活地将书法家的内在气质

---

① 哥特式建筑(英语:Gothic architecture),是一种兴盛于中世纪高峰与末期的建筑风格。它由罗曼式建筑发展而来,为文艺复兴建筑所继承,发源于12世纪的法国,持续至16世纪。哥特式建筑主要见于天主教堂,也影响到世俗建筑。哥特式建筑以其高超的技术和艺术成就,在建筑史上占有重要地位。哥特式建筑最明显的建筑风格就是高耸入云的尖顶及窗户上巨大斑斓的玻璃画。

② 洛可可建筑,是在巴洛克建筑的基础上发展起来的,纤弱娇媚、华丽精巧、甜腻温柔、纷繁琐细,室内应用明快的色彩和纤巧的装饰,家具也非常精致但偏于繁琐。洛可可艺术在形成过程中受到中国艺术影响,大量使用曲线和自然形态作装饰,特别是在园林设计、室内设计、丝织品、漆器等方面。

和个人生命情调带入笔墨,使之成为一种人格与精神的映照。"喜怒哀乐,各有分数。喜则气和而字舒,怒则气粗而字险,哀则气郁而字敛,乐则气平而字丽。情有轻重,则字之敛舒险丽亦有深浅,变化无穷。"这种情感化的线条笔墨与鉴赏者之间产生情感对应效应,唤起相近的审美体验,使之得到美的陶冶、审美的享受。

第三,意境。意境创构是书法的最高境界。中国古代的书法家要想使"字"表现生命,成为反映生命的艺术,就须用他所具有的方法和工具在字里表现出一个生命体的骨、筋、肉、血的感觉来。在笔画形式中,书法艺术无色而具绘画的灿烂,无声而有音乐的和谐。意境深远的书法作品,必定体现出书法家特定的审美理想。唐代颜真卿在精神上追求"肃然巍然"的磅礴之境,他的书法端庄宽舒、刚健雄强,令人感觉酣畅淋漓、正气凛然。清人郑板桥天性自然,其"六分半书"也是那样真率与活泼。"一点一画,意态纵横,偃亚中间,绰有余裕。"这种意境之美,是一切中国书法艺术的总体审美意向,也是书法艺术的灵魂。

(四)摄影艺术

摄影是一种现代感很强的视觉艺术。自从法国人达盖尔(Daguerre)在1839年发明摄影术以来,无论在技术还是审美方面,摄影都取得了全面迅速的发展。尤其是随着摄影技术的发展,人类的审美视野扩展到了从太空到海底、从微观到宏观的广阔世界。摄影已成为当今人们视觉审美的主要表现工具之一,成为人类的"第三只眼睛"。

摄影艺术独特的审美特征,是从其运用照相机和感光材料在现场拍摄实有物体景象这一基本特性派生出来的,主要表现为纪实性与艺术性的统一。一方面,摄影直接面对被拍摄的实际对象,从纷纭复杂、瞬息变化的对象运动中撷取生动感人的瞬间,以作品高度的生活真实感来创造具有审美价值的艺术形象,唤起人对生活现象特有的审美视觉感受。这是摄影艺术不同于其他艺术的根本审美特性。另一方面,由于摄影艺术形象的诞生总是通过照相机快门开启的短暂瞬间来完成的,它不仅需要艺术家有意识地审美选择,而且经过了艺术家摄影造型手段(包括构图和光影控制等)的处理,是在线条、光影、色彩有机结合基础上形成的,因此,摄影艺术的审美表现力、概括力和感染力有其自身特殊性。比如,与同样以造型审美为特征的绘画相比,虽然都是对视觉形象的选择和表现,但摄影,尤其是现代摄影艺术独具的客观、真实、快速、简便的长处,是绘画所无法比拟的。

(五)篆刻艺术

篆刻,就是以刀代笔,在印材上按照已经写好的书法或画好的图像,进行刻刀刻写。篆刻艺术,是于金属、象牙、犀角、玉、石等质材之上雕刻以篆体文字的艺术。因其以制作印章为主,又称印章艺术。篆刻艺术作为我国国粹之一,经历了漫长的发展过程,形成了一以贯之、厚重的悠久传统,其融万千气象于方寸之间,向来为历代文人墨客所钟爱,或自篆自用,或馈赠文友,钤记落款,观赏把玩,可从中获得无尽的审美愉悦和艺术享受。入印文字的采用,一般以大篆、小篆和汉篆(即缪篆)为主。篆刻最常用的字体是篆字。此外,还有隶书、楷书、行书等。篆刻工艺的材料有水晶、玉、金属、兽角、象牙、竹、木、石料等。其中,使用最广泛的是石料。

篆刻艺术是中国一门独特的传统艺术,具有实用与欣赏的双重价值。传统篆刻艺术的标准:只有在形成了个性色彩和具有审美价值的篆书艺术以后,才可以催生出有个性色彩和具有审美价值的篆刻工艺美术作品。中国的篆刻艺术之所以丰富多彩、流派纷呈,其中一个重要的因素,就是入印文字的形体美在起作用。千百年来的演变和发展,使中国文字的书体复杂多变,具有丰富的艺术性。从体式来看,分为真、草、隶、篆;从艺术来看,各种体式又有不同的书写风格。正因为中国文字具有这些特点,才使得篆刻这门以文字书写形式为表现内容的传统艺术,有了取之不尽、用之不竭的源泉。

第三节 表演形态的文化资源

中国文化艺术积淀深厚,异彩纷呈,深受世人喜爱。民族风格浓郁、古香古色的艺术节目,深受广大观众喜爱。根据创造艺术形象所呈现方式不同,艺术可分为表演艺术、造型艺术、语言艺术和综合表演艺术四大类,其中表演艺术包括音乐、舞蹈、曲艺、杂技等,综合表演艺术包括戏剧、电影、电视剧等。

一、表演艺术的概念

表演艺术是由表演艺术家通过演唱、演奏或人体动作、表情来塑造形象、传达情绪和情感从而表现生活的艺术。表演艺术泛指必须通过表演完成的艺术形式,如音乐演奏、演唱、舞蹈、曲艺,演员在电影、电视剧、戏剧中创造角色的表演。表演艺术代表性的门类通常是音乐和舞蹈、影视、戏剧等,有时将杂技、相声、魔术等也划入表演艺术。

表演艺术的美学特征主要是,通过演员的表演,把各类艺术的文学脚本所提供的间接形象转化为直观的形象,使人在欣赏演员绘形绘声绘色的表演中,如亲临其境、亲闻其声、亲见其形,产生情感交流,了解作品形象所反映的社会生活和思想内容,获得审美享受。与其他艺术形式相比,表演艺术的直观性决定了它和宣传事业的关系最直接、最密切,宣传效果最快、最易被接受。表演艺术的审美特征还表现为表演者的表演创造过程与观众的欣赏过程同时进行。

二、表演艺术的特征

表演艺术是一种通过表演来传达情感、思想和故事的艺术形式。它包括戏剧、舞蹈、音乐剧、歌剧、杂技等多种形式。表演艺术是一种多元化的艺术形式,它通过视觉效果、情感表达、故事叙述、艺术创新和互动体验等特征来吸引观众,让观众在表演中得到艺术享受和文化熏陶。表演艺术的特征有以下几点。

(一)视觉效果

表演艺术是一种视觉艺术,它通过演员的动作、表情、服装、舞台布景等元素营造出视觉效果。在表演过程中,视觉空间呈现是其表达的关键一环。在整体视觉呈现中,造型、色彩、光影等元素的组合可以创造出各种不同的场景和氛围,让观众沉浸在表演中。

随着科技与艺术的融合发展,舞台艺术的发展也经历着传统与现代的碰撞与创新,多媒体艺术应运而生,并被应用到舞台上,这为舞台艺术注入了新的活力。多媒体艺术改变了传统舞台的视觉表现和视觉氛围,在丰富视觉表达的同时,还进一步凸显了舞台艺术的视觉魅力与艺术创意,为人们树立了新的视觉观念,也改变了人们的审美观念,带来了全新的视觉享受。

(二)情感表达

表演艺术是一种情感表达的艺术形式。演员通过表演来传达情感,让观众感受到角色的内心世界。这种情感表达可以是喜怒哀乐,也可以是爱恨情仇,让观众在情感上得到满足。演员扮演角色就是把自身变为剧中人,在自己身上创造出另一个人物形象来。天下没有雷同的人物,任何一个角色也都不同于演员自己。同时,没有性格特征的角色同样是不可能存在的,因此,演员创作的宗旨就是创造鲜明的人物性格,体现栩栩如生的人物形象。演员要通过人的特征、性格和行为等来表达活生生的人。表演艺术就是要在艺术虚构的条件下再现人的行为,即由演员扮演角色,创造人物形象。这是表演艺术的根本。

(三)故事叙述

表演艺术是一种故事叙述的艺术形式。演员通过表演来讲述故事,让观众了解角色的经历和命运。这些故事可以是真实的历史事件,也可以是虚构的故事情节,让观众在故事中得到启示和思考。

表演艺术就是要通过演员在艺术虚构的条件下重现人的行为,经由演员扮演的角色,来创造人物形象,这就是表演艺术的本质特征。演员的创作是以剧本为依据,并忠实于剧作家笔下所创造的人物。所谓忠实不是机械的翻版,而是包含着生机勃勃的"再创造"。一个称职的演员正是通过"再创造",给剧本中"死"的角色,赋予了"活"的生命,使他们树立在舞台和银幕上,成为可视的形象。演员在表演过程中时时刻刻支配着角色的行动,举手投足也渗透着演员对剧本中人物形象的理解、对生活的感知,所以,没有演员就没有角色,没有演员的二度创作就没有角色的诞生。

(四)艺术创新

表演艺术是一种艺术创新的艺术形式。演员以自身扮演角色,用自己的身心创造出形色各异的人物形象;演员本身既是创造者,又是创作材料和工具,他所表演的角色就是艺术品本身。这就是人们常常说到的"三位一体",是表演艺术与其他艺术门类之间的重要区别。它也形成演员与角色间永远的矛盾,演员扮演好角色就必须不断地解决这个矛盾,这就是演员职业复杂性之所在。但它同时带来的奥妙,也使得表演艺术显得越发诱人和富有魅力。布莱希特说:"演戏就是演员在舞台上创造着角色。"演员可以通过创新的表演方式和艺术手法来打破传统的表演形式,创造出新的艺术风格和表演形式。这种艺术创新可以让观众感受到新鲜感和创意感。

(五)互动体验

表演艺术是一种互动体验的艺术形式。观众、舞台、演员是表演艺术的三要素,在舞台上通过三个要素之间的互动来演绎出让人能够记忆深刻的故事。再精心的舞台设计、再跌宕起伏的情景,最终也都要建立在互动的基础上,而且随着表演艺术的发展,互动也在不断发展过程中。从某种程度上可以说,互动艺术成就了表演艺术,对于戏剧表演来说,互动是世界永恒的生命力。观众可以通过观看表演来与演员进行互动,感受到表演的魅力和魔力,这种互动体验可以让观众在表演中获得参与感和共鸣感。

三、表演艺术的分类

表演艺术的分类多种多样,按照表演的形式可以分为音乐艺术、舞蹈艺术、说唱艺术、魔术和杂技艺术等。

(一)音乐艺术

音乐是通过听觉感官(耳朵)及与之相适应的审美手段,传达和接受审美经验的艺术。音乐通过有组织的乐音来表现主体情感境界,其基本构成要素有节奏、旋律、音色、和声、音调和力度等,它们构成了无比丰富的音乐形态。贝多芬(Beethoven)曾经推崇"音乐是比一切智慧及哲学还崇高的一种启示",而海涅(Heine)则强调"音乐也许是最后的艺术语言"。音乐的审美特征主要体现在以下几个方面:

第一,音乐是声音的艺术。声音(包括人的发声和各种乐器声等)是音乐赖以存在的基础,不仅能够直接表达主体个人的自身感受,也能唤起他人内心的强烈感受。音乐正是利用声音来塑造形象、表达思想情感的。在音乐中,或高亢或低沉或急促或悠长或强烈或轻柔的声音,都具有激发相应感受和情绪的审美感染力。

第二,音乐是时间的艺术。随着时间的呈现和流逝,音乐表现了延续、变化和流淌着的生命情感或事物,在一定的时间过程中召唤主体的审美体验。而人的心理世界、精神活动和情感体验正是在动态的时间流程中进行的,因而在时间的流程中,动态性、程序性的音乐能够充分表现出主体复杂的心理活动过程。这样,对音乐的欣赏便要求接受主体的感知、领悟具有一定的敏捷性,反应迟钝者是很难在时间流程中捕捉音乐形象的。

第三,音乐是感情的艺术。俄国著名作曲家斯特拉文斯基(Stravinsky)曾经说过:"音乐就是感情,没有感情就没有音乐。"音乐本身就是情感物化的形式和传递媒介,具有"以情动人"的审美魅力。音乐不需要像其他艺术那样借助某种中介环节,而是可以通过听觉直接作用于主体心灵,直接将艺术家的内在思想情感传达出来。在表现和抒发人类丰富、细腻、复杂的情感方面,音乐有着其他艺术所难以媲美的效果,因而适于表达主体情感的起伏变化,使人产生某种感情和情绪的体验,甚至引起人体生理上的变化和反应。

第四,音乐还具有不确定的特点。音乐语言不是固定不变的单义性词汇,它对情感的表达不像文字语言那样明确和概念化,而是带有一定的模糊性与宽泛性。这一特点既给音乐创作主体和接受主体留下了广阔的想象与再创造空间,也对创作主体和接受主体提出了特定的要求,即要有良好的音乐感觉、一定的音乐审美经验及想象力。例如,音乐欣赏的效果不仅取决于音乐创作与演奏者的水平、素质以及音响设备等,而且与接受主体的个人经验与领悟能力以及心理状态相关。同样,由于音乐表达情感的这种不确定性,它能够更广泛地为世界上不同民族所直接感受,成为各民族间进行精神文化、思想情感交流的特殊桥梁。

(二)舞蹈艺术

舞蹈是人的身体按一定节奏进行连续性动作的艺术形式。它起源于远古人类的生产劳动,并和音乐、诗歌相结合,是人类历史上最早产生的艺术形式之一。

作为一种表现人体美的艺术,舞蹈以经过提炼、组织和美化的人体动作姿态为表现手段,传达人类的审美情感,表现生活的审美属性。在舞蹈中,人的身体动作伴随着音乐在时间里不断延续和变化,不仅感染着欣赏(接受)者的情绪并给予审美的愉悦,同时还创造出一种直接宣泄情感的气氛,鼓舞了舞蹈者的情绪,使其从节奏和运动中获得娱乐性的精神满足。

首先,舞蹈的审美特征表现为抒情性和表现性。舞蹈语言是一种虚拟和象征的语言。由于舞蹈只能利用舞者的身体姿态来展示,所以它必须运用夸张并且具有象征性的形体动作来塑造艺术形象,传达内在的思想情感。通过有节奏的动作过程和姿态、表情以及不断变化的身体造型,舞蹈构造出一种独特的艺术形象。而表现生命的运动,则是舞蹈艺术最为根本的审美特质。

其次,由于舞蹈是以人的身体动作来抒情和表现的,所以它非常重视造型,但这种造型又是动态和静态、视觉和听觉相结合的,并且仅存在于表演过程之中,转瞬即逝。比起雕塑,舞蹈主要是在运动中造型;比起音乐,舞蹈更能表现主体审美情感的外在形态。

最后,构成舞蹈形式的动作、姿态等,虽然源自对现实对象的模仿,但在舞蹈表演中,它们已被抽象、概括,不再是生活中自然形态的东西,而成为相对稳定且独立地表现人的思想情感的舞蹈语言,具有特定的审美价值。例如,中国传统戏曲中的兰花手姿,起初或许是来源于纺纱、绣花时的手势动作,但经过艺术家的改造,却具有了"含苞""垂丝""吐蕊"等意味。

一般来说,舞蹈分为生活舞蹈与艺术舞蹈两大类。前者是人们在生活中进行的舞蹈活动,其中最为流行的,是发源于欧洲、以后又在世界各国流行的交谊舞,包括优雅的华尔兹、节奏鲜明的探戈和伦巴、动感强烈的迪斯科等。艺术舞蹈是指由舞蹈者在舞台上表演经过艺术构思创作的作品,它需要较高的舞蹈技巧来完成,如芭蕾舞、现代舞、民族舞、舞剧等。

(三)说唱艺术(曲艺)

曲艺发展的历史源远流长。早在古代,中国民间的说故事、讲笑话,宫廷中"俳优"(专为供奉宫廷演出的民间艺术能手)的弹唱歌舞、滑稽表演等,就含有曲艺的艺术因素。到了唐代,讲说故事小说和宣讲佛经故事的"俗讲"的出现,民间曲调的流行,使得说话技艺、歌唱技艺逐渐兴盛,标志着曲艺作为一种独立的艺术形式开始形成。宋代,由于社会的繁荣,市民阶层逐渐壮大,说唱表演有了专门的场所,出现了职业艺人,各种说唱形式也随之兴盛起来。明清两代至民国初年,伴随资本主义经济萌芽和城市数量猛增,说唱艺术取得了巨大的发展,逐渐形成我们今天所见到的曲艺艺术体系。

曲艺,是中华民族各种说唱艺术的统称。它由民间口头文学和歌唱艺术经过长期发展演变形成,是以"口语说唱"来叙述故事、塑造人物、表达思想感情、反映社会生活的表演艺术门类。它多数以叙事为主、代言为辅,具有"一人多角(即一个演员模拟多种角色)"的特点,或说或唱;少数以代言为主、叙事为辅,分角色拆唱。不同的曲艺品种与其各自产生的地区方言关系密切,曲艺音乐则是我国民族音乐的重要组成部分。演出时,演员人数较少,通常仅一至三人,使用简单道具。表演形式有坐说、站说、坐唱、站唱、走唱、拆唱、彩唱等。曲本体裁有兼用散文和韵文、全部散文和全部韵文三种。音乐体式有唱曲牌的"联曲体"、唱七字句或十字句的"主曲体",或综合使用两者。

曲艺包括的具体艺术品种繁多,根据调查统计,除去历史上曾经出现但是业已消亡的曲种,仍然存在并活跃于中国民间的曲艺品种有 400 个左右。其包括相声、评书、二人转、单弦、大鼓、双簧,还有新疆维吾尔族的热瓦普苛夏克、青海的平弦、内蒙古的乌力格尔与好来宝、西藏的《格萨尔王传》说唱、云南白族的大本曲,以及北京琴书、天津时调、山东快书、河南坠子、苏州弹词、扬州评话、湖北大鼓、广东粤曲、四川清音、陕西快板、常德丝弦等。各地区、各民族共有和相异的曲种,大至十数个省份、小到一两个县区,均有不同程度的普及和流布。这些曲种虽然各有各的发展历程,但它们都具有鲜明的民间性、群众性,具有共同的艺术特征。这就使得中国的曲艺不仅成为拥有曲种最多的艺术门类,而且是深深扎根民间具有最广泛群众基础的艺术门类。

作为中国最具民族特点和民间意味的表演艺术形式集成,曲艺具有以下几个主要的艺术特征:

其一,曲艺表演是以"说"和"唱"为主要表现手段,所以要求它的语言必须适于说或唱,一定要生动活泼、简练精辟并易于上口。

其二，曲艺不像戏剧那样由演员装扮成固定的角色进行表演，而是由演员装扮成不同角色，以"一人多角"的方式，通过说、唱，把各种人物、故事表演给听众。因而，曲艺表演比之戏剧，具有简便易行的特点。

其三，曲艺表演的简便易行，使它对生活的反映快捷，曲目、书目的内容多以短小精悍为主，因而曲艺演员通常能够自己创作，自己表演。

其四，曲艺以说、唱为艺术表现的主要手段，因而它是诉诸人们听觉的艺术，它通过说、唱刺激听众的听觉来驱动听众的形象思维，在听众的思维想象中与演员共同完成艺术创造。

其五，曲艺演员必须具备坚实的说功、唱功、做功和高超的模仿力，演员只有具备了这些技巧，才能将人物形象刻画得惟妙惟肖，使事件的叙述引人入胜，从而博得听众的欣赏。

以上是曲艺品种艺术特点的不同程度的近似之处，是它们的共性。同时不同曲种又是各自独立存在，自有个性的。不仅如此，同一曲种由于表演者各有所长，又形成不同的艺术流派，即使是同一流派，也因为表演者的差别而各具特色，这就形成了曲坛上百花争妍的繁荣景象。

（四）魔术和杂技艺术

魔术是一种违反客观规律的表演。它是能够产生特殊幻影的，即以迅速敏捷的技巧或特殊装置把实在的动作掩盖起来，使观众感觉到物体忽有忽无、变化莫测杂技的一种表演。另一种则是表演者完完全全地不用敏捷的手法和特殊装置，而是运用大量的科学、心理学、数学等知识完成的心灵魔术，又称读心术。就广义的来说，凡是呈现于视觉上不可思议的事，都可称之为魔术。表演者下功夫去学习，然后让人们去观看这种不可思议的表演效果，就是"表演魔术"。魔术表演能让人们感受到忘却现实的愉快，这正是它最吸引人的地方。就舞台魔术来说，它可以和各项表演艺术相融合，如舞蹈、戏剧等。所以，观众在欣赏时，不但可以看到魔术的神奇，同时也可以感受到魔术与其他表演艺术结合、相互辉映的效果。魔术展示了它特殊和独到的艺术趣味，能够激发人的想象力，启迪人的智慧，增长科学知识，丰富娱乐生活，也是一种视觉艺术象征。

杂技是包括各种体能和技巧的表演艺术，《简明不列颠百科全书》称它是"一种有悠久历史的专门艺术，包括跳、身体技巧和平衡动作，较晚时又使用长杆、独轮自行车、球、桶、绷床及吊架等器械"。中国的杂技艺术历史悠久，源远流长，是中华民族珍贵的优秀文化遗产。中国的杂技之乡有多个，像山东的聊城、江苏的建湖、河南的周口和濮阳、湖北的天门、安徽的广德、天津的武清，以及河北的吴桥、肃宁、霸州等。但是，就历史悠久、群众基础雄厚和在海内外的影响而言，最著名的要数沧州吴桥了。据沧州吴桥县志记载，在沧州吴桥，每逢佳节"掌灯三日，放烟火，演杂技，士女喧阗，官不禁夜"。

 课堂案例

河北吴桥县，天下杂技第一乡

河北省吴桥县作为我国杂技技艺的发祥地，被国内外誉为"天下杂技第一乡"和"世界杂技艺术的摇篮"。国家 AAAA 级旅游景区"吴桥杂技大世界"，成为中国最大的民俗旅游景区和世界唯一的杂技主题公园。以其地名命名的"中国吴桥国际杂技艺术节"已成功举办19届。

吴桥杂技作品构思新颖，技艺纯熟，表演惊险、奇特、幽默、滑稽，具有鲜明中华民族的传统风格。在第十五届中国吴桥国际杂技艺术节中,河北吴桥杂技艺术学校的原创作品《"秦俑魂"——独轮车技》荣获本届艺术节金狮奖。其作品以我国秦朝兵马俑的战斗生活为背景,将民族的、历史的、传统的象征性符号,融入该节目的创作当中,赋予了很浓的民族特征,并对服装、音乐、道具、舞美进行了大胆的改革创新,表现形式和编排风格新颖独特,创新性强,且演出阵容宏大,震撼力强,展示了中华儿女不屈不挠、顽强拼搏的民族气概。

四、综合表演艺术

所谓综合表演艺术,是指同时通过视觉、听觉感官以及与之相适应的审美手段的共同活动来传达和感受审美经验的艺术。它主要包括电影、电视、戏剧等。

(一)电影和电视

影视作为电影艺术和电视艺术的统称,是现代科学技术与艺术相结合的产物。其通过画面、声音、蒙太奇、故事情节等语言来传达与表现。电影,是"由活动照相术,结合幻灯放映术发展起来的一种现代艺术"。电影以其拍摄的内容与真实生活的关系为标准,可分为两大类,即杜绝虚构的纪录片,以表达情感和想象为主的故事片、动画片。作为记载人类历史的文化资源,最有价值的是纪录片和一部分故事片。电视影像,是指通过电子传送技术完成的专门为电视播放而制作的视听对象,既有纪实性资料,又有艺术性资料。相比较而言,电视拍摄的迅捷性、纪实性和时效性,使之资源价值往往会胜过电影。

电影和电视都是视听并用、视听结合的艺术。自从1895年电影诞生以来,短短一百多年的时间里,电影的艺术创造手段、审美表现能力等迅速得到发展和丰富,不仅极大地拓展了电影艺术的审美感染力,也形成了电影艺术自身的审美特性,使之成为20世纪最具表现力的艺术类型。电视作为现代传播媒介,同时也是年轻的视听艺术种类,它渗透到人类现实生活的各个方面,对当代社会产生了巨大的影响。影视媒体已经成为当前最为大众化、最具影响力的媒体形式。从好莱坞电影所创造的幻想世界,到电视新闻所关注的现实生活,再到铺天盖地的电视广告,无一不深刻地影响着人们的生活。

电影、电视艺术能够拥有如此巨大的魅力,是与它们所具有的逼真性、运动性和综合性的审美特性分不开的。

首先,以摄影、摄像为工具,决定了电影、电视艺术的形象逼真性。电影、电视的画面与声音互为依存,较易使艺术形象直接进入接受主体的视听心理活动空间,并以此展开审美体验,从而构成电影、电视艺术独特的审美方式和艺术魅力。例如,电影创作所运用的艺术语言,主要由画面、声音和蒙太奇构成。所谓"蒙太奇",就是指在电影制作中把分散拍摄的镜头、场面和段落,按照一定的创作构思剪辑、组接起来,使之构成一定的情节和达到一定的效果。由于蒙太奇重现了人在环境中随注意力转移而依次接触视像的内心过程,因此,通过蒙太奇的运用,可以在电影中形成画面之间以及画面与音响、画面与色彩之间的组合关系,造成影片快慢、紧张、舒缓等艺术节奏和氛围,同时也使影片中的时间与空间变换具有了令人信服的真实感。

其次,画面的运动性是电影、电视艺术独特的美学特征。电影、电视是在时间中展现情节的,镜头运动在其中有着突出的作用。例如,在惊险类型的影视剧中,经常可以看到骑马或开车追逐的场景,这类镜头既是影片情节的组成部分,又充分发挥了电影运动性的美学特长,带给观众以视觉上的特殊快感。

最后,电影、电视具有综合性的特点。电影、电视艺术从文学中吸取了叙事的方式和结构,从戏剧中吸取了演员的表演方法,从绘画中吸取了构图和色调,从音乐中吸取了节奏等,因而具有极大的审美表现力。影片《音乐之声》《茶花女》等主要综合了音乐的结构,被称为"音乐片"即"音乐电影";《一夜风流》《哈姆雷特》等主要综合了戏剧的结构因素并主要受戏剧的影响,所以被称为"戏剧电影";而在《黄土地》《一个和八个》等中国影片中,则可以明显看到雕塑造型的因素及其影响。恰如欧洲先锋派电影运动的阿贝尔·冈斯所说:电影"应当是音乐,由许多互相冲击、彼此寻求着心灵的结晶体以及视觉上的和谐、静默本身的特质所形成的音乐;它在构图上应当是绘画和雕塑;它在结构上和剪裁上应当是建筑;它应当是诗,由扑向人和物体的灵魂的梦幻的旋风构成的诗;它应当是舞蹈,由那种与心灵交流的、使你的心灵出来和画中的演员融为一体的内在节奏所形成的舞蹈"。

数字影视,是一个新技术带来的新领域。新媒体将传播载体从广播电视扩大到电脑、手机,将传播渠道从无线、有线网扩大到卫星、互联网,并呈现与广播电视有很大不同的传播方式,更好地满足受众多层次、多样化、专业化、个性化的需求。

(二)戏剧

戏剧是将文学、绘画、雕刻、音乐、舞蹈等多种艺术形式有机合成的综合艺术,是由演员扮演角色并当众表演生活的矛盾冲突、发展、演变的艺术形式。现代戏剧主要指 20 世纪以来从西方传入的话剧、歌剧、舞剧等。其中,话剧是主体。

概括地说,戏剧艺术的审美特征主要体现在:

第一,作为综合性的艺术,戏剧不是各种艺术成分的简单组合,而是各种艺术成分经过有机合成之后以整体舞台形象呈现在观众面前。戏剧所包含的视觉艺术因素如剧本、演员形象、舞台美术,以及听觉艺术因素如音乐、音响等,虽然都具有单方面的独特审美价值,但它们之间不仅不能相互替代,而且它们也不是戏剧本身的审美价值。各种艺术成分必须服从、统一于戏剧自身的美学原则,经过剧作家、导演、演员、舞台美术工作者、音乐家等的集体创作,才能形成戏剧所独有的审美价值。换句话说,戏剧"是一种集体的创造;因为剧作家、演员、舞美设计师、制作服装以及道具和灯光的技师全都作出了贡献,就是到剧场看戏的观众也有贡献"。

第二,戏剧通过表现矛盾冲突来展开情节和塑造人物形象。没有冲突,就没有戏剧。而戏剧冲突的核心,则是具有典型性的人物之间所展开的具有社会意义的性格意志冲突。不同性格意志的人物在特定戏剧情节中构成了多样的矛盾冲突,它们沿着情节发展路向朝前推进,在剧情的波澜变化中使观众(接受主体)产生或震惊或怜悯或恐惧的情感,进而获得高度的审美享受和审美教育。

第三,戏剧具有当众表演的直观性。它通过演员扮演他人或其他事物,在观众(接受主体)面前当场完成具有完整情节和矛盾冲突的事件的表演,创造人物形象,令观众获得"喜则欲歌欲舞,悲则欲泣欲诉,怒则欲杀欲割,生气凛凛,生机勃勃"的审美体验。

第四,由于戏剧在感性直观上较其他艺术形式更接近于现实生活,是人生活的写照,而"人"在"生活"之中,是生活的创造者,所以,对戏剧的理解和把握总是植根于人自己的生活实践本身。如果说,对戏剧的理解是一种"视听之思",那么,这种抽象的"思"就是从活生生的生活基础上发展而来的。

(三)戏曲

中国古代戏剧因以"戏"和"曲"为主要因素,所以称作"戏曲"。戏曲从萌芽到成熟经历了一个漫长而复杂的历史过程。中国戏曲被称为"晚熟"的艺术。它发端于先秦两汉,酝酿于唐,形成于宋,兴盛于元,演变于明清。中国戏曲主要包括宋元南戏、元杂剧和明清传奇,也包括近代的京戏和其他地方戏的传统剧目在内,它是中华民族戏剧文化的统称。

中国戏曲由音乐、舞蹈、文学、美术、武术、杂技以及表演艺术各种因素综合而成,讲究唱、做、念、打,富于舞蹈性,技术性很高,构成有别于其他戏剧而成为完整的戏曲艺术体系。

戏曲是中华民族的传统艺术,是中华传统文化中一朵经久不衰的奇葩。中国古代戏曲,既是案头的文本,包括剧本的情节、结构、关目、宫调、曲牌、文辞、声韵等方面;又是场上的表演形式,包括唱、念、做、打以及舞台布景、音乐伴奏等。可以说,戏曲是集文学、音乐、舞蹈、美术、武术、杂技以及表演各种因素综合而成的艺术。

据不完全统计,我国各民族地区的戏曲剧种,约有三百六十多种,传统剧目数以万计。中华人民共和国成立后又出现许多改编的传统剧目、新编历史剧和表现现代生活题材的现代戏,都受到广大观众的热烈欢迎。我国戏曲比较流行著名的剧种有京剧、昆曲、越剧、豫剧、湘剧、粤剧、秦腔、川剧、评剧、晋剧、汉剧、潮剧、闽剧、河北梆子、黄梅戏、湖南花鼓戏等五十多个,尤以京剧流行最广,遍及全国,不受地区所限。

第四节 节庆活动形态的文化资源

节庆活动是在不同国家、不同民族、不同区域的长期生活、生产活动实践中产生的一种特定的社会现象,是在特定时期举办的、具有鲜明地方特色和群众基础的大型文化活动。它是该国家、民族或区域历史、经济以及文化现象的综合体现。正因为如此,大多数节庆活动都有着丰富的历史、经济和文化。

一、节事与节庆活动

节庆行为,就是"过节",包括属于"民族生活习俗"的过节,也包括因纪念、庆祝等活动而过节。体现团团圆圆、和和美美的文化传统几乎是所有民俗性过节的精神内核。

(一)节事与节庆的定义

"节事"一词来自英文"event",含有"事件、节庆、活动"等多方面的含义。国外常常把节日(festival)和特殊事件(special event)、盛事(mega-event)等合在一起作为一个整体,在英文中简称为 FSE(festivals & special events),中文译为"节日和特殊事件",简称"节事"。西方学者根据自己的理解,将文化庆典、文艺娱乐事件、体育赛事、教育科学事件、私人事件、社交事件等通通归结到节事范围内。

节庆活动是在固定或不固定的日期内,以特定主题活动方式,约定俗成、世代相传的一种社会活动。我国节庆种类很多,按节庆性质可分为单一性和综合性节庆;按节庆内容可分为祭祀节庆、纪念节庆、庆贺节庆、社交游乐节庆等;按节庆时代性可分为传统节庆和现代节庆。

(二)节事与节庆活动的内涵

节事与节庆活动不仅是重要的文化活动,更是经济发展的载体,是发展文化产业、满足人们精神文化需求的重要手段。可以从目的、内容、形式、功能和实质等方面对节事与节庆活动的内涵进行解读。

(1)目的:节事与节庆活动的主要目的是庆祝节日、文化娱乐和市场营销,提高举办地的知名度和美誉度,树立举办地的良好形象,促进当地旅游业的发展,并以此带动区域或经济的发展。

(2)内容:节事与节庆活动具有浓郁的文化韵味和地方特色,其具体设计应根据当地的文化和传统特色进行。

(3)形式:节事与节庆活动要求生动活泼,具有亲和力,以吸引大多数参与者达到休闲和娱乐的目的。其活动形式编排应严谨、环环相扣、切合主题。

(4)功能:节事与节庆活动不仅是一种文化现象,还应围绕经济活动的开展而做适当的调整。

(5)实质:节事与节庆活动的实质是商业活动,举办期间大量的人流不仅使服务性行业收入迅速增长,还会促使交通、贸易、金融、通信等行业的发展。

(三)节事活动的特点

节事活动是一种会展活动,除了具有会展活动的一般性以外,还具有自身的一些特性,具体如下:

1. 文化性

节事活动本身就是文化活动,这些以民族文化、地域文化、节日文化和体育文化等为主导的节事活动往往具有极浓的文化气息。节事活动举办地在漫长的历史文化发展过程中,通过文化的创造、交流和融合逐渐形成各具地方特色的节事传统,这种独特的地方文化是节事活动举办地具有旅游目的地吸引力的源泉。

2. 地方性

节事活动带有明显的地方气息。节事活动都是在某一地域开展的,都带有明显的地域性,可成为目的地形象的指代物。有些节事活动已经变成为地域的名片。如广州的广交会是其在国际市场推广广州形象的重要节事,而一年一度与中国传统佳节春节相连的广州花会,则体现了花城广州的地方特色;深圳已经举办了十余届的荔枝节被"中国国际高新技术成果交易会"(高交会)取而代之,而成为深圳的标志性节事。少数民族节日的独特地方色彩更为浓厚,例如,泼水节总是与傣族的形象联系在一起,而那达慕大会也总是代表着内蒙古的形象。此外,宗教的固定传统节日,与庙会活动融合,成为当地最隆重的旅游节事活动,例如,福建、台湾等地的"妈祖圣诞日"。

3. 短期性

每一项节事活动都有季节和时间的限制,都是按照预先计划好的时间规程开展和进行的。当然,节事活动的时间不是随意而定的,往往要根据当地的气候、旅游淡旺季、交通情况、主题的现状等条件,做出详尽而切实可行的计划,如我国一些重要的节事活动根据活动特点分布于各个季节,吸引不同的目标观众。

4. 参与性

随着旅游业的发展,旅游者越来越注重参与性的旅游产品,旅游节事就是这样一种参与性很强的旅游活动。众多节事组织者想方设法拉近与消费者的距离,如上海国际服装文化节为充分显现国际大都市海纳百川的恢宏气势,以"发展经济,繁荣市场,美化世界,美丽自己"为宗旨，不仅能使众多的服装企业、服装品牌通过这一平台脱颖而出，造就更多的中国时装设计大师，而且注重市民和企业的参与，在淮海中路沿线相继演出了十几台缤纷多姿的时装秀。上海广场T型台的搭建与建筑风范相辉映，夜间灯光变幻，拓展了周边商家的商务空间，且精心布局，巧妙地构筑了社区广场文化联动效应，为市民休假增添了高品位的文化娱乐套餐，同时又为探索社会文化活动的市场运作寻求到一个较为理想的结合点。

5. 多样性

节事活动的吸引因素、主题、表现形式具有多样性的特点。活动的内容可以有音乐舞蹈、服装展示、画展、土特产品展销、体育竞技、杂技表演以及狂欢游街等各种形式，涉及政治、经济、文化、体育、商业等多方面。

(四)节事活动的意义

节事活动的意义非常广泛，不仅可以促进经济发展、加强社会凝聚力、促进文化传承和增强社区活力，还可以为人们带来更多的快乐。

首先，节事活动具备显著的产业联动效应，可为旅游者在停留期间提供丰富的参与机会。此类活动不仅能为城市带来场租费、搭建费、广告费、运输费等直接的经济收益，同时还能拉动住宿、餐饮、通信、购物、贸易等相关收益。节事活动能汇聚庞大的客源流、信息流、技术流、商品流和人才流，有力地推动一个城市或地区的国民经济和社会发展。

其次，节事活动可以加强社会凝聚力。在节事活动中，人们会聚集在一起，分享彼此的文化、习俗和传统。这种交流可以促进不同群体之间的了解和沟通，增强社会和谐与稳定。

再次，节事活动也是文化传承的重要途径。许多节事活动都与当地的传统文化和习俗紧密相连，这些传统文化和习俗在节事活动中得到了传承和发扬。这些传统文化的传承和发扬不仅有助于保护和弘扬民族文化，还可以为当地社区带来更多的文化魅力和特色。

最后，节事活动可以增强社区活力。在节事活动中，人们会聚集在一起，共同庆祝节日、参加活动，这可以增强社区内部的互动和交流。

总之，节事活动除了具有提升举办国和城市的知名度和美誉度、扩大信息交流、增强对外合作、推动旅游发展、加快城市建设、促进地方经济发展等作用外，还具有丰富人民精神生活、弘扬民族文化和扩大旅游市场、提升目的地旅游形象、降低目的地旅游季节性、调整旅游资源、提高管理水平等特殊功能。

二、我国传统节庆活动

中国节庆活动资源丰富，春节、清明节、中秋节等传统节日形式多样，是中华民族悠久历史文化的重要组成部分，传统的节庆活动构成了中华民族的灿烂文化。伴随着民俗性节日，人们包饺子、包粽子、烙月饼、熬腊八粥等通过饮食体现出来的意味深长的节庆行为，已成为各种文化产业努力挖掘和运用的重要资源。

(一)春节

春节(Spring Festival)，即中国农历新年，俗称新春、新岁、岁旦等，口头上又称过年、过大年。春节是中国民间最隆重盛大的传统节日，是集祈福禳灾、欢庆娱乐和饮食为一体的民俗大节。春节历史悠久，由上古时代岁首祈岁祭祀演变而来，在传承发展中承载了丰厚的历史文化底蕴。新春贺岁活动围绕祭祖祈年为中心，以除旧布新、拜神祭祖、驱邪禳灾、祈求丰年等形式展开，内容丰富多彩，热闹喜庆，年味浓郁，凝聚着中华文明的传统文化精华。在春节期间，全国各地均会举行各种贺岁活动，各地因地域文化不同而又存在着习俗内容或细节上的差异。

春节在传承发展中已形成了一些较为固定的习俗，有许多还相传至今，如买年货、扫尘、贴对联、吃年夜饭、守岁、拜岁、拜年、舞龙舞狮、拜神祭祖、祈福禳灾、游神、押舟、庙会、游锣鼓、游标旗、上灯酒、赏花灯等。传统的节日仪式与相关习俗活动，是节日元素的重要内容，承载着丰富多彩的节日文化底蕴。

百节年为首，春节是中华民族最隆重的传统佳节。受到中华文化的影响，世界上一些国家和地区也有庆贺新春的习俗。据不完全统计，已有近20个国家和地区把中国春节定为整体或者所辖部分城市的法定节假日。春节与清明节、端午节、中秋节并称为中国四大传统节日。春节民俗经国务院批准列入第一批国家级非物质文化遗产名录。

（二）元宵节

元宵节，中国的传统节日之一，又称上元节、小正月、元夕或灯节，时间为每年农历正月十五。正月是农历的元月，古人称"夜"为"宵"，正月十五是一年中第一个月圆之夜，所以称正月十五为"元宵节"。根据道教"三元"的说法，正月十五又称为"上元节"。元宵节习俗自古以来就以热烈喜庆的观灯习俗为主。

元宵节的形成有一个较长的过程，根源于民间开灯祈福古俗。据一般的资料与民俗传说，正月十五在西汉已经受到重视，不过正月十五元宵节真正作为全国民俗节日是在汉魏之后。正月十五燃灯习俗的兴起也与佛教东传有关，唐朝时佛教大兴，仕官百姓普遍在正月十五这一天"燃灯供佛"，佛家灯火于是遍布民间，从唐代起，元宵张灯即成为法定之事。

元宵节是中国的传统节日之一。元宵节主要有赏花灯、吃汤圆、猜灯谜、放烟花等一系列传统民俗活动。此外，不少地方元宵节还增加了游龙灯、舞狮子、踩高跷、划旱船、扭秧歌、打太平鼓等传统民俗表演。2008年6月，元宵节入选第二批国家级非物质文化遗产名录。

（三）清明节

清明节，又称踏青节、行清节、三月节、祭祖节等，节期在仲春与暮春之交。清明节源自上古时代的祖先信仰与春祭礼俗，兼具自然与人文两大内涵，既是自然节气，也是传统节日。扫墓祭祖与踏青郊游是清明节的两大礼俗主题，这两大传统礼俗主题在中国自古传承，至今不辍。

清明节是传统的重大春祭节日，扫墓祭祀、缅怀祖先，是中华民族自古以来的优良传统，不仅有利于弘扬孝道亲情、唤醒家族共同记忆，还可促进家族成员乃至民族的凝聚力和认同感。清明节融汇自然节气与人文风俗为一体，是天时地利人和的合一，充分体现了中华民族先祖们追求"天、地、人"的和谐合一，讲究顺应天时地利、遵循自然规律的思想。

除了中国，世界上还有一些国家和地区也过清明节，比如越南、韩国、马来西亚、新加坡等。2006年5月20日，中华人民共和国文化部申报的清明节经国务院批准列入第一批国家级非物质文化遗产名录。

（四）端午节

端午节，又称端阳节、龙舟节、重午节、天中节等，是集拜神祭祖、祈福辟邪、欢庆娱乐和饮食为一体的民俗大节。端午节源于自然天象崇拜，由上古时代祭龙演变而来。仲夏端午，苍龙七宿飞升于正南中央,处在全年最"中正"之位,正如《易经·乾卦》第五爻:"飞龙在天"。端午是"飞龙在天"吉祥日,龙及龙舟文化始终贯穿在端午节的传承历史中。

端午节是流行于中国以及汉字文化圈诸国的传统文化节日。传说战国时期的楚国诗人屈原在五月初五跳汨罗江自尽,后人亦将端午节作为纪念屈原的节日;也有纪念伍子胥、曹娥及介子推等说法。端午节的起源涵盖了古老星象文化、人文哲学等方面内容,蕴含着深邃丰厚的文化内涵,在传承发展中杂糅了多种民俗为一体,各地因地域文化不同而又存在着习俗内容或细节上的差异。

端午节与春节、清明节、中秋节并称为中国四大传统节日。端午文化在世界上影响广泛,世界上一些国家和地区也有庆贺端午的活动。2006年5月,国务院将其列入首批国家级非物质文化遗产名录;自2008年起,端午节被列为国家法定节假日。2009年9月,联合国教科文组织正式批准将其列入《人类非物质文化遗产代表作名录》,端午节成为中国首个入选世界非遗的节日。

(五)中秋节

中秋节,又称祭月节、月光诞、月夕、秋节、仲秋节、拜月节、月娘节、月亮节、团圆节等,是中国民间的传统节日。中秋节源自天象崇拜,由上古时代秋夕祭月演变而来。中秋节自古便有祭月、赏月、吃月饼、玩花灯、赏桂花、饮桂花酒等民俗,流传至今,经久不息。

中秋节起源于上古时代,普及于汉代,定型于唐朝初年,盛行于宋朝以后。中秋节是秋季时令习俗的综合,其所包含的节俗因素,大都有古老的渊源。中秋节以月之圆兆人之团圆,为寄托思念故乡、思念亲人之情,祈盼丰收、幸福,成为丰富多彩、弥足珍贵的文化遗产。

最初"祭月节"的节期是在干支历二十四节气"秋分"这天,后来才调至夏历八月十五日。受中华文化的影响,中秋节也是东亚和东南亚一些国家尤其是当地的华人华侨的传统节日。2006年5月20日,国务院将其列入首批国家级非物质文化遗产名录。自2008年起,中秋节被列为国家法定节假日。

三、现代节庆活动

节庆活动是一种特定的社会现象,它是国家、民族或区域历史、经济以及文化现象的综合体现。随着社会的发展,各地既保留了一些传统的节庆活动,也发展了一些现代节庆活动,如哈尔滨国际冰雪节、南宁国际民歌艺术节等。现代节庆活动主要包括各类文化活动、商贸活动、会展活动、体育活动等。

(一)文化活动

文化活动是指国家、企业和各类社会组织根据自身发展的需要,结合社会或组织自身需求,所开展的文化交流、比赛、辅导、展览等各种活动。文化活动可以分为:专题竞赛类、沟通类、知识类、娱乐类、体育竞技类、艺术类等。如举办工人俱乐部、电影放映晚会、录像放映、电子游艺、图书阅览、征文比赛、摄影比赛、书法比赛、周末舞会、文艺演出、春秋季运动会、各种球类比赛、射击打靶比赛、游泳比赛、滑冰比赛、野游、游园、钓鱼比赛、自行车比赛、"五月歌会"、"戏剧之春"、"班组之声"等活动。

(二)商贸活动

商贸是商业和贸易的简称,是商品经济中商品的买卖和交换活动的总称。商业是商品流通的组织者和推动者，包括批发、零售和物流等环节；贸易是商品流通的内容和形式，包括国内贸易和国际贸易等。商贸活动是市场经济中的重要组成部分，在推动经济增长、促进国际交流和合作、提高国际竞争力等方面起着重要作用。

商贸活动是商业主体和客体双方共同参与的活动。主体和客体双方围绕着商品互相询问、互相试探、互相了解、互相协商等。现代经济理论也证明，商贸活动有竞争，但它是合作竞争、诚信竞争，它不是"兵不厌诈"的军事竞争。商贸活动有博弈，但它是非零和博弈，它不是"你死我活"的零和博弈。

商贸活动主要分为行业峰会、论坛会议、沙龙三大类。行业峰会的规模一般在300人以上，论坛会议一般是200～300人，沙龙的规模一般在100人以内。

（三）会展活动

会展是指会议、展览、大型活动等集体性的商业或非商业活动的简称。会展活动是一种综合性的社会经济活动，它不仅涉及展览、会议、活动等多个方面，还涉及与展览、会议、活动相关的各种要素，如场馆、参展商、观众、物流等。

会展活动的概念内涵是指在一定地域空间，许多人聚集在一起形成的、定期或不定期、制度或非制度传递和交流信息的群众性社会活动，其概念的外延包括各种类型的博览会、展销活动、大中小型会议、文化活动、节庆活动等。特定主题的会展是指围绕特定主题集合多人在特定时空的集聚交流活动。狭义的会展仅指展览会和会议；广义的会展是会议、展览会、节事活动和各类产业/行业相关展览的统称。

会展活动的种类繁多，按照不同的标准可以分为不同的类型。例如，按照展览的主题和内容可以分为综合性展览和专业性展览；按照展览的时间和地点可以分为国际性展览、区域性展览和地方性展览；按照展览的目的可以分为贸易展览和消费展览；按照展览的组织方式可以分为政府主导型展览和市场主导型展览。

在现代社会中，会展活动已经成为促进经济发展、推动产业升级、加强国际交流合作的重要手段之一。各国、各地大力建设会议中心，全力争取各种国际、国内会议的举办权。美国以及欧洲主要旅游业发达国家都是主要的国际会议举办国。中国每年举办的广交会、海南博鳌亚洲论坛等国际会议，影响越来越大。

（四）体育活动

体育活动是人们通过一定的身体活动来达到锻炼身体、增强体质、培养体育技能和娱乐身心等目的的一种社会活动。它通常包括竞技体育、群众体育、体育教育、体育竞赛等多种形式。

竞技体育是体育活动中最具有代表性的形式之一，它以竞技比赛为主要特点，通过比赛来展示和培养运动员的体育技能和身体素质。竞技体育通常包括田径、游泳、篮球、足球、羽毛球等多种项目。

群众体育是指广大人民群众在日常生活中进行的身体锻炼和体育活动，它具有广泛的参与性和普遍性。群众体育可以包括晨练、太极拳、广场舞等多种形式。

体育教育是指通过体育活动来培养人们的体育技能和身体素质，它通常包括体育课、体育训练、体育比赛等多种形式。

体育竞赛是指通过比赛来展示和培养运动员的体育技能和身体素质，它通常包括奥运会、世界杯等大型国际赛事和各种地方性、区域性的比赛。

总之,体育活动是一种重要的社会活动,它不仅可以锻炼身体、增强体质,还可以培养人们的竞技精神和团队精神,促进社会和谐与发展。另外,体育活动产生的市场需求,结合体育产业泛化的大环境,加上优势的基础条件,为我国运动休闲的发展创造了前所未有的契机,也为旅游产业系统升级和景区产品提升,提供了一种有效的解决手段。

本章小结

1. 文化资源除了公认的文化遗产外,至少还包括文献形态、造型艺术形态、表演形态和节庆活动形态文化资源等重要形态。

2. 文献作为记载、传承人类文明成果的一种物质形态,为社会的发展提供了重要的物质基础。文献形态经历了从简单到复杂、从无纸到有纸、从低级到高级的变化过程。文献为社会经济、文化、科技等方面的发展提供了重要的物质基础,在人类社会发展过程中发挥着巨大的功能作用,成为社会生活的重要元素。以文献为基础形成的信息资源体系是社会发展的重要组成部分。

3. 造型艺术形态是指以一定物质材料(如绘画用颜料、墨、绢、布、纸、木板等,雕塑、工艺用木、石、泥、玻璃、金属等,建筑用多种建筑材料等)和手段创造的可视静态空间形象来反映社会生活与表现艺术家思想情感。造型艺术形态主要包括绘画和雕塑艺术、建筑艺术、书法艺术、摄影艺术、篆刻艺术等。

4. 表演艺术是由表演艺术家通过演唱、演奏或人体动作、表情来塑造形象、传达情绪和情感从而表现生活的艺术。表演艺术具有视觉效果、情感表达、故事叙述、艺术创新、互动体验的特征,表演艺术包括音乐艺术、舞蹈艺术、说唱艺术、魔术和杂技艺术以及影视艺术、戏曲戏剧艺术等。

5. 节庆活动是在不同国家、不同民族、不同区域的长期生活、生产活动实践中产生的一种特定的社会现象,是在特定时期举办的、具有鲜明地方特色和群众基础的大型文化活动。它是该国家、民族或区域历史、经济以及文化现象的综合体现。我国传统的节庆活动包括春节、元宵节、清明节、端午节和中秋节等。现代节庆活动主要有各类的文化活动、商贸活动、会展活动、体育活动等。

思考与练习题

1. 为什么说文献是非常重要的文化资源?
2. 简述造型艺术形态的文化资源的表现形式以及文化资源开发的一般方式。
3. 艺术形态的文化资源包括哪些内容?简述其构成内容。
4. 比较各种形态的文化资源的异同及其特点。
5. 通过分析文化资源的形态,讨论各种形态文化资源的开发与利用。
6. 简述现代节庆文化活动的表现形式。

 **案 例**

赛事经济的乘数效应①

每逢举办重大体育赛事,经济账都是各方关注的话题。新建改建场馆需要投入多少人力物力?票务、特许经营等收入能不能支撑交通、住宿等服务成本?这不仅关系到赛事期间的盈亏,还会对主办地的经济社会发展产生较大影响。

看得见、看不见的账从申办之初一直算到赛后复盘,成都第31届世界大学生夏季运动会也不例外。在看得见的账本上,主办方精打细算,争取把赛事办得简约而不失精彩。一方面,把"节俭"作为贯穿始终的办赛理念,能改不建、能修不换、能租不买、能借不租,尽可能降低成本;另一方面,开发"蓉宝"等18个大类千余款特许商品,开设零售店(点)285个,并通过销售门票和发行大运彩票增加收入。

在看不见的账本上,是大运会的带动效应得到了充分发挥。成都加快体育产业招商推介和市场开发,50余场赛事宣传、品牌推广及产业推介发布活动接连举办,"成都大运会市场开发机会清单""成都大运会品牌合作机会清单""成都大运会市场开发(绿色低碳)赋能机会清单"持续更新,合作项目源源不断地涌向市场、触达企业。一批本土企业分享大运会场馆建设、通信、餐饮、交通等赛事机遇,成为大运会的"合伙人"。不少外地企业也因大运会被吸引到成都落户、加大投资,从"赛事合伙人"变成"城市合伙人",将在赛后长期为成都的发展助力添彩。

对于参与其中的企业而言,不仅能分享到全球的市场机遇,还能借助这一世界级竞赛的影响力推广企业形象,加速成长为世界级品牌。

更为重要的是,大运会带来的"进账",早已超越了经济本身。当大运会的青春活力席卷各行各业,当企业从大运会的热潮中看到机遇、分享果实时,其发展信心得到了有力提振,其价值远不能用金钱来衡量。

大运会的举办及其带来的机遇,让企业感知到积极信号,看到良好前景,有助于恢复发展信心、形成良好预期。2023年上半年,成都经营主体活力持续恢复,新登记经营主体33.5万户,净增涉税经营主体增长90.2%,部分重点领域投资力度加大,电力、热力生产和供应业投资增长1.4倍,文化、体育和娱乐业投资增长39.8%,地区生产总值同比增长5.8%。企业发展信心的提振对于经济持续恢复、回升向好具有关键作用。

信心具有"乘数效应",一经建立,就会产生放大效果。成都在筹备国际体育赛事时,需要进一步保持、发挥各项赛事拓展的新版图、激发的新动能,借赛事"东风"不断推动经济发展。

案例思考题:

成都大运会的赛事效应主要体现在哪些方面,有何借鉴意义?

---

① 本案例来自"曾诗阳.发挥赛事经济的乘数效应[N].经济日报,2023-08-02."有删减。

第四章 文化资源调查

学习目标

1. 理解并掌握文化资源调查的内容；
2. 了解文化资源调查的重要性；
3. 掌握文化资源调查程序、文化资源调查方案内容等；
4. 理解并掌握文化资源调查的一般方法；
5. 了解并熟悉我国各类文化资源普查的相关内容；
6. 学会撰写文化资源调查报告。

文化资源调查是建立文化资源数据库，实施文化资源资产动态管理机制的基础。文化资源调查作为一项重要的基础性工作，既是文化资源保护和整合利用的重大现实需要，也是深化文化资源研究、促进文化产业高质量发展的重要命题。

第一节 文化资源调查概述

文化资源的调查是文化资源开发的第一步，是对文化资源的现状、潜力、特征、类别、规模等方面进行的全面、系统的考察，以便鉴定出资源的价值、品位，为资源的评估和开发提供直接而准确的数据资料。

一、文化资源调查概念及其作用

调查，是人们对事物进行感性认识的方法，它要求人们深入现场进行考察，通过观察、实验、访谈和问卷等方法获取事物的相关信息。所谓文化资源调查是指在特定区域范围内，在既定时间段，调查者在既定目的驱动下，以科学的理论为指导，运用科学的方法和手段，有目的有系统地收集、记录、整理、分析和总结文化资源及其相关因素的信息资料，以确定文化资源的存量状况，并为文化经营管理者提供客观决策依据的活动。

文化资源是一个动态的概念。一方面，已开发的资源，随着时间的变迁和开发措施的实施，自身构成因素及其在周边环境的地位，不断发生变化；另一方面，随着生产力水平的不断提高和人们认识能力的增强，文化资源的深度和广度得到了拓展。所以，针对文化资源这个动态概念，调查工作就显得十分重要。文化资源调查的作用如下：

（1）描述作用。通过对文化资源的调查，可以了解调查区域内文化资源的类型、现状、特征、规模和开发潜力等因素，掌握文化资源的类型，从而为对其评价和开发工作奠定基础，提供可靠的第一手资料。

(2)评估作用。通过文化资源调查,可以认清文化资源的价值特征、空间特征、时间特征、经济特征、文化特征、主要功能,以及各种特征形成的原因和环境背景。通过对文化资源的调查所获得的基础资料,可以建立信息档案,链接到区域信息库中,从而起到摸清家底、了解现状的作用,对区域经济发展、文化资源开发、文化管理工作起到参考作用。

(3)诊断作用。通过对文化资源自身和外部开发条件的深入调查,可以全面掌握该资源的开发、保护和利用现状及存在的问题,从而为确定开发导向、开发时序、开发重点和提出相应的管理措施提供可靠的材料。文化资源调查可以充实和完善文化资源信息资料,为市场预测、决策奠定基础,为寻找新的文化资源、开发新的文化产品、开拓市场提供帮助。

(4)管理作用。重视文化资源调查是文化资源管理部门从传统的经验管理向现代的科学管理转型的重要标志。通过对文化资源的定期调查,可以动态、系统地掌握文化资源开发进展状况,检查其保护环境情况,从而为文化管理部门及时、准确地获得相关信息,迅速做出反应提供条件,并使其工作科学化、现代化。

二、文化资源调查的原则

文化资源作为一种特殊的资源,在实施文化资源调查中,需遵循一定的原则。

(一)客观性原则

客观性原则要求:第一,要从文化资源所在地具体情况出发;第二,认识文化资源的差别和变化,把握文化资源所处的具体时间、空间和其他条件;第三,充分占有客观材料,分析文化资源的发展形式和过程。总之,要真实地、不加修饰地、不加歪曲地记录,确保普查内容和成果真实可靠,杜绝提供虚假材料。

(二)科学性原则

科学性原则要求:第一,文化资源调查研究成果要用数据、资料说话,观点、意见、建议不能凭空臆造;第二,文化资源调查的资料必须有效地说明调查者所要说明的观点;第三,调查结论与调查资料之间要有严密的逻辑性。

(三)系统性原则

系统性原则要求:第一,要注重文化资源的整体性;第二,界定系统的界限应明确清晰;第三,注意系统的内在结构与外在的联系;第四,要注意全过程的层次性和顺序性;第五,要注意系统的自我调节以及与外部环境的平衡适应功能。

(四)代表性原则

代表性原则要求:在调查的过程中,要注意各类文化现象中主要的形式、作品、类型、表征,选出在当地群体社会中有较大影响的代表性文化资源,进行重点深入调查,以避免在普查或抽样调查工作中平均使用力量。

第二节 文化资源调查的实施

文化资源调查需要对调查工作各个方面和全部过程进行通盘考虑,主要包括调查准备阶段、调查阶段、调查结果分析阶段、调查报告撰写阶段和调查总结阶段五个阶段。

一、调查准备阶段

调查准备阶段主要的任务是做好调查方案设计。调查方案设计是指调查研究开始前预先拟定的规划蓝图和行动方案。它的内容一般包括调查研究的目的和指导思想、调查研究的项目和对象、调查研究的方式和方法、调查研究的步骤和时间安排、调查研究的组织准备和分工、调查研究的费用和经费来源、调查研究的物资准备、调查人员培训等。调查方案是整个调查研究活动的行动指南,文化资源调查总体方案是否科学、可行,是整个调查成败的关键。

(一)确定调查目的、调查对象

明确调查目的是调查设计的首要问题,只有确定了调查目的,才能确定调查的范围、内容和方法,否则就会列入一些无关紧要的调查项目,而漏掉一些重要的调查项目,无法满足调查的要求。例如,我国在2007年4月下发的《国务院关于开展第三次全国文物普查的通知》中确定的文化普查的目的就是:开展文物普查是为了全面掌握不可移动文物的数量、分布、特征、保存现状、环境状况等基本情况,为准确判断文物保护形势、科学制定文物保护政策和规划提供依据。

(二)确定调查对象或调查单位

确定调查对象主要是为了解决向谁调查和由谁来具体提供资料的问题。调查对象就是根据调查目的、任务确定调查的范围以及所要调查的总体,它是由某些性质上相同的许多调查单位所组成的。调查单位就是所要调查的社会经济现象总体中的个体,即调查对象中一个一个的具体单位,它是调查中要调查登记的各个调查项目的承担者。例如,为了对某一地区的历史文化资源分布状况进行调查,就需要对该区域文化资源分布情况进行全面调查,那么,该区域所有文化资源就是调查对象,每一个文化资源的保护部门就是调查单位。在调查方案中,还要明确规定调查地点。调查地点与调查单位通常是一致的,但也有不一致的情况,当不一致时,有必要规定调查地点。例如,第四次全国文物普查的对象为"我国境内地上、地下、水下的不可移动文物,对已认定、登记的不可移动文物进行复查,同时调查、认定、登记新发现的不可移动文物"。

(三)确定调查项目

调查项目是指调查单位所要调查的主要内容,确定调查项目就是要明确向被调查者了解些什么问题,调查项目一般就是调查单位的各个标志的名称。例如,文物普查主要内容包括普查对象名称、空间位置、保护级别、文物类别、年代、权属、使用情况、保存状况等。在文化消费者调查中,消费者的性别、民族、文化程度、年龄、收入等,其标志可分为品质标志和数量标志,品质标志是说明事物质的特征,不能用数量表示,只能用文字表示,如消费者的性别、民族和文化程度;数量标志表明事物的数量特征,它可以用数量来表示,如消费者的年龄和收入。

(四)确定调查时间和调查工作期限

调查时间是指调查资料所属的时间。如果所要调查的是时期现象,就要明确规定资料所反映的是调查对象从何时起到何时止的资料。如果所要调查的是时点现象,就要明确规定统一的标准调查时点。

调查工作期限是规定调查工作的开始时间和结束时间,包括从调查方案设计到提交调查报告的整个工作时间,也包括各个阶段的起始时间,其目的是使调查工作能及时开展、按时完成。为了提高信息资料的时效性,在可能的情况下,调查期限应适当缩短。

(五)确定调查方式、分析方法

在调查方案中,还要规定采用什么组织方式和方法取得调查资料。搜集调查资料的方式有普查、重点调查、典型调查、抽样调查等。具体调查方法有文案法、访问法、观察法和实验法等。在调查时,采用何种方式、方法不是固定和统一的,而是取决于调查对象和调查任务。在市场经济条件下,为准确、及时、全面地取得市场信息,尤其应注意多种调查方式的结合运用。

采用实地调查方法搜集的原始资料大多是零散的、不系统的,只能反映事物的表象,无法深入研究事物的本质和规律性,这就要求对大量原始资料进行加工汇总,使之系统化、条理化。目前这种资料处理工作一般由计算机进行,这在设计中也应予以考虑,包括采用何种操作程序以保证必要的运算速度、计算精度及实现特殊目的。

随着经济理论的发展和计算机的运用,越来越多的现代统计分析手段可供人们在分析时选择,如回归分析、相关分析、聚类分析等。每种分析技术都有其自身的特点和适用性,因此应根据调查的要求,选择最佳的分析方法并在方案中加以规定。

(六)加强人员培训

文化资源调查专业性强,因此对参加调查的人员要进行培训,并且要根据调查任务和个人专长,做出合理分工,做到各司其职、互相配合。调查时,可临时吸收当地的文化爱好者和搜集者以及高校师生等社会力量参加。

二、调查阶段

(一)编制调查表格和访谈提纲

当调查项目确定后,可将调查项目科学地分类、排列,编制调查提纲或调查表,方便调查登记和汇总。

1. 编制调查表格

调查表一般由表头、表体和表脚三个部分组成。

表头包括调查表的名称以及调查单位(或填报单位)的名称、性质和隶属关系等。表头上填写的内容一般不做统计分析之用,但它是核实和复查调查单位的依据。

表体包括调查项目、栏号和计量单位等,它是调查表的主要部分。

表脚包括调查者或填报人的签名和调查日期等,其目的是为了明确责任,一旦发现问题,便于查询。调查表分单一表和一览表两种,单一表是每张调查表只登记一个调查单位的资料,常在调查项目较多时使用。它的优点是便于分组整理,缺点是每张表都注有调查地点、时间及其他共同事项,造成人力、物力和时间的耗费较大。一览表是一张调查表可登记多个单位的调查资料。它的优点是当调查项目不多时,应用一览表能使人一目了然,还可将调查表中各有关单位的资料相互核对,其缺点是对每个调查单位不能登记更多的项目。

调查表拟定后,为便于正确填表、统一规格,还要附填表说明。填表说明的内容包括调查表中各个项目的解释、有关计算方法以及填表时应注意的事项等,填表说明应力求准确、简明扼要、通俗易懂。例如,××省非物质文化遗产调查表(音乐类)如表4-1所示。

表 4-1　××省非物质文化遗产调查表(音乐类)

项目名称						演唱语言	
调查类别	姓名		性别		出生年月	民族	
	文化程度		从艺时间			健康状况	
	详细地址					电话	
流传区域							
历史溯源							
表现形式和特点							
代表曲目							
乐器道具和服饰							
传承传记							
演出场合							
备注							
相关资料	记录人		图片(张)		录音(时长)	录像(时长)	
调查人	姓名					文化程度	
	单位					电话	
	调查时间					调查地点	

填表说明:民间音乐包括农村挑担、拉板车、搬运号子、山歌、插秧等农田劳动时的田歌,休息娱乐、节庆等场合所唱的曲子,儿歌、摇篮曲、叫卖、吟诵诗词和古文时的歌词,人们搓麻将等游戏时的歌词,各种传统节日、庙会、红白喜事等场合演奏的乐曲,古代流传下来的工尺谱等器乐曲。

2. 拟定访谈提纲

文化资源的调查中,访谈提纲应能体现调查者分析问题的方法和逻辑性,要简明扼要,思路清晰。一般思路可以是:研究文化资源过去发展,发展到现在的状况(发展成绩),综合过程要求找出发展中存在的问题。

(二)进行实地调查

(1)全面调查,摸清线索。例如,对本辖区的非物质文化资源进行全面调查摸底,就要做到"不漏线索,不漏村(社区),不漏种类",理清本辖区现存项目的名称、分布区域、主要传承人等情况,填写"××非物质文化遗产资源调查线索表"。凡是调查后报告没有文化资源项目的镇(办事处),要正式上报有主要负责人签字的书面报告。

(2)实地调查,做好登记。要根据预先估算的项目价值大小、濒危状况、活动规律等,区分轻重缓急,按照先重点后一般的顺序,制定调查工作的具体方案,明确完成调查的时间、力量的组成与负责人、需要提供的成果等。参加调查的人员一律要填写登记表格,并撰写调查日记。例如,对于非物质文化遗产的调查,需要做好以下工作:每调查一村(社区),要在调查地图上做出标记。采集到的口头文学、民间艺术品、民俗实物、摄影摄像、仪式的素描,除了原件原物外,还要按照表格的要求进行登记。登记的项目,除了文本和实物的名称、内容简介、类别等外,还应包括讲述者、传承者、提供者、收藏者姓名及其年龄、性别、居住地的镇(办事处)名、村(社区)名等。严禁不经过实地调查,凭空编造假材料的做法。在彻底弄清项目的来源与发展、主要的传承谱系和传承人、流行分布的区域、主要价值等的基础上,填写该项目的登记表。

在调查中,要根据不同情况采用不同的调查方法,在了解一般情况后,可重点走访,抽样调查,也可以以小型调查会形式进行。例如,各地所进行的非物质文化遗产调查中,除搜集现成的书面简介材料和听取行政负责人的简略介绍外,主要是选择那些承载非物质文化遗产较多、较有才华和独创性的人(如故事家、歌手、民间艺人等),为他们创造适宜的环境(场合、听众),进行面对面的采访、问答、表演、展示。如条件允许,也可有限度地再现实际讲述、演唱、仪式时的环境,让他们轻松自如地讲述或演唱(口头文学)、表演展示(民间舞蹈、戏曲、仪式等)。调查者以笔录、摄影、录音、录像等方式记录其讲述和表演。除了从口头上搜集记录"活态"的各类非物质文化遗产形态,包括讲述文本和展演现场外,还要注意搜寻民间传抄的过去或现在仍在流传的唱本、歌本、长诗、鼓词、皮影脚本、经书、图画册页等手抄本。

三、调查结果分析阶段

此阶段主要对所收集的文化资源相关信息的调查结果进行深入全面的分析。这一阶段主要对收集到的各种信息进行仔细审核,创造性地分析、发现有关文化资源的关键信息,归纳、总结出影响文化资源存量和发展的因素。

同时,要厘清"文脉"和建立文化资源"家谱"。努力促进理论研究与实际应用相结合,通过走访调查,还原文化资源历史状况以及历史故事,客观全面地呈现历史的原貌。在此基础上,对文化资源承载的政治、经济、文化、历史、艺术等多重价值进行深度挖掘,且注重对文化资源精神内涵的提炼升华,为文化资源开发奠定基础。

四、调查报告撰写阶段

调查报告应按照调查计划和调查提纲逐一叙述,对各项要求做出分析和统计,且各项调查均需写出书面报告,对调查的成果与调查的完善程度作出评估。调查报告是通过对典型的问题、情况、事件的深入调查,经过分析、综合,从而揭示出其本质或客观规律的书面报告。调查报告可分为:基本情况调查报告、典型经济调查报告、新生事物调查报告、揭露问题调查报告。调查报告一般分前言、主体、结尾三部分。

前言有以下几种写法:第一种是写明调查的起因或目的、时间和地点、对象或范围、经过与方法,以及人员组成等调查本身的情况,从中引出中心问题或得出基本结论;第二种是写明调查对象的历史背景、大致发展经过、现实状况、主要成绩、突出问题等基本情况,进而提出中心问题或主要观点;第三种是开门见山,直接概括出调查的结果,如肯定做法、指出问题、提示影响、说明中心内容等。前言起到画龙点睛的作用,要精炼概括,直切主题。

主体是调查报告最主要的部分,这部分详述调查研究的基本情况、做法、经验,以及分析调查研究所得材料中得出的各种具体认识、观点和基本结论。

结尾的写法也比较多,可以提出解决问题的方法、对策或下一步改进工作的建议;或总结全文的主要观点,进一步深化主题;或提出问题,引发人们的进一步思考;或展望前景,发出鼓舞和号召。结语是调查报告的结束语,要求简明扼要,言尽即止。

调查报告具有针对性、真实性、理论性、典型性和时效性，可以了解、剖析事物的本质及其发展趋向，对于解决问题具有积极的作用。

五、调查总结阶段

调查结束后，需要对调查的整个过程进行总结。例如，非物质文化遗产的调查中，采录的民间作品、搜集的民俗实物和民艺作品、调查采访时随机填写的表格、绘制的调查地图、摄制的照片与录音录像，均应登记造册，标明调查人员名单、调查时间、调查区域等。在调查工作基本结束之后，通过研究和整理，要形成以下成果：

(1) 调查报告，内容包括调查工作总结，以及非物质文化遗产资源种类、分布状况、价值、传承人名录、保护初步方案等。

(2) 本区域非物质文化遗产资源项目分布图。

(3) 收集的实物标本。各镇（办事处）对于收集的实物标本，要逐项登记，专人管理，并根据需要上送。

(4) 形象化的记录资料，即照片、录音、录像等，对一些民间手工技艺的工具和产品实物，还要进行图例说明。

(5) 以基层行政机构为单位，进行文化资源调查资料汇编。

第三节　文化资源调查的方法

想要成功地完成一次调查活动，一个良好的方法是最为重要的。只有采用正确而便捷的方法，才能为调查工作带来保质保量的成果，才能得到真实可靠的信息，保证提出观点的正确性和分析问题的深刻性，提升政策研究和决策水平，从而达到调查研究的目的。文化资源调查常见的方法有以下几种。

一、典型调查法

典型调查是指从调查对象的总体中选取一个或几个具有代表性的单位，如个人、群体、组织、社区等，进行全面、深入、周密的调查研究。这种调查法较为细致，适用于对新情况、新问题的调研。使用典型调查法时，须注意所选择的对象要具有代表性，能够集中有力地体现问题和情况的主要方面。

正确地选择典型是进行典型调查的关键。典型选择适当，调查的结果才可以真实地反映同类事物的一般属性。典型选错了，调查的结果就不可能真实地反映同类事物的共性，只会得出错误的结论。典型是客观存在着的，不是调查者主观选就的。调查者选择典型的过程，是根据调研目的，在调查对象中发现和确定典型的过程。

典型调查的目的不在于认识少数的几个典型，而在于借助典型认识它所代表的同类事物的共性。这就要求对个别典型进行深入、全面的直接调查，以认识同类事物的一般属性和规律。

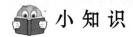 小 知 识

中华文明探源工程

中华文明探源工程,全称是"中华文明起源和早期发展综合研究",是继国家"九五"重点科技攻关项目——"夏商周断代工程"之后,又一项由国家支持的多学科结合研究中国古代历史与文化的重大科研项目。中华文明探源工程的宗旨是:多学科、多角度、多层次、全方位地研究中华文明的起源、形成与早期发展的过程,并探索形成这一过程的背景、原因、发展道路及其特点。中华文明探源工程分为预备性研究和第一、二、三、四、五阶段。中华文明探源工程经过考古发掘和多学科结合研究,以坚实的考古材料和综合研究成果证明,中华文明是土生土长的,是在自身基础上起源、形成的,但并不是封闭的。在漫长的形成和发展过程中,中华文明与其他文明之间发生过各种各样的交流。距今大约5000年前,黄河上游地区就接受了起源于西亚地区古文明的铜器制作、小麦栽培、黄牛和绵羊饲养等新的技术。与此同时,起源于史前时期中国的稻、粟、黍的栽培也向西亚和其他地区传播。特别需要指出的是,中华文明在接受了西亚地区传来的冶金术后,对其加以消化吸收,在距今大约4300年前的黄河中游地区发明了泥范铸造铜铃乃至青铜容器的技术。到了夏、商朝,青铜容器制作工艺技术得到突飞猛进的发展,形成了在世界上首屈一指的青铜文明。

二、抽样调查法

文化资源抽样调查是指从文化资源调查对象的总体中抽取一些个人或单位作为样本,通过对样本的调查结果推断出文化资源的总体情况。抽样调查法较普查法有方便、快捷的优点,适用于调查范围较广但又资源有限的情形。运用抽样调查法时,要保证一定的样本数量,注意样本的平均分配,防止以偏概全。

与典型调查相比较,抽样调查一般是标准化、结构式的社会调查,它具有综合定性研究和定量研究的功能,因此,抽样调查已成为现代社会调查的主要方式。

抽样调查的调查对象一般要求采取随机抽样的方法确定。随机样本的代表性较少受到抽样者主观因素的影响,其代表性是由随机抽样方法来保证的。因此,抽样调查的信度和效度首先依赖于科学的抽样方法。

根据调查任务的具体要求,确定总体的范围,这个范围就是抽样的范围。如果不能明确抽样的具体范围,就不能采取随机抽样的方法进行抽样。

三、重点调查法

文化资源的重点调查是一种非全面调查,它是在全部调查对象中选择一部分重点文化资源进行调查,以取得统计数据的一种非全面调查方法,其目的是为了了解总体的基本情况。

这些重点调查对象在全部调查中虽然只是一部分,但它们在所研究现象的总量中却具有相当大的影响或者占有较大的比例,因而对它们进行调查能够反映全部现象的基本情况。例如,要了解全国文化资源开发的状况,只要选择为数不多的几个省份进行情况调查,就可以掌握全国文化产业的发展情况。

重点调查的对象可以是一些文保单位、文化企业,也可以是一些地区、城市。此种方法的

优点是所投入的人力、物力少,且又能较快地搜集到统计信息资料。一般来讲,在调查任务只要求掌握基本情况,而部分单位又能比较集中反映研究项目和指标时,就可以采用重点调查。

重点调查与典型调查一样,它们都不是采取随机抽样的方法确定具体的调查对象,因此,选点都易受主观因素的影响。但它们调查对象的数量都较少,因此都比较省时、省力,方便易行。两者的差异在于:重点调查的具体对象是重点,重点不一定要有代表性或典型性,要求在总体中具有重要地位或在总体的数量总值中占有较大比重,而典型调查的对象则要求其具有代表性或典型性;另外,重点调查主要是数量认识,而典型调查主要是性质认识。

由于重点单位在全体调查对象中只占一小部分,调查的标志量在总体中却占较大的比重,因而对这部分重点单位进行调查所取得的统计数据能够反映社会经济现象发展变化的基本趋势。和抽样调查不同的是,重点调查取得的数据只能反映总体的基本发展趋势,不能用以推断总体,因而也只是一种补充性的调查方法。

四、个案调查法

个案调查法是指选择某一具体调查对象,就某种社会现象或问题对其进行深入调查研究,以求解释现象、探明原因、解决问题。个案调查有两种情形,一是专项调查,即调查的对象只有一个文化资源的个体,调查的目的只是为了了解这一类文化资源的状况。二是从某一类文化资源中选择一两个调查对象进行深入细致的研究,这种研究的主要目的是认识所选调查对象的现状和历史,而不要求借此推论同类事物的有关属性。因此,个案调查如需选择具体的调查对象,则并不要求其代表性或典型性,但要求个案本身具有独特性。

个案调查能深入细致地研究调查对象,有利于具体问题的解决,但个案调查一般需要花费较长的时间,投入较大的精力,调查结论也不一定有广泛的适用性。因此,采用个案调查法时,需要注意以下问题:

一是调研工作者要有充分的准备。要搞好个案调查,调研工作者要做好必要的准备:既要认真考虑在具体调查中应采取的大致的调研程序和调查方法,并对调研对象进行初步的调查分析,尽可能掌握其基本情况,又要进行必要的学习,掌握与调查内容密切相关的调研方法和专门技术,为调查打好基础。

二是注意调动调研对象的积极性。在进行个案调查时,多采用参与法,因此,必须注重调研对象的积极性,取得调研对象的配合。个案调查中要科学地对调研资料进行分析,不能随便用个案调查的结论推导有关的总体。对资料进行整理与分析时,既要对资料进行必要的分类,抓住重点,又要注意核实,确保资料的准确性和真实性。另外,在分析资料时,要处理好一般与个别、整体与部分的关系,既要把个案调查的资料放在客观对象的总体中去考察,又要在个案中窥探总体的性质,从而得出个案调查的正确结论。

五、访谈法与问卷调查法

访谈法是指通过访员和受访人面对面地交谈来了解受访人的心理和行为的心理学基本研究方法。因研究问题的性质、目的或对象的不同,访谈法具有不同的形式。根据访谈进程的标准化程度,可将它分为结构型访谈和非结构型访谈。访谈广泛适用于教育调查、求职、咨询等,既有事实的调查,也有意见的征询,更多用于个性、个别化研究,具有较好的灵活性和适应性。访谈法也适用于调查对象数量较少,需专门做深入调研的情况。此方法要求撰稿人事先做好充足准备,以应对各种可能出现的状况。

问卷调查是指通过设计详细周密的问卷,要求被调查者据此进行回答以收集资料的方法。所谓问卷是一组与研究目标有关的问题,或者说是一份为进行调查而编制的问题表格,又称调查表。它是人们在社会调查研究活动中用来收集资料的一种常用工具。调研人员借助这一工具对社会活动过程进行准确、具体的测定,并应用社会学统计方法进行量的描述和分析,获取所需要的调查资料。

问卷调查根据载体的不同,可分为纸质问卷调查和网络问卷调查。纸质问卷调查就是传统的问卷调查,调查公司通过雇佣工人来分发这些纸质问卷,以回收答卷。这种形式的问卷存在一些缺点,如分析与统计结果比较麻烦,成本比较高。另一种网络问卷调查,就是用户依靠一些在线调查问卷网站,这些网站提供设计问卷、发放问卷、分析结果等一系列服务。这种方式的优点是无地域限制,成本相对低廉,缺点是答卷质量无法保证。目前国外的调查网站SurveyMonkey提供了这种方式,国内则有问卷网、问卷星、调查派等。

六、普查法

为全面摸清和掌握一个地区文化和旅游资源的总量、质量、布局、功能、结构等情况,需分类分级建立文化和旅游资源名录库和数据平台,按照文化资源和旅游资源普查要求并依据相关标准进行调查。文化资源普查依据文化和旅游部有关标准,主要对古籍、美术馆藏品、地方戏曲剧种、传统器乐乐种、非物质文化遗产、文物(可移动文物、不可移动文物)六大类资源开展普查。

普查法指的是对调查范围内的每个样本进行毫无遗漏的全面调查。普查范围覆盖城乡生产生活空间,普查对象包含古代、近现代反映重要历史事件、标志事件、凝聚社会公众情感记忆的场所,且要不断拓展丰富保护的内涵和外延,最大程度上做到应保尽保。

目前,文化资源除了个别类别外,大部分底数不清,文化资源的开发还处在无序状态,文化资源的管理缺位、错位、越位现象严重,个别地方未经规划审批擅自开发,严重降低和破坏了文化资源的价值,特别是一些商业资本进入文化领域,对文化资源的开发利用过度追求经济利益。文化资源普查就是要全面盘清文化资源家底,准确掌握文化资源状况,科学评价文化资源价值,建立分类分级管理制度,明确管理职责的客观需要,这是对文化资源进行有效保护、理性挖掘、展示传承和开发利用的基础,是推动文化事业繁荣、文化产业发展的基本前提。

 课堂案例

我国开展第四次全国文物普查

为全面掌握我国不可移动文物资源情况,进一步加强文物工作,国务院于2023年11月起开展第四次全国文物普查。

普查总体目标是建立国家不可移动文物资源总目录,建立全国不可移动文物资源大数据库,建立文物资源资产动态管理机制。完善不可移动文物认定公布机制,规范认定标准和登记公布程序,健全名录公布体系。完善不可移动文物保护管理机制,构建全面普查、专项调查、空间管控、动态监测相结合的文物资源管理体系。培养锻炼专业人员,建强文物保护队伍,增强全社会文物保护意识。

普查范围是我国境内地上、地下、水下的不可移动文物,对已认定、登记的不可移动文物进行复查,同时调查、认定、登记新发现的不可移动文物。普查主要内容包括普查对象名称、空间位置、保护级别、文物类别、年代、权属、使用情况、保存状况等。

此次普查分三个阶段进行。普查标准时点为2024年4月30日。2023年11月至2024年4月为第一阶段,主要任务是建立各级普查机构,确定技术标准和规范,开发普查系统与采集软件,开展培训、试点工作;2024年5月至2025年5月为第二阶段,主要任务是以县域为基本单元,实地开展文物调查;2025年6月至2026年6月为第三阶段,主要任务是依法认定、登记并公布不可移动文物,建立国家不可移动文物资源总目录,逐级验收并向社会公布普查成果。县级以上地方各级人民政府要根据普查结果,及时将重要的不可移动文物核定公布为相应级别的文物保护单位。

为加强组织领导,成立第四次全国文物普查领导小组,负责普查组织实施中重大问题的研究和决策,领导小组办公室设在国家文物局,各有关部门要各司其职、各负其责、密切配合。各省(自治区、直辖市)人民政府是本地区文物普查工作的责任主体,地方各级人民政府要认真做好本地区文物普查工作,各级文物行政部门要压实责任,具体组织实施普查工作,确保按时高质量完成普查任务。

本章小结

1. 文化资源调查是指在特定区域范围内,在既定时间段,调查者在既定目的驱动下,以科学的理论为指导,运用科学的方法和手段,有目的有系统地收集、记录、整理、分析和总结文化资源及其相关因素的信息资料,以确定文化资源的存量状况,并为文化经营管理者提供客观决策依据的活动。文化资源调查具有诊断作用、评估作用、描述作用和管理作用。进行文化资源调查需要遵循客观性、科学性、系统性、代表性原则。

2. 文化资源调查需要对调查工作各个方面和全部过程进行通盘考虑,主要包括调查准备阶段、调查阶段、调查结果分析阶段、调查报告撰写阶段和调查总结阶段。

3. 文化资源调查的方法主要有典型调查法、抽样调查法、重点调查法、个案调查法、访谈法和问卷调查法、普查法等,每一种调查方法都有其优缺点,调查实施过程中需要综合考虑选择哪种方法。

思考与练习题

1. 简述文化资源调查的作用和原则。
2. 文化资源的调查需要经过哪些阶段?
3. 文化资源调查准备阶段需要做好哪些工作?
4. 文化资源调查报告主要包括哪些内容?
5. 文化资源调查的方法主要有哪些?各有哪些优缺点?
6. 简述我国文化资源普查的意义。
7. 尝试编制一份非物质文化遗产调查的问卷(以民间音乐为例)。

案 例

甘肃对全省文化资源进行普查和分类分级评估

甘肃文化资源极其丰富,但除了个别类别底数比较清楚之外,大部分类别底数仍不清楚。一些地方对文化资源的开发处在无序状态,个别地方未经规划、审批,擅自开发文化资源,降低和破坏了文化资源的价值,特别是一些商业资本进入文化领域,对文化资源的开发利用过度追求经济利益的现象突出,文化资源普查和分类分级评估工作显得十分必要和紧迫。

2013年5月,甘肃省文化厅经过半年多的前期策划和论证研究,正式启动了文化资源普查和分类分级评估工作,制定了《甘肃省文化资源普查和分类分级评估工作实施方案》。该方案称,将坚持"保护传承、创新发展、合理利用"的方针,以建设科学的、大众的、民族的社会主义先进文化为宗旨,以保护和弘扬民族优秀文化、推动文化大省和华夏文明传承创新区建设为根本任务,通过普查和分类分级评估,摸清家底,为更好地保护和开发利用甘肃文化资源提供科学依据。

根据实施方案,此次工作将普查盘清、评估认定全省文化资源的类别、级别、形态和总量,建立《甘肃省文化资源名录》和《甘肃省文化资源分类分级名录》,明确省级、市州级需要重点保护和开发利用的文化资源,分期分批向社会公布;确定需要向国家申报纳入国家级的文化资源,积极争取国家有关部委的认定、挂牌、投资和建设;依据主要文化资源的蕴藏情况、流布地域、传承范围和衍变情况,建立甘肃省文化资源分类分级项目库;依据文化资源普查和分类分级评估的全部成果和数据,建立全省大型电子文化资源数据库;研究提出专题性文化资源保护、展示、开发和利用的对策建议等。

此次普查将自下而上查报线索、自上而下指导采录、上下联动实施普查。结合华夏文明传承创新区建设需要,甘肃省将文化资源分为省级和市州级文化资源两个级别,分历史文化、少数民族语言文字、自然景观文化、新闻出版等十八大类。

在实施文化资源普查过程中,甘肃省文化资源普查办公室开发了一款专用软件,用于文化资源信息报送、审核、管理,并于2014年5月正式上线,这意味着甘肃文化资源普查从"案头梳理"进入"田野实地"阶段,基层部门将对当地优秀文化资源展开大规模的普查和上报工作。

根据《甘肃省文化资源普查和分类分级评估工作实施方案》,普查和分类分级评估工作于2015年5月结束,历时两年时间。通过普查,共盘摸出1.86万余项省级及省级以上文化资源,并形成了数百万字的汇总材料。

2017年10月,甘肃文化资源云平台上线,《甘肃省文化资源名录》同时出版发行。甘肃文化资源云平台是当时国内第一、省内最大的综合性文化资源数据库,《甘肃省文化资源名录》是当时国内出版的涉及领域最宽、规模最大的省级文化资源宝藏,甘肃文化资源云平台的建设和《甘肃省文化资源名录》的出版相辅相成。

案例思考题:
1. 甘肃省为什么要对本省文化资源进行普查和分类评估,有什么重要意义?
2. 通过查找资料,试讨论甘肃省文化资源普查与评估对全国其他省份的借鉴意义。

第五章　文化资源评估

学习目标

1. 理解文化资源评估的概念、原则；
2. 掌握文化资源评估指标体系的设计；
3. 掌握文化资源评估的方法；
4. 学会撰写文化资源评估报告；
5. 了解地方文化资源评估的一般流程。

发展文化产业需要对文化资源进行重新审视。为了衡量文化资源的价值和开发的效果，进行文化资源评估就显得尤为重要。文化资源是文化产业发展的基础，但并不是所有的文化资源都可以进行产业化经营。发展文化产业要从资源禀赋和市场潜力、文化发展等方面对文化资源进行评估，厘清哪些是可开发的，哪些是不能开发的，哪些是需要保护的，从而为文化资源保护、开发、规划提供重要依据。

第一节　文化资源评估概述

文化资源评估是有效进行文化资源配置，推动文化资源产业化的重要环节，它不仅决定了后续开发的可行性和效果，还影响着整个产业的发展方向和前景。因此，对文化资源评估的准确性和合理性进行扩充和深入探讨是非常必要的。

一、文化资源评估概念

（一）评估

评估与评价是不是同一概念，学术界主要有两种不同的观点：第一种观点认为两者存在区别。有学者认为评估是对所做事情的量化，评价是对已经量化的评估标准进行判断。第二种观点认为两者没有根本的区别。在英文中，评估、评价都是 evaluating（动词 evaluate）。评估通常是指评估主体依据一定的标准，选择合适的范围，对评估对象的绩效信息进行全面的收集，最终得出评估对象好坏、优劣等价值判断的一个过程。

（二）文化资源评估

评估是对价值判断的过程。价值是指客体的存在、作用及变化对于主体的某种需要的满足。自然资源有经济价值，文化资源同样有其价值表现。文化资源作为人类创造的物质文化、制度文化和精神文化的总和,不仅具有独特的科学价值、物理价值、艺术价值,从资源对发展的有用性出发,它更具有经济价值。

物质形态的文化资源,其价值是显性的;物质和精神双重属性的文化资产,具有明显的资产价值;精神文化资产,在广泛的商品经济中,具有一般商品所包含的普遍价值。文化产品不仅具有使用价值,而且有作为商品赖以交换的价值。作为产品的精神文化,其有用性的形成需要花一定的劳动时间,它形成文化产品的交换价值,具有同其他社会产品交换的价值基础。

现代意义上的评估最早出现在 20 世纪 30 年代美国的霍桑实验。但对于文化资源评估而言,也就是近些年的事情,直到目前,对文化资源评估的界定还比较少,更多还是仅从文化资源的某一个方面进行评价研究。因此,对于广义上的文化资源评估,目前还没有一个公认的界定。

文化资源评估的研究,国内外已经有不少的研究成果,联合国教科文组织针对世界文化遗产的确定有专门的评估和鉴定方法。我国的文化和文物部门也有专门的历史文物鉴定办法,另外还有一些学者也对文化资源的评估进行了分析研究。但目前对文化资源的评价,更多是关于历史文化资源的传承与保护,针对广义上文化资源的评价,还没有形成成熟的评价测量体系。

本书认为,文化资源评估是指通过一定的方法和指标体系的设计,对文化资源的资源禀赋和市场潜力进行价值评价的过程。在操作层面上,文化资源价值的判断,特别是它的经济价值的评估,涉及资源价值的量化问题,价值量化实际上就是文化资源价值的价格表现。

(三)文化资源效益评估

自然资源是天然的,而文化资源却是人类社会发展过程中逐步积累起来的。文化资源和自然资源一样,有很多是不可再生的,一旦破坏,就永远无可挽回。以文化资源为基础生产的产品,具有深刻的社会属性,它不仅仅是对个人的、群体的或经济的、政治的意义和作用,更主要的是对于整个社会存在的意义和作用;文化活动及其产品不是单一的个体行为或群体行为,也不是纯粹的经济行为或政治行为,它有着广泛的外部性、社会性[①]。

经过综合效益的评估可以发现,文化资源存量的丰富性并不必然带来文化产业发展的增长性。与此同时,文化资源现存状态的单一性、占有方式的公共性、消费形态的共享性和开发效益的模糊性,都使得我们要理智、审慎地看待文化资源与文化产业的关系。

从某种意义上来说,由文化资源的深度和广度所构成的历史积淀和文化底蕴是把双刃剑,文化底蕴越深,可能带来的文化惰性越强,导致文化创新越难,越不利于文化产业的发展,因此,对传统文化要进行创造性的转化。

可以看到,经过评估后的文化资源可以更加科学有效地进行文化产业开发。评估度量后的文化资源可以选择进入市场或公共治理的方式和途径,以易于进行产业化开发。文化资源的评估与度量体现了人们对文化资源价值属性的一种新的认知模式,在一定程度上解决了文化资源进入创作概念形成、生产复制、市场经销、零售和消费等产业价值链的全过程的标准问题,明确了文化资源的综合价值和开发方式,是发展文化产业的前提条件。

---

① 李东红,杨利美.文化资源的价值评估、成本核算与经济补偿[J].思想战线,2004,30(3):97-101.

二、文化资源评估的特点

(一)文化资源本身具有不确定性

文化资源的不确定性,主要是指随着时间推移,文化资源所表现出来的强烈的社会属性具有不确定性。这种不确定性主要表现为时间、地域、人群、历史等方面的差异,这给评价带来了很大难度。例如,浙江普陀山、山西五台山、安徽九华山、四川峨眉山和乐山都属于佛教名山,文化价值相差不大,但是由于这些名山所处的地理位置不同,从而使其旅游价值有很大的差别。这就给外化的资源价值评价提出了严肃的问题,是文化还是经济决定文化资源的存亡?

(二)文化资源形成过程的巨大差异

文化资源形成过程的巨大差异也会对资源的合理评估造成影响。一些文化资源受众群体较小,资源密集度不够,缺少更多的社会认同,因此,其外在的价值概念就不是很清晰,这对资源的评价产生了一定的制约。例如,云南、贵州以及广西等少数民族聚居的地区,民族文化的差异使当地的文化资源十分丰富,这也会给评估带来不便。人们很难在两个不同的民族文化之间作出好坏取舍,很难对现有的文化资源作出翔实的优劣度量。

不同文化资源的形成过程也有差异,导致评价结果的巨大反差。就像臭豆腐,虽然气味难闻,但对于特定人群来说,依然颇具吸引力。因此,在文化资源评估的时候,也要充分注意这一点,在选择评估方法和手段时,就不能受到这些因素的干扰。

(三)文化资源所属人群的差异

目前,学术界有一个观点,认为文化资源是一种消费品,但是这种消费品具有强烈的受众特性。对于某些人群,某项资源可能是有价值的,而对另外一个人群,这个资源可能就没有价值。

针对文化资源的这种属性,在对其进行评价的时候,就必须充分注意到不同人群对文化资源消费的效用差异。比如我国各地的饮食文化,就具有一定的可替代性,因此,饮食文化的差异相对就会小一些。而比如民俗文化,则存在显著差异,包括各地的婚丧嫁娶习俗等。这使得文化差异具有相当大的人群差异,因此,也给文化资源综合评估带来了很大的局限性。

(四)邻近文化资源的可评价属性

文化资源的生成不同于任何其他社会性资源,有着强烈的共生特征。一般情况下,文化资源的发端和传承与相邻的文化现象有着深刻的必然的联系。邻近文化资源是否可以评价,是否可以与相关的资源一起形成文化产品,与特定文化资源的评价属性有着紧密的关系。

三、文化资源评估的原则

建立一个相对合理和有效的评估机制,对于资源的横向测量和评价具有积极意义,这一举措也使得客观的评价成为可能。通过这种方式,可以更好地评估和比较各种资源之间的相对价值,从而使相关人员做出更明智的决策。此外,合理的评估原则还可以促进文化资源的有效利用,提高文化资源开发的整体效益。

(一)客观性

客观性是文化资源评估的首要原则。然而,由于人的思维形成和所生活的文化环境存在紧密关系,作为文化资源评估主体的人的思维,必然会影响对文化资源评估的客观性要求。一个人生活的文化环境对本人的文化思维取向会产生不可忽略的影响,这种影响是长远和巨大的。要想客观地评价自己文化体系中长期以来被贬低或压抑的部分,这是很困难的,一个可取的方法是利用客观化评估方法来降低个人对文化资源评估的影响力。从统计学的角度看,文化资源评估要降低单个样本的影响,取得统计概念上的评价结论,而不是过度依赖专家或个人的意见。

(二)无宗教性

评价者的宗教信仰同样会对文化资源的评估产生较大影响。因此,在评估一个带有宗教色彩的文化资源时,必须使得这种资源的本质属性得以被客观反映,而不是主观性地得到一个有失偏颇的评价。

一般地,具有宗教背景的文化资源在形成过程中,会对个人生活的方方面面产生深远的影响,甚至会波及个人的生活态度、价值体系、社会观点。因此,具有一定宗教信仰和宗教倾向的评价者,对宗教类文化资源的评估势必会产生一些偏差。消除这种偏差的方法就是改善评估方法,客观设计指标,选择与宗教信仰不相悖的评估主体。

(三)数量化

文化资源可评估的一个重要标志就是获得量化的指标。一般地,数量化是统计学的基本特征,利用统计学方法对文化资源进行评估,重要的一点就是活的数量化评估的指标体系和相应的分析方法。这样,就可以获得相对客观和准确的评估结论。

(四)可比性

针对不同的文化资源,可以借鉴生物学上对于生物种群的分类,作出一个简单的类比分类(参见表5-1),以便从中获得简化的评估思路。

表5-1 文化资源的可比性评估分类(样例)

资源	界	门	纲	目	科	属	种	名称
宗教文化资源	佛教	净土宗	寺庙	建筑	塑像	泥塑	神像	双林寺彩塑
		禅宗						
	道教							
	其他							
...								
文物文化资源	艺术	书法	草书	唐代	真迹	怀素	作品	论书帖
			行书	宋代	真迹	米芾	作品	蜀素帖
民间传统资源	民俗	民俗	饮食	节令	喜庆	元宵	四川	赖汤圆

四、文化资源评估的基本程序

一般而言,文化资源评估是一个有计划有步骤的活动过程。尽管许多评估过程比较简单,不一定按照既定的程序和步骤实施,但作为一种逻辑上的流程,文化资源的评估应包括评估筹划、评估实施和评估总结三个阶段。

(一)评估筹划

筹划是评估的基础和起点,也是评估活动有序进行的前提条件。这个阶段主要解决这样几个问题:为什么要进行评估?对什么对象进行评估?评估采取什么样的途径和方案?评估需要什么样的条件?

1. 明确评估的目的

无论哪种类型的评估,实际上都存在着人们普遍关心的一个问题:为什么要对文化资源进行评估?评估为了什么?评估目的是文化资源评估筹划阶段的逻辑起点,也是贯穿整个筹划、实施和总结三个阶段的总指向。

2. 选定评估对象

文化资源类别众多,涉及诸多的评估对象,这就需要根据现实的需要来选定评估对象,以有利于达到评估所要达到的目的。

3. 制订评估计划

具体的评估计划涉及以下几方面的工作:一是明确评估所需要的时间,初步规定评估工作开始时间和结束时间;二是圈定评估的范围,在何种范围对文化资源进行评估;三是确定评估的标准与方法,明确文化资源评估的经济标准、社会标准,且采用多种评估方法,包括定量方法与定性方法;四是确定评估的短期目标和长期目标。

4. 评估条件

评估条件涉及方方面面,既有评估组织的设置、人员的配备,又有经费的落实、设备的购买。其中,评估组织的设置是关键,只有评估组织健全的情况下,才能挑选优秀的评估人员,发挥评估人员的潜能,提高评估活动的质量。

(二)评估实施

文化资源评估的实施阶段是整个评估活动中最关键的,如果没有良好的组织实施,所有计划与设想都没有实际的意义。文化资源评估实施阶段的主要工作是按照评估已设定的目标,收集文化资源相关的各种信息,做好文化资源的调查工作;设定评分等级标准并得出相应分值;加权处置、建立数学模型并算出结果;通过数据分析,根据评估标准撰写评估报告,得出符合科学要求的结论。评估报告除根据评估情况提出建议外,还应当对评估初衷与目的、评估所使用的方法和评估中存在的问题作出说明。

(三)评估总结

这一阶段是对评估筹划阶段和评估实施阶段的一次全面回顾。通过总结,检讨前两个阶段存在的问题,以便于在其他文化资源评估活动时吸取教训,改正不足。评估总结具体的工作步骤:首先,听取文化资源管理部门的意见,以便进一步完善评估报告;其次,有些评估报告需要递交政府文化部门,为政府进行文化产业开发提供基础性的数据和材料,使评估报告在实际工作中发挥作用。例如,河南开展黄河国家文化公园488处重大资源分类与评价,建立黄河文化遗产资源大数据库。2021年,河南重点推动21个黄河国家文化公园项目,集中实施一批标志性工程,并于2022年1月被正式确定为黄河国家文化公园重点建设区之一。

小知识

文化文物单位文化创意产品开发试点成效评估

2023年7月,文化和旅游部办公厅联合国家文物局办公室印发《关于开展文化文物单位文化创意产品开发试点成效评估的通知》。评估工作流程分为自评阶段(2023年7月25日起至8月31日)、初审阶段(2023年9月1日至9月15日)以及终评阶段(2023年9月16日至10月中旬)。

文化和旅游部、国家文物局与省级主管部门将对评估等级确定为"一级"或"二级"的试点单位进行经验推广,形成良好示范,并在有关工作项目中予以政策和资源支持,推动评估等级与单位绩效考核成绩挂钩;省级主管部门将督促评估等级确定为"三级"的试点单位按照评估意见,进一步完善管理、提升成效;省级主管部门将督促评估等级确定为"四级"的试点单位按照评估意见,制定整改措施,开展提升工作,限期逐项落实到位。整改提升为期一年,期满由文化和旅游部、国家文物局验收评估。

第二节 文化资源评估指标体系

文化资源的文化价值在于其本身的资源禀赋,进行评估时,主要考虑其地方文化成分功能和文化影响力。文化资源的价值要素包括文化资源的文化价值、经济价值、社会价值、发展价值等方面。依托文化资源本身禀赋并参照文化产业的发展效益来考察,评估结果才能更加真实可靠。

一、文化资源评估的主要内容

文化资源开发前,首先要科学评估文化资源,评估文化资源的社会文化价值、科技价值、科学思想和工艺价值、社会伦理和宗教价值、艺术价值以及市场经济价值等。

文化资源的开发涉及文化资源的保护、文化传统的传承和文化发展的创新等相关问题,具有经济效益和社会效益。文化资源的科学开发取决于文化资源的科学评估。

"经济效益是文化资源开发的基本功能效益,也是市场对文化资源开发的动力源泉",包括直接经济效益和间接经济效益。"社会效益是文化资源的事业属性与产业属性共同作用的结果",既可以增加就业、创造财税、提高区域人均收入,又可以满足区域内民众文化需求,提升区域文化形象,促使文化资源自身价值的保护与增长,发挥文化资源可持续的长期效益。

经济价值包括经济效用、消费价值、资源竞争力、资源消费人群、资源市场规模、稀缺性;社会价值包括文化价值、社会效用、文化资源保护等级、知名度、独特性;发展价值包括文化特色、分布范围、资源属地经济发展水平、交通运输便利度。由此,在选择文化资源价值评估指标时,相应地应该考虑到文化资源品相指标、资源效用指标、资源传承能力以及发展预期指标等。

文化资源评估的主要内容包括：资源禀赋（文化特色、保存状态、知名度、独特性、稀缺性和分布范围）、资源效用（社会效用、经济效用、风俗效用）、发展预期（消费人群、市场规模、资源属地经济发展水平、交通便利度、服务能力）、传承能力（资源规模、资源综合竞争力、资源成熟度和资源环境）等。

二、评估指标体系确定的原则

评估的核心问题，是确定评估指标体系，建立一套科学的指标体系是进行价值评估的基础。指标体系是否科学、合理，直接关系到评估的质量。良好的指标体系必须具备完整性、协调性和比例性三个特征。所谓完整性，就是各种指标相互补充、扬长避短，共同构成一个完整的整体；所谓协调性，是指各种指标之间在相关的相互关联的部分能做到相互衔接，相互一致，协调发展；所谓比例性，是指各种指标之间存在一定的数量比例关系。但是，要建立一套既科学又合理的综合评估指标体系，却是一个非常困难的问题。为此，必须按照一定的原则去分析和判断，才有可能较好地解决这一难题。确定评估指标时，应当注意以下原则：

第一，差异性原则。指标的选择要全面，但应该区别主次、轻重，要突出影响文化资源价值评估的最重要的问题，以保证突出资源的个性和特征，突出资源不同类别的长处，获得资源价值的真实再现。

第二，可比性原则。指标体系中同一层次的指标，应该满足可比性的原则，即具有相同的计量范围、计量口径和计量方法。指标取值宜采用相对值，尽可能不采用绝对值。这样使得指标既能反映实际情况，又便于比较优劣，反映资源相对优势状态。

第三，系统性原则。指标体系的结构，是形成指标组合的逻辑关系和表达形式的基础。只有结构科学合理，各项指标分散排列组合，最终形成完整的评估体系，才能客观真实地对文化资源进行有效评估。指标体系要包括资源所涉及的众多方面，使其成为一个完整的系统，这个系统必须考虑下面几个问题：

相关性：要运用系统论的相关性原理不断分析，组合设计资源评价指标体系。

层次性：指标体系要形成阶层性的功能群，层次之间要相互适应并具有一致性，要具有与其相适应的导向作用，即每项上层指标都要有相应的下层指标与其相适应。

整体性：不仅要注意指标体系整体的内在联系，而且要注意整体的功能和目标。

综合性：指标体系的设计不仅要有反映资源状况的指标，更重要的是要有反映资源产业化的指标，这样才能更为客观和全面。

第四，时效性原则。指标体系不仅要反映一定时期文化资源传承和发展的实际情况，而且还要跟踪其变化情况，以便及时发现资源消长，准确评价。此外，指标体系应随着社会价值观念的变化不断调整，否则，可能会因不合时宜而导致评估失误或非最优。对文化资源时间价值进行评价必须考虑以下几个因素：

一是文化资源形成的历史久远性。一般地，历史年代久远的文化资源，其时间价值要高于年代较短的文化资源。

二是文化资源的稀缺性。物以稀为贵，因此稀缺的文化资源具有较高的可度量价值。

三是文化资源生成年代的社会经济发展水平。文化资源往往是生成年代社会经济文化发展的集中体现,代表了当时社会的发展水平。

四是文化资源的比较优势。相比较其他类资源,文化资源在文化、美学、经济价值方面具有独特的价值。

五是文化资源的不可替代性。文化资源能够传承,一定是具有了不可替代的传承价值。文化资源相对于其他资源具有非常显著的特征,因而文化资源的评估同样具有自身的特性。

需要指出的是,上述各项原则并非简单的罗列。也就是说,指标体系设立的目的性决定了指标体系的设计必须符合科学性的原则,而科学性原则又要通过系统性来体现。在满足系统性原则之后,还必须满足可操作性以及时效性的原则。这两条原则决定了指标体系设计应遵循政策性和突出性原则,此外,可操作性原则还决定了指标体系必须满足可比性的原则。上述各项原则都要通过定性与定量相结合的原则才能体现。所有上述各项原则皆由评价的目的性所决定,并以目的性原则为前提。

三、文化资源评估指标框架

文化资源的价值评估需要综合考虑文化资源的外围环境、文化资源本身的素质及其市场潜力。开发利用文化资源,既要对经济,特别是文化产业的发展产生积极影响,又要体现良好的社会效益。

(一)文化资源评估指标的确定

评估指标的设置是文化资源综合评估系统的基础,指标体系构造的合理性和科学性关系到评估系统运作的成败。在具体指标的构造过程中,首先,考虑指标的代表性。从众多的"候选指标"中选择最具有特征、最能反映出评估目的的指标。而且指标要少而精,避免将问题复杂化。其次,考虑指标的独立性,指标要有独立的内容、独立的含义和解释,避免出现指标的二义性和重复性。最后,考虑指标的"双向性",即不能只设置考察文化资源应该具备某种价值要素的指标,还要设置当地能够提供的资源产业化转化效能指标。

文化资源评估指标分为一级指标、二级指标、三级指标、四级指标。一级指标是文化资源价值评估体系中的核心指标,其往往是抽象性的指标,注重类别;二级指标是基础性的指标;三级指标是可选择性指标,结合文化资源的特点、区域文化环境及其他情况,可以有所填充、删减;四级指标是细化目标,是具体的、可操作的评估量化指标。当然,也可以根据需要继续细化指标。

指标体系的结构,是指形成指标组合的逻辑关系和表达形式结构。依靠科学的结构,分散的指标才能排列组合成系统,真实地描述文化资源评价的实质性过程。文化资源价值评估体系构建的关键点有两个。首先需要考虑其评估指标,评估指标的设定需要综合、充分考虑各类影响因素及相关因子,兼顾文化资源的特性与经济发展、产业化进程的一般规律;其次需要考虑评估体系的结构。

例如,北京大学艺术学院向勇教授在对特色文化资源进行评价中建立了一套评估指标体系。此评估体系的指标框架中,核心指标共计94个,一级指标6个,二级指标20个,三级指标68个。其中,开发条件评估指标子体系共计17个指标因子;资源品相评估指标子体系共计25

第五章 文化资源评估

个指标因子;资源价值评估指标子体系共计17个指标因子;转化能力评估指标子体系共计13个指标因子;市场预期评估指标子体系共计8个指标因子;文化驱动力评估指标子体系共计8个指标因子。具体见表5-2。

表5-2 特色文化资源价值评估核心指标因子

一级指标	二级指标	三级指标
开发条件	进入条件	区位条件、交通条件、文化事业、邻近中心城市
	借助平台	商业发展、旅游业发展、手工业发展
	人力资源	劳动力状况、文化人才
	经济条件	经济发展水平、财政状况、居民经济水平、资本技术引进
资源品相	独特性	稀有度、传承度、珍奇度、再生度
	稳定性	适应度、抗击度、变异度
	文化特色	地方性、民族性、识别度、内涵度、延伸度
	完整性	外观状态、原真度、存量质量、濒危度
	规模性	丰度、密度、广度、频度
资源价值	历史价值	时间久远度、保护等级
	美学艺术	观赏性、品味性、协调性
	文化价值	内涵深度、传承范围
	科学价值	保存价值、学术意义、普及程度
	关联价值	文化资源的广度、文化资源的深度
转化能力	资源竞争力	吸引度、凝聚度、整合度、创新度、成熟度、辐射度
	政府导向力	政策导向、产业导向、资金导向、人才导向、舆论导向
市场预期	发展潜力	目标市场、市场扩展力、市场服务力
	资源效用	经济效益、社会效益、环境保护
文化驱动力	内在因素	文化氛围、文化包含、文化形象
	知名度	辐射力、感召力、提及力

另外,山西省文化资源评价课题组针对山西省历史文化资源进行评价,提出了山西省历史文化资源评估的一般性指标体系。这个指标体系的设计遵循了树形设计的原则,首先设计了5个一级指标,其次设计了25个二级指标。同时,从综合评价的角度出发,给定了一个模拟分值,并把它相对客观地分配在5组指标中,总分值设计为800分。具体如表5-3所示。

表 5-3 文化资源评价指标的设计

一级指标	二级指标	三级指标	模拟分值
资源品相指标	1.文化特色;2.保存状态;3.知名度;4.独特性;5.稀缺性;6.分布范围		200分,25%
资源价值指标	7.文化价值;8.时间价值;9.消费价值;10.遗产保护等级;11.资源关联价值		160分,20%
资源效用指标	12.社会效用;13.经济效用;14.民间风俗礼仪;15.公众道德;16.资源消费人群;17.资源市场规模		200分,25%
发展预期指标	18.资源属地的经济发展水平;19.交通运输便利度;20.生活服务能力;21.商务服务能力		80分,10%
传承能力指标	22.资源规模;23.资源综合竞争力;24.资源成熟度;25.资源环境		160分,20%

上述指标体系中,为了能够对文化资源进行实际的评价,依据二级指标,还设置了三级指标,比如,在一级指标"发展预期指标"之下,设置了资源的"交通运输便利度"指标(见表5-4)。做了这样的设计后,使得不同资源的评估结果具有可比性。

表 5-4 "交通运输便利度"评价得分表

距离中心城市		公路等级		资源辐射密度		资源内部密度	
≤20公里	10分	全程高速	10分	飞机	10分	≥100公里	10分
≤40公里	8分	半程高速	8分	火车	9分	≥80公里	8分
≤60公里	7分	干线国道	7分	大型汽车	7分	≥60公里	6分
≤80公里	5分	支线公路	6分	小型汽车	5分	≥40公里	4分
≤100公里	3分	旅游公路	5分	一般工具	3分	≥20公里	2分
>100公里	1分	其他	3分	步行	1分	<20公里	1分

(二)文化资源评估指标评价值的确定

基础指标即评价指标体系中不能再进一步分解的指标,可分为定性基础指标和定量基础指标,分别简称为定性指标和定量指标。因此,基础指标评价值的确定可分为两部分,即定性指标评价值的确定和定量指标评价值的确定。

在求基础指标评估价值时,一般多采用等级论域的方法,将定性指标取值范围按评语等级硬性划分几个分值范围,例如"很好"(90~100)、"较好"(80~90)、"一般"(70~80)、"较差"(60~70)、"很差"(0~60),而对于定量指标,也要确定相对于各评语等级的临界值。这种做法有一定的局限性:

第一,事物本身所具有的模糊性,决定了它没有固定的临界值。例如,从很好到很差,中间状态是模糊的,并不存在一个明确好与差的等级界限,因而由此计算出的指标评价值可信度是较低的。

第二,定量指标等级临界值的确定非常困难,而它对于定量指标评价值的确定又是至关重要的,这给定量指标评价值的确定工作带来了不必要的麻烦。

基于上述理由,可以采用舍弃等级论域的方法确定基础指标评价值,即将指标取值范围规定为 0~100,相当于将指标评判等级划分为几个等级,指标值越大,说明其隶属于优良资源的程度越高,同时也表明其价值越高。

对于定性指标,指标值具有模糊和非定量化的特点,很难用精确的数字来表示,只能采用模糊数学的方法对模糊信息进行量化处理。

第三节 文化资源评估方法

评估方法的选择,会对评估结果产生直接的影响。不同类型文化资源的调查,可以考虑选择不同的评估方法。文化资源的评估方法也借用了社会科学的研究方法,既有定量的评估方法,也有定性的评估方法,诸如统计报表评价的方法、问卷评价的方法、专家系统评价的方法等。

一、统计报表评价

统计报表评价是对文化资源基础统计资料进行收集和整理的一个重要途径,也是文化资源评估的一个基本方法。按照统计学的方式建立和完善文化资源的统计报表评价体系,这个体系大致包括以下内容。

(一)资源统计台账

统计台账是统计工作中最重要的部分,一般作为统计调查的基础资料,有时候也作为样本框。在对文化资源进行评估时,建立一套完善的文化资源统计台账具有重要的价值。

在我国,一些省份如湖南、贵州和山西等,积极开展文化资源调查,建立了较为完善的资源登记制度,在工作的初期收到较好效果。但是,由于文化资源的种类繁杂,底子不清,相互关联较强,因此,难以得到满意的登记效果。如果在登记的开始,就系统地依托统计台账严格规范数据登记和采集标准,严格统计,认真汇总,资源登记的效果会更好。

一个比较可行的方法是建立分类文化资源统计台账体系,做好各地区文化资源登记管理工作,建立基础的统计数据库,对文化资源的评估提供有效和长期的保障。

(二)文化资源月度/年度异动报表

由于文化资源和人们的生活息息相关,因此,各类文化资源每时每刻都在发生着一定的变化。民俗文化资源会发生改变,旅游资源会出现变化,文物资源会发生耗损,传统习惯可能受到外来文化的影响,这些变化从统计学的角度看,完全变成了资源异动的信息。

建立一套月度/年度的文化资源异动报表,对资源的发展态势作出及时、积极的评估,对于文化资源的基础评价体系具有重要影响,对评估的可靠性和对资源瞬间状态的把握起着决定性的作用。

(三)文化资源存量报表

根据各地区文化资源统计台账,建立文化资源存量报表,有利于当地文化资源主管部门和相关机构了解和掌握当地文化资源的基本情况,把握文化资源的整体状态,对于保护和传承文化资源具有重要的意义。

比如,通过存量调查,可以获得一个地区相对完整的资源统计数据,对文化资源的相对完整性可以做出积极有效的统计,便于就文化资源的整体当量做出地区间的比较和判别。

(四)文化资源普查报表

普查是一项常规的国民经济管理策略,例如我国每隔10年进行一次大规模的人口普查。普查的一个优点是能够获得翔实的第一手资料。对文化资源的普查,是做好文化资源评价的一个重要手段,如2007—2011年进行的第三次全国文物普查。从目前的情况看,一些省市对有关文化资源所做的普查基本上停留在局部和区域性的尺度上,比如山西省对地方戏曲的普查、云南省对民族文化的普查等都是小范围的调查。

由于普查对于文化资源综合评价的权威性,故各地应适当地开展一些普查工作。但又由于普查具有耗时长、成本高、技术复杂等特征,现在进行大范围普查不太可能。将来当基本具备普查条件时,文化资源普查就不仅应当,而且必然,这将对发展文化产业、促进产业繁荣产生重要影响。

 课堂案例

浙江省进行文旅资源普查

2021年11月,《浙江省文化和旅游资源分类、调查与评价》及相关规程审议通过,标志着全省文旅资源普查全面启动。作为全国8个文化和旅游资源普查试点省份之一,浙江按照"试点先行、专项推进、系统集成"的工作思路,坚持文旅融合,不搞"分灶吃饭",明确了"3+4+5"工作思路,即抓牢嘉兴、宁海、江山3个省内试点单位,坚持文旅融合、守正立本、与时俱进、系统集成4个原则,力争形成普查标准、操作指南、专家团队、数字平台、图文报告5项成果,有序推进试点工作。

二、问卷评价

问卷评价一般采用定性和定量相结合的方式,对一些无法量化的指标进行评价。同时,可根据文化资源评价指标体系中的二级指标进一步量化为三级指标进行评价。

对于一类特定的文化资源来说,问卷调查无疑是最有价值的。

问卷调查可以根据特定文化资源的特征,详细设计适合该类资源的特殊情况的问卷和问题,且对于评价者的选择也具有针对性。

例如,当问及当地群众对于兵马俑出土文物的保护是否满意时,就可以选择当地的住户,以基本户籍为抽样框,设计相当有价值的随机抽样方案,以此进行调查。这对于反映相关的定性问题具有得天独厚的优势,其精度和可靠度无疑是有相当高的价值的。

适合进行问卷调查的文化资源主要有:民俗文化类资源、区域性人文资源、饮食文化资源、地域文化、乡土风情、民族音乐、宗教文化等。

另外,还可以制作专门的调查问卷对资源的基本状况做出客观、公正、有效的评价,这样的调查结果将远远好于简单的专家评审或者会议评审。

三、专家系统评价

请相关专家对某种资源进行评价,也可以达到评价的目的。所谓的专家系统,是系统论的一个基本概念,也就是要通过对多名专家的意见征询,经过科学合理的总结评审,作出最后的评价。其常用的方法是德尔菲法。

德尔菲法本质上是一种反馈匿名函询法。该法通常利用信函(含邮政函件和电子信函)的调查方式,请有关专家就文化资源相关价值发表各自的看法,然后将这些专家的意见汇总整理后告知各位专家,请各位专家在了解其他专家的意见后再补充修正以前的评估意见,以求得一个比较一致且可靠性程度高的预测性意见。该方法的理论假定在于:具有某种知识程度的人能够对文化资源具有较高的认知度,且相当具有准确性;专家在不与外界接触、不受外界影响的情况下所做的判断往往具有较高的准确性。该方法最大的优势在于能让专家不受他人影响的情况下自由、独立地发表自己的真知灼见。当然,该方法也有一些问题,如专家难以回答自己并不在行的问题,最终专家可能会屈从于专家集体的意见,匿名回信也会降低一些专家对价值判断的责任感。

德尔菲法的具体做法是,在对所要评估的问题征得首次专家的意见之后,进行整理、归纳、统计,再集中,再反馈,再匿名反馈给各专家,直至得到稳定的结论。

征求意见过程如图 5-1 所示。

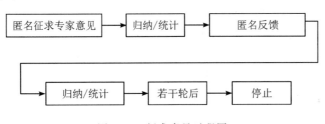

图 5-1　征求意见过程图

总之,德尔菲法是一种利用函询形式的集体匿名思想交流过程。它有区别于其他专家评价方法的三个明显特点:

一是匿名性。匿名是德尔菲法极其重要的特点,从事评审的专家彼此互不了解,他们是在完全匿名的情况下交流思想的,因而不会存在权威或个人左右整体结论的可能。

二是多次有控制的反馈。小组成员的交流是通过回答组织者的问题来实现的,它一般要经过若干轮反馈才能完成评估。

三是小组的统计回答。以往,一个小组最典型的评价结果是反映多数人的观点,少数派的观点至多概括地提及一下,这无法表示出小组不同意见的分布状况。统计回答却不是这样,它报告一个中位数和两个四分点,其中一半落在两个四分位点内,一半落在两个四分点之外。这样,每种观点都包括在这样的统计中了,避免了专家会议法的又一个缺点。

本章小结

1. 文化资源评估是指通过一定的方法和指标体系的设计,对文化资源的资源禀赋和市场潜力进行价值评价的过程。文化资源评估因为文化资源本身的不确定性、文化资源形成过程的差异性、文化资源所属人群的差异以及邻近文化资源的可评价属性,使文化资源评估有其自身的特点。文化资源评估需遵循客观性、无宗教性、数量化和可比性原则。文化资源评估包括评估筹划、评估实施、评估总结三个阶段。

2.文化资源的价值要素包括文化资源的文化价值、经济价值、社会价值、发展价值等方面。根据文化资源的影响力和各方面价值综合评定分级,构建资源禀赋(文化特色、保存状态、知名度、独特性、稀缺性和分布范围)、资源效用(社会效用、经济效用、风俗效用)、发展预期(消费人群、市场规模、资源属地经济发展水平、交通便利度、服务能力)、传承能力(资源规模、资源综合竞争力、资源成熟度和资源环境)等指标体系评估文化资源价值,确定文化资源等级。

3.文化资源的评估方法借用了社会科学的研究方法,既有定量的评估方法,也有定性的评估方法,主要包括统计报表评价的方法、问卷评价的方法、专家系统评价的方法等。其中,统计报表评价的方法包括资源统计台账、文化资源月度/年度异动报表、文化资源存量报表、文化资源普查报表等。

思考与练习题

1. 什么是文化资源评估?
2. 文化资源评估的基本步骤和内容是什么?
3. 如何确定文化资源评估的指标体系?
4. 尝试选择某一文化资源,构建其评价指标体系。
5. 试述文化资源评估的基本方法。
6. 文化资源开发的效益评估应当坚持的基本原则是什么?
7. 试选择一个地区或者某一类文化资源进行评估分析。

案 例

文化文物单位文化创意产品开发试点成效评估指标[①]

一级指标	二级指标	三级指标	分值	评分规则
A 正确导向(10分)	A1 正确导向(10分)	A11-正确导向	10	①在文化创意产品开发工作中建立正确导向审核机制,得4分; ②文化创意产品开发严格执行审核机制,坚持以社会主义核心价值观为引领,弘扬社会主义先进文化、传承革命文化、推动优秀传统文化创造性转化和创新性发展,得6分; ③如出现政治方向、舆论导向、价值取向不正确,违反社会主义核心价值观,存在历史虚无主义等情况的,或出现重大问题引发较大负面舆情或造成恶劣社会影响的,撤销试点资格

---

① 本评估指标来自《文化和旅游部办公厅 国家文物局办公室关于开展文化文物单位文化创意产品开发试点成效评估的通知》,https://zwgk.mct.gov.cn/zfxxgkml/zykf/202307/t20230728_946274.html,有删减。

第五章 文化资源评估

续表

一级指标	二级指标	三级指标	分值	评分规则
B 管理（32 分）	B1 机制建设（5 分）	B11-经营管理	3	设有专门负责文化创意产品开发经营管理的主体（包括设立下属企业、设立专门内设机构或内设部门承担的），得 3 分；没有明确文化创意产品开发经营管理职责主体的，不得分
		B12-收入管理	2	建立了文化创意产品相关收入（包括事业收入、经营收入和其他收入）管理相关规范章程，且收支管理规范有效，得 2 分
	B2 资源保障（17 分）	B21-资源投入	6	①对本单位文化文物资源进行系统梳理、分类整理，形成了文化文物资源数据库，得 4 分； ②建立文化文物资源内部共享机制，对文化创意产品开发团队开放，得 2 分；尚未建立开放共享机制、文化文物资源用于文化创意产品开发仍存在明显障碍的，不得分
		B22-场地投入	2	有文化创意产品开发办公、展示、销售场地的，得 2 分
		B23-人员投入	5	①建立了专兼职文创工作团队的，得 3 分，没有工作团队不得分； ②团队中有自主设计研发能力的专业人才，得 2 分，没有的不得分
		B24-经营支出	4	当年存在文创产品开发经营支出（包括文化创意产品设计、研发、制作支出、业务活动费用和管理费用等）的，得 4 分，没有相关工作支出不得分
	B3 政策激励（10 分）	B31-人员激励	4	试点单位有效落实事业单位工作人员奖励有关规定，按照奖励范围、条件、种类、比例（名额）、程序和纪律要求，对符合奖励条件的文化创意产品开发、经营管理、业务支持人员进行奖励，或绩效工资向为文化创意产品开发、经营做出突出贡献的人员倾斜，充分调动文化创意产品开发经营人员的积极性和创造性，得 4 分
		B32-试点单位激励	3	①试点单位享受"绩效工资总量核定与文化创意产品开发业绩挂钩"政策，得 1.5 分； ②试点单位享受评级评优工作与文化创意产品开发业绩挂钩的政策，得 1.5 分
		B33-政策扶持	3	在文化创意产品开发经营活动中积极争取并享受扶持政策的，当年度每实际享受一项得 0.5 分，最多得 3 分（包括但不限于专项建设基金支持、扶持文化产业发展的税收政策、文化产业投融资服务体系支持和服务，享受支持科技创新、改制重组和小微企业普惠性税收减免等优惠政策，被评选为各级文化产业示范基地等。）

续表

一级指标	二级指标	三级指标	分值	评分规则
C 产出（35分）	C1 经营业绩（23分）	C11-产品数量	4	①已开发完成比较成熟的文创产品,得2分,没有的不得分; ②按当年在售文创产品种类数量在同类（分为博物馆类、纪念馆类、美术馆类、图书馆类）试点单位在售文创产品种类数量的位次计分。当在售产品数量处于同类试点单位在售产品数量的3/4分位及以上得2分,[处于2/4分位,3/4分位)得1.5分,处于[1/4分位,2/4分位)得1分,小于1/4分位则不得分
		C12-产品质量	6	①建立了文化创意产品质检制度、产品召回机制,得2分; ②文化创意产品的文化性、艺术性、实用性、创新性高得4分,较高得3分,一般1～2分,较差不得分
		C13-经营收入	8	按当年通过销售、授权等方式取得的文创产品经营收入和利润率在同类（博物馆类、纪念馆类、美术馆类、图书馆类）试点单位文创产品经营收入中的位次计分。 ①经营收入处于同类试点单位经营收入的3/4分位及以上得4分,处于[2/4分位,3/4分位)得3分,处于[1/4分位,2/4分位)得2分,小于1/4分位则不得分。 ②利润率处于同类试点单位利润率的3/4分位及以上得4分,处于[2/4分位,3/4分位)得3分,处于[1/4分位,2/4分位)得2分,小于1/4分位则不得分。 文创产品经营收入:指通过文化创意相关的产品销售、品牌授权等方式产生的收入(包括经营收入、事业收入、其他收入)。 文创产品经营利润:产品经营收入－产品生产成本－产品销售成本－产品销售税金及附加。 生产成本:指开发、生产文化创意产品所产生的费用,不包括单位在岗人员经费。 文创产品经营利润率 ＝文创产品经营利润／文创产品经营收入
		C14-营销推广	5	①有文化创意产品开发线上销售平台、渠道的,得2分。 ②当年度积极开展举办各类文创产品宣传推广活动,包括但不限于文化创意进校园、进景区、进社区、进乡村、进军营、进企业、馆际交流以及体验式营销,或借助展览展示类宣传推广活动等,活动多元、效果好得3分,效果较好得2分,效果一般得1分,无相关工作不得分
	C2 知识产权保护（6分）	C21-知识产权保护利用	4	近五年内(2018—2022年)知识产权(商标、专利、著作权等)申请成功数量,1个(件)得0.4分,最多得4分
		C22-知识产权价值评估	2	试点单位五年内(2018—2022年)开展了文化创意产品开发相关的知识产权(商标、专利、著作权等)、品牌等无形资产第三方价值评估,且已完成的,加2分;在推进实施中的,得1分;没有的不得分

第五章 文化资源评估

续表

一级指标	二级指标	三级指标	分值	评分规则
C 产出（35分）	C3 品牌建设（3分）	C31-品牌建设	3	具有品牌意识,积极培育自主品牌、共有品牌或区域性品牌等,且品质过硬、市场认可,具有鲜明的地域特色（或民族风情、文化品位）,效果好得3分,效果较好得2分,效果一般得1分,无相关工作不得分
	C4 数字文化（3分）	C41-数字文化	3	①有数字文化创意产品,包括但不限于数字展览、网络表情包、节日宣传海报、沉浸式体验产品等,得1分; ②在文化创意产品开发领域积极应用大数据、物联网、人工智能、虚拟现实、增强现实、全息成像、裸眼3D、交互娱乐引擎开发、文化资源数字化处理、互动影视等技术,促进创新链和产业链紧密衔接,增强文化创意产品的文化承载力、展现力和传播力,得2分
D 效益（23分）	D1 社会效益（20分）	D11-文旅融合	8	综合评价试点单位文化创意产品与旅游城市、景区、度假区、休闲街区、国家文化公园、红色旅游、乡村旅游等相结合的情况,促进文旅融合发展,效果好得8分,效果较好得5分,效果一般得2~3分,无相关工作不得分
		D12-跨界融合	3	①试点单位推进文化创意产品与演艺、影视、教育、非遗、老字号等进行跨界融合的,得2分,无相关工作不得分; ②试点单位文化创意产品融入公共空间、公共设施、公共艺术的规划设计,丰富城乡文化内涵,优化社区人文环境,效果好得1分,效果一般得0.5分,无相关工作不得分
		D13-机制创新	3	在文化创意产品设计开发、生产销售、市场推广、合作模式等方面积累的好经验、好成效等情况,效果好得3分,效果较好得2分,效果一般得1分
		D14-人才培养与就业	3	①开展人才培养工作,试点单位在文化创意产品开发工作中为在校学生提供实习岗位、探索现代学徒制、产学研结合、中外交流合作等人才培养模式,培育文创工作人才的,得2分,无相关工作不得分; ②试点单位在文化创意产品开发工作中积极带动特殊地区和特殊群体就业,包括但不限于革命老区、民族地区、边疆地区、脱贫地区人口就业,或其他地区的退伍军人、下岗失业妇女、残障人士、脱贫人口就业,得1分,无相关工作不得分
		D15-宣传教育	3	试点单位文化创意产品在促进"四史"教育、传递生态文明理念、铸牢中华民族共同体意识等一个或多个方面发挥积极影响的,得3分,效果一般得1~2分,无效果的不得分
	D3 满意度（3分）	D31-消费者满意度	3	①建立了消费者满意度收集机制,得1分; ②建立了客户投诉处理、服务回访制度,且处理及时、有效的,得2分

1. 本评估框架共4个一级指标、10个二级指标、24个三级指标,满分100分;
2. 评价数据按单位性质分为四类:博物馆类(85家)、纪念馆类(10家)、美术馆类(22家)、图书馆类(37家),四类分别排名定级,评价等级由高到低分为一级、二级、三级、四级;
3. 如无特别说明,本指标评估对象均包括试点单位本级及其下属的负责文化创意产品开发的企业或其他类型机构;
4. 为了保证评估结果的准确性,每项指标需要提供相应支撑材料。

第六章 文化资源开发概述

学习目标

1. 理解和掌握文化资源开发的定义;
2. 了解文化资源开发的分类;
3. 理解文化资源开发的原则;
4. 掌握文化资源开发的产品形态;
5. 掌握文化资源开发的基本途径;
6. 掌握文化资源开发的基本模式;
7. 掌握文化资源市场的概念及其作用;
8. 掌握文化产品与文化资源市场的功能;
9. 说明文化资源营销的模式;
10. 了解文化资源营销的一般策略。

文化产业与其他传统产业一样,其发展均离不开对一定资源的占用、开发,或者说,无论是文化产品的生产,还是其他物质产品的生产,都必须有一定指向性的生产对象。从全球范围来看,文化资源的开发利用为世界各国所重视,开发利用文化资源已经成为当今发展文化产业的一种普遍模式。文化资源是文化产业发展的重要条件,而且文化资源越丰富,文化产业就越容易发展。但是,要把文化资源变为文化产业,却是一个复杂的过程,涉及很多环节和因素,如资源开发、政策法规、文化市场、文化资本、文化创意、科学技术等,这些都决定了文化资源如何变为文化产业。

第一节 文化资源开发概念、分类及原则

文化资源是一种客观存在,只有充分发挥智慧力、创造力、想象力,提高对文化资源的开发能力,潜在的文化资源才能为我们所用。在当今文化产业发展全球化趋势日益凸显的时代背景下,必须尽快全面提升发掘、整合、开发文化资源的能力,以把丰富多彩的文化资源做成文化大餐以飨世人。

一、文化资源开发的概念

(一)文化资源开发的界定

开发是指以荒地、矿山、森林、水力等自然资源为对象进行劳动,以达到利用的目的的活

动。一般意义上的资源开发是对地下矿物、土地、动植物、水力、旅游等资源通过规划和物化劳动以达到利用或提高其利用价值实现新的利用的目的,后者也称资源再开发或二次开发。开发资源可以为人类提供新的物质财富,且避免因未被利用而造成的浪费。文化资源的开发是文化产业链上的首要环节,但不同于其他如自然、资金、人才等资源,文化资源的经济价值体现出了独特的属性,存在着许多传统经济学难以解释的地方,如资源本身的数量多少、质量高低等并不是决定产业开发有效性的关键因素。

文化资源开发是指为发挥、提高和改善文化资源的利用率,并使文化生产顺利进行所采取的一系列技术经济措施与活动。文化资源开发的实质,是尽可能地发现和利用各种文化资源,通过劳动加工使其成为具有较高文化价值的产品。换句话说,文化资源的开发是将文化由抽象的概念开发成具体的商品的过程,也是文化资源产业化的过程。

(二)文化资源开发的内涵

实施文化资源开发项目,应立足文化市场需求,用资本和技术开发历史文化资源,或用智能和技术创造新的文化产品,为市场提供优质的文化产品和服务。只有投入一定量的资本、市场化的产业运营,才能把文化资源(包括历史文化资源和智能文化资源)转化或物化为有市场竞争优势的文化产品或服务。因此,文化资源开发可以表述为如下等式:

文化资源开发＝历史文化资源开发＋智能文化资源开发＋投资、可持续营销

市场经济条件下,文化资源开发的市场主体是文化企业,文化企业的职责是选择、评论、有效开发和管理文化资源,筹集资本、募集人才、寻找相关技术,为文化市场提供有竞争力的文化产品和服务,并自担风险、自负盈亏。文化产品不同于一般简单劳动产品,凝聚着知识、智力等现实资源和有形、无形的文化历史资源,是人类复杂劳动的结晶。

文化产业的竞争力主要取决于企业对文化资源的认识和转化赋形能力。文化企业发掘文化资源市场价值、捕捉商机的前提是:正确理解、评估、整理特定文化资源,并升华、转化或再赋形商品化文化资源。文化企业要善于创造自己的核心竞争力,核心竞争力是指能使企业为顾客带来特殊利益的一类独有技能和技术,是企业能持续开发新产品和拓展市场的特殊性。

文化资源的判断和选择,文化市场知识,文化资源开发技术,文化物品和服务分销体系,以及整个产业开发过程的管理和控制等要素,构成了文化企业的独特价值链,并决定着企业的竞争优势。

消费者的现实和潜在文化需求构成文化资源开发的市场。我国各年龄段文化消费市场相对稳定,因此,文化资源的开发要充分尊重各年龄层的文娱消费选择和消费习惯,要针对不同年龄段的需求与偏好进行研发、设计。年轻人与中年人文化消费时间都较长,但年轻人接受新事物快,更追求个性,要针对他们打造各类新型文化产品,推出新的文化消费形态和消费内容。中年人大部分早已成家立业,变得更加成熟,他们消费会更加理性,更注重实用性,因此针对中年人的文化资源开发利用要完善产业链,以增加优质文化产品供给,扩大消费需求。老年人虽然文化消费时长相对较短,但我国目前已经进入老龄化社会,老龄人口基数大,文化产品的生产也应顺应社会发展趋势,进一步培育壮大老年文娱产业和消费市场,为老年人提供更多高品质、有温度、针对性强的文娱产品和服务。

二、文化资源开发的分类

文化资源开发的实质,是尽可能地发现和利用各种文化资源,通过劳动加工,使其成为具

有较高文化价值的产品。根据不同的分类标准，文化资源开发可以分为不同的类型。

按照开发的内容，文化资源开发一般包括外延式开发和内涵式开发两种方法。外延式开发是指采用各种有效的手段，以增加文化资源的数量为主来实现对文化资源的充分利用。例如，根据各地区不同的发展历史和不同的文化传统特点，充分发掘各具特色的文化资源，为发展历史和不同的文化产业创造条件，使各种文化资源在数量上得到有效的扩展，从而推动文化事业的发展。内涵式开发是指采用一些新的手段，对现有的各种文化资源进行新的发掘，或者进行调节组织，以提高对文化资源的利用深度和利用效益。例如，针对某一项文化资源，运用现代科学技术手段进行开发，使其具有新的、更加丰富的表现形式和表现内容，在提高利用效益的同时，创造出新的文化内容，从而使该项文化资源获得进一步的发展。

按照开发所涉及的项目，文化资源开发可以分为单项文化资源开发和多项文化资源综合开发。单项文化资源开发是指对某项文化资源的利用现状进行比较分析，找出更有利于发挥作用的途径和方法，使之增添更大的经济和社会效益的开发活动；多项文化资源综合开发，是指在文化资源开发中综合考虑各个文化生产部门之间的相互联系和互相作用，系统考察各种文化资源的利用现状并采取多种行之有效的措施，以提高文化资源的综合利用效益的开发活动。多项文化资源综合开发的内容除了对文化资源的配置、布局调整之外，还包括文化生产协调、文化设施规划、文化事业的管理和人员培训等。

按照开发方式，文化资源开发可以分为静态开发和动态开发。静态开发是指对文化资源的保护、展示和利用，如博物馆、文化遗址等。动态开发是指对文化资源的创造、改编和再利用，如影视制作、文艺创作等。

按照开发目标，文化资源开发可以分为文化传承型开发、文化创意型开发和文化体验型开发。文化传承型开发是指对传统文化资源的保护、传承和推广，如非物质文化遗产保护、传统手工艺传承等。文化创意型开发是指通过对文化资源的创新性挖掘和利用，实现其独特的文化价值和经济效益，如文化创意产业、文艺演出等。文化体验型开发是指通过让人们亲身参与和体验文化活动，感受文化的魅力，如文化节庆活动、民俗活动等。

按照开发范围，文化资源开发可以分为区域开发和全球开发。区域开发是指针对特定区域的文化资源进行开发，如地方性文化产业、民族文化旅游等。全球开发是指针对全球范围的文化资源进行开发，如国际性文化产业、跨国文化交流等。

 课堂案例

西安市聚焦唐文化资源转化利用的实践

西安有3100多年的建城史和1100多年的国都史，是十三朝古都，历史文化资源极其丰富。西安市聚焦"唐文化资源"优势、最具特色的文化资源活化利用，逐步成为"唐文化"之都，打响了文旅融合特色品牌。

一是推进点状景区开发，打造"唐文化"旅游品牌。西安市已开发形成了曲江、临潼、唐大明宫遗址等三大唐文化旅游板块。曲江新区布局实施了系列大型文旅项目，从大雁塔北广场建设，再到大唐芙蓉园和大唐不夜城建设，凸显唐朝建筑风格与文化风貌；临潼以华清宫遗址恢复保护为突破口，再现盛唐离宫总体风貌，以温泉沐浴和皇家休闲为特色；出台对周丰镐、秦阿房宫、汉长安城、唐大明宫遗址的保护管理条例,对四大遗址实施保护性开发利用。

二是推进街区风貌改造,重塑"唐文化"特色氛围。西安在城市有机更新中,注重平衡遗迹保护与环境改造的关系,点面结合彰显唐文化氛围。比如,大明宫遗址开发、小雁塔历史片区改造,从个体建筑改造到整个街区更新,再到城市单元规划,注重保留唐代文化遗址、文物古迹和街巷风貌,适当恢复盛唐街市景观,重塑面貌。同时,挖掘和盘活工业文明、民俗文化资源,历史与现实交汇融合。

三是举办多样文化活动,形成"唐文化"系列产品。每年推出唐文化特色活动,打造沉浸式融合新场景。例如,开发唐文化演艺广场,举办唐玄宗宫廷音乐会,恢复斗鸡、打马球等唐代娱乐项目;上演中国首部实景舞剧《长恨歌》,推出《再回大唐》主题演出,组织盛世大唐及民俗主题巡游活动,彰显唐文化内生动力。

四是用好"文旅+"手段,提升文化创新转化影响力。坚持深入挖掘汉唐盛世文化,有计划地实施"唐皇城复兴计划"和文化复兴工程。在建成中国唐风广场、唐诗博览园、盛唐皇家主题公园的同时,聚集和培育名师大家、精品力作、文创品牌,挖掘唐文化价值,推进优秀文艺作品创作。一批优秀文艺作品入选"中华优秀传统文化传承发展工程"、获评全国"五个一工程"奖,提升了历史文化创新转化的品牌影响力。

三、文化资源开发的原则

在文化资源开发的实践过程中,存在着大量的文化资源被错误开发的情形:或是被简单地挪用、拼贴,或是完全忽视文化资源内在的价值内容,或是与时代完全脱节,既不能充分利用文化资源,也不能讲好新的故事,更不能输出文化价值。因此,要根据各类文化资源自身的特点和社会现实的精神文化需求,以故事为驱动,形成文化产品,实现文化资源的文化价值和经济价值最大化。文化资源开发需要遵循如下原则。

(一)经济效益和社会效益相统一

对文化产业社会效益的重视,是由文化产业具有文化和经济、意识形态和商品双重属性所决定的。在文化资源开发中,社会效益指的是充分发挥文化资源的多层次的文化价值,最大限度地满足人民日益增长的美好精神生活的多层次需求。经济效益与社会效益有时虽然会发生冲突,却并非绝对矛盾的关系,而是相互依存、相互实现。"文化产品首先要能为更多的人所欣赏和接受,才能更好地产生社会效益,否则文化产品的认识和教育功能再好、再重要,人们不喜欢、不欣赏,不能产生必要的'票房'价值,也就难以更好地实现其社会效益。文化市场通过价格的浮动等因素,发出灵敏的市场信号,形成有力的竞争机制,对文化市场的主体即文化产品的生产者和经营者形成经常的激励和压力。它迫使文化企业不断地降低生产成本,优化文化产品生产要素的配置,提高文化产品的质量,以最大限度去发展文化生产,形成具有竞争力的新的艺术品种,从而满足人民群众的各种文化需求。"但由于经济价值受资本逻辑的牵引,资本的逐利性本质容易导致对文化资源开发的急功近利,从而导致资源开发的单一化、浅表化和欲望化结果,进而导致文化资源创意生态的单一、文化内涵缺乏深度挖掘、迎合受众欲望的价值误区等。因而,在产业化的背景下,文化资源的创意开发,需要平衡两者之间的关系,以社会效益引导经济效益,实现两者的统一。

文化产业作为未来国民经济的支柱性产业,并不仅仅意味着对经济增长的贡献率,体现为对国民经济相关领域较强的带动效应,更体现为文化和创意对社会整体经济结构转型升级,以及推动社会发展所产生的价值和意义。文化产业所具有的双重属性，使其在中国社会经济、文化、政治和社会结构中具有重要的、独特的地位，与人民群众的美好生活发生多层次、深刻的关联。在全球文化产业资本和技术支持的背景下，中国文化产业更需要充分地平衡经济效益与社会效益的双重关系。文化资源在其中不仅仅是作为经济价值实现的基础，更是为经济价值、社会价值等的整体性转型提供了价值性引导和支撑的基础。因而，对文化资源的开发必然要求双重效益的平衡与统一。

（二）文化保护与文化创新相统一

文化资源属于一种珍贵的资源，有的还属于濒危资源，具有不可修复性，它保留着许多"历史记忆"元素，具有极高的历史文化价值。为了永续利用，造福于子孙后代，必须对文化资源予以有效保护。

"保护是硬道理"，这是人们对文化资源的一种基本态度。要做到更好地保护文化资源，不仅需要在认识上树立起明确的保护意识，而且还要制定出如何进行保护的具体措施和办法。例如，对我国传统节日文化的保护已经越来越受到关注，这是因为，随着全球化的到来，西方的强势文化对我国传统文化造成了很大冲击，许多西方节日近年来在中国越来越流行，而中国传统节日文化随着商家对"洋节日"的炒作在不断消退，这可能使传统文化资源慢慢流失。例如，美国哥伦比亚大学周文中教授等主持的中美合作项目"民族文化的自我传习、保护与发展"，其基本原则是：通过与当地民族真诚的持续的合作，使各民族增强对自己文化的信心，提高对其文化进行自我传习、保护和发展的能力。民族文化的保护必须是基于本民族自觉的内在的意愿，不是"冻结"，更不能靠外在的强制力量来限制，发展也并非外来的开垦，而应该强调自动的演进。

文化资源开发一定要同文化资源保护有机统一起来，而不是对立起来，应处理好这两者之间的关系。要重视文化资源的积累和再造，在保护中开发、在开发中保护；克服文化资源开发和文化产品生产雷同问题，注重差异化发展，避免重复开发和资源浪费。

人们所面对的文化，是从历史传承到现在的，对于当今的社会来讲，其具有既成的性质，不以人类的意志为转移。人类发展无不受到历史文化的影响、制约，无不打上历史文化的深刻烙印。对待历史的各种文化资源，保留它们的原貌就是积极地利用，就是丰富今天的生活，使人们从历史的各种文化中知道自己的过去，提高人的素养。所以文化资源的开发，首先是保护文化资源，尽量保存它们的原貌，珍惜文化遗产和文化资源。但是，文化要发展，就必须进行创新，创造今天的文化。今天的文化不是别的，就是以今天的生产方式为基础，对历史的各种文化作重新阐释，增加新的内容、新的理解，赋予新的形式，并根据今天的生产方式，创造新的文化，与历史的传统文化相衔接。于是，历史文化为今天服务，今天的文化有机地融入历史之中，实现了文化传承与发展的有机统一。因此，对各种历史文化要用创新的眼光、态度和方法对待它们，这既是继承历史文化的必须，又是创造今天文化的必须。

第二节 文化资源开发的产品形态

文化产业采用市场化的生产方式，只不过它生产的是文化产品，文化产品既具有与一般产品相同的属性，也具有与一般产品不同的属性。文化产业所进行的是文化经济一体化的生产经营活动，它的中心任务是将有限的文化资源转化为有用的文化产品，包括文化实物产品、文化服务产品及文化衍生产品。

一、文化资源与文化产品

文化资源本身并不是文化产品,也不是产业,但文化资源通过一定形式的开发,可以成为文化产品,并且变为文化产业。从文化资源至文化产品要经过文化产业这个环节,它决定着文化资源的开发利用及其产品形态的形成。因此,文化产业在很多情况下都是以文化资源的开发利用为前提的,文化资源是构成文化产业的基本要素,没有哪一种文化产业是不依赖于文化资源的,差别只在于依赖的程度不同而已。

广义的文化产品是指人类创造的一切提供给社会的可见产品,既包括物质产品,也包括精神产品;狭义的文化产品专指精神产品,纯粹实用的生产工具、生活器具、能源资材等,一般不称为文化产品。文化产品是在文化资源的开发中进一步形成的,它是对文化资源的深入发掘和深度开发,这个过程是通过文化产业化的方式完成的。因此,要开发出具有市场潜力的文化产品,首先要把文化资源转变为文化产业,使它成为为社会现实服务、能够产生社会效益和经济效益的东西。

在现实生活中,要把文化资源变为一种富有生命力的东西,使它的价值被人类社会充分利用,为社会现实服务,就要对文化资源加以开发利用,而不是把它作为历史文物尘封起来,使它与社会生活相脱离。要做到这一点,就要有意识、有目的、有计划地对文化资源的价值加以发掘。发掘文化资源的价值就是通过文化产业的方式开发出能满足社会需要的文化产品,为文化资源的开发利用探索出一条具有市场前景的文化产业路子。

文化资源变为文化产品,是文化产业发展中的重要环节。这个文化产品必须具有广阔的市场前景,具备市场开发的巨大潜力。这就要求在文化资源开发中一定要有市场意识和市场眼光,把那些真正具有市场价值的文化资源开发出来,使它们成为文化产品。所谓市场价值,从消费的角度讲,指的是有消费需求的文化资源。人们常说的"眼球经济""注意力经济"等,指的就是文化资源潜在的经济价值。如许多珍贵的文物古迹、风景名胜、文化遗产、节庆风俗等,都具有经济开发价值,也都可以形成相应的文化产品形式。

在文化资源开发为文化产品的过程中,要注意的是,并不是所有的文化资源都具有市场需求,都能变为文化产业,文化资源的开发应避免那种简单的市场化的倾向。例如,文学艺术是一种重要的文化资源,但文学艺术中不是所有的东西都能进入市场开发环节的,一些高雅艺术、纯文学等就很难进行市场开发。学术资源,也属于文化资源,但因它的受众群体有限,也不可能形成产业,把学术变为大众化的公共产品。

二、文化产品及属性

(一)文化产品的概念

文化产品是文化创造的成果,是指历史上各个时期由人类创作的、以精神消费为主要价值取向的物质和非物质的产品。它包括文化精神产品和文化物质产品两种形式。文化精神产品没有物质外形,直接体现在人们的精神生活之中,并作为人的文化素质得以保存和巩固;文化物质产品具有一定的物质表现形式,以一定的物质材料作为自己的载体,如书籍、雕塑等。

文化产品有广义和狭义之分。广义的文化产品是指人类创造的一切提供给社会的可见产品,既包括物质产品,也包括精神产品;狭义的文化产品专指精神产品,一般是指传播思想、符号和生活方式的消费品,它能够提供信息和娱乐,进而形成群体认同并影响文化行为。图书、杂志、多媒体产品、软件、录音带、电影、录像带、视听节目、手工艺品和时装设计组成了多种多样的文化产品。

(二)文化产品的特征

文化产品的基本特征就是精神劳动物质化和价值化,取得物的外壳。精神劳动借助于物质载体(如书报杂志、文娱用品、音像制品等),直接为社会提供多姿多态的文化消费品,并构成劳动力再生产所必需的享受资料及发展资料,成为社会总产品的组成部分。人们通过购买这些物质载体获得精神食粮,陶冶情操,丰富精神生活,实现物质上与精神上的享受和发展的需要。与物质产品相比,文化产品具有以下特征:

1. 创新性

文化产品的生产具有强烈的创新性。每一项文化产品,不论它是理论型的还是艺术型的,都应该独具匠心,不能雷同。虽然文化产品生产者可以吸收和利用前人的劳动成果,但它不能重复前人的劳动,而必须创造前人和他人所没有的新东西,需要生产者投入一种创作激情才能完成。因此,文化产品的生产是具有自主知识产权的原创性研究和发明的过程,每一件文化产品都具有不可重复性、不可替代性和不可再生性。如金庸的武侠小说,现在许多创作生产机构将它改编成影视剧,有的多达四五个版本,但即便如此,它的每个版本都具有相对独创性,都有一些别的版本所没有的东西;否则,不仅没有市场,还会被有关部门追究侵权的法律责任。而物质产品的生产大多具有同一性、标准性及可替代性,产品大都有明显的生命周期,它的重复是普遍的、经常的、大量的。虽然物质产品的更新换代也需要创造性劳动,但在更多的时间里则是重复性劳动。

2. 广泛性

文化产品是人类精神发展的结果,其内容带有普遍性,有的甚至是人类共同的价值观念和审美观念的体现,虽然其表现形式可能是少数人的,但却可以得到全社会的认同,甚至是几代人的认同。文化产品创造的是无形资本,积累的是品牌效应,它的产品可以被无数次重复生产,而且同一产品被再版、拷贝的次数越多,它所产生的产值就越高,它的影响也就越大。而物质产品相对狭窄,一般情况下,一个物质产品只能满足某个人或者极少数人的需要。

3. 持久性

文化产品的消费是一种欣赏性的消费。文化产品经过消费,虽然它的物质载体有损耗,但它的文化价值永远不会被磨损。文化产品通过再版、复制和消费,让更多的人了解和掌握其中的文化价值,使文化价值更具有永恒的意义。《红楼梦》的美学价值在200年前就得到了人们的认同,现在仍然能够得到人们的认同,再过200年,仍然将得到社会的认同。物质产品的消费是一种直接占有和直接使用的消费。消费者购买了一件物质产品,通过使用,产品的价值就消耗殆尽了。例如,即使是最精美的衣服,穿破了也只好丢掉;最高档的汽车,到了报废的阶段,它的价值也就不存在了。

4. 思想性

文化产品具有认知、教育、审美、娱乐等功能,能满足人们的精神需求,且可以消除人们的疲劳,丰富人们的知识,提高人们的劳动技能,这是一种更高层次的消费需求。一般情况下,人们的生活水平越高,文化程度越高,文化消费能力就越强,对文化产品的需求也越强。物质产品是满足人的生理需求和生产需要的,是一种最基本的需求。社会生产力越低下,对物质产品的依赖程度也越高,需求量也越大;人的文化素质越低,也就越看重物质产品或物质财富。

(三)文化产品的属性

随着文化产业的发展,文化产品已成为商品的一个重要门类。文化产品既具有经济价值,又具有精神价值。

1. 文化产品的经济属性与精神属性

文化产品的属性非常复杂,这种复杂性源于文化生产过程及文化产品所承担的社会功能等因素。从文化产品的生产过程和表现形式来看,文化产品与物质产品一样,都是人类的劳动产品,具有经济属性。但从深层次来分析,文化产品的属性本质在于其精神层面,在于其所承担的社会功能,即文化产品的精神属性。因此,对文化产品属性的分析不能只看到其经济属性,还必须深入精神属性,把文化产品的经济属性与精神属性结合起来。

事实上,经济属性与精神属性是文化产品属性的两个方面,经济属性是精神属性的载体,精神属性是经济属性的承担者。造成文化产品属性复杂性的原因主要有以下方面:从文化生产和文化产品的历史和未来发展来说,文化产品的属性具有复杂性。真正意义上的文化生产出现得较晚(出现于奴隶社会),在资本主义社会以前,文化生产的发展并不充分,不仅从事文化生产的人员较少、文化生产的水平较低、文化生产在社会发展中的作用较小,而且人们的精神生活水平也较低,文化生产和文化产品与人们的经济生活联系并不十分密切。这种情况到资本主义社会以后发生了很大改变。资本主义使文化生产得到了巨大发展,但资本主义更为关注的是文化产品的经济属性。资本家关注文化产品要为自己带来剩余价值,至于文化产品的本质属性——精神性,则不是他们首先考虑的。

在我国,文化生产分为文化事业和文化产业两部分,这两部分具有不同的性质、特点和要求,在文化生产实践中应采取不同的对策。首先,文化企业提供精神产品,传播思想信息,担负文化传承使命,必须始终坚持把社会效益放在首位、实现社会效益和经济效益相统一。其次,不管是哪一部分文化生产,都是在社会主义市场经济条件下进行的,都要遵循市场经济的运行规则。这就使社会主义市场经济条件下的文化生产和文化产品比其他任何社会条件下的文化生产和文化产品都更加复杂。

2. 文化产品的商品属性

从文化产业来看,大多数的文化产品都具有突出的商品属性。文化产品的商品属性,通常是以文化产品的形态特征表现出来的,如一部影视产品,它在市场上取得很高的票房收入,已经大大收回了摄制成本,加上它的制作和发行是按照市场化要求进行的,没有享受到什么特殊的照顾和优惠待遇,也没有行政干预,这个影视产品就具有了商品属性。所谓商品属性,指的就是,它完全是为市场而生产的,而不是为了其他目的。文化产品都有一个共同的特点,它是为市场而存在的,市场决定了产品的商品属性。

文化产品具有商品属性,它是为市场需求而生产的,这是文化产业的突出特点,因而文化产业是一种文化生产,应该以文化生产的方式进行文化资源的开发。即使是文学创作这种个体性非常突出的创造活动,一旦被纳入文化产业的领域,成为一种文化生产,它就必然要按照文化生产的规律和特点进行。这个生产从过程与目标上来说,与单纯的创作是不同的,它不能只考虑作家个人的兴趣和艺术追求,还要考虑市场因素。

文化产业要求文化产品的内容与形式都要符合大众的审美趣味,应按大众的要求进行生产,使文化产品满足市场需求,这是文化产业对文化生产的基本要求。

三、文化资源开发的产品形态

文化产品包括:两种基本形态——文化实物产品、文化服务产品,以及第三种衍生形态——向其他产业提供文化附加值、以著作权为核心的知识产权、数字化的文化产品。

(一)实物形态的文化产品

实物形态的文化产品,也叫文化实物产品,它既有独立的实物形态,又有文化符号的象征意义,如书籍、图画、摄影作品、音像制品等。马克思说:"生产的结果是商品,是使用价值,它们具有离开生产者和消费者而独立的形式,因而能在生产和消费之间的一段时间内存在,并能在这段时间内作为可以出卖的商品而流通,如书、画以及一切脱离艺术家的艺术劳动而单独存在的艺术品。"[①]文化实物产品是文化生产者根据自身体验,在物态材料上创造的文化符号凝聚物。文化生产者所创造的文化产品的价值可以离开生产者而独立存在,并通过市场分销而被文化消费者所占有。

(二)服务形态的文化产品

服务形态的文化产品,也叫文化服务产品,它与文化生产过程共时存在,文化生产过程与文化消费过程合一,如文化娱乐服务、文化咨询服务、导游服务等。消费者的享受与文化娱乐等服务过程同步。正如马克思所说,这类"产品同生产行为不能分离,如一切表演艺术家、演说家、演员、教员、医生、牧师等的情况"[②]。"一个歌唱家为我提供的服务,满足了我的审美的需要;但是,我所享受的,只是同歌唱家本身分不开的活动,他的劳动即歌唱一停止,我的享受也就结束了;我所享受的是活动本身,是它引起的我的听觉的反应。"[③]服务形态的文化产品的提供,除表演艺术(音乐、舞蹈)、语言艺术(文学)、综合艺术(戏剧、影视剧)等传统行业外,现在已扩展到博物馆、展览馆、图书馆、互联网、广播电视电台等的展示服务、阅读服务、游艺娱乐服务和广播电视服务。

(三)衍生形态的文化产品

文化产品除了以上实物形态和服务形态两类外,现代市场经济条件下还有另外三种衍生形态。

1. 向其他产业提供文化附加值

文化符号创造价值。文化资源开发的目的就是创造一种文化符号,然后销售这种文化符号并向其他产业提供文化附加值,促使其物质产品的文化附加值的提升。文化符号的市场化运作,体现一种有别于一般物质产品的精神文化消费意义,是一种文化产品在其他物质生产领域渗透的衍生形式。它本身没有形成实物形态的文化产品或劳务形态的文化产品,而是附着或渗透在其他产品中,其价值通过所附着的产品的交换、流通来实现。例如,近年来,各种带有

---

① 马克思恩格斯全集:第26卷[M].北京:人民出版社 1972:442.
② 马克思恩格斯全集:第26卷[M].北京:人民出版社,1972:443.
③ 马克思恩格斯全集:第26卷[M].北京:人民出版社,1972:446.

文化符号的商品逐渐走入人们的视野,如联名款的 T 恤、猫爪杯、咖啡、快餐……这些"网红款"一经推出便引来关注,并吸引大量网民纷纷购买。有些"网红款"的产品,因为文化和艺术要素的加持,在消费者心目中的价值远远超出了实际售价。又比如,情人节的玫瑰花、端午节的粽子、中秋节的月饼,都渗透了特有的民族文化象征和情感体验,蕴涵着很高的文化附加值。

2. 以著作权为核心的知识产权形态

著作权既是人格权又是财产权,具有鲜明的知识产权属性,属于重要的衍生文化产品。外观造型设计型专利,具有文化独创性,体现了文化符号向其他产业渗透的内容。商标是一种产品区别于其他产品的标记,识别符号、产品品质、企业声誉等长期积淀所形成的品牌,渗透了企业的文化因子,可以通过转让等市场交易方式实现其价值。总之,以著作权为核心的知识产权形态的文化产品,也是一种独特的衍生文化产品形态。

3. 数字化文化产品形态

数字化形态的文化产品拥有其他类型文化产品的全部价值,同样可以进入流通领域以产品的形式相交换,但又与前四种形态的文化产品有明显的区别,即虚拟性是它的存在方式。"要了解'数字化生存'的价值和影响,最好的办法就是思考'比特'和'原子'的差异。虽然我们毫无疑问地生活在信息时代,但大多数信息却是以原子的形式散发的,如报纸、杂志和书籍。""印刷的书籍可能会绝版。数字化的电子书却永远不会这样,它们始终存在。""第一批被比特取代的娱乐原子将是录像带。"这种以虚拟性为主要特征的文化产品正处在生命的生长期,随着信息社会的迅速发展、互联网的普及、网上游戏、网上音乐、网上交流等文化活动将迅速发展。文化产品的数字化衍生形态必将成为文化市场的主角,成为未来人们文化消费的最主要文化产品形态。

第三节 文化资源开发模式

物质文化遗产和非物质文化遗产都属于人类社会的重要文化资源,它们在现代社会中都具有开发为文化产品的可能性,开发为文化产品的过程就是产业化的过程。产业化要求文化产品是为市场消费而存在的,它要适应消费市场的需求,因此这种生产必然是采取产业化的方式,这样才能从根本上满足市场对文化产品的需要。

一、文化资源产业化的途径

文化资源变为文化产业是文化资源开发利用的关键,要通过一定的途径才能实现。这些途径主要有资本途径、市场途径、资源整合途径、产业链途径等。

(一)资本途径

从经济学的角度讲,资源是实现资本转换的前提和基础,而资本则是资源实现其转换的结果。文化资本的实质是能带来新价值的文化价值积累,其价值增值的途径是文化资源经过优化配置后形成文化产品和服务。文化资源只有走向市场,才能成为文化资本,创造经济价值。实现文化资源向文化资本转变,必须建立健全现代文化市场体系,完善文化资源市场化配置制度,促进文化资源合理流动、优化配置。

资源只有在交换的过程中才能实现其价值,价值需要进入市场进行交易并产生增值才能成为资本。通过开发文化旅游产品,吸引经济资本流入当地,可以为当地的文化经济发展带来投资,促进经济的快速发展。同时,文化在开发的过程中,本身也转化为资本,实现资本的价值增值,从而实现更多经济资本的占有,并反作用于文化资本,提升社会资本,形成逐步累积的良性循环发展。

从文化资源的资本化实现形式来看,实体文化资本的转化需要经过三个步骤:文化资源的产品化→文化产品的市场化→文化资本交易管理。

1. 文化资源的产品化

资本是形成产业的关键,文化产业也不例外。资本在现代社会中既是一种生产要素,也是一种市场要素。著名经济学家萨缪尔森说过,资本是一种不同形式的生产要素,它能带来经济的产出。资本作为生产要素显然是指资本对于经济活动的直接贡献作用,它具有内在的增值性,能给生产活动带来更大的经济利益。实际上在现代社会中,资本不仅仅是一种生产要素,还是一种十分活跃的市场要素,它可以有效地配置各种资源,使资源发挥更大的效益。善于资本运作已经成为现代企业集团进行扩张的有力手段,这种扩张实际上是一种资本扩张,它是通过资本的途径来完成的,这也是许多企业能在较短的时期内迅速发展壮大的原因。文化企业中不少公司的发展,正是资本扩张的结果,如盛大网络、华侨城集团、字节跳动等。

文化资源变为文化产业,首先要善于通过资本运作来加速文化产业发展,文化资源的开发利用正是通过产业化过程使资本发挥作用。资本是发展文化产业的本钱,它不仅可以是资金,也可以是文化资源本身。没有一定的资本作为本钱,就很难使文化资源变为文化产业。而资本说穿了是一种利益诉求,因此,资本投入是讲回报的,这种回报就要求它一定要按照市场经济的利益原则进行,这也是资本运作的动力所在。

从现代社会发展趋势来看,文化经济已经成为当今社会诸种经济要素中最活跃的因素之一,成为新的经济增长点。文化经济最突出地体现了文化资本对社会的巨大作用和影响,通过文化资源来积聚资本,吸引社会对文化的投融资,进而借助于资本来开发文化资源,发展文化产业,已经成为一种重要的趋势。文化资本在文化产业发展中的作用表现得越来越明显,已经成为促进文化产业发展的有力手段。

文化具有使用价值与非使用价值,能够满足人们观赏、学习、体验、娱乐等多方面需求。文化的物质文化部分能够直接感知,满足游客听觉、视觉、嗅觉、味觉等审美体验,而非物质文化则需要通过一定的实物载体才能实现消费。因此,文化价值实现之前,需要对文化进行包装、开发,形成产品或商品,吸引游客消费和购买,以此实现其货币化价值。

2. 文化产品的市场化

文化资源进行产品化开发以后,需要得到市场的认可,实现市场交换,才能够获得经济收益。其转化方式主要包括以下四种:

(1)整体买断型:可以看成经营权转让的方式,即通过有偿的方式将文化资源经营权在一定年限内转让给开发经营者,进行有序开发和建设。

(2)资源入股型:企业以资金的形式入股,吸引社会资本和个人以股权的形式入股,双方共同获得收益。此种方式能够将社会资本的优势与企业的优势相结合,是一种较为理想的开发模式。

(3)集体经营:类似于社区主导的经营模式,它的实现一方面有赖于精英带头和引导,也有赖于文化资源中所蕴含的社区互助理念和平等分配意识。

(4)个人自主经营:个人利用现有的文化与自然资源,根据自我开发与融资能力,自主经营、自负盈亏的开发方式。此种开发模式容易形成散、小、弱的旅游服务产品,很难对游客产生持久吸引力和市场竞争力。

3. 文化资本交易管理

我国文化产业市场化时间较短,文化市场体系不够健全,文化企业的发展比较保守,对于文化资本运营,包括引入风险投资机构、建立文化产业基金、收购、兼并等方式,还比较陌生,不能成熟和灵活运用,因此,整个文化市场的发展比较缓慢,市场交易规模较小,活跃度较低。

按照不同的标准,文化资本交易模式有不同的分类方法。从交易的主体看,文化资本交易包括政府、企业和居民的交易。从交易的客体看,包括电影、电视剧、综艺娱乐节目、音乐唱片、报纸、杂志、动画片等的交易。从交易的空间看,可以分为境内交易和跨境交易。境内交易的主体一般在同一国家内,即国内对国内,主要包括政府、企业和居民之间文化资本的转移,而跨境交易的主体遍及全球,其复杂性远超境内交易。从交易的方式看,有传统交易方式和现代交易方式。传统交易方式主要是通过现场现货交易,现代交易方式主要是指电子商务下的交易模式。

从实际情况来看,电子商务下的交易模式主要有以下几种:第一,B to C(business to customer)下的交易模式。这种交易模式表示的是商业机构对消费者的电子商务。其一般以网络零售业为主,主要借助于 Internet 开展在线销售活动。例如,经营各种书籍、光盘、鲜花、计算机、通信用品等商品。根据消费者购买产品时的参与程度,可将交易模式分成两大类:"高参与度产品"模式和"低参与度产品"模式。在"高参与度产品"模式下,由于此类产品需要消费者亲自感受才能判定该种产品是否符合自己的购买需求,因此,网络上只能提供产品信息,不能马上进行交易,使得资源集中度不高。而在"低参与度产品"模式下,由于产品规格比较清晰,用途明确,使得消费者无须亲自体验,便可获知该产品是否符合自己的实际需求,因此,消费者可直接在网上进行交易。在文化产品中,一般像音像制品等属于"高参与度产品",而图书、报刊等属于"低参与度产品"。

第二,B to B(business to business)下的交易模式。这种交易模式是企业与企业之间通过互联网进行产品、服务及信息的交换。这种交易模式最近几年发展十分迅速,交易额不断扩大。从电子商务平台经营方式的角度,这种企业与企业之间的交易模式可以分成三种情况:一是以政府为核心,由其投入资金,创建政府自身使用或对外使用的电子商务平台,从而实现交易。二是以经营规模较大和资金实力较强的大型企业为核心,由其投资创建电子商务平台,该平台主要面向其上游供应企业和下游销售企业,从而实现交易。三是以网络科技公司为核心,投资创建一个公用的电子商务平台。从电子商务平台经营内容的角度,企业与企业之间的交易模式又可以分成三种情况:一是传统行业为了提高市场竞争力,引入电子商务平台进行销售市场细分;二是传统行业为了整合资源,进行业务创新;三是通过电子商务平台开展中介服务。

 课堂案例

电影投资案例

电影投资的最早案例可以追溯到 2015 年上映的《十万个冷笑话》,早在 2013 年,该电影就通过网络平台发起众筹,在不到半年的时间内吸引了超过5000位电影微投资人,筹集到超过137万元的投资。《十万个冷笑话》上映后,以极低的成本拿到了上亿的票房,成为第一部电影投资的成功案例。

电影投资更加成功的那便要数《大圣归来》了,《大圣归来》制作初期,因为拍摄资金不足,开始面向社会筹资。89位普通投资者共出资350万,支撑着把电影完成上映,这89位投资者也通过人脉宣传为票房贡献了不小的力量。当然,这部电影也没有让投资者失望,上映之后取得了9.56亿票房,89位投资者共分得8750万,人均获利16万。

对《大鱼海棠》的创作者梁旋和张春来说,这部作品能够呈现在观众眼前,确实不容易。电影项目运作一波三折,能够最终成功上映,得益于电影投资。电影还未上映,便获得了口碑效应,且观影热潮一波又一波,最终,它斩获了5.65亿的票房,而它的制作成本仅3000万。这个项目的回报数据对于电影投资人来说,无异于是伟大的投资。而这部电影作品的出世之难,折射了影视行业对资金的渴求。

(二)市场途径

市场化运作是文化产业发展的基本规律,文化资源变为文化产业离不开市场。市场机制是一切经济活动最突出的要素,文化产业属于文化经济活动的范畴,它的发展也要依赖市场机制。

通过市场化的途径实现文化资源的转化,需要首先确定文化资源的产权主体。目前对于文化资源主体的界定,没有统一的定论,但纵观各方研究,大致可以分为四大类,即归国家(政府部门)、社区、家庭或个人、全体公民所有。以国家(政府部门)为主体的文化资源,比如历史革命圣地、博物馆、纪念馆、图书馆、美术馆等;以社区为主体的文化资源,如地方传说、特色民俗、节庆活动、神话传说、思想、观念等;以家庭或个人为主体的文化资源,如技能、创作、记忆等。因此,在明确文化资源产权主体类型的前提下,必须明确文化资源权属的权利和义务,即明确其所有权、经营权、开发权、收益权等,理顺产权关系,也只有这样,文化资源的开发、保护和收益等行为才能够顺利进行下去。

市场机制的作用主要表现为:

首先,市场可以使文化资源转变为文化资本。文化资源自身的价值可以使它变为文化资本,但文化资源要在市场中才能成为文化资本。比如,少数民族歌舞是一种丰富的文化资源,这些资源在进入市场之前不过是一些分散的、存在于田间地头的原生态的东西,一旦进入市场,通过市场的作用把这种生活中原生态的东西发掘出来,这些文化资源就具有了市场价值和商业价值。

其次,市场可以促进文化产业结构的完善。文化产业结构包括很多方面,如组织结构、产业形态、文化创意、管理机制、投融资渠道、经营模式、市场营销等。这些都要通过市场作用才能有效运作,只有市场机制才能使它们达到最优化状态,使它们的作用得以充分发挥。文化产业必须进入市场,在市场中求生存发展。凡是不以市场的方式而是以行政的方式来代替文化产业的经营,都不可能取得最终的成功。

最后,市场可以使文化资源发挥出最大效益。文化资源开发的效益如何,要靠市场来验证,这个效益不仅仅指经济效益,还包括社会效益。发展文化产业离不开对文化资源的开发利用,但文化资源的开发利用有一个效益问题,违背效益原则的开发只能是对文化资源的一种破坏。

(三)资源整合途径

资源整合途径是指组织或个人在运作过程中,通过对各种资源进行合理化配置和有效利用,以实现组织或个人目标的过程。资源整合途径的选择和实施,往往能够决定一个组织或个人的成功与否。

1. 资源整合方法

资源整合是指组织或个人在资源有限的情况下,通过一定的策略和手段,将各种不同的资源进行有效的组合和利用,以达到实现目标的目的。常见的资源整合方法有:

(1)纵向一体化:组织或个人在产业链上下游进行延伸,形成完整的产业链条,降低成本,提高效率。这种途径适用于对产业链上下游的控制和管理,有利于提高组织的竞争力。

(2)横向一体化:组织或个人在相同或相似的行业中进行合作,共享资源,提高生产效率和质量。这种途径适用于扩大规模、降低成本和提高市场占有率。

(3)多元化发展:组织或个人在完全不同的领域中进行投资和发展,以寻找新的增长点。这种途径适用于扩大组织的业务范围和市场影响力。

(4)虚拟整合:通过网络技术、信息技术等手段,将不同地区、不同组织之间的资源进行整合和优化。这种整合方式可以帮助企业或组织实现全球化发展,提高响应速度,降低成本。

不同的资源整合途径具有不同的优缺点和适用范围。组织或个人在进行资源整合时,应该根据自身的实际情况和目标需求,选择合适的途径,并进行科学合理的实施和管理。同时,还应该注重创新和变革,不断探索新的资源整合途径和方法,以适应不断变化的市场环境和社会需求。

2. 文化资源整合

"文化资源整合"的表述第一次出现在政府文件是2009年7月22日我国颁布的第一部文化产业专项规划——《文化产业振兴规划》。文化资源整合就是在保护各种文化资源的前提下对不同地区、不同国家的文化资源进行系统性的整合和优化配置,让分散的文化资源产生聚合效应,实现文化资源优势互补,从而提高文化资源的整体效益和利用率。

文化资源整合是文化资源开发利用的一个重要环节,在整合文化资源的基础上才能形成文化资源的产品化。没有经过整合的文化资源通常是以各种不同的形式分布于我们的日常生活当中,甚至是散乱地分布在生活的各个角落,不为人们所注意。这种情况下的文化资源一般是不具有文化产品性质的,因为它们还没有以产品的形态进入市场,成为被消费的对象。比如,我们所熟知的一些文学作品中所描绘的历史故事和人物形象,还有那些丰富多彩的风俗习惯、节庆、宗教信仰、民间工艺、建筑、服饰、饮食、歌舞、民间艺术等。这些代表着一个民族悠久历史的独特文化传统,具有很强的吸引力,有很多属于人类历史的"活化石",它们不仅仅是人类学、民族学的重要研究资料,而且还具有开发为文化产品的价值。这个开发是一种市场开发,也就是把它们潜在的市场价值发掘出来,加以利用。在没有开发之前,这些文化资源只是一些历史遗迹,还不具有市场价值。这个开发就是一种资源整合过程,把具有市场价值的资源加以整合,形成文化产品。

3. 文化资源整合的途径

(1)做减法,合并同类项。做减法,操盘手可以是政府,也可以是企业。秦腔是陕西的特色剧种,西安市原有国有性质的四家秦腔艺术表演团体,市场狭小,同质竞争,活得都不好。于是,西安市文化局按照"消肿、松绑、减负、放开、搞活"的思路,首先将这四个秦腔剧团合并重组,成立西安秦腔剧院,在很大程度上激发了活力。在广东,政府出面将广州交响乐团、广东星海音乐厅和广东实验现代舞团强强联合为广东星海演艺集团,也取得了不俗的业绩。在重庆,政府主导以红岩革命纪念馆和歌乐山革命纪念馆为核心,整合周边地区革命文化资源,组建了"红岩联线",合并了同类机构,降低了管理成本,提高了运营效率。由浙江电视台、浙江有线电视台、浙江教育电视台三台合并组建的浙江广播电视集团成立伊始,就着手进行频道资源、节目资源、公共资源、产业资源四大整合重组,成效明显。

(2)做加法,延长产业链。"文化+"是一个推动业态聚合的过程。通过文化资源要素与经济社会不同领域各类要素在更大范围、更深层次、更高维度的融合创新,促进要素整合、结构优化,可以激发聚合效应,焕发文化产业新的生命力,实现文化产业的精彩蝶变。这种蝶变是一种深度融合创新,需要从理念内涵到发展路径的全面突破。

①思维模式由传统到创新的突破。"文化+"客观上要求打破传统的单向度思维模式,更新文化认知,运用跨界思维、发散思维、聚合思维、系统思维来谋求产业发展。"文化+"不仅要重视基础建设、资本投入和技术应用等硬件要素,还应重视业态关联、融合机制等软件要素,只有这样才能适应更高层次的融合创新要求。

②文化视域由内涵到外延的突破。随着文化的内涵不断深化,文化正在走出以文学艺术、新闻出版和影视创作为主要内容的传统"小文化",迈向国民经济的"大文化",文化创意的先导作用日益凸显。推动"文化+",就是要突破传统文化的边界禁锢,统筹文化产业与国民经济相关业态的关系,实现文化与经济的一体化发展。

③产业融合由浅层到深度的突破。产业融合发展包含不同的层次,初级融合是产业间的单向融合,中级融合是产业间部分链条和相关要素的双向融入,高级融合是产业间冲破了边界、融为一体的状态。推动"文化+",就是要深耕产业关联,促进要素耦合,在文化与不同业态之间实现全链条高级融合。"文化+"将为产业发展插上腾飞的翅膀。

 课堂案例

建川博物馆聚落

四川省建川博物馆,位于中国博物馆小镇——大邑县安仁镇,占地500亩,建筑面积10余万平方米,拥有藏品一千余万件,其中国家珍贵文物4790件。博物馆以"为了和平,收藏战争;为了未来,收藏教训;为了安宁,收藏灾难;为了传承,收藏民俗"为主题,现已建成开放中国共产党党史、抗日战争、红军长征、抗震救灾、改革开放等33个主题陈列馆、广场和展览厅,成为"三史"教育,弘扬红军长征精神、抗战精神、抗震救灾精神,传承中华优秀传统文化的重要场所和一张亮丽的文化名片。

建川博物馆聚落匠心独具地突破了传统意义上的单纯的"博物馆"的概念,不仅超乎想象地在国内第一次将多达20余个博物馆汇集在一起,而且还进一步将各种业态的配套设施如酒店、客栈、茶馆、文物商店等各种商业等汇集在一起,让这些配套设施呈现亚博物馆状态,形成一个集藏品展示、教育研究、旅游休闲、收藏交流、艺术博览、影视拍摄等多项功能为一体的新概念博物馆和中国百年文博旅游及乡村休闲度假旅游目的地。

(3)做乘法,产权多元化。产权多元化是指多个投资者共同出资而形成的产权组合。文化企业产权多元化的根本目的在于形成多个文化投资主体相互制衡的产权结构,进而建立相互制衡的法人治理结构。实现产权多元化,就是要明确不同类的产权主体及其相应的权能和利益,以最终实现对产权进行清晰、合理的界定。产权多元化包含产权结构多元化和产权组织体系合理化两个层次的内容。所谓产权结构多元化,是相对于产权结构一元化来说的,是指企业的出资者或投资主体不是只有一个而是有多个。在产权结构多元化的条件下,任何一个企业的产权都是由各种不同类的产权构成的,这种不同类产权的组合,就是产权组织体系。产权组织体系合理化,就是指不同类的产权的组合形式要合理化。

 拓展阅读

我国文化产权交易市场发展状况

产权多元化依赖于多层次的文化产权交易市场。截至2022年,中国注册在案的文化产权交易所共有122个,其中以2009年6月成立的上海文化产权交易所和2009年11月成立的深圳文化产权交易所为代表,搭建了以文化物权、债权、股权、知识产权等为交易对象的专业化市场交易平台。此外,上海文化产权交易所与上海文化产权交易所北京总部联合启动运行了"中央文化企业国有产权交易系统",打开了中央文化企业对接资本的"通道",服务范围辐射到全国的文化企业。全国性文化产权交易所的出现,为投资者及生产者提供了相对公允的交易平台,极大地便利了文化产品的交易。

上海文化产权交易所主要进行文化物权、债权、股权、知识产权的委托交易。根据上海文化产权交易所线上公示的2014年至2019年间的交易信息,版权交易占总交易事项的70%,主要集中在2014年。近年来,交易需求逐渐由版权交易转为融资需求,2019年上海文化产权交易对象均为融资项目,这从侧面反映出文化产权交易的新动向,文化产业对于投融资需求仍较旺盛。

深圳文化产权交易所业务功能范围覆盖文化产权交易、文化产业投融资、文化企业孵化与文化产权登记托管,具体包括国有产权指定进场交易、文化和旅游产业专项债券公共服务、文化产权登记备案、文化艺术资产托管、区域股权市场中介服务等。

(四)产业链途径

产业链是指由一个产业衍生出来的与它相关联的其他相关产业。它是产业发展到一定程度必然出现的结果。当一个产业发展到一定规模时,它就会朝着产业链方向发展,带来产业的增值,文化产业也是如此。但是,文化产业的产业链不同于其他产业的产业链,这是因为文化产业存在着价值关联,这是由文化的意识形态属性决定的,因而文化产品必然包含着与意识形态密切联系的文化价值内涵。

通过产业链的途径可以进一步加速文化资源向产业化方向发展,这样可以发挥文化资源的最大效益,给产业带来新的增值。但文化产业的产业链是其价值内涵的有效延伸,因此,在形成产业链过程中要注意文化保持问题。有了这种文化保持,才能带来产业的附加值。例如,牛仔系列服装是人们十分喜爱的产品,也是当今世界上最经久不衰的服装款式之一,长期以来一直受到人们的喜爱。它的成功之处就在于,它是一种特定文化精神的象征,因为它延续了当年好莱坞电影中美国西部牛仔所表现出的粗犷、不羁与彰显个性的精神特质,因而成为许多年轻人所喜爱的一种服饰。由它构成的产业链也有很多种,从牛仔衣到牛仔裤,再到牛仔裙、牛仔包等,形成了一个牛仔服装家族。这是一个成功的文化资源开发中的产业链环。

二、文化资源开发的模式

文化资源的开发分为基础性开发和深度性开发。其中,基础性开发是一种传统型开发,以资源型文化产业和制造型文化产业为发展模式。文化资源的基础性开发包括了文化旅游开发模式、主题公园开发模式、节庆会展开发模式和文化地产开发模式等。文化资源的深度性开发模式是一种创新型开发,以内容型文化产业和生态型文化产业为发展模式。文化资源的深度性开发模式包括创意产品开发模式、科技创新开发模式、特色产业带开发模式、生态博物馆开发模式和"文创造镇"开发模式等。

具体来讲,文化资源开发的模式主要有以下几种。

(一)直接利用型开发

直接利用型开发是一种不改变文旅资源原貌的开发模式,即直接将存在的文旅资源开发成为旅游产品。直接利用型开发保留了原汁原味的特色文化,对游客体验当地文化起着重要作用,是各界普遍推崇的开发模式。例如,一些城市的文化遗址、博物院、标志性建筑等都是文化旅游资源的精粹,是优秀的旅游资源,具有很强的感染力,对其开发可以给游客带来强烈的文化感受,视觉体验。这些知名度较大、地域特色鲜明的建筑或遗址都可以采用直接利用的开发形式,在其原有的基础之上直接开发,形成精品旅游景区,不需要过多地加以改造。当然,直接利用型的开发模式是建立在资源本身具有强大的吸引力和感染力基础之上,并不是适合任何一种资源。

(二)主题公园型开发

主题公园开发模式是以主题性、情景化、立体性、空间感的方式呈现了文化资源的体验价值,主题公园的核心就是体验。影响主题公园体验价值的核心要素包括体验主题的凝练与提升、体验项目的设计与更新、体验活动的构思与变化、体验场景的布置与渲染、体验服务的完善与优化以及体验回忆的再现与沉淀等诸多方面。

文化资源开发型主题公园是指围绕某一特定文化进行旅游开发而形成的主题公园文化旅游产品,包括主题文化开发、整合提升型开发、复原历史型开发三种类型。

主题文化开发:围绕某一特定文化主题,与旅游相结合进行深度开发。比如,美国迪士尼乐园、深圳华侨城等。

整合提升型开发:整合一个区域的旅游文化资源或者多个区域的多种旅游文化资源,集中包装、提炼,采用人造景观开发方式进行场景再现。比如,深圳锦绣中华、北京中华民族园等。

复原历史型开发:按照历史记载,挖掘题材,恢复历史面貌或其中一方面的一种开发方式。比如杭州宋城、西安大唐芙蓉园、开封清明上河园等。

(三)文化创意型开发

文化资源创意产品开发阶段一般分为文化商品的创意阶段、生产阶段和流通阶段。因此,要基于文化消费的市场分析,寻找文化资源转化为文化产品的价值关键点,激发创意灵感,进行文化资源配置,将创意有形化、资源商品化,并结合市场需求进行创意营销。文化资源的创意产品开发模式分为以当地文化资源为导向的开发模式和以外地文化资源为导向的开发模式。其中,以当地文化资源为导向的创意产品开发模式在地方政府的政策扶持下,摆脱辐射区域在人口总量、结构特征、经济水平和开放程度等方面的制约因素,构建以中心辐射消费区-外围辐射消费区-外围文化爱好者为目标市场的开发路径。以外地文化资源为导向的创意产品开发模式应利用文化多元化的外部机遇,选取高知名度的外地文化资源,构建以同一创意产品为基础的多次产制的开发路径。

文化创意型开发是指创造创意含量丰富的特定空间(园区、基地),以文化创意构成旅游吸引物,满足游客观光、休闲、娱乐、餐饮等旅游需求的开发方式。文化创意型开发重点是要创造出新颖、独特的文化旅游资源,包括以下三种类型的开发方式。

艺术园(社)区开发:艺术家和商业文化机构成规模地租用和改造因历史原因留存下来的城市工业空置厂房,或集中在租金相对廉价区域租用场地,使其发展成为集画廊、艺术家工作室、设计公司、餐饮酒吧等于一体的具有一定规模的融入了旅游活动的艺术创意集聚区。比如北京798艺术区、宋庄画家村、上海八号桥创意园区、M50创意园,杭州LOFT49等。

影视(动漫)基地开发:将静态的影视(动漫)基地旅游资源经过创意活化,让游客体验影视角色参与、影视独立创作(DIY)、影视(动漫)文化主题教育,进行影视旅游观光体验活动的开发方式。比如,浙江横店影视城、北京怀柔影视基地、上海国家动漫游戏产业振兴基地等。

旅游节庆演出基地开发:在传统的旅游节庆活动策划中加入创意元素,通过改变场地、变换活动形式、重组和完善活动内容以及创新宣传等方式,从而扩大节庆演出活动对游客的吸引力。比如《印象·刘三姐》、禅宗少林音乐大典等。

(四)新兴街区型开发

在城市的发展过程中,新兴街区型开发是一种备受欢迎的开发模式。这种开发模式注重对城市原有街区的保护和更新,同时融入新的元素,以实现城市的可持续发展。新兴街区型开发通常以城市的老旧街区为改造对象,通过重新规划、设计和改造,将这些街区打造成具有全新形象和功能的社区。这种开发模式不仅保留了城市的历史和文化,还为城市带来了新的生机和活力。

在新城建设或是旧城改造的过程中,作为文化传承的老建筑、老街区不是被习惯性地拆除,或者另外新建街区,而是以全新的"IN"生活体验("流行前卫""潮流健康")为旅游创意,使其成为新的街区,焕发活力,融入创意理念,从而打造成为吸引游客的新亮点。比如北京什刹海、北京三里屯、上海新天地、重庆黄桷坪涂鸦艺术街等。

(五)转换价值型开发

转换价值型开发,是指第一、第二、第三产业中的产品既具有本部门、本行业的一般价值,同时又有着已被开发、尚待开发或本身具有的潜在的文化旅游价值,因此农业、水利、工业、商业、教育等各项事业的发展成果便能同时转化为文化旅游资源。比如,和产业发展相关联的农业科技园、创意农业园、工业科技园等。

(六)科技赋能型开发

文化资源的开发借助科技手段,可发挥科技创新对文化创意的重要引领作用,凸显文化产业高附加值和高科技含量的新经济特征。文化资源的科技创新开发模式是以市场牵引、应用驱动为原则,通过技术集成和模式创新,整合文化资源,统筹产业发展,通过文化科技的融合,推进文化资源的创意、生产、传播和消费的数字化、网络化进程。

文化资源的开发借助科技手段,通过研制文化资源统一标识、核心元数据、分类编码和目录体系、数据格式和数据交换等通用技术标准规范,建立文化资源数据库云平台,促进文化资源整合和共享。因此,要加强文化资源数字化保护和开发利用,重点是要针对文物、典籍、民俗、宗教等各类物质与非物质文化遗产传承和保护的需求,研究突破文化资源数字化的关键技术,研究数字文化资源公益服务与商业运营并行互惠的运行模式,整合各类文化机构传统文化资源,开展文化资源数字化公共服务与社会化运营服务示范。

第四节　文化资源市场营销

文化的市场营销在文化资源开发中发挥着愈来愈重要的作用。虽然我国文化资源丰富多彩,异彩纷呈,但还有不少的文化资源沉睡深闺,不为人知。如何开发文化资源,使其既满足人们了解和体验文化的需求,又能保持文化的独特性,这时就需要采用科学合理的文化资源营销策略。

一、文化市场的概念

文化市场是指文化产品和文化服务活动以商品的形式进行交换的场所及其交换关系的总和。文化市场首先体现的是一种市场交换行为,文化产品和文化服务要进入市场进行交换,因此文化市场包含文化产品和文化服务进行交换的场所;文化产品和文化服务进入市场交换,还要面向在这个场所中进行交易的文化消费者,所以文化市场还包含文化产品和文化服务的生产者、经营者与广大消费者之间的一种交换关系。

文化市场包括文化资源市场、文化产品市场、文化服务市场、文化要素市场等,它们在相互联系和相互作用中形成文化市场的有机整体。现代文化市场的特点是统一性、开放性、竞争性和有序性。文化产品市场有图书报刊市场、演出娱乐市场、工艺美术市场等。文化要素市场有资源要素市场、资本要素市场、产权要素市场、人才要素市场、信息要素市场、技术要素市场等。

二、文化市场营销基本理论

(一)传统营销理论

1923年美国人尼尔逊为了了解市场信息创办了市场调查公司,对市场信息进行收集与分析,开始有针对性地进行研究,并运用分析的结果指导企业的营销活动。在20世纪30年代,另外两位学者弗瑞德·E.克拉克和C.E.克拉克把"市场信息的收集与阐释"纳入营销概念,市场研究活动开始出现。

20世纪50年代,霍华德在其著作《营销管理:分析与决策》中,从管理视角重点研究了市场营销学,他说:"营销管理是公司管理的一个部分,它涉及的是比销售更广的领域。"其著作标志着营销从经济学中分离和营销管理时代的开始,这也是对传统营销的第一次变革。

营销走向管理导向是一个历史飞跃,传统上营销属于经济学的研究范畴,而经济学往往侧重于效用、分配、生产等研究,其核心是稀缺,因此在经济学中对营销的研究是片面的、不完全的。营销作为企业管理的一个方面,其主体应是企业,核心应是交换而不是稀缺,营销理论应是围绕如何达成交易而进行的理论探索。20世纪50年代麦卡锡提出4P营销策略,对市场营销理论和实践产生了深刻的影响,成为传统营销的代名词,4P也成了企业进行市场营销的理论指南。

随着市场竞争日趋激烈,媒介传播速度越来越快,4P理论越来越受到挑战。大规模定制作为一种崭新的生产和管理模式,要求有一种新的市场营销方式与之对应。大规模定制营销需要以市场为起点,发现和挖掘客户的个性化需求,以此制定综合的市场营销组合策略,以实现顾客价值和企业效益的双赢。1990年,美国学者罗伯特·劳特朋教授在其《4P退休4C登场》中提出了与传统4P营销相对应的4C营销理论。4C(customer、cost、convenience、communication)营销理论以消费者需求为导向,重新设定了市场营销组合的四个基本要素,瞄准消费者的需求和期望。

在文化资源营销中,传统营销体系所提出的分析营销机会、制定营销决策、传送营销方案和实施、控制和反馈,也是文化资源产品开发与营销所遵循的基本流程。在传统营销理论的指导下进行文化资源产品开发和营销,首先进行市场环境分析、消费者分析、竞争合作分析等基础数据信息收集和分析工作,重点在"STP"进程中根据产品的文化特色和市场特点进行市场细分和目标市场的选择与定位;抓住"4P"中的各个要素组合制定和执行完整的营销方案,是将文化资源产品推向市场的重要手段;最后在实施过程中的控制和反馈,也是完成并延续整个开发和营销过程的保证。传统营销体系如表6-1所示。

表6-1 传统营销体系

分析营销机会	收集信息和测量市场需求	内部报告系统
		营销情报系统
		营销调研系统
		营销决策支持系统
	扫描市场环境	自然——人文
		经济——技术
		政治——法律
		社会——文化
	消费者分析	个人消费者分析
		企业消费者分析
	竞争合作分析	竞争分析
		合作分析
	STP	市场细分(segmenting market)
		目标市场(targeting market)
		市场定位(positioning)
制定营销决策	4P	产品(product)
		价格(price)
传送营销方案		渠道(process)
		促销(promotion)
实施、控制与反馈		

(二) 服务营销

服务营销是企业在充分认识满足消费者需求的前提下,在营销过程中所采取的一系列行动。服务作为一种营销组合要素,真正引起人们重视的是20世纪80年代后期,这一时期,由于科学技术的进步和社会生产力的显著提高,产业升级和生产的专业化发展日益加速。一方面,使产品的服务含量,即产品的服务密集度日益增大。另一方面,随着劳动生产率的提高,市场转向买方市场,且随着收入水平提高,消费者的消费需求也逐渐发生变化,需求层次也相应提高,并向多样化方向拓展。随着社会分工的发展、科学技术的进步以及人们生活水平和质量的提高,服务营销在企业营销管理中的地位和作用也变得日益重要。

文化资源产品在开发和营销的过程中,如果只单纯重视具体产品层次的开发,就会创新乏力,现在文化资源产品市场上鱼目混珠或者严重雷同的现象,就是由于创新元素不够产生的。依据服务营销理论,在基本产品中添加新的服务要素以扩大供给,同时把"附加服务"当作产品的一部分,特别是加入具有文化特色的服务方式,则更能实现产品和服务的差异化,企业便可以通过这种方式把自己与竞争对手区别开来,造就文化资源企业竞争优势。因此,以关注服务为焦点的服务营销理论,充实了原先建立在产品竞争基础上的传统营销理论,两者结合,能更好地揭示新的营销本质,从而指导企业的实践。

(三) 体验营销

1998年美国学者约瑟夫·派恩和詹姆斯·吉尔摩在《哈佛商业周刊》上发表了一篇题为《体验经济时代来临》的文章,他们认为经济发展的演进已从农业经济、工业经济、服务经济走向体验经济(experience economy)。体验经济作为一种新的经济形态出现,被界定为企业以服务为重心,以商品为素材,为消费者创造出值得回忆的感受。

体验营销是指企业通过采用让目标顾客观摩、聆听、尝试、试用等方式,使其亲身体验企业提供的产品或服务,让顾客实际感知产品或服务的品质或性能,从而促使顾客认知、喜好并购买的一种营销方式。这种方式以满足消费者的体验需求为目标,以服务产品为平台,以有形产品为载体,生产、经营高质量产品,拉近企业和消费者之间的距离。

消费者的"主动参与"是体验营销的根本所在,这是区别于"商品营销"与"服务营销"的最显著的特征。离开了消费者的主动性,所有的"体验"都是不可能产生并被消费者自己消费的。对于文化资源的发展来讲,文化资源更多是产品、服务和体验的组合,尤其要以体验营销理论为指导,充分加入"主动参与"的因素,通过体验营销的"SHUP"模式,即注意看(see)、听(hear)、用(use)、参与(participate)四个环节的结合,吸引消费者的参与。

文化对于消费者而言,往往会显得高端,而通过独具匠心的文化体验安排,将艺术、文学、音乐等看似高雅的文化活动深入消费者的心目中,可以让消费者感受到不一样的独特韵味。以张家界为例,其基于感官、情感、思考、行动、关联五大战略体验模块,萃取当地少数民族独具代表性的文化,探索具有鲜明地方特色的民族文化旅游体验营销模式,从而促进张家界旅游经济的发展。体验是继产品、商品、服务之后,出现的第四种经济产物,强调消费的过程性,致力于让顾客产生一种美好的感觉。

(四) 城市营销

城市营销的概念作为学术研究课题,产生于20世纪80年代末90年代初,一般称作city/urban marketing,有的直接称为selling cities,更为一般的理论概念则用"地方营销"place/

regional marketing。1988年阿什沃斯和乌格德首次给出了城市营销的明确定义,他们认为城市营销就是这样一些特定的规划活动,其目的在于发起或激励一些能够改善城市在某些特定活动中,具有相对市场地位的过程。

1993年,菲利浦·科特勒等对地方营销的描述为:将地区视为具有市场导向的企业,将地区未来视为具有市场潜力的产品,通过对区域优势、劣势、机遇和挑战的综合分析,明确战略定位,提出战略性地方营销规划(strategic place marketing planning),确定地区发展目标市场,主动地行销地区的特色。阿什沃斯和乌格德认为:城市需要向消费者尤其是潜在消费者提供有关产品组合的完全信息,并通过改善设施、财政支持、规范行为等扩大市场,吸引"城市消费者"。这就决定了城市产品生产是一个整体的过程,它需要公共部门、私人部门,以及非营利性机构共同的协作和参与。

文化资源,尤其历史文化资源产品具有突出的地域性、历史性特征,与所在地区具有天然的联系,密不可分。在地方整体形象打造和城市营销越来越受到重视的今天,文化资源产品更要作为城市产品这个有机整体的一个重要部分。同时,由于城市产品的不可移动性和地方文化特色的不可复制性,必须将消费者吸引到文化资源产品组合所在地方,为此,其营销工作就显得尤为重要。重视在文化资源产品中注入体验的要素,特别是以整个城市全局的高度来审视文化资源产品组合,和现在提倡体验经济以及各地塑造地方形象、提升城市竞争力和培育竞争优势的大趋势有相当的契合度,因而具有广阔的前景。

课堂案例

"抖音"短视频助力西安城市营销

"抖音"作为短视频领域的先锋,成为现阶段广受年轻人追捧的一种新型传播媒介。在"抖音"短视频的推广下,西安成了很多人向往的旅游目的地,游客和旅游收入明显增长。"抖音"官方公布的数据显示,2019年"抖音"点赞最高的国内城市排名中,西安位居第八,"抖音"播放量最高的景点排名中,西安大唐不夜城位居第一,钟楼位居第六。2018年4月19日,西安市旅游发展委员会与"抖音"短视频达成合作,为进一步扩大城市知名度,将基于"抖音"的全系产品全方位地宣传和推广西安的文化旅游资源。西安的很多景点和小吃都在"抖音"上拥有不少粉丝,如描述西安城市特色的《西安人的歌》在"抖音"的播放量超过18亿次,这些具有西安本地特色的传统文化产品通过"抖音"走进了公众视线。

"抖音"与西安一道推出"四个一"合作方案,帮助西安重新演绎传统文化。第一个"一"是以西安为试点打造样板城市,优先加蓝V认证,全方位流量扶持,专人运营指导,助力西安打造城市新名片。第二个"一"是在西安发起城市主题挑战赛,让用户走进西安,感受西安,通过挑战赛发掘并传播更多的西安元素。第三个"一"是打造西安的"抖音"特色旅行线路,邀请"抖音"达人体验团来西安深度体验,通过"抖音"的方式将西安特色精品文化景观传递到全世界。第四个"一"是为西安打造一部"抖音"版旅行纪录片,通过"抖音"的渠道优势,推广西安旅游资源与文化。

西安与"抖音"短视频的合作,带动了西安城市旅游营销模式的创新,使得西安文化得到了更广泛、更丰富的传播,在一定层面上助推了西安旅游业的发展。同时,"抖音"用户别开生面地记录了自己在西安的旅行经历,通过"抖音"平台的分享让更多的人能够感受并参与进来。

三、文化资源营销策略

市场营销的对象是基于公众的文化消费需求。文化消费需求是指人们用文化类产品或文化类活动来满足自身精神文化需求的消费行为,主要包括文化娱乐、教育等方面。在以知识为基础、以脑力劳动为主体的新的经济形态下,文化消费逐渐呈现出主流化特征。随着文化产业越来越成为重要的经济支柱,如何进行市场营销变得尤为重要。具体可采用的营销策略有:通过品牌营销优化品牌形象,通过内容营销提供高质量的文化产品,通过社交媒体营销传播信息,通过数据分析提升营销效果,通过客户体验优化提高用户满意度。

(一)品牌营销

品牌营销是文化市场营销的重要组成部分,可以提升品牌形象和知名度。品牌形象包括品牌名称、标志、信誉和文化等方面。为了增强品牌形象,需要针对品牌的特点和目标市场进行品牌定位,确定品牌的差异化和个性化,提炼出品牌核心价值。同时,要通过品牌的广告宣传和品牌故事等方法,增强品牌知名度和用户忠诚度。

另外,文化市场营销也需要进行品牌认证。品牌认证可以增强品牌在消费者心中的信誉度和认可度,为品牌形象的塑造提供有力的保障。通过获得 ISO 认证、名人代言、参加业内大奖等方式进行品牌认证,可以提高品牌价值和产品质量。

(二)内容营销

内容营销是一种通过提供高质量的文化产品来吸引消费者的市场营销策略。在文化资源开发中,内容是核心竞争力,因此提供高质量的内容是文化市场营销的重要手段。通过提供具有高品质、特色和创新的文化产品,可以增加消费者的购买意愿,提高用户口碑和评价。

在进行内容营销时,需要研究目标用户的需求和喜好,创作出符合其需求的文化产品。同时,也需要注重产品的包装和推广,利用各种平台、渠道和手段进行文化产品的营销推广,让更多的用户了解和喜爱文化产品。

(三)社交媒体营销

社交媒体营销是一种通过社交平台传播信息、互动和建立关系的市场营销策略。在社交媒体盛行的时代,利用各种社交平台进行文化产品的宣传和营销已经成为不可或缺的手段。通过构建社交媒体营销策略,可以向目标用户传播最新的文化产品信息和品牌形象,同时也可以与用户建立联系和获得反馈。

社交媒体营销需要建立和维护自身的社交媒体账号,包括微博、微信、抖音、快手等平台。通过发布与文化产业相关的内容,引导用户进行互动和分享,在社交平台中营造出愉悦、自在、轻松的氛围,可以扩大品牌和产品的影响力。

(四)数据分析

数据分析是一种通过对数据的收集、分析和应用来提高文化市场营销效果的策略。通过分析用户行为、消费习惯、地理位置等信息,可以更好地洞察用户需求,调整产品策略、优化营销策略,同时,数据分析也可以对消费者群体进行划分和分类,以便于制订出更有针对性的营销计划。

在进行数据分析时,需要有专业的数据分析人员和工具,进行数据收集和分析,从中提取有效的信息。同时,也需要注意数据隐私和合规性问题,保障用户的个人信息和权益。

(五)客户体验优化

客户体验优化指通过改进用户的购物、支付、服务等环节,优化用户体验,提高用户满意度和忠诚度的市场营销策略。在文化市场中,良好的购物和服务体验可以增加用户的回购率和口碑。

优化客户体验需要深入了解用户的需求和痛点,通过优化网站、应用、客服等多个环节,提高用户满意度和体验感。同时,也可以通过赠品、优惠券、VIP 会员等方式激励用户进行购买和推广,培养用户忠诚度。

文化营销策略是一种具有独特性和差异化的市场营销策略,可以帮助文化企业在激烈的市场竞争中脱颖而出。通过深入了解一个国家或地区的文化资源,并将其与市场营销策略相结合,城市或企业可以更好地满足消费者的需求,提高品牌知名度和美誉度,进而实现城市或企业的营销目标。

本章小结

1. 文化资源开发是指为发挥、提高和改善文化资源的利用率,并使文化生产顺利进行所采取的一系列技术经济措施与活动。文化资源开发根据不同的分类标准可以分为文化资源单项开发和多项综合开发、文化资源外延式开发和内涵式开发。文化资源开发应遵循经济效益和社会效益、文化保护和文化创新相统一的原则。

2. 文化资源开发的结果为文化产品或文化服务,文化产品具有创新性、广泛性、持久性和思想性的特征,文化产品具有经济属性、精神属性和商品属性。文化产品包括:两种基本形态——文化实物产品、文化服务产品,以及第三种衍生形态——向其他产业提供文化附加值、以著作权为核心的知识产权、数字化的文化产品。文化产品具有价值与使用价值,这是商品的两个基本属性。文化产品的创作和生产也呈现出商品化、大众化、技术依赖化的趋向。

3. 文化资源变为文化产业是文化资源开发利用的关键,要通过一定的途径才能实现。这些途径主要有资本途径、市场途径、资源整合途径、产业链途径等。文化资源开发的模式有直接利用型开发、主题公园型开发、文化创意型开发、新兴街区型开发、轮换价值型开发和科技赋能型开发。

4. 文化市场营销在文化资源开发中发挥着愈来愈重要的作用。文化市场是指文化产品和文化服务活动以商品的形式进行交换的场所及其交换关系的总和。文化市场营销的基本理论有传统的 4P 营销、4C 营销、服务营销、体验营销、城市营销。文化资源营销策略包括品牌营销、内容营销、社交媒体营销、数据分析、客户体验优化等。

思考与练习题

1. 简述文化资源开发的理论依据。
2. 文化资源的园区开发模式是什么?
3. 文化资源变为文化产业的途径有哪些?
4. 从经济资源的有限性讨论文化资源开发的必要性。
5. 试述文化资源开发所遵循的原则。

6. 试述世界文化产业强国的发展对我国的启示和借鉴。
7. 试述当前我国文化资源开发中存在的问题。
8. 试述文化资源开发的基本模式。
9. 文化资源营销的基础理论包括什么?
10. 试举例说明体验式营销在文化资源营销中的应用。

案 例

"长安十二时辰"IP 赋能 沉浸还原大唐盛世

2022年的五一假期,落地于西安的"长安十二时辰"主题街区在大唐不夜城街区曼蒂广场盛大开幕。该项目是全国首个沉浸式唐风市井文化体验街区。在这里,不但可以沉浸感受到唐朝坊市内歌舞升平、热闹繁华的长安景观,更可以探寻到电视剧《长安十二时辰》的种种线索,与剧中人深度互动。

一、回望长安:项目诞生背景

2022年4月30日上午10时,点彩醒狮、鸣锣开市,一声"开市喽!"绵延悠长,揭开了"长安十二时辰"的神秘面纱。由娱跃文化、陕文投集团、永兴坊文化产业集团联合打造的"长安十二时辰"主题街区在曲江曼蒂广场开幕,标志着历经2年多精心策划打造的全国首个沉浸式唐风市井生活街区即将向广大市民游客正式开放。主题街区共有三层,占地约2.4万平方米,在商业空间内融入影视IP以及唐风市井文化,可以说是集全唐空间游玩、唐风市井体验、主题沉浸互动、唐乐歌舞演艺、文化社交休闲于一体的沉浸式全唐文化体验街区。

本项目的核心IP来自《长安十二时辰》影视剧(改编自马伯庸同名小说),《长安十二时辰》影视剧由雷佳音、易烊千玺等明星联袂主演,在2019年播出后凭其紧张的故事发展、精致的美工场景、考据的历史风俗,成为年度脍炙人口的优质古装剧。

"长安十二时辰"项目的三方合作企业中,娱跃文化作为以IP运营为核心的内容公司,是《长安十二时辰》影视版权方,主要为项目提供创意基石与内容支持;陕文投集团立足于陕西西安,拥有区位文化和建设优势,以及雄厚的文创资源,本街区落地的曼蒂广场项目也隶属于陕文投集团;永兴坊文化产业集团作为西安文商健康产业开创者,旗下的永兴坊美食街区更是云集西安各色风味小吃。此外,项目开发方唐时良辰文化旅游发展有限公司,也是由陕文投集团旗下陕西文化旅游股份有限公司主要持股,与永兴坊文化产业集团旗下的永兴坊文商旅策划运营有限公司共同出资成立的。主题街区中的NPC①演职人员由西安演艺集团培训提供,其场景更是邀请《长安十二时辰》剧组原班美术团队打造,街区中的商户也是与唐文化生态息息相关的连锁品牌。

三家文化巨头强强联手之下的"长安十二时辰"街区,不仅是创新融合影视IP与商业IP,打造文化旅游品牌的有益实践;也是积极融入万亿级文化旅游产业布局,以文旅新项目满足新时代文旅消费新需求的实际行动;更是植根陕西文化沃土,坚定文化自信,打造精品项目,讲好陕西故事、中国故事的创新探索。

---

① NPC是non-player character的缩写,是游戏中一种角色类型,意思是非玩家角色,指的是电子游戏中不受真人玩家操纵的游戏角色。这个概念最早源于单机游戏,后来这个概念逐渐被应用到其他游戏领域中。

第六章 文化资源开发概述

二、脱颖而出：沉浸空间营造

主题街区门口伫立的坊楼散发着浓浓的唐代气息，其构造以及纹饰都参考了唐代建筑。大门两边站立着身穿铠甲的唐朝战士，两边的一副对联为"梦故都赴花萼相辉瑶池逢游宴""思华年伴琴瑟和鸣曲水送流觞"。花萼相辉楼本位于西安兴庆宫，盛唐时期位列四大名楼之前，也在《长安十二时辰》中出现过，而游宴是唐代宴会的一种形式，瑶池则代表了如仙似幻的意象；曲水流觞作为古代流行的风雅游戏，也呼应了街区内"李必茗铺"的曲水设置。位于城市之中的盛唐游乐空间，令人想到《桃花源记》中所描绘的世外桃源，又想到李太白笔下"飞在青云端"的明月仙境。

在整体规划设计上，项目将主题景观、演艺内容、商户业态等有机融合在一起，为用户带来身临其境的奇幻体验。街区整体色彩以红色、黄色为主，更体现了唐朝的盛世繁华。一楼进门处是空旷的大厅，灯火通明，鼓乐齐鸣。还可以看到二层的回廊，上书"开市"二字。大厅向右是唐代汉服以及妆容体验区，向左能看到一道雾气喷出的水帘，上面投影着"做一回唐朝人"，这也是情绪触发装置，提示游客穿越水帘，走入幻境。其后还有基于"长安十二时辰"主题的日晷报时装置，上书十二时辰，秒针造型则是一个骑行唐俑，灯光投影模拟的日光效果。日晷为"地"，其之上的浑天仪代表"天"，其之下的长安建筑代表"人"，所谓天地人和，正是中国传统所追求的思想境界。在一层，还有舞台观众席以及1∶1还原的剧中靖安司。

B1层设计为南北两大中庭，北侧中庭名为"通善人间"；街区内更有日晷、吉凤、红龙、太上玄元灯、花萼相辉楼、望楼、靖安司等极致网红场景设计；其中以南侧中庭的三层舞台最为出彩，将原有两层空中连廊巧妙利用，充分发挥三层中空的立体空间，营造一处公共演艺舞台，既符合现代商业公共空间设定，又营造出影视剧中灿烂夺目的舞台效果。

唐长安城实际有108坊，而街区内却出现了第109坊。面对舞台，右侧大门写着"隐市坊"，取自"大隐隐于市"，一个隐字亦真亦假，便是虚构的第109坊，未来街区的沉浸游戏也发生于这里。

B1层另一处独具匠心的出彩空间则是"红龙仙山区"，灵感来源于《长安十二时辰》中的重要道具"太上玄元灯"。

本区域整体色调一改其他区域的红黄为主，采用太上玄元灯上类似《千里江山图》的青绿配色，其上悬挂仙鹤、祥云与莲花座，还有一条红色巨龙盘绕其间。这条巨龙的创意巧思，不仅是中华图腾，也是"山不在高，有仙则名；水不在深，有龙则灵"的意象，巨龙在此，那么仙人是谁？相关人员解释道，便是处于这块空间之内的游客。

再向深处就是充满唐代生活气息的唐风市集，能看到酒肆、茗铺、采耳、餐饮等各个商铺，还有衙门、赌坊、祈福区，在这里可以看到杂耍表演以及各个NPC。

此外，还有张贴了"通缉令"的唐食餐饮区、充满大唐异域风情的胡姬酒肆、适合儿童的投壶榫卯玩乐区。

"长安十二时辰"街区的第二层不仅可以从高处走廊全方位观赏演艺、景观，还有各种唐式主题包间，可提供用餐、会议服务。

三、创新突破：NPC互动与文商旅结合

（一）真人NPC与游客的情境互动

"长安十二时辰"项目以中国首创真人互动式演艺为核心，真实再现全唐八类人物、演绎还原唐乐唐舞，极具故事性、互动性、体验性。在最为亮眼的三层舞台区域，唐代知名乐舞《霓裳

羽衣曲》完美呈现,以沉浸式体验的方式让游客身临其境感受大唐市井繁华。

《大唐梵音》以现代音乐审美思维,呼吸唐风、触摸唐韵,用"古典+时尚"的表演方式,延续千年音乐文化演绎,表现盛唐人文情怀,再现盛唐雍华气象。

B1层还有近60名NPC演职人员,会在游客面前发生《长安十二时辰》剧情,游客也可与NPC自由互动,例如聊天、下棋、做任务等,NPC会根据各自人设与游客对话,且在商铺区域购物还有概率触发隐藏支线任务。NPC中还有李白、杜甫、唐玄宗以及杨贵妃等历史人物,游客可与他们吟诗作对。

在一层的唐代服饰、妆容体验区,提供汉服购买、租赁以及唐代化妆造型体验。基于西安这座城市雄厚唐代历史文化的高度普及,几乎有70%的游客都身着汉服来此,穿着现代服装则会有一种穿越感。可以说,穿着汉服的游客与演职人员共同形成了更加深刻的沉浸感。

（二）多元沉浸式消费业态

街区负一层主力业态包括胡姬酒肆、馎面坊、执掌饼权、李必茗铺、唐风印拓、长安风物集、太白酒肆、百戏馆、闻记香铺、檀棋小点、金泥小扇、毛顺宫灯等;一层主力业态包括醍醐小肆、花馔小厨、唐粥记、玉环花钿、唐倌儿、驼铃食堡、靖安司剧本社等;二层主力业态为十二时辰主题包间,展现盛唐饮食文化。

自2022年5月20日起,"长安十二时辰"街区将在白日游览消费时段结束后,于21:00—24:00在B1层呈现沉浸式游戏《大唐永不眠》,将有60名NPC带领玩家体验到一场超大型、全场景的"剧本杀"。游戏中,可以参与主线任务,直接推动大事件的进程,也可以远离朝堂争斗在民间隐居,跟着NPC演员一起做支线任务,彻底感受唐朝长安城民间的风土生活。

置身"长安十二时辰"街区,便可以通过视、听、味、嗅、触五感,唤醒盛唐文化的瑰宝;唐食嗨玩、换装推本、唐风雅集、微缩长安、情景演绎、文化盛宴等六大沉浸体验和文化消费场景,让市民游客能够充分享受到"观一场唐风唐艺、听一段唐音唐乐、演一出唐人唐剧、品一口唐食唐味、玩一回唐俗唐趣、购一次唐物唐礼"的一秒入唐体验,真正做一回唐朝人。

"长安十二时辰"通过品牌+、故事+、网络+、体验+、消费+的"5+"创意,精心打造了以"三大主题空间、六大沉浸场景"为核心的国内首个沉浸式唐风市井生活体验地。该项目依托古城西安文化底蕴,从深耕唐朝市井文化到复刻长安的繁华过往,从专属产品开发设计到全业态一站聚合,呈现出了一个原汁原味的全唐市井生活体验空间、雅俗共赏的唐风主题休闲娱乐互动空间、琼筵笙歌的主题文化宴席沉浸空间。

将影视IP转化为商业IP,将文化场景转化为消费场景,实现了文旅项目新的提升。"长安十二时辰"主题街区是西安文商旅融合业态的全新尝试,也将成为中国沉浸式文商旅融合发展的标杆作品与集大成者。

案例思考题：

分析"长安十二时辰"IP产业链开发的模式。

第七章　历史文化资源开发

学习目标

1. 掌握历史文化资源的概念；
2. 掌握历史文化资源分类；
3. 掌握历史文化资源的开发策略；
4. 掌握不同历史文化资源的旅游业开发方式；
5. 了解文学艺术资源的开发方式；
6. 了解民俗和宗教类资源的开发；
7. 掌握历史文化资源的不同艺术业的开发方式；
8. 了解历史文化资源的影视业、出版产业的开发方式。

人类生活需要物质，人类生活更需要文化。人类发展的目的其实就是让越来越多的人能够分享到自己创造的物质文明与精神文明成果。中华大地具有底蕴深厚的历史文化、特色鲜明的民族文化、样式众多的地域文化。在经济开发的同时，关注历史文化资源的开发，关注文化产业的发展，从文化资源大国转化为文化产业强国，才是社会经济文化全面发展的可行之路。

第一节　历史文化资源概述

文化产业是通过人们的创造性劳动，把文化资源转化为具有交换价值的文化娱乐产品和服务的产业，其中，历史文化资源作为一种承载着知识、信息和意象的综合性文化资源，对文化产品和服务的开发具有重要的基础性作用。在英、美等西方国家，人们很早就认识到了历史文化资源对文化产业发展的重要意义，尤其是 20 世纪 70 年代以来，政府有关机构和学术界强调以文化资源促进文化创意产业发展直接推动了政府主导下的城市更新运动，各种历史文化资源已成为西方国家文化创意产业的重要源泉。

一、历史文化资源内涵

一般意义上的历史文化资源是指历史上的文化资源，尤其是指以历史为核心的文化资源，实质就是"历史资源"，强调"历史"。如此，关于历史文化资源的内涵就必须关注"历史"的四大基本要素：事（物、件）、人（物、群）、时（间、代）、地（点、域）。事、人、时、地，也是历史文化资源的基本要素。

历史事物包括历史事件和历史实物。历史事件包括社会事件和自然事件。历史实物包括文物、遗址、遗迹、历史文献（古籍是其非常重要的组成部分）、口述史资料、历史景观以及传统观念和习俗、文艺作品等。这些历史事物对人类产生了影响而具有了能够满足人们精神需求的要素，从而形成了历史文化资源。

历史人物在历史文化资源中最为活跃，不管是历史事件，还是历史文物、遗迹、景观，或是历史观念、习俗，都与历史人物密切相关。历史人物可以是个人，也可以是群体。历史事件和历史人物影响越大，不仅其自身历史文化资源品相价值越高，而且与其有关的事件、文物、遗迹、习俗等历史文化资源品相价值也越高。

历史时间是指历史文化资源必须有确切的时间或时代。没有确切的时间或时代，就不能成为历史文化资源。历史文化资源的时间因素极为重要，被联合国教科文组织认可并公布的我国世界文化遗产周口店北京人遗址、甘肃敦煌莫高窟、长城等，都表现了历史文化资源时间的重要性。

历史文化资源不能缺少地点或地域因素。绝大多数历史文化资源具有明确的地点或归属地域，地点或地域不够明确的所谓的历史文化资源，就需要通过文献和文物考证，否则就不能成为该地的历史文化资源。由于历史事件具有多发性、历史人物具有流动性以及历史文物、历史观念和习俗等散落各地，使得历史文化资源的地点或地域因素具有多样性，以致多地可以共享同一历史文化资源。如果历史文化资源只在一个地域发生、形成，该地开发此历史文化资源则具有垄断性。

综上所述，历史文化资源是指人类为开辟、发展和完善自己赖以生存的环境，在改造利用自然、维系社会规范和塑造人类自身的长期实践过程中所遗留的历史遗迹、历史建筑、古代陵墓、古城古镇、宗教文化、民俗民风等的总称。

二、历史文化资源的特征

一般意义上的历史文化资源，说到底属于文化资源，具备一般文化资源的所有特性。历史文化资源不仅包含一般文化资源的普遍特征，同时也具有自己独有的特性。作为人类历史积淀的历史文化资源具有以下特征。

(一)传承性和教化性

历史文化资源是人类智慧(思想)、人类劳动(实践)和自然资源，是奇妙和谐的自然奥秘，是人文荟萃的第二自然、人工自然，是人类本质力量的对象化。它们不仅具有时代、地域、民族和贤哲、巨匠们的个性特征，而且闪耀着人类和衷共济、开拓创新的不朽光辉。因而从本质上看，历史文化资源乃是人性化的自然资源，正如马克思所说：人懂得按照任何一个种的尺度来进行生产，并且懂得处处都把固有的尺度运用于对象。传承性和教化性是指历史文化是人们一代一代传承下来的，反过来人们也受到文化的熏陶和感染；历史文化资源，尤其是历史遗存是人类形成、发展、壮大、繁荣的实录，是一代又一代先人们用劳动和智慧构筑家园的见证，也是无数英雄豪杰用生命和鲜血写下的反抗旧统治、抗击外来侵略者的不朽业绩的剪影。因此，向人们特别是青少年展示历史文化资源，教育他们，具有强烈的感染力。

(二)高价值性和不可交换性

作为人类文化传统和精神成就的载体和见证，历史文化资源是人类社会的共同财富，可以鉴史,可以育人,可以兴业,在经济建设、社会发展和对外文化交流中,其现实意义都非常重大。历史文化资源作为历史积淀的产物,它与其他物质资源相比,更具有高价值性和不可交换性。历史文化资源往往是复合的价值载体,既是物化型资源,往往也是多种物质的复合,而且闪耀着人类精神的灵光,并且满载各自历史时代的政治、经济、军事、科学、文化等方面的信息,在这个意义上,它也是一种具有宝贵信息价值的资源。至于精神型资源,那就更是人类心灵的镜子,人类特征的大观园。如宫殿、园林,它们的物质结构复杂多样、巧夺天工,精神内涵更是博大精深,往往成为后人挖掘不尽的宝藏。

(三)不可再生性和不可替代性

历史文化资源的时代性和历史性决定它所承载的历史信息、历史材料、历史文化内涵、历史地位作用是不可再生的,无可替代的。真品损毁一件、一处就永远失去一件、一处,永远消失了一个历史符号。不过还应看到:历史文化资源毕竟闪耀着人类智慧的灵光,自然的演化又相对缓慢,因此使用类似的材料,采用类似的智慧,进行仿制、模拟、修复、重建(如黄鹤楼、岳阳楼、滕王阁),甚至迁建都是可能和可行的(如张飞庙),但必须严格控制。总之,历史文化资源是一种原生的、古朴的、具有人类灵性的、软硬兼备、软资源特征非常强烈的资源,也是一种能够震撼人类心灵和智能的特异资源。它承载着国民性和民族魂,具有实质性传统、克里斯玛(Charisma)特质,因而具有极高的现代价值和永恒的历史意义。

三、历史文化资源的分类

(一)文物

文物是人类在历史发展过程中遗留下来的遗物、遗迹。各类文物从不同的侧面反映了各个历史时期人类的社会活动、社会关系、意识形态以及利用自然、改造自然和当时生态环境的状况,是人类宝贵的历史文化遗产。文物的保护管理和科学研究,对于人们认识自己的历史和创造力量,揭示人类社会发展的客观规律,认识并促进当代和未来社会的发展,具有重要的意义。

1. 历史遗迹类

历史遗迹指人类活动的遗址、遗物和其他有历史与纪念价值的遗迹。其中,历史遗迹以古人类遗址为主,人们通过对古人类遗址的观赏可获得有关人类起源与进化、史前人类住所、生存环境、生产和生活工具等方面的知识。中国很多地方都有古人类活动的遗址,如北京的山顶洞人、云南的元谋人、陕西的蓝田人遗址等。

(1)古代都城遗址。中国的漫长历史上,不同的朝代、不同的诸侯国、边塞邦国、小王国都有自己的都城。经过千年的风雨沧桑,大多数均只留下遗址。例如,西安城墙遗址、山西的平遥古城遗址、湖南的凤凰古城遗址等。

(2)古战场遗址。我国历史上由于各派割据势力之间的冲突和新旧势力的争斗,曾发生过不少的战争。例如,山西由于特殊的地理位置和独特地貌,成为中原王朝抵御北方游牧民族的第一道屏障,也是每逢乱世就会成为逐鹿中原的"制高点",因此,山西古代史上曾发生过很多战争,也留下了许多古战场遗址,如长平古战场、王莽岭古战场、雁门关古战场、金沙滩古战场、杀虎口古战场。

(3)名人遗迹。名人遗迹包括历代名人故居、名人活动遗址以及相关的纪念性文物与建筑。

(4)近现代重要史迹。近现代重要史迹,主要为鸦片战争以来所留下的革命遗址、革命遗迹、重要会议会址、烈士陵园、纪念性建筑物等。

2. 古建筑类

古建筑是历史文化资源中最多的一类。我国各种古建筑遍布全国各地。

(1)长城、关隘、城墙类。我国的长城有战国长城、汉代长城、南北朝时期的长城、隋唐长城、明长城和清长城。长城沿线的重要驻兵据点,多建在出入长城的咽喉要道上。关隘之地,地势雄伟,关塞险峻,是长城的典型代表,具有极高的旅游价值。城墙作为中国古代最重要的防御工程,不仅有很高的防御功能,而且在建筑艺术上也达到了很高的水平。例如,平遥城墙是山西现存历史较早、规模最大、保存最完整的一座县城城墙。

(2)坛庙。坛庙,其中主要是庙,在我国的古建筑中占有很大的比重,其建筑规模之大,造型之精美已达到了相当高的程度。庙,是古代祭祀性建筑。例如,北京的天坛、山西的晋祠、关帝庙。

(3)民居。民居是指除宫廷、官署、寺观以外的居住建筑。我国是一个多民族的国家,民居形式多样。例如,山西的乔家大院、渠家大院、曹家大院、王家大院、丁村民居,陕北的黄土窑洞式民居,福建的土楼,等等。

3. 古代陵墓类

陵墓作为旅游资源,主要分为帝王陵墓、名人陵墓、悬棺三类。例如,秦始皇陵、明朝的十三陵、西安的汉阳陵等。

4. 城镇类

历史文化名城是指有悠久历史,在地面和地下保存着重要历史价值、艺术价值、科研价值的文物、建筑、遗址和优美环境的城市,如平遥古城、凤凰古镇、丽江古城等。历史文化名城作为文化资源,拥有独特的历史价值,具有无可替代的社会效益、经济效益和文化传承效益。

5. 宗教文化类

宗教文化是我国传统文化的组成部分,宗教建筑、雕塑、绘画、音乐等是我国传统文化的瑰宝,有些佛教石窟造像、道教宫观壁画等,更是稀世国宝,已成为著名的旅游资源。在我国,最为著名的是佛教文化和道教文化。

(1)佛教文化。佛教寺庙是供奉佛像、存入佛经、举行佛事活动和僧侣们生活居住的场所。其不仅建筑古老,宏伟高大,有一定的特色,而且寺庙内保存有大量的不同时代的佛像雕塑和壁画。其中,比较著名的有山西五台山、浙江普陀山、四川峨眉山、安徽九华山,分别是文殊菩萨、观世音菩萨、普贤菩萨、地藏菩萨的道场。

(2)道教文化。道教宫观是道士修行、祭神、祈祷的宗教活动场所。我国有许多道教宫观,其中比较著名的有:位于湖北十堰的武当山,位于江西鹰潭的龙虎山,位于安徽黄山的齐云山,位于四川都江堰的青城山等。

(二)历史文献

历史文献是指重要典籍和地方文献,主要包括古籍、志书、档案以及其他能反映历史事实的资料信息。例如,中国历史文化源远流长,几千年的积淀为后人留下了无数智慧的结晶,如

《永乐大典》《四库全书》《梦溪笔谈》《天工开物》《齐民要术》《农政全书》等。

(三)重要历史事件和人物

历史是由事件和人物构成的连续性变化,事件和人物都是特定历史条件下的产物。重要历史事件和人物是历史上发生的重大历史事件以及在历史上产生过积极影响的社会各界人士。

(四)红色文化

新民主主义革命时期,发生的重要历史事件和重要机构旧址;重要历史事件和历史人物活动纪念地;革命领导人故居;烈士墓、纪念设施;现代工业文化;等等。

第二节 历史文化资源开发策略

我国是历史文化资源大国,占有资源的独特优势,其总体特征是:横向看丰富多彩,气象万千;纵向看源远流长,递进创新;整体结构既体现了兼容并包又突现了特立独行,是博大精深的中华智慧。历史文化资源的开发需要通过不同的策略,以实现文化产业的发展。

一、景观化——在保护历史文化资源的条件下开发旅游景观

我国幅员广袤,历史悠久,纵横千万里,上下五千年,形成了丰富的文化遗产。但历经战乱动荡和自然灾害,文化遗产也受到不少破坏,需要大量投入以保护和修复。随着当下社会各界对历史文化遗产、建筑遗产的高度重视,各界开始对很多历史文化遗产进行修复,使其进入人民的生活,进入城市文化之中。中国文物学会会长、故宫博物院原院长单霁翔曾经说过,"每一个修缮,每一个保护,在确定让它'延年益寿'的同时,还要让它'活'在当下。它们是有生命历程的,是不能封起来的。"不少历史文化遗产,在修复重建和合理利用后吸引了许多的使用者,既传承了地域文脉,又打造了文化地标,变成了市民活动的场地,举办文化活动的场所,甚至成为城市的新兴网红景区。比如,西安的大唐不夜城、大唐芙蓉园再现盛唐京城场景,也加入了当代的时尚元素;成都的锦里再现老成都风情,而又不失为现代时尚的休闲景点;瑞典打捞出18世纪的哥德堡号沉船,按原样重新再造了一艘,保持原来外观,但内部机械都已现代化了,并沿原来的贸易航线再次航行,经西班牙到我国广州、上海,不仅促进了贸易,还增加了旅游收入。

二、以故事力活化资源,大力发展旅游演艺

我国历史文化源远流长,民间传说、民俗风情丰富多彩,可以编撰演绎各种故事。开发利用历史文化资源就要以故事力来活化这些资源。为满足旅游市场消费的需求,全国很多城市和景区积极挖掘历史文化资源,开发旅游演艺产品。

国内旅游演艺由来已久,市场已经相当成熟。旅游演艺是以游客的视角,依托著名旅游景点,展现地域文化背景,注重体验和参与的各种主题商业演出。一般认为,1982年,西安推出的剧场演出《仿唐乐舞》拉开了中国旅游演艺的序幕;1989年深圳锦绣中华打造的《中华百艺盛会》是旅游演艺的代表性项目,迄今接待游客数以亿计;1997年,大名鼎鼎的杭州《宋城千古情》首演,"千古情"系列现已成为知名品牌;2004年,《印象·刘三姐》在桂林首演,开创山水实

景演出先河,如今"印象"系列已成为旅游演艺行业的金字招牌。

1. 实景旅游演出

实景旅游演出是以旅游目的地的真实景色为基础,打造实景演出产品。实景旅游演出的主要特点是将民俗文化与著名景点紧密结合,以地方政府投资为主,以多种方式参与合作,以超常规大型演出为特征的旅游演出。西安华清池的实景剧《长恨歌》根据白居易的《长恨歌》,再现了唐朝由盛转衰以及唐玄宗与杨玉环的悲情故事,吸引了大量游客观看,成为西安重要的文化品牌。

2. 主题公园

主题公园模式旅游演艺主要是在主题公园内,通过演艺与园林优势互补而构建的复合型旅游演艺项目。主题公园旅游表现为高附加值化合物旅游演艺产品。比如,深圳华侨城集团的大型中国综合秀《金面王朝》、杭州宋城集团打造的《宋城千古情》,就是典型的主题公园旅游演出。

3. 舞台表演

旅游的舞台表演模式是以著名的游客中心区为依托,打造旅游"特色演出"精品。这种模式主要是通过社会资本或专业演出单位招募"高素质、高精尖"的艺术人才组建自己的特色演艺团队,打造自己的旅游演艺品牌节目,成为旅游消费者在一日游之余的另一种精神享受和文化观察。如华夏文旅在西安打造的《驼铃传奇》,宋城集团在杭州、西安、三亚、丽江、九寨、泰安等地打造的"千古情"系列旅游演艺。

三、凸显文化特色,策划项目,吸引社会资本

许多地区经济建设发展面临资金瓶颈和招商引资的难题,利用历史文化资源,通过创意策划和市场运作,在吸引社会资本联合开发上,往往会取得良好的效果。例如,海南三亚市南山文化旅游区的发展就是一个很好的例子。

三亚市的南山区本是一个比较荒凉的渔区,其发展的难题是缺乏资本。南山文化旅游开发公司利用传统文化中"南海观音"和"福如东海、寿比南山"的传说,将该区打造成了一个文化旅游区。南山区的开发理念是"大生态、大文化、大教育、大旅游",即以生态建设为基础,以文化建设为核心,将南山建成具有中国特色和国际水准的生态文化旅游示范基地。他们以文化为魂,借助南山(寿比南山)和南海(南海观音)的传说,规划了数个主题景区,将传统文化和生态文化深深植根于每个项目、每个景观之中,并运用现代技术来提高其文化层次和品位。绝妙的创意和精细的策划引来了大量投资和社会捐赠。南山文化旅游区是新中国成立以来中央政府批准兴建的佛教文化主题旅游区,是国家首批 AAAAA 景区。目前,南山文化旅游区已形成一寺、一佛、两园、一谷、一湾的旅游景观群。通过发展旅游,南山获得了社会效益和经济效益双丰收,年均游客量 200 多万,平均营业收入 1.4 亿元,成为海南省的纳税大户。

又如在成都的锦江之上,有一座年久失修的廊桥,当地政府缺乏翻建资金。然而通过创意策划,政府决定将廊桥建成两层,下层维持原貌,仍然免费通行;上层则新增数千平方米的空间供投资商用作营业场所。结果是,不但廊桥的翻修没花政府一分钱,而且上层开设的饭店(廊桥饭店)借助廊桥的历史文化氛围和优美的锦江风光成为成都上好的一处用餐场所,吸引客人纷至沓来,提升了餐饮服务的附加值。这种政府与投资商的"双赢",依靠的就是对资源的有效

经营。

四、提炼文化符号，塑造文化品牌

随着当下旅游行业的发展日益成熟，人们越来越意识到旅游品牌的重要性。品牌的实质是基于资源及市场定位，构筑旅游品牌总体理念之上的文化及精神价值，并将其视觉化后，便形成了文化符号。文化符号是人们本来就记得、熟悉和喜欢的符号，是人类文化的原型符号，比如龙的图腾就是中国人的文化符号，是蕴藏在民族文化里的"原力"，隐藏在我们大脑深处的集体潜意识。文化符号不仅拥有较大的文化价值，同时还深刻影响着我们的行动和决策。通过文化符号与旅游品牌的融合，旅游目的地和景区提炼出极具文化个性、能够深刻感染游客内心的旅游品牌核心价值，让游客更易识别和记忆文化符号。文化符号也在充分发挥其自身魅力和价值的同时，走进游客内心占据重要位置，引导和驱动游客的行为，从而获得收益。每个旅游品牌都需要借助文化符号来降低自身的识别、记忆和传播成本。文化符号不仅具备人类文化共有的生命力与吸引力，还是激活旅游者大脑中的记忆、情绪和体验宝库的钥匙。

利用符号意义创造价值和保护知识产权，是构成创意产业的重要核心元素。因此，提炼文化符号、塑造品牌也是开发利用历史文化资源创造价值的一种重要模式。

 课堂案例

生产"石库门"老酒的上海金枫酒业公司，原来生产的是"金枫"牌黄酒，虽然品质不错，但通常被用作烧菜的料酒，价格不高，一瓶售价约两三元。后来，酒厂借助石库门的文化符号，成功推出了"石库门"老酒，以现代独具创意的理念重新打造品牌。全新概念的包装设计精美，产品配方合理，口味口感良好，酒瓶造型新颖，具有中西文化交融及海派文化底蕴，更容易捕获消费者的猎奇目光，一上市就为消费者所接受和青睐。这是因为，"石库门"老酒卖的不仅是酒，还有酒的文化，还有上海人的石库门生活情结，符合现代人的怀旧时尚。

三潭印月这个文化符号的能指，代表的是整个西湖风景区。有了这个文化符号，一下子就完成了西湖风景区的识别、记忆和价值传达，并可以激发旅游者的品牌偏好、刺激旅游者的行动力，为景区带来实际的游客转化。

从以上案例不难看出，历史文化资源的成功开发利用既源自一种丰厚的文化底蕴，更是这种文化的张扬与发展。

第三节 历史文化资源的旅游业开发

文化旅游从宏观上可分为历史文化层、现代文化层、民俗文化层和道德伦理文化层四个层面。历史文化层以文物、史迹、遗址、古建筑等为代表；现代文化层以现代文化、艺术、技术成果为代表；民俗文化层以居民日常生活习俗、节日庆典、祭祀、婚丧、体育活动和衣着服饰等为代表；道德伦理文化层以人际交流为表象。文化旅游从微观层面又有文化遗产旅游、主题公园旅游、乡村文化旅游、节食会展旅游、体育文化旅游等主要形式。

一、历史文化遗迹资源的旅游业开发

古迹遗址对旅游业的重要性不言而喻。许多人喜欢到历史悠久的地方旅游,寻找那些古老文明留下的印记。这些古迹遗址作为旅游景点,吸引了大量游客,带来了可观的经济收益。此外,这些古迹遗址也是文化遗产的重要组成部分,保护和传承这些文化遗产,对于维护人类文明的完整性和多样性也具有重要意义。

(一)文化遗迹资源的开发

遗址是指从历史、审美、人种学或人类学角度看,具有突出的普遍价值的人类工程或自然与人联合工程以及考古地址等地方。遗址也是人类社会政治、经济、军事、文化等活动的结晶,它凝聚人类智慧,见证历史发展轨迹,是前人留给后人的宝贵财富,是十分重要的有形文化资源。

1. 古人活动遗址

古人活动遗址是有文字记载历史以前的人类活动痕迹,大约有300万年的进化史。由于历史久远,它只留下古人类化石、原始聚落遗址,以及原始人使用的生产工具和生活用品等。在漫长的古人类演化历史中,能考证的时代有旧石器时代和新石器时代。

我国地域辽阔,各地都有不同的古人类遗址。在云南元谋,考古学家们发现了距今170万年前的元谋人化石,成为人类起源史上的一大发现。在河北石家庄的龙门站遗址,发现了距今100万年前的早期人类遗址,这也是我国境内发现的最早的人类遗址之一。此外,在江苏、浙江、安徽等地,还发现了距今数十万年至数万年不等的人类遗址和化石,其中不乏一些重要的考古发现。

中国旧石器时代古人类文化遗址包括西侯度文化、元谋石器、西河文化、蓝田文化、东谷坨文化、北京猿人文化、观音洞文化、丁村文化、阳高许家窑文化、萨拉乌苏文化、智宇文化遗址等。新石器时代文化遗址,遍布中国大地,从内蒙古到海南岛,从东海之滨到西藏高原,到处都有发现,迄今总计在6000处以上。典型的有仰韶文化遗址(包括陕西的西安半坡、郑州大河村等十余处)、龙山文化遗址(泛指黄河流域中下游地区),此外,甘肃、青海地区的大地湾文化、马家窑文化,山东的大汶口文化,湖北的大溪文化,长江中下游地区的崧泽文化、良渚文化,浙江宁绍平原的河姆渡文化,内蒙古东部和辽西的红山文化,云南、西藏的新石器文化等,反映了我国新石器时代文化遗存的普遍和丰富多彩。这些古人类活动的遗址,大多被建成博物馆、遗址公园等,供游客游览。

 课堂案例

周口店北京人遗址

周口店北京人遗址是中国首批世界文化遗产,是迄今为止世界上材料最丰富、最系统、最有价值的旧石器时代早期人类遗址之一。当地政府(房山区)强化活化展示,着力打造周口店世界古人类文化旅游胜地;编制实施新版《周口店遗址保护规划》,并编制完成《周口店国家考古遗址公园规划》,连续开展了4期遗址本体监测保护工程;打造"北京人"4D影片和《遇见祖先》沉浸式体验,推出中国首个古人类数字"北京人"形象和活泼灵动的虚拟原始人小朋友"元元",开展"博物馆奇妙夜""考古实验室"等研学活动,吸引更多市民朋友,特别是青少年走进博物馆、走进历史。

2. 古城遗址

中国是世界著名的文明古国,自商周以来,历朝历代遗留下了许多举世闻名的古城遗址,主要有:殷商都城殷墟遗址、周朝都城丰镐遗址、汉长安城遗址、齐国都城临淄遗址、洛阳汉魏古城遗址、西藏古格王国遗址、敦煌沙洲古城遗址、新疆墨玉麻扎塔格唐代古城堡遗址、新疆高昌古城及楼兰古城遗址等。许多古城遗址成了旅游景点,如淹埋于黄河水下的河南开封宋朝王宫,经仿真开发而形成的"开封宋都",每年吸引数万游客。国外的许多古城遗址也被列为旅游景点,向游人开放。例如,埋没于丛林莽野中的柬埔寨吴哥古城,其宫殿城垣、古寺等古迹被列为建筑珍品,吸引了世界各地游客。

3. 古战场遗址

古战场,即古代战役(战斗)发生的地域、地点。人类历史也是一部战争的历史,大小战争战役不断,战场无数。一般意义上所指的古战场是那些进行过历史上著名战争战役并保有遗迹的地方,或指时代久远的战场。某些时候近代甚至现代战争的战场都可称为古战场,如滑铁卢古战场、诺曼底古战场等。

古战场作为历史上战争的发生地,对战争战斗结局有着重要影响,尤其是那些著名战争,像长平之战、赤壁之战、淝水之战等。古战场不仅是历史的发生地,也可以供后人参考,可以分析历史人物的性格特征,且此次战役的战况更能体现出当时环境下的科学、经济、生活等。

著名古战场作为宝贵的人文景观,是人类历史的重要文化遗产,有着很大的旅游开发价值。很多著名古战场发展为重要旅游景点,常成为旅游资源。例如,长平古战场以其独特的文化资源优势,构筑了山西晋城高平市旅游开发的崭新框架。两千多年前的战国时期,秦赵两国为争夺上党地区,爆发了我国古代规模最大、影响最深的一场大决战——长平之战。近年来,高平市不断加强文物文化资源保护传承,规划建设长平之战历史文化公园,让文物文化资源焕发出新时代价值风采。

4. 名人活动遗址

中外历史上,出现了许多为人类作出杰出贡献和留下不朽作品的伟大人物。人类社会发生的沧桑变化,使年代久远的历史名人故居和他们的活动场所无迹可寻。为他们修建的纪念馆、纪念碑、博物馆等,通过文字、图片、文物等,展示了其人生经历和丰功伟绩,给人类社会留下了精神财富,也成为历史文化旅游的景点,可以激发旅游者的兴致和学习热情。比如,山东曲阜孔府孔庙,举世闻名,已成为旅游胜地。

名人故居有着独特的价值,是连接历史与当下的枢纽,也在城市发展中起到传承文脉、丰富景深的作用,不仅可以彰显一地的文化内涵,还可以实现"文化搭台,经济唱戏"的目的,成为拉动经济发展的重要引擎。但应注意的是,名人故居不会自动带来流量,更不会直接转化为经济效益。现实中,一些名人故居尚处于浅开发阶段。因此,做好名人故居的保护与开发,要在挖掘文物的内在价值上做文章,在寻求其与当地历史积淀、风土人情等更好结合上下功夫。

我国居民消费已经步入快速转型升级的重要阶段。人们不再满足于"到此一游"式的打卡,更青睐深度的文化体验,旅游的个性化需求日益旺盛。文化旅游业应根据游客需要的改变,提供更加丰富的文化旅游产品和服务,以不断满足人们对美好生活的期待。名人故居具有重要的开发价值。比如,青岛作为历史文化名城,曾有几十位近现代史上的文化名人在此居住生活。当地精心设计"跟着名人游青岛"旅游产品,设计3条文旅线路,连接起50多处名人故居,100多处老街老景,使游客可以进行深度体验。在浙江绍兴,沿着鲁迅研学之旅,人们可以看一看作者笔下的三味书屋、百草园,坐一坐乌篷船,体验水乡的美好和静谧……从"游景点"到"品文化",从单个景点的经营到以不同文化主题串联景点景区,文化和旅游实现了多领域、多方位的深度融合,不仅有利于文化名人资源的深度开发,也有利于旅游业提质升级,实现经济效益和社会效益的统一。

5. 古道遗迹

古道是地区之间物质文化交流的主要"桥梁"和"纽带",古道遗迹反映了当时社会交通状况。古道或由人们长途跋涉逐步形成,或是开凿而成,或为某种特定需求而修建,如为战争而"明修栈道,暗度陈仓"。沿古道修建的驿站、城堡、住宅、佛塔、集贸市场以及古迹村落,都可成为文化旅游资源。我国幅员广袤,历史悠久,纵横千万里,上下五千年,形成了丰富的古道文化遗产。其中,既包括连通国内不同地区的茶马古道、秦巴古道、秦直道、川盐古道,也包括连接中外的丝绸之路、万里茶道等。这些古道对增强中华民族共同体意识,推动中国与"一带一路"沿线国家和地区之间的文化交流,发挥了重要作用。自19世纪末起,随着近现代交通运输体系的发展,这些古道逐渐失去交通基础设施之用,但作为历史文化的一部分、作为文化线路遗产旅游的载体,古道正闪现出新的文化光彩。

对于文化内涵深厚,诗词、壁画、文物等文化资源积累丰富的古道景区,可以立足资源优势,抓住数字技术发展机遇,通过数字虚拟现实和数字增强现实等技术,创新发展线上古道之旅,丰富古道文化体验。比如,作为丝绸之路沿线的重要一站,敦煌莫高窟多年来致力于建设"数字敦煌"和"云游敦煌",推进丝路文化的数字化保护与展示。2020年,微信小程序"云游敦煌"正式上线,集探索、游览等功能于一体,首月参与人次超过300万,年浏览量突破3500万人次。

课堂案例

秦蜀古道的旅游开发

"蜀道之难,难于上青天。"昔日诗人李白感喟的蜀道,如今成为国际山地马拉松爱好者的赛道。秦蜀古道,是古代由关中通往蜀地的道路,至今已有数千年历史,是人类最早的大型交通遗存之一。目前保护最完善、开发最成熟的古蜀道主要在四川广元境内。如何让自然景观与文化积淀兼备的古蜀道为更多人所知? 2019年,大蜀道国际山地马拉松赛举办。赛道全长42公里,覆盖剑门蜀道精华的剑昭古蜀道段,沿途风景自然天成,一经推出就受到"跑友"们关注,首届比赛吸引了来自10余个国家的4000余名选手参赛。2021年,"穿越大蜀道"自驾游活动也正式开启。穿行剑山之间,欣赏"穷地之险,极路之峻"的剑门绝壁,打卡"一夫当关,万夫莫开"的剑门雄关,品味翠云廊"三百里程十万树"的生机与灵动,聆听绵延群山与千年古柏的唱和,让自驾爱好者感叹"此生必驾大蜀道,人间胜景剑门关"。

(二) 遗址类文化资源的开发

遗址类文化资源开发的核心问题在于遗址的文物价值与旅游价值不对等。文物价值在于其历史、考古、稀有程度、艺术、学术等方面的价值,而旅游价值关注的是遗址带给游客文化的体验、情境的沉浸、历史的感悟,在旅游食、住、行、游、购、娱要素中获得的不同生活方式体验。因此,具备高文物保护价值的遗址,不一定能够带来高的旅游体验价值。同时由于文物保护的需要,遗址旅游开发受限制较多,针对遗址本身可做的文章有限,因此要跳出遗址做遗址。这主要包括两层含义,首先,跳出遗址文化(文化上跳出),挖掘隐藏在遗址背后与遗址密切相关的隐性文化,如与遗址相关的典型人物、历史事件、故事等文化,进行文化体验的深层次延伸打造;其次,跳出遗址本体(空间上跳出),在遗址本体外延展更大的空间进行文化延伸。目前,国内关于遗址资源的开发利用,主要有以下四种:

1. 遗址公园

遗址公园,遗址是其主题,公园是其形式。遗址公园是利用珍贵考古资源对遗址进行规划设计,将遗址保护与公园设计相结合,运用保护、修复、展示等一系列手法,对有效保护的遗址进行重新整合和再生,将已发掘或未发掘的遗址完全保存在公园范围内。建立遗址公园是一种对遗址更为广泛的保护方式,可以妥善保存遗址本身和周围的自然环境,并有效地展示它们。建立遗址公园的优点是能够最大限度地保留遗产的原貌,具有强烈的历史感和现实感,且规模宏大,富有感染力。

我国现阶段的遗址公园有三种不同类型:第一类是在公园内所保留的遗址,成为公园景观的一部分,如西湖公园的雷峰塔、成都望江公园的崇丽阁等;第二类是遗址本身可以成为公园,如圆明园遗址公园;第三类是考古型的遗址公园,它强调的是对文物遗存有所展示,并强调文物的真实性展示,如杭州市良渚古城遗址公园、西安市大明宫遗址公园。

2. 旅游景区

许多遗址处在风景名胜区之中,在风景区开发的过程中,可将遗址作为旅游景区的一个景点,在严格保护的前提下,对其进行展示性开发。如四川乐山大佛旅游区内的苏轼故居、陕西汉中张良庙-紫柏山旅游区内的张良庙、山东青岛的琅琊台遗址、重庆的合川钓鱼城等,拥有丰富的人文资源和自然景观,利用自然、人文资源综合开发旅游产品,形成了集历史文化、山水风光为一体的特色旅游景区。

3. 遗址博物馆

中华民族的文明史源远流长,无论地上或地下都保存着大量的遗址、遗迹和遗物。为了在保护历史遗址的同时传播历史文化,我国对历史遗址采取通过兴建博物馆的模式来保护、展示、宣传其文化内涵。遗址博物馆是指在由于自然或人为活动而形成的遗存的原址上建立的博物馆,包括具有博物馆功能的纪念馆和文物保护单位。遗址博物馆最大的特点在于,它是建立在由于自然原因或人类活动形成的原址上,它所处的特定的历史文化背景、地理位置、自然环境等都可以反映出当时的社会生产力水平、宗教信仰以及社会生活等诸多方面,是自然或人类社会发展史上重要的一环。

通过展示遗址本身的形成和变迁,遗址博物馆使公众了解过去,成为链接过去与现在的重要环节。如1925年北京故宫博物院成立,1958年建立了第一座在考古发掘原址上的遗址博物馆——陕西半坡博物馆。在短短的几十年中,我国遗址博物馆经历了一个迅猛的发展过程,并因为其自身独特的文化特性及外在表现而成为重要的参观游览地。

4. 遗址历史文化农业园区

中国有许多遗址面积大,遗址区内居民众多,目前国家难以像发达国家那样,拨出大量资金,清空区内人口,对遗址资源实施保护。因此,在遗址区建设历史文化农业园区是一种比较现实的做法。比如汉长安城面积巨大,居民有5万多人,且居民主要以农业经营为主,为了有效保护遗址,可在遗址区内发展都市农业,建设观光农园、市民休闲体验农园、现代高科技农业园区等。

二、历史文化建筑资源的旅游业开发

古建筑是中华民族重要的历史文化遗产,承载着中华民族的辉煌历史。我国古代建筑种类繁多,形式多样,内容丰富,是一个建筑科学宝库,留存下来的建筑物有宫殿、楼阁、城防工程、古镇古村落、园林以及民居、陵墓、庙坛、亭台等建筑物群,具有很高的艺术欣赏价值,是吸引游客的重要文化旅游资源。

1. 宫殿

宫,指房屋;殿,是高大宽敞的大堂。古代社会统治者富甲天下,喜欢居住宏大豪华的房屋,宫殿成了历代帝王居所的代名词。历史上遗存下来的宫殿,都成了旅游者青睐的游览物。汉代有长安长乐宫、未央宫、建章宫,以及洛阳南北二宫;唐代有著名的太极宫、大明宫和兴庆宫;元代有大内宫、兴圣宫和隆福宫;明代有南京宫和北京宫;清代有名震中外的故宫。随着朝代的更替和历史的延续,许多宏伟辉煌的宫殿被毁,有的只剩遗址,有的留下残垣,有的留存部分建筑物。我国保存比较完整的宫殿,有北京故宫、沈阳故宫和西藏布达拉宫。

2. 楼阁

楼阁多为两层以上的木制或砖石结构的古代建筑物。楼与阁在建筑结构与风格上有较大差异,其用途也有差别。楼,又称古楼,在我国各地均有建造,目前我国保留下来的主要是明清两代的古楼。现存的名胜古楼主要有:武汉的黄鹤楼、岳阳的岳阳楼、南昌的滕王阁、成都的望江楼、昆明的大观楼、广州的镇海楼、嘉兴的烟雨楼、贵阳的甲秀楼、台湾的赤崁楼等,其中黄鹤楼、岳阳楼和滕王阁合称为江南三大名楼。阁,又称佛阁。它是古代珍藏图书、佛经、佛像之"圣地",是重要的文化旅游资源和旅游景点。阁在外观上与楼没有较大差异,但在规模上比楼宏大,气势庄严。北京故宫的文渊阁、杭州的文澜阁、北京颐和园的佛香阁、圆明园的文源阁、承德避暑山庄的文津阁、扬州大观堂的文汇阁、镇江金山的文宗阁、沈阳故宫的文溯阁、宁波的天一阁、蓬莱的蓬莱阁等,都是驰名中外的名阁,是人们喜爱的文化旅游景点。

3. 城防工程

长城是公元前3世纪至公元17世纪中国在国家北部持续修建的军事防御工程。作为旅游资源的长城,横穿中国北部甘肃、陕西、宁夏、内蒙古、山西、北京和河北,形成了许多个以长城为依托的旅游景区景点,其中著名的旅游胜地有山海关长城、八达岭长城、慕田峪长城、雁门关长城、嘉峪关长城。闻名中外的八达岭长城,是国内外游人向往的游览胜地。筑墙护城,防御敌寇,城防工程在我国具有十分悠久的历史。我国城墙建筑防御体系很完整,城墙外有护城河环绕、吊桥控制出入,城墙上有垛口、射孔、角楼、敌楼和观望台,城门设有瓮城、箭楼、城楼、屯兵洞和马道等。一座完整的城防工程,壮丽庄严。我国保留较好的城墙有湖北的江陵城、江苏的南京城、陕西的西安城、山西的平遥城和云南的大理城等。

4. 古城镇古村落

我国古城镇和古村落的选址考究、设计奇特，讲究天人合一、阴阳互补，具有很高的观赏价值和历史价值，是重要的历史文化旅游资源。平遥、丽江、西递、宏村等通过申报世界遗产成功而一举成名，吸引了大批游客。云南建水、四川阆中、湖南洪江等古城，浙江西塘和南浔、湖南黔阳等古镇，江西流坑、湖南高椅、浙江诸葛和俞源等古村落，都纷纷在游人面前亮相，获得良好的效益。例如，浙江金华的诸葛八卦村和俞源太极村就是世界罕见的奇特村落。诸葛村依据诸葛亮九宫八卦阵式布局，村内巷道阡陌纵横，内里玄机无穷，明清两代的大建筑有200余座。俞源太极村的村口巧妙地设计成一副巨型太极图，一条"S"形溪流从南到北缓缓流出，活像太极两仪（俗称阴阳鱼）；四周山岗、阴阳鱼构成黄道十二宫，八卦形排列的28座堂楼，对应着28个星宿；《四库全书》《二刻拍案惊奇》等书记载了村里的许多古迹。又如，闽西永定的土楼，是"中原土族，三代遗民"客家文化的产物，其形状有圆、方、凹、八卦、半圆等，独特的结构和深厚的文化内涵，吸引了国内外学者的关注，美、日等国的专家学者、游客纷纷前来考察、观光。

5. 古代园林

中国古代园林经过唐、宋、元、明、清历代的发展，无论是皇家园林，还是私家园林，其山水画、山水诗文富含艺术情趣，艺术水平都很高。中国古典园林多属自然式园林，即利用自然风趣，通过概括与提炼，把客观存在的模山范水移缩到有限的空间范围内，在园林中创造出各种理想意境。园林中的水光山色和四时景象，不只是单纯的自然模仿，而是自然的艺术再现，既出于自然又高于自然，把自然美和人工美巧妙地结合起来，形成赏心悦目、可游可居的优美环境。具有很高美学价值的中国园林代表——北京颐和园、承德避暑山庄、苏州拙政园等都已被认定为世界文化遗产，成了观光游览的名胜。

三、文学艺术资源的旅游业开发

（一）文学书法资源旅游业开发

中国文学和书法的关系密不可分，两者相互渗透、相互影响。文学是书法的基石，而书法则是文学的表现形式之一。在古代，文人墨客经常用书法来书写自己的文学作品，以展示自己的文化素养和艺术造诣。

中国古代闻名于世的文学作品非常多，许多旅游名胜古迹，就是因为著名文学作品而游人如织，比如，江南名楼江西滕王阁有王勃的《滕王阁序》，湖南岳阳楼有范仲淹的《岳阳楼记》。张继的《枫桥夜泊》使苏州的寒山寺出名，每年吸引了大量的日本、韩国游客，前来聆听除夕钟声，感受其中韵味。中国书法艺术举世无双，许多风景名胜区的独特书法艺术，如匾额、楹联、诗词等，给旅游景点增添了中华历史文化的神韵。如书圣王羲之的《兰亭集序》使绍兴的会稽山成了书法艺术的圣地，到此的游客，既可以观赏流觞曲水之美景，又可以抒发旷达淡远之幽情。

 课堂案例

西安碑林博物馆

西安碑林博物馆，位于陕西省西安市碑林区三学街15号，占地面积3.19万平方米，陈列面积4900平方米，隶属于陕西省文物局，主要由孔庙、碑林、石刻艺术室和石刻艺术馆等组成，是一座以收藏、研究和陈列历代碑石、墓志及石刻造像为主的地方专题性博物馆。碑林博物馆重要藏品包括汉《曹全碑》、颜真卿《多宝塔碑》、唐太宗昭陵六骏石刻等。

民国三十三年（1944年），陕西省历史博物馆在碑林成立。1953年，孔庙被扩充为陕西省历史博物馆馆区。1991年，陕西历史博物馆新馆正式开放，碑林从省博物馆中拆分成一座独立的博物馆——西安碑林博物馆。

(二)古代艺术资源旅游业开发

古代艺术资源是指历史遗留下来的各种艺术形式和作品，如雕塑、绘画、建筑、书法、陶瓷等。这些资源具有极高的文化价值和审美价值，是旅游业开发的重要资源之一。随着人们文化素质的提高和旅游需求的多样化，古代艺术资源旅游业逐渐兴起，成为旅游业中的一个重要分支。

中国古代艺术资源十分丰富，可以分为艺术遗迹和艺术遗物两大类。

其一，艺术遗迹类。艺术遗迹是指地上或地下的古代建筑附属装饰，又分中国古代壁画和中国古代雕塑两类。中国艺术遗迹独树一帜，具有很高的审美价值和文化价值。中国古代壁画是指装饰壁面的画，具体分为岩画、建筑壁画、墓室壁画等，史前新石器时代就已出现，早于帛画、绢画、卷轴画等绘画种类。中国古代雕塑大多是留存于地面的古代艺术品，具体分宗教建筑雕塑艺术、陵墓石雕艺术等，前者如山西大同云冈石窟，后者如陕西兴平西汉霍去病墓前石刻"马踏匈奴"。

其二，艺术遗物类。艺术遗物主要是指经过艺术加工创造的绘画、雕塑、碑刻书法作品以及实用和审美相结合的工艺美术品。绘画艺术品分帛画、绢画、木版画、木简画、卷轴画等；雕塑艺术品分陶塑艺术品、瓷塑艺术品、木雕艺术品等；碑刻书法艺术品有甲骨文、金文、简帛文字、石刻文字等；工艺美术品有陶器艺术品、玉器艺术品、铜器艺术品、漆器艺术品、瓷器艺术品、丝织艺术品、金银艺术品、骨牙雕艺术品等。

中国著名的博物馆如北京故宫博物院、台北故宫博物院、陕西历史博物馆、湖南省博物馆等，都收藏大量字画、青铜器、金银玉器、陶瓷碑刻等富含艺术价值或历史价值的珍贵文物，一般都向游人开放，是一项重要的文化旅游资源。

古代艺术资源旅游业的开发，是一项具有深厚文化内涵和广泛市场前景的综合性产业。通过对古代艺术资源的有效整合和合理利用，不仅可以为旅游业注入新的发展动力，也能为保护和传承古代艺术资源提供更加可持续的途径。

随着人们文化素质和审美水平的提高，对古代艺术资源的认知和欣赏能力也越来越高。同时，随着旅游业的不断发展和旅游需求的多样化，古代艺术资源旅游业的市场前景越来越广阔。未来，古代艺术资源旅游业将成为旅游业中的一个重要分支，为促进文化交流、传承和保护古代艺术资源发挥更加重要的作用。

四、民俗风情、宗教资源的旅游业开发

(一)民俗风情文化资源旅游业开发

民俗即民间风俗习惯，是广大劳动人民所创造的民间文化，包括饮食、服饰、居住、节日、民间歌舞等各方面的民俗风情。我国是一个多民族国家，56个民族共同创造了祖国悠久的历史和灿烂的文化。汉族和各少数民族的服饰饮食、婚丧嫁娶、待客礼仪、节庆游乐、民族工艺、建

筑形式等,都各有特色,形成了我国丰富多彩的民俗文化景观。这些民俗文化现象,以其丰富的内容,浓厚的地方色彩,鲜明的民族特点,吸引着大量的国内外游客,构成我国民俗旅游开发的丰富资源,具有极高的旅游价值。民俗文化旅游资源开发一般以特定的民俗环境、民俗载体、民俗情境和民俗活动为基础,通过一定的现代技术方法,将民俗文化旅游资源转变成为具有一定影响力和相当吸引力的民俗旅游景观、设施和服务。民俗文化旅游产品的开发模式主要有五种,即原地浓缩式、原生自然式、集锦荟萃式、复古再现式、短期表现式。

1. 原地浓缩式

一些少数民族村落或民俗文化丰富独特的地区,由于时代的发展已在建筑、服饰、风俗等方面有所淡化,不再典型,或者民俗文化的一些重要活动(如节庆、婚嫁)原本在特定的时期才会呈现,令游客不能完全领会当地民俗文化的风韵。原地浓缩式是当地政府或投资商在当地觅取合适地段建设以当地民俗文化为主题的主题园,集中呈现其民俗精华。其优点是便利了游客充分了解当地或该民族的民俗文化精髓。

2. 原生自然式

原生自然式是在一个民俗文化相对丰富的地域中选择一个最为典型、交通也比较便利的村落对旅游者展开宣传,以村民的自然生活生产和村落的自然形态为旅游内容,除了必要的基础设施建设外,几乎没有加工改造。如广东连南三排瑶寨,其优点是投资很少,让游客有真实感,能自然与当地居民交流,甚至亲身参与劳作,有很大的活动自由度,缺点是难以将旅游开发带来的利益公平分配给村民,村民的正常生产生活受到干扰后可能产生抵触或不合作的情绪,难以保证村民们在接待游客时保持热情、友好、不唯利是图。

3. 集锦荟萃式

集锦荟萃式指的是将散布于一定地域范围内的典型民俗集中于一个主题公园内表现出来。如深圳中国民俗文化村和锦绣中华缩微景区、北京中华民族园集中表现了中国的民族民俗文化,台湾九族文化村集中表现了高山族、格鲁族等分布于台湾附近的九个民族的民俗文化,云南民族文化村集中表现了云南少数民族的民俗文化。这一模式的优点是可以让游客用很短的时间,走很少的路程就领略到原本花很长时间、走很长路程才能了解到的民俗文化,其缺点是在复制加工过程中会损失很多原有的民俗文化内涵,如果建设态度不够严谨,可能会歪曲民俗文化。

4. 复古再现式

复古再现式指对现已消失的民俗文化通过信息搜集、整理、建设、再现,让游客了解过去的民俗文化。如美国的"活人博物馆"中,员工作为几百年的抵美"移民"而出现,身着17世纪美国劳动人民的服饰,向游客表演了用方形的扁担挑水,用原始农具耕作,用独轮车运输等古老的传统习俗以及各种民间舞蹈,吸引了大量的国内外游客。杭州的宋城,无锡的唐城、吴文化公园,滨州市孙武公园也属此类。其优点是可以令时光"倒流",满足游客原本不能实现的愿望,但也存在着与集锦荟萃式相同的缺点。

5. 短期表现式

以上四种模式均为长期存在、旅游者可随时前往欣赏的旅游开发形式。但也有一些特定的民俗文化,只存在很短时间,激发短暂的旅游人流。短期表现式主要有两种情况:一是民族民俗传统的节庆活动,如蒙古的"那达慕"大会、回族的"古尔邦节"、白族和彝族的"火把节"等,其本意并非为了发展生态旅游业,故不会常年存在,但在节庆期间会吸引大量的旅游者;二是流动性的民俗文化表演活动,如贵州组织民间表演队到国外演出松桃苗族花鼓、滩堂戏、下火海等,展现了民间文化的艺术风采,每到一处也吸引了不少外国民众远道而来欣赏(这本身即旅游行为),进而吸引游客前往贵州旅游。

(二)宗教文化资源旅游业开发

宗教作为一种特殊的文化现象,对特定的群体往往具有吸引力。旅游与宗教文化息息相关。宗教文化不仅是人类文化的一部分,也是独特的、有吸引力的丰富的旅游文化资源。开发和利用宗教文化资源有利于形成特色旅游产品,开拓新的旅游市场,吸引游客。许多国家高度重视挖掘和发展宗教和文化资源。首先,宗教节日可以促进旅游业的发展。一些宗教节日不仅是宗教教徒的节日,它们还是民间节日,因为它们符合人们的心理需求。例如,傣族的泼水节、伊斯兰教的古尔邦节等,逐渐被人们接受。其次,宗教文化也通过间接的形式影响旅游业的发展。人物、故事和传说是很生动的,它们在电影、电视、文学中传播广泛。世界上一些神圣的地方,如沙特阿拉伯的麦加、意大利的罗马、梵蒂冈,都成为著名的景点。景点是游客旅游的核心内容,因此,旅游景点在旅游产业中尤为重要,并且每一种宗教,在其漫长的发展过程中,创造了许多游客观光风景区。中国是一个多种宗教并存和宗教自由的国家,主要有佛教、道教、伊斯兰教、天主教和基督教等。丰富的宗教和文化资源吸引着国内外众多追随者,以及专家、学者和一般的游客。

佛教是与基督教、伊斯兰教并称的世界三大宗教之一,相传公元前 6 世纪至前 5 世纪,由释迦牟尼创建于古印度,以后广泛传播于亚洲及世界各地,对许多国家的社会政治和文化生活产生过重大影响。佛教传入我国是在东汉时期。佛教的建筑主要为寺塔。古印度有名寺塔,如著名的菩提伽耶、那烂陀寺遗址,规模极为宏大。东南亚诸国也有同类建筑。柬埔寨的吴哥寺窟,缅甸的仰光大金塔,印度尼西亚的婆罗浮屠,阿富汗的巴米扬崖壁大佛像,都是闻名于世界的佛教建筑。中国佛教建筑是随着佛教的传入而发展起来的。中国的佛教建筑是根据古印度佛教造型艺术,结合中国传统的形式建造的。中国的佛教石窟为数甚多,其中敦煌、云冈、龙门石窟尤为著名。中国佛塔的建筑,起源甚早,现存的上海龙华寺塔和苏州报恩寺塔,相传都是三国时代创建而经后人重修的。原来印度的佛塔是覆钵状的圆穹形,上饰竿和伞,后发展成相轮(在塔顶竖一根金属刹,用七重或九重铁环套在刹身)。传入中国后,结合中国的民族形式,佛塔大都建成可供人凭眺的楼阁式建筑。现存的塔可分两类,一是印度式的,但也带有中国特色;二是中国式的,主要采取中国原有楼阁形式,平面正方形和八角形居多,一般为七至九层。结构有木塔、砖塔、砖木塔、石塔、铜塔、铁塔和琉璃砖塔等。西藏的佛寺建筑,与汉族地区略有不同,一般都有庞大的建筑群,所有建筑体现了藏族古建筑艺术的鲜明特色和汉藏文化融合的风格。日本的东本愿寺、朝鲜的佛国寺都采用木结构的殿堂形式,雄伟壮丽,是世界知名的古刹。这些佛教圣地,每个都是重要的旅游和文化遗产。

道教是唯一发源于中国、由中国人创立的宗教,所以又被称为本土宗教。道教对我国古代的政治、经济和文化都产生过深刻的影响,是统治阶级的三大精神支柱之一。道教名山称为洞天福地,有十大洞天、三十六小洞天和七十二福地之说。1983 年国务院确定了 21 座道教重点宫观,包括:北京白云观、辽宁太清宫、鞍山市千山无量观、江苏茅山道院、浙江抱朴道院、江西龙虎山天师府、三清山三清宫、西山万寿宫、山东崂山太清宫、泰山碧霞祠、河南嵩山中岳庙,湖北武当山紫霄宫和太和宫、武汉长春观、广东冲虚古观、四川青羊宫、青城山常道观(包括天师洞)和祖师殿、陕西玉泉院和镇岳宫及东道院、西安市八仙宫、周至楼观台。深刻而丰富的道教生态旅游资源具有强大的吸引力。

随着人们对文化层面、精神层面、养生层面认知的提升,宗教文化旅游逐渐走向大众化。宗教旅游项目的开发运作也逐步朝大型化、综合化发展,由单纯满足朝拜、观赏的功能向吃、住、行、购、娱、养生等综合性旅游配套功能发展,并形成独立的综合文化旅游区。

第四节 历史文化资源的艺术业开发

在历史文化资源的开发中,文化创意产品是一个重要的方向。这些产品可以是以历史文化为设计元素的服装、首饰、餐具等生活用品,也可以是以历史文化为背景的小说、电影、游戏等文艺作品,更可以是以历史文化为灵感的庆典、戏剧、音乐等艺术表演。这些文化创意产品将历史文化与现代文化相结合,满足了人们对于历史文化的情感和审美需求。

一、历史文化资源表演艺术业开发

历史文化资源的表演艺术业开发主要是指将历史文化资源通过音乐、舞蹈、戏曲等产业再创作,重新包装,通过新的表现形式和手段,给人们带来新的视觉和审美体验。

(一)音乐艺术的再创作

古代乐器是古代音乐蓬勃发展的重要基础,但在数千年的变迁中,许多传统乐器已经湮没在历史长河里。因此,可以利用考古发现,复原和发掘历史上的表演艺术。如在湖北随县出土的全套战国时期的编钟,音色优美,音域宽广,变化音比较完备。

近年来,随着国家层面对精神文明建设的重视与对优秀传统文化遗产的挖掘,许多曾经消失的古代乐器又重现当代。一批从事古乐器复原的研究者和演奏者躬身入局,积极参与抢救、保护古代乐器的文化实践。一支排箫,经修复和传承而愈发清亮;一首古韵,经挖掘和保护而厚重绵长。

例如,河南博物院的音乐文物,从八千年前的骨笛,到五千年前的陶埙,再到两千多年前的两周钟鼓磬瑟。自 2000 年 5 月河南博物院华夏古乐艺术团正式公演以来,实现了创新性、跨越式发展,已经累计复制、复原古乐器 30 余种 1000 余件,发掘、演奏古曲近 200 首,乐团演职人员累计发表学术论文 100 余篇,出版著作、光盘等 10 余部。其中,复原研制的贾湖骨笛,登上《国家宝藏》《中国考古大会》等节目;在深受欢迎的河南电视台 2021 春节联欢晚会上,华夏古乐团演奏了《牧羊曲》《欢乐颂》等大家耳熟能详的曲目;古乐团还用古代乐器移植改编、演奏世界名曲、影视音乐、游戏音乐等,给观众带来了全新的视听感受。

河南卫视《唐宫夜宴》《洛神水赋》的"出圈",离不开虚拟现实、水下摄影等高新技术营造出的"奇观"。《舞千年》延续传统文化的创新表达,不仅融合实景与现代科技,还以影视剧的形式辅助叙事,用舞蹈讲述舞蹈背后动人的中国故事。

中国是世界上音乐文化发展最早的国家之一。我们的先人在漫长的历史长河中创造了光辉灿烂的音乐文化。以古代音乐为题材,进行再创作,也是音乐艺术资源开发的重要方式。如中国著名的钢琴协奏曲《黄河》、小提琴协奏曲《梁祝》,分别以抗日歌曲《黄河大合唱》、越剧《梁山伯与祝英台》音乐为原始素材,结合西洋经典钢琴、小提琴技巧和表现手法创作而成。两首曲子感人至深,在舞台上长演不衰,成了经得住时间考验的艺术精品。

(二)舞蹈艺术的创新

舞蹈艺术,是一种以舞蹈动作为主要表现方式的艺术形式。它通过舞者的身体动作、姿态和表情来传达情感和故事,具有独特的艺术魅力。舞蹈艺术在世界各地都有不同的表现形式,如古典芭蕾舞、现代舞、民族舞等。创新是舞蹈艺术发展的重要动力。它不仅为舞蹈带来了新的表达方式和技巧,还为舞蹈注入了新的活力。

在传统文化复兴的热潮中,中国古代乐舞的复原和再创作成为焦点,学者、创作者、表演者以及来自民间的爱好者都在尝试。

20世纪初,敦煌藏经洞发现了一份古代琵琶谱,这本采用古代记谱法的琵琶"天书"揭开了唐代音乐的神秘面纱。西汉以来,随着丝绸之路的形成,新疆、河西走廊及中原地带大量的佛教洞窟壁画、雕塑以及出土文物,记载了公元4—11世纪的乐舞史料,呈现了唐代乐舞的丰富样貌。

20世纪80年代以来,上海音乐学院师生为唐代音乐的研究付出了巨大的艰辛与努力。上海音乐学院中国与东亚古谱研究中心将流失于海外的上百种原始乐谱进行收集、整理,积累了近两万页古乐谱高清电子文献,并对每份古谱作出了详细的拍译、题解。在古谱研究和翻译的基础上,学界和民间对于古乐器的复原、演奏方式的复原,甚至包括古代服饰的复原、古代舞蹈的复原一直都在进行。

要复原古乐,就要复原古代乐器。古乐器的复原,需根据史料记载和文物进行严谨考证,再找专业的乐器制作者定制,每一个细节都需要反复斟酌。《丝路之乐·唐韵回响》音乐会上,就展现了四弦曲项琵琶、五弦直项琵琶、箜篌、横笛、羯鼓等复原乐器。乐手们用这些复原乐器演绎了《石上流泉》《急胡相问》《水鼓子》《倾杯乐》等精妙古曲,歌者演绎了独唱曲《伊州》《长沙女引》,展现了盛唐海纳百川的音乐史诗,乐舞《胡旋舞》《胡腾舞》则再现了唐代绮丽曼妙的舞蹈之美。

(三)服装设计艺术开发

服装设计艺术开发是一项充满创意和激情的工作。它不仅需要考虑到时尚的趋势和个人的品位,还需要结合市场需求和实用功能。在这个过程中,设计师需要通过不断的探索和实践,发掘自己的独特风格和设计理念。

中国少数民族众多,56个民族基本上都有自己的特色服装,这为开发民族传统服饰旅游提供了广阔的市场潜力。许多游客对不同民族的文化和传统感兴趣,他们愿意前往体验和了解这些民族的传统服饰。游客通过亲身体验穿着民族传统服饰的感觉,了解其背后的文化内涵,增进对民族文化的理解和尊重。

我国历史悠久,每个朝代初建之时,都要正衣冠,因此,留下了汉服、唐装等不同时代的服饰。中国汉服行业是受传统文化影响的一个行业。近年来,随着中国消费者购买力的增加和文化融合的加深,汉服的消费群体逐渐定位年轻消费者,汉服用料、款式、工艺等也日新月异,各种新款汉服不断涌现,市场活跃度不断提升。在西安,身着古装的游客,不仅有年轻人,还有整个家庭,唐装汉服秀成为中国古都西安街头的新时尚,沉浸式"汉服体验"成为热门的游戏玩法。华美的汉服搭配古色古香的建筑相得益彰,让人感觉仿佛穿越千年时光,重回大唐盛世。

这些琳琅满目的民族服装和古代服饰,为中国服装设计提供了取之不尽的素材和灵感。

具有浓郁民族特色的中国服装,也引起世界服装设计界的瞩目。

课堂案例

山东曹县汉服产业

近年来,汉服受到越来越多人的关注与喜爱。山东曹县依托电商资源优势,聚力发展汉服文化产业,截至2022年底,有汉服上下游企业2186家、网店12797个、印花机883台、绣花机3576台,汉服从业者接近10万人,完全做到了5公里以内的产业集群化,形成了完整的产业链条和品牌孵化体系。

在曹县大集镇淘宝产业园,表演服、汉服、舞蹈鞋等特色产品琳琅满目,产业园聚集了布匹批发、设计研发、电脑制版、刺绣印花、服装加工、网络销售、物流快递等相关产业。据介绍,大集镇淘宝产业园分三期,一期占地120亩,布局是"前店后厂"的模式,包括24家加工企业,58家分销实体店,2家快递分拣中心,一座7800平方米的农村电商服务大楼。二期占地150亩,21家企业已全部入驻。产业园运营良好,年销售收入可达10亿元,直接带动3000余人就业。如今,全国电商市场约70%的表演服饰和30%的汉服产自曹县大集镇。

为了推动汉服的品牌化、国际化、高端化发展,曹县建立了曹县原创汉服产业中心。中心占地10000平方米,设有"五区一中心":直播中心、设计区、摄影区、制作区、仓储区、加工区,形成一体化的原创汉服生态链,多方面孕育曹县知名汉服品牌,助力曹县汉服向高质量、品牌化发展。

二、历史文化资源工艺品业开发

中国的艺术品、工艺品形式多样、特色鲜明,如能捕捉商机创造性地加以开发,就有可能带来可观的经济效益。历史文化资源工艺品业开发主要是对陶瓷、铸锻、雕刻等传统艺术进行创新,将其开发成文创产品或工艺品。

(一)陶瓷艺术品

陶瓷艺术品,以其独特的魅力,早已成为人们生活中的一部分。它不仅是一种工艺品,更是人类文化和历史的珍贵载体。陶瓷艺术品的制作需要经过多道工序和烧制过程,每个环节都对技艺有着极高的要求。从选材、设计、制作到烧制,每一个步骤都需要精细的操作和严格的控制。这种技艺的传承和发展,不仅体现了人类的智慧和创造力,也丰富了我们的文化和艺术宝库。陶瓷艺术品的形态各异,有的简约质朴,有的细腻华丽。它们或如山水画般写意,或如浮雕般立体,展现出独特的艺术风格。同时,陶瓷艺术品还具有很高的实用价值。例如,餐具、茶具等陶瓷器皿,既方便了我们的生活,也成了一种美的享受。

历史上,中国曾以瓷器闻名世界。陶瓷在中华民族的发展历史上占有重要的地位,无论是造型艺术还是烧制工艺,都凝结了中华民族几千年的智慧。融入鲜明地域特色和历史文化的陶瓷产品,可以升华为一个地区的文化符号。

以陶瓷为载体进行文创产品的设计开发,本身就承载着中华民族丰厚的文化底蕴。优秀的陶瓷文创产品设计开发应该将本土文化特色与陶瓷工艺特点结合,把艺术性和实用性有机结合。故宫博物院推出了陶瓷文创产品,如"故宫福禄寿喜·葫芦食盒",两元相融,形意合一,源自故宫的吉祥文化。葫芦谐音"福禄",是中国传统文化中经典的吉祥符号,被赋予祈求吉祥福禄、子孙万代等美好寓意。故宫藏有大量以葫芦为外形元素的文物,从首饰到家具陈设,处处可见。传统葫芦形瓷器多用于陈设用品,设计师将其设计成食盒,将传统文化融入现代生活,将美好寓意代代延续。葫芦食盒整体造型浑圆优雅,温润如玉;设计更为现代,有吉祥之意。葫芦食盒分为四层,分别对应"福""禄""寿""喜"字体图形,该字体均取自皇帝御笔和故宫典藏名品,以新的组成形式形成产品,巧妙而生动。现代文创产品的发展具有产品种类多、体积小、实用效用多、装饰效果性强、创意表现新颖等特点。

陶瓷文创产品为文创产品的一个大类,通过文化创意为陶瓷艺术提供了表现平台,其实际应用具有巨大的创意潜力和广阔的市场前景。陶瓷文创产品可以是工艺品、文化用品、家居生活用品等。这些产品具有独特的文化元素,消费者可以在日常生活中使用这些产品,让其中的文化内涵得到更广泛的传播。

陶瓷艺术品所蕴含的历史和文化价值也是不可估量的。每一件陶瓷作品都反映了当时社会的风俗、习惯和思想观念,为我们了解历史提供了宝贵的线索。同时,陶瓷艺术品还是一种国际性的语言,通过它,我们可以跨越时空的限制,与世界各地的人们进行交流和沟通。

(二)铸锻工艺品

铸锻工艺是一种传统的金属加工技术,它结合了铸造和锻造两种工艺的特点,适用于各种金属材料和制品的生产。在铸锻工艺中,金属材料先被熔化为液态,然后倒入模具中形成所需形状的坯件,然后对坯件进行锻造、挤压等加工方式,进一步提高金属的力学性能和外观质量。

我国古代艺术铸造创造出许多精美绝伦的铸件,铸造技术更是精湛超群,在历史的长河中独具特色,长期处于世界领先地位。我国早在夏商周就开始铸造青铜彝器;到了汉代,青铜器冲淡了神秘凝重的原始宗教色彩,赋予青铜艺术以崭新的美学品质。中国历史上的铸锻工艺材料主要以铜、锡、金、铁为主,其种类主要为香炉、酒壶、灯台、花瓶、神佛、动物等。这类工艺品历史感强,严肃庄重,拥有特定的消费者群。其杰出代表有:湖南宁乡市黄材镇月山铺转耳仑出土的商朝晚期青铜礼器四羊方尊、湖北省随县(今随州市)擂鼓墩曾侯乙墓出土的战国早期青铜器曾侯乙尊盘、陕西岐山(今宝鸡市岐山县)出土的西周晚期青铜器毛公鼎、甘肃武威出土的"马踏飞燕"、河北满城出土的"长信宫灯"等。

(三)雕刻艺术品

雕刻艺术是一种令人惊叹的艺术形式,它通过将坚硬的石头、木头等材料雕刻成各种形状和形式,以表达艺术家们的创意和情感。这种艺术形式在历史上一直受到高度重视,因为它不仅展示了艺术家的技能和创造力,还反映了社会和文化价值观。

在古代文明中,雕刻艺术被用来纪念历史事件、英雄人物和宗教信仰。例如,古埃及人雕刻了巨大的石像和金字塔,以纪念他们的法老和神祇;古希腊人则通过雕刻赞美人类身体和运动,表达了他们对人类智慧和美的追求。

在现代社会中,雕刻艺术仍然是一种流行的艺术形式。艺术家们使用各种不同的材料和技术,创作出各种风格和形式的作品。有些作品注重细节和逼真度,有些则更注重形式和抽象表达。无论是哪种类型的作品,都展现了艺术家们的独特视角和创造力。

中国雕刻艺术历史悠久,种类繁多。从雕刻的材料划分,主要有石雕、玉雕、木雕;从雕刻的技艺划分,则有圆雕、浮雕、线雕、镂空、影雕、微雕等。雕刻的内容主要有神佛、人物、飞禽走兽、山水、花卉、花纹图案等。雕刻作品艺术性强,可用于建筑物装饰、摆设或掌中赏玩等。雕刻作品因其材料、形状大小和技艺高低等不同,价格差别很大。大型贵重者如著名建筑物门前的巨型石狮、寺庙中的龙柱,小型低廉者如印章钮头的装饰。同是神佛雕像,木雕与玉雕的价格就有很大差别。

雕刻艺术不仅是一种艺术形式,也是一种文化表达方式。它可以帮助人们更好地了解历史、文化和人类价值观。通过欣赏雕刻艺术作品,人们可以感受到艺术家们的情感和思想,以及他们对世界的理解和探索。

此外,中国以苏绣、湘绣、粤绣、蜀绣闻名的刺绣,以北京雕漆、扬州螺钿、福州脱胎闻名的髹漆,以及笔墨纸砚文房四宝、剪纸窗花、泥玩具等,都极富民族特色,有待于发扬光大,开发出更多的文化产品。

三、历史文化资源戏剧业发掘

戏剧,作为文化艺术的重要载体,一直以来都在尝试着从历史文化的深厚土壤中汲取养分。中国,作为一个拥有五千年文明史的国家,其丰富的历史文化资源为戏剧创作提供了无尽的灵感。

中国戏剧最早起源于原始歌舞,并融合多种舞台表演形式,集各家之所长,同时又保存有自身的特点。中国地域辽阔,民族众多,地方戏曲剧种繁多。据《中国戏曲剧种手册》记载,我国戏剧约有270种,其中影响较大的有京剧、昆曲、越剧、黄梅戏、沪剧、评剧、粤剧、扬剧、吕剧、川剧、豫剧、湖南花鼓戏、梨园戏、闽剧、歌仔戏等。

中华人民共和国成立后又出现了许多改编的传统剧目,新编历史剧和表现现代生活题材的现代戏,都受广大观众欢迎,比较流行著名的剧种有昆曲、粤剧、淮剧、莆仙戏、晋剧、汉剧、徽剧、湘剧、花鼓戏、沪剧等五十多个剧种。这些戏曲都具有浓郁的地方色彩、乡音乡情,牵动人心,拥有各自的观众群。这是一块取之不尽、用之不竭的艺术宝藏,值得发掘、保护和开发。

中国的历史文化资源丰富多样,从古代的《史记》《汉书》到近代的《红楼梦》《水浒传》,都是宝贵的文化遗产。这些历史文献中蕴含着大量的故事、人物和思想,为戏剧创作提供了源源不断的灵感。通过对这些历史文化资源的发掘,戏剧艺术家们可以创作出具有中国特色、反映时代精神的优秀剧目。如歌剧《刘三姐》,就是以广西壮族的美丽传说和民歌为素材而创作成功的,其艺术魅力和崇善除暴的精神感染了几代人。

近年来,中国的戏剧界开始更加深入地挖掘历史文化资源,以打造具有中国特色的戏剧作品。这一趋势不仅体现在传统戏曲的舞台上,也贯穿于话剧、歌剧等西方艺术形式的创作过程中。

在传统戏曲领域,一些古老的剧目被重新编排,注入现代元素,以吸引年轻观众。例如,京剧《霸王别姬》的新版本中就加入了现代舞蹈和音乐元素,使这部经典剧目焕发出了新的生命力。同时,一些地方戏曲如川剧、粤剧等也在尝试与现代戏剧理念融合,打造具有地域特色的新剧目。

在话剧、歌剧等西方艺术形式中,中国的历史文化资源也被巧妙地运用。例如,话剧《红楼梦》通过现代的视角重新审视这部古典名著,以探索人物内心世界和现代社会问题的联系。而歌剧《木兰诗篇》则是以古代英勇女性木兰为原型,通过西方艺术手法展现了中国传统文化的魅力。

历史文化资源的戏剧业发掘,不仅是对历史文化的传承和弘扬,更是对戏剧艺术的丰富和发展。在发掘历史文化资源的过程中,戏剧从业者们通过深入研究和探索,将那些沉睡在历史长河中的文化元素重新唤醒,并以戏剧为载体,将它们呈现给现代观众。

第五节 历史文化资源出版产业开发

历史文化资源的音像、出版业开发,不像旅游业受到时间、交通和经济实力的制约,也不像艺术业受舞台等即时性消费的限制,比旅游业和艺术业有更广阔的发展空间。

一、历史文化资源出版产业开发的主要形式

出版产业是文化产业的重要组成部分,主要包括图书、期刊、报纸等出版物的生产和销售。随着数字化和互联网的普及,电子出版物和在线阅读也成了出版产业的重要形式。

(一)图书出版与出版行业

图书出版是指将经过编辑、校对和排版的文字、图片等素材,通过印刷、装订等工艺,制作成具有特定形态和内容的图书产品的过程。图书出版涉及多个环节,包括选题策划、编辑校对、排版设计、印刷制作、装订装帧等。图书出版的主要目的是将信息传达给读者,同时也具有文化传承、知识普及、艺术表现等多重意义。

在图书出版的过程中,出版社是核心的角色。出版社负责选定图书选题、组织作者创作、编辑校对、设计封面、印刷装订等工作。同时,出版社还要负责宣传推广、销售渠道建设等,确保图书能够被读者所接受并产生良好的社会效益和经济效益。

图书出版产业指的是图书出版到发行以及分销等整个产业链内所有参与者行动的行业,出版社或出版集团负责策划选题到拿到书号等一系列工作,出版发行集团负责图书发行。出版发行可分为出版及发行,出版类别主要为音像制品、数字出版物、图书、报纸、期刊;发行类别主要为总发行、自办发行、批发、零售;图书出版在出版类别中占有一定的比重。

(二)音像制品

音像制品,是一种通过各种媒介(如磁带、CD、DVD等)记录和播放声音和图像的产品。这些产品通常包括音乐、电影、电视节目、教育材料、游戏以及其他各种类型的娱乐和教育内容。音像制品的主要特点是它们可以存储大量的信息,并且可以在任何时候、任何地方进行播放。这使得音像制品成为人们日常生活中不可或缺的一部分,无论是在家中、学校还是在工作场所,都可以看到它们的身影。音像制品行业分类是指根据音像制品的性质、内容、形式、发行范围等因素,将音像制品划分为不同的类别。

音像产业是指以音频、视频等形式为基础,制作、发行、销售、租赁、播放及生产相关的服务等活动。音像产业主要包括广播、电视、电影、唱片、游戏等行业。音像产业已成为当今社会最具活力、最具前景的产业之一。

二、历史文化资源图书出版开发的意义与路径

图书出版是历史文化资源出版业开发的主要形式之一。它是通过对历史文献、文物遗存、口述传统等资源的收集、整理、翻译、注释等工作,将它们转化为文字、图片等形式,以书籍的形

式呈现给读者。图书出版不仅可以使历史文化资源得到更加广泛的传播,同时也可以为学术研究、文化传承等提供有力支持。

(一)历史文化资源图书出版开发的意义

历史文化资源是人类文明的重要组成部分,具有独特的历史价值和文化内涵。对历史文化资源进行图书出版开发,不仅有助于传承和弘扬人类文明,还能带来诸多经济效益和社会效益。

1. 传承和弘扬人类文明

历史文化资源是人类社会发展的珍贵遗产,通过对这些资源的开发,可以深入挖掘和传承人类文明。图书作为重要的文化载体,具有广泛的传播力和影响力,能够将历史文化资源以文字、图片、影像等形式呈现给读者,让读者了解历史文化的魅力和价值。同时,通过图书出版开发,可以将历史文化资源转化为具有现代感和时代特色的文化产品,进一步推动人类文明的传承和发展。

2. 促进文化产业发展

图书出版开发是文化产业的重要组成部分,具有较高的经济价值和文化价值。一方面,历史文化资源的开发可以带动相关产业的发展,如旅游、影视、艺术品等,创造更多的就业机会和经济效益;另一方面,图书出版开发也可以促进文化产业与科技产业的融合,推动文化产业向高端化、多元化方向发展。通过出版业开发,可以将历史文化资源转化为具有市场竞争力的文化产品,进入国内外市场,促进经济发展和文化交流。

3. 提高国家文化软实力

国家文化软实力是一个国家综合实力的重要体现,而历史文化资源是提高国家文化软实力的重要基础。通过图书出版开发,可以将本国的历史文化资源推向世界舞台,增强国际社会对本国文化的认知和认同,提高国家的文化软实力。同时,图书出版开发也可以促进国际文化交流与合作,推动世界各国共同发展。

4. 满足人民群众的精神文化需求

图书出版开发可以为人民群众提供丰富多彩的精神文化产品,满足人们日益增长的精神文化需求。历史文化资源的开发可以创作出众多具有思想性、艺术性和观赏性的图书作品,为读者提供良好的阅读体验和文化享受。同时,这些图书作品也可以引导读者树立正确的历史观、文化观和价值观,促进社会和谐稳定发展。

(二)历史文化资源图书出版开发的路径

历史文化资源的出版业开发,是一个充满活力和创新的过程。历史文化资源不仅代表着各个国家和地区的文化传承,同时也为出版业提供了丰富的素材和灵感。

1. 深入挖掘历史文化资源

在出版业开发中,历史文化资源的利用是一个重要的方面。这些资源包括历史人物、事件、文化遗产、传统习俗等。历史文化资源是出版业的重要素材,因此,深入挖掘历史文化资源是进行出版业开发的第一步。挖掘历史文化资源需要从多个角度入手,如历史事件、人物传记、文化遗产等方面,通过深入调查和研究,获取更加全面和准确的历史文化信息。同时,在挖掘历史文化资源的过程中,需要注意保持客观和真实的态度,尊重历史事实,避免夸大或歪曲历史事件。通过对这些资源的挖掘和整理,可以出版各种不同类型的书籍、杂志和报纸,包括历史小说、传记、画册、摄影集等。例如,《上下五千年》是少年儿童出版社于20世纪70年代末80年代初编辑出版的一套少儿历史通俗读物,采用历史学家林汉达开创的"以故事讲历史"的形式,贯通中华五千年文明。书一经推出就受到海内外读者的热烈欢迎,获得多项荣誉,并入选"感动共和国的50本书"。40余年来,这套书完成了几次重大的内容更新与增补,畅销不衰,累计发行量超过1000万套,成为少年儿童出版社的经典品牌图书。

2. 精心策划和编辑

历史文化资源的出版业开发需要经过精心的策划和编辑。策划编辑需要具备专业的历史文化知识和出版经验,能够将历史文化资源进行有效的整合和提炼,形成具有特色和价值的出版物。在策划和编辑过程中,需要注意历史文化的多样性和特殊性,充分考虑读者的需求和喜好,以及市场前景和销售情况等因素。中国古典文学、史书、哲学名著、文物、民俗图册、画册、字帖等图书,常常是图书市场的"长销"书,销量稳定、持久,出版社如能重视质量,讲究印刷、纸张、装帧等,持之以恒打造精品,定能获得可观的经济效益和社会效益。例如,中国青年出版社推出的"中国历史文化遗产系列丛书"。该丛书以中国丰富的历史文化遗产为主题,通过深入浅出的方式,向读者介绍了中国的历史、文化、艺术和传统。同时,借助精美的插图和设计,丛书将枯燥的历史知识变得更加生动有趣,得到了大量读者的关注和喜爱。

3. 多样化呈现方式

历史文化资源的出版业开发需要多样化呈现方式。除了传统的纸质书籍和电子书籍之外,还可以通过音频、视频、数字化等方式呈现历史文化资源。这些多样化呈现方式可以让读者更加直观、全面地了解历史文化资源,提高读者的阅读体验和阅读兴趣。

4. 加强市场营销和推广

历史文化资源的出版业开发也需要进行有效的市场运作。通过市场调研和分析,了解读者的需求和喜好,制定合理的营销策略和推广渠道,可以提高出版物的销售量和影响力。同时,还可以通过版权贸易、海外发行等方式拓展国际市场,增加出版业的收益。通过多种渠道进行宣传和推广,如网络营销、社交媒体、电视广告等,可以让更多的人了解和关注历史文化资源。同时,也可以通过举办相关的文化活动和展览等方式,吸引更多的读者参与其中,增强对历史文化资源的认知和理解。

 课堂案例

人民文学出版社"四大名著"出版

人民文学出版社是出版中国古典小说的重镇,其中"四大名著"尤为突出,至今已有七十多年的历史。在20世纪50年代建社之初,出版社即着手整理"四大名著",先后由具有深厚文史素养的张友鸾、顾学颉、黄肃秋、周汝昌、李易等一批学者型编辑担任相关工作。从1952年《水浒》整理本首先面世开始,随后的一两年内,《红楼梦》《三国演义》《西游记》的整理读本相继出版,开启了数十年来引领广大读者阅读"四大名著"的漫长历程。

"四大名著"的销售量是一个重要的数据指标,它反映了这些经典作品在当代社会的受欢迎程度和影响力。根据相关统计数据,"四大名著"的销售量已经达到了数百万册,且"四大名著"在当代社会仍然具有极高的文学价值和广泛的影响力。

三、历史文化资源的音像业开发

随着科技的发展,音像技术已经成为一种强大的文化表达工具。音像制品通过图像、文字、音乐、语言再现风景名胜、历史文化、习俗风情、音乐舞蹈、地方戏曲等,图文音色并茂,直观形象。历史文化资源的音像业开发已经成为一种重要的文化产业发展方式。

(一)历史文化资源音像业开发的意义

随着科技的发展,音像技术已经成为一种非常重要的文化传播方式。历史文化资源音像业开发,可以有效地将珍贵的历史文化资源进行传承和普及,同时也能够为当地经济发展提供新的动力。

首先,历史文化资源的音像资料可以更好地保存和传承这些资源。传统的文字记录方式存在着很多局限性,如记录不够直观、容易失真等。而音像技术则可以将历史文化资源以更加真实、生动的方式记录下来,并且可以长期保存。这样,后人就可以通过观看这些音像资料,更好地了解和感受历史文化的魅力。

其次,历史文化资源的音像资料可以提高人们对历史文化的认识和了解。通过观看这些音像资料,人们可以更加直观地了解历史事件、人物和文化现象的真实情况,增强对历史文化的认识和理解。同时,这些音像资料还可以激发人们的兴趣和热情,引导他们主动参与到历史文化的学习和传承中来。

最后,历史文化资源的音像资料还可以促进文化交流和旅游产业的发展。通过将这些资料制作成音像制品,可以让更多的人了解和认识不同地域、不同民族的历史文化,促进文化交流和旅游产业的发展。同时,这些音像制品还可以作为纪念品或者礼品,为旅游产业带来更多的商机和收益。

通过对历史文化资源的音像资料的开发,不仅可以更好地保存和传承历史文化资源,提高人们对历史文化的认识和了解,还可以促进文化交流和旅游产业的发展。

(二)历史文化资源音像业开发的方式

历史文化资源的音像业开发是一种将历史文化的瑰宝通过音像制品的形式进行传承和发扬光大的重要手段。这些音像制品可以将历史事件、人物形象、风俗习惯、民间艺术等丰富多彩的文化现象生动地呈现在观众面前,让人们更加直观地了解和感受历史文化的魅力。

历史文化资源的音像业开发,需要充分挖掘和利用历史文化的独特魅力。在历史文化资源的音像开发中,首先,要通过对历史事件、人物、文化遗产等进行深入的研究和了解,确定音像开发的主题和内容。例如,可以制作历史纪录片、文化专题片、历史剧等,通过真实的影像记录和生动的表演,让观众更直观地了解历史文化。其次,还需要考虑如何将历史文化资源与现代音像技术相结合,以制作出具有艺术性和观赏性的音像作品。

在历史文化资源的音像业开发中,需要明确目标受众,策划合适的主题和内容。针对不同的受众群体,需要制定不同的开发策略。例如,针对儿童和青少年,可以开发一些生动有趣的动画或互动游戏,以吸引他们的注意力,同时向他们传递历史文化知识;针对成年人,可以制作一些深入浅出的纪录片或讲座,帮助他们了解历史文化的内涵和价值。

在制作历史文化资源的音像制品时,可以采用多种形式,如纪录片、电影、电视剧、动画等。例如,可以制作一部关于某个历史时期的纪录片,通过影像和声音的再现,让观众身临其境地感受那个时代的风貌和文化气息;也可以制作一部关于某个历史事件或者人物的专题片,通过深入的剖析和讲述,让观众更加深入地了解历史事件的来龙去脉和人物的形象特点。

除了纪录片外,还可以制作电影或电视剧,通过演员的表演和场景的再现,让观众更加生动地感受到历史文化的魅力。另外,还可以采用动画的形式,通过绘画和音效的结合,制作出具有艺术性和观赏性的音像作品。

 课堂案例

历史文化资源音像业开发的市场前景

历史文化资源的音像业开发,具有广阔的市场潜力。音像制品如《中华泰山》《云南风光》《纳西族古乐》,红色经典《红太阳》,黄梅戏《女驸马》《天仙配》,小提琴协奏曲《梁祝》,钢琴协奏曲《黄河》等,都深受各个阶层消费者的欢迎。

20世纪90年代,中国投入巨资,陆续将《三国演义》《水浒传》《西游记》《红楼梦》等古典文学名著拍摄成电视连续剧和电影等,获得成功,深受观众好评,不少国家向中国购买版权。这不仅获得了高额的经济回报,而且向世界宣扬了中华优秀传统文化。《辛德勒的名单》的好莱坞著名导演斯蒂芬·斯皮尔伯格,在1997年和两位电影特技及电脑专家合股成立了一家命名为"梦工厂"的电影小公司,注册资本38万美元,但美国评论界认为"公司资本的市场值至少有500万,因为大导演的才华、创意和名声是巨大的无形资产"。这恰好验证了马克思"关于艺术,大家知道,它的一定的繁盛时期绝不是同社会的一般发展成比例的,因而也绝不是同仿佛是社会组织的骨骼的物质基础的一般发展成比例的"的著名论断,文化智能资源的投入,对影视业的发展产生了倍增效应。又如美国迪斯尼公司将中国妇孺皆知的花木兰故事用高科技手段制成动画片,风靡世界,带来了几千万美元的收入。2008年以来,好莱坞动画片《功夫熊猫》系列不仅借鉴了中国功夫电影的风格和技巧,如慢镜头、变焦、倒带等,还融合了美国动画电影的特色和优势,如幽默、想象、视觉效果等,获得了很高的票房收入。

历史文化资源的音像开发,既是对历史文化的保护和传承,也是对音像市场的创新和发展。通过深入挖掘历史文化资源的价值,制作高质量的音像作品,结合市场需求进行推广和营销,可以满足人们对历史文化知识的需求,同时也为文化产业的发展注入了新的活力。

本章小结

1.历史文化资源是指人类为开辟、发展和完善自己赖以生存的环境,在改造利用自然、维系社会规范和塑造人类自身的长期实践过程中所遗留的历史遗迹、历史建筑、古代陵墓、古城古镇、宗教文化、民俗民风等的总称。在我国,历史文化资源主要包括文物、历史文献、重要历史事件和人物、红色文化。

2.历史文化资源开发的主要策略包括:景观化——在保护历史文化资源的条件下开发旅游景观;以故事力活化资源,大力发展旅游演艺;凸显文化特色,策划项目,吸引社会资本;提炼文化符号,塑造文化品牌。

3.历史文化资源的旅游业开发主要包括:历史文化遗迹资源的旅游业开发,历史文化建筑资源的旅游业开发,文学艺术资源的旅游业开发,民俗风情、宗教资源的旅游业开发。

4.历史文化资源的表演艺术业开发主要是指将历史文化资源通过音乐、舞蹈、戏曲等产业再创作,重新包装,通过新的表现形式和手段,给人们带来新的视觉和审美体验。历史文化资源工艺品业开发主要是对陶瓷、铸锻、雕刻等传统艺术进行创新,将其开发成文创产品或工艺品。戏剧是重要的非物质文化遗产,具有IP属性,能够成为开发文化产品、打造戏剧文化产业的重要基础和依托。

5.历史文化资源的音像、出版业开发,不像旅游业受到时间、交通和经济实力的制约,也不像艺术业受舞台等即时性消费的限制,比旅游业和艺术业有更广阔的发展空间。丰富的传统文化资源为影视产业、出版产业开发提供了良好的素材,形成了大量的音像、影视和图书产品。

思考与练习题

1.历史文化资源的表现形式有哪些?
2.简述历史文化资源的特征。
3.简述历史文化资源的类别。
4.简述历史文化资源开发的主要策略。
5.遗产类文化资源旅游业开发的主要模式有哪些?
6.简述历史文化资源旅游开发的主要形式。
7.简述历史文化资源艺术业开发的方式。
8.论述如何对中华优秀传统进行影视业的开发。
9.博物馆为何要开展文化创意产品开发?
10.请结合实例分析历史文化资源开发的意义。
11.从文化资源开发的角度谈谈对中华优秀传统文化"创造性转化、创新性发展"理解。

案 例

陕西历史博物馆:让文物活起来

高髻红裙的"唐妞"是陕西历史博物馆的官方文创IP,她的身影出现在茶饮的饮品杯,出现在乘客手中的文创公交卡,还出现在社交软件聊天界面,成为生动可爱的表情包……近年来,陕西历史博物馆充分发挥社会资源的灵活性,通过自主研发和品牌授权打造了文化IP和一系列"人气"的文创产品。

游客来到陕西历史博物馆,还会把文创产品作为"西安特产"带回家,"陕西历史博物馆的文创真的太好了,真的是又好看又好买又有纪念意义!"

一、引入社会资源 打破文创开发的束缚

陕西历史博物馆作为公益性质的文化事业单位,在文创上的投资有限且十分慎重。陕西历史博物馆主要通过 IP 授权、自主研发、合作开发三类方式开发文创产品。同时由于自 1991 年建馆至今没有进行过扩建,陕西历史博物馆还面临着"大馆狭地"的问题,也导致了文创产品展示销售场地面积不足、区域割裂、展示不充分的问题。

为了打破文创开发的束缚,陕西历史博物馆联合具有设计能力的生产型厂家和具有市场销售渠道的企业展开合作,充分发挥社会企业的灵活性,去尝试更新兴更多元的业态,撬动文物资源的合理性和创新性利用,实现文化的传播。

自 2017 年陕西历史博物馆拥有直营店开始自主展销后,半年间实现销售额 275 万元;2018 年进一步借助馆属企业和直营店,全年研发产品 212 款、销售额突破 1600 万元;2019 年研发新品 548 款、销售额超过 2000 万;2020 年研发新品 100 多款、销售额达到 1569 万。

二、打造系列原创 IP 让文物走入生活

2017 年以来,博物馆自主研发与品牌授权合作的文创产品有 1100～1200 款。博物馆已经拥有"唐妞""陕博日历""花舞大唐""国宝系列"四大 IP 系列,部分已形成注册商标。

"唐妞"是陕西历史博物馆 2015 年在馆企合作的基础上推出的人气 IP。馆藏唐粉彩仕女俑摇身一变,成为俏皮可爱的动漫 IP 形象"唐妞",拥有圆鼓鼓的小脸,装扮大唐风华的花钿、高髻、广袖红裙。唐妞被设计成表情包、小方巾、抱枕、团扇,漫画书《唐妞驾到》在直播间首发上架不到三秒钟 2 万册即售罄。除了担任陕西历史博物馆的文创形象代言人,唐妞更是登上了央视春晚西安分会场的舞台。

2018 年开始,陕西历史博物馆连续五年推出文物日历——陕博日历,每年日历都会收录全国多家文博机构甚至海外博物馆丰富而精美的文物,揭开文物背后一段尘封的璀璨历史,呈现在 365 天的每一页日历纸中。其中,2019《陕博日历·丝路辉煌》的销量超过了 45000 册。

"花舞大唐"是陕西历史博物馆自 2018 年起着力打造的另一大 IP,撷取"花舞大唐春"诗句的意境,呈现以何家村窖藏文物元素为核心所体现出来的盛唐气象。另外,博物馆还策划了原创国风走秀和展演,通过一系列丰富立体的原创文化活动,来塑造博物馆的文化 IP。

三、博物馆 IP 价值 逐渐形成共识

IP 的理念已经深入博物馆的工作。一张文物图片、一场原创展览、一幅文创设计稿、一件注册商标都可以成为 IP。IP 授权,又是对授权方和被授权方权利义务关系的一种保护和明确,通过授权类型、标的划分、权益金收取等商业手段,盘活馆藏资源与文创 IP,最终打造出优质产品。陕西历史博物馆通过 IP 授权,打造了一系列人气文创,馆藏文物杜虎符成为美味的虎符饼干,复刻皇后之玺造型的文创公交卡,鎏金银竹节铜熏炉经过巧思嵌入 U 盘,国风彩妆系列产品远销海外……

2017 年以后,IP 授权的概念日益凸显和活跃,陕西历史博物馆与社会企业的合作趋于密切。随着博物馆以及文创产品越来越走入聚光灯下,社会企业逐渐形成对于博物馆 IP 价值的共识。意识到博物馆巨大的品牌价值,陕西历史博物馆收到的 IP 授权邀约呈递增状态,如 2021 年 IP 授权金收入超百万元。

塑造博物馆的文化 IP,从博物馆的社会功能与职能角度看,以"让文物活起来"的理念使博物馆走出"四堵墙",走入城市的公共文化空间和人们的日常生活,博物馆及博物馆文创工作

通过 IP 授权也积极推动着经济社会的发展,同时希望在形成中国特色、世界水平知识产权强国的过程中也有所助力。

案例思考题:

1. 什么是"文物活化",文物活化对于历史文化资源的开发有什么价值?
2. 对于博物馆馆藏资源[①],如何通过文化授权,使其产生更大的价值?

---

① 根据国家文物局印发的《博物馆馆藏资源著作权、商标权和品牌授权操作指引(试行)》中的定义:馆藏资源是指博物馆登记备案的所收藏、管理、保护的不可移动和可移动文物、艺术品等,以及在此基础上二次加工得到的,以语言、文字、声像等不同形式记载的藏品状态、变化特征及其与客观环境之间的联系特征等藏品本身蕴含的原始信息,或者经过加工处理并通过各种载体表现出来的信息,包括与之相关的文件、资料、数据、图像、视频等信息资源,包括实物和数字化信息。

第八章 智能文化资源开发

学习目标

1. 掌握智能文化资源的概念；
2. 了解智能文化资源开发的必要性；
3. 掌握版权产业的概念、范围和分类；
4. 了解世界主要国家版权产业的发展现状；
5. 掌握版权产业运营的方式，授权经营的含义、特点；
6. 掌握文化创意、文化创意产业的基本含义；
7. 了解文化创意的来源，文化创意产品的属性；
8. 掌握创意产业开发的基本模式。

人力资本理论认为，随着信息技术等高新技术产业的发展，与人的体力相比，人的智力越来越重要。知识和智力是智能文化资源的两个核心要素，智力成果和脑力资产共同构成智能文化资源。在现代文化产业发展中，可以通过产业开发的相应形式，积极利用与开发智能文化资源，使之形成版权产业和创意产业这两个重要的文化产业类型。

第一节 智能文化资源的版权业开发

一、版权产业的概念与分类

(一)版权产业的概念

版权是出版者复制和销售出版物的权利。版权产业是指生产经营具有版权属性的作品（产品），并依靠版权法和相关法律保护而生存发展的产业。它涉及文学、艺术和科学作品的创作、复制、发行和传播，也涵盖采集、存储、提供信息的信息产业。在世界知识产权组织（WIPO）的积极推动下，自20世纪70年代加拿大和瑞典进行版权相关产业经济贡献的研究以来，世界上已有30多个国家开展了版权相关产业经济贡献的研究。1990年11月，美国国际知识产权联盟发表了它的第一份报告之后，不少国家纷纷仿效。为建立统一的版权产业调查与分析规则，指导越来越多的国家和学者开展版权对国民经济贡献的量化研究，世界知识产权组织于2003年发表了《版权产业的经济贡献调查指南》，在WIPO《版权产业的经济贡献调研指南》中，对版权产业的概念、范围与分类均作出了明确规定。

据WIPO统计，世界上已有中国、美国、澳大利亚、加拿大、韩国、新加坡、泰国、不丹等40

多个国家和地区按照 WIPO《版权产业的经济贡献调研指南》的方法开展了版权产业经济贡献调研。我国自 2007 年起，按照 WIPO《版权产业的经济贡献调研指南》提供的方法，启动了"中国版权产业的经济贡献调研"工作，并持续至今。

（二）版权产业的分类

根据 WIPO 的定义，版权产业是版权可发挥显著作用的活动或产业。按照版权在相关产业中的作用大小，版权产业可分为核心版权产业、相互依存的版权产业、部分版权产业、非专用支持产业等四类。版权在这四类产业价值创造中的地位和作用各有不同，它们对于版权保护的依赖程度逐渐递减。

核心版权产业是完全从事作品及其他受保护客体的创作、制作（制造）、表演、广播、传播（展览）或销售（发行）的产业，包括 9 个产业组：文字作品，音乐、戏剧制作、曲艺、舞蹈和杂技，电影和影带，广播和电视，摄影，软件和数据库，美术与建筑设计、图形与模型作品，广告服务，版权集体管理与服务。

相互依存的版权产业是从事制作、制造和销售其功能完全或主要是为作品及其他受版权保护客体的创作、制作和使用提供便利的设备的产业，包括 7 个产业组：电视机、收音机、录像机、CD 播放机、DVD 播放机、磁带播放机、电子游戏设备以及其他类似设备，计算机和有关设备，乐器，照相和电影摄影器材，复印机，空白录音介质，纸张。

部分版权产业是部分活动与作品或其他受版权保护客体相关的产业，包括 10 个产业组：服装、纺织品与制鞋，珠宝和硬币，其他手工艺品，家具，家庭用品、陶瓷和玻璃，墙纸与地毯，玩具与游戏用品，建筑、工程、调查，内部装修设计，博物馆。

非专用支持产业是部分活动与促进作品及其他版权保护客体的广播、传播、发行或销售相关且这些活动没有被纳入核心版权产业的产业。这些产业计量的是远离核心版权产业的溢出效应，它们的职能是版权产业与其他产业共享的。非专用支持产业包括 3 个产业组：一般批发和零售产业，一般运输产业，电话和互联网产业。

在以上四组产业中，核心版权产业与版权的关系最为密切，其经济贡献按 100% 统计；其他三个产业组的经济贡献根据其与版权的关联程度按一定比例统计。

二、国内外版权业的发展概况

近年来，国外已形成一套完整的 IP 内容运营矩阵，实现文化多维度传播发展。根据影视产业观察统计，2021 年好莱坞五大制片公司全球收入达 105 亿美元，占全球电影市场 49.5%，而美国电影业的成功不乏《哈利·波特》小说、"漫威超级英雄"漫画等出版 IP 的内容供给。根据日本动画协会发布的《日本动画产业报告》(2021)，2020 年日本动漫产业规模达 2.4 万亿日元，形成以动漫制作委员会为中心，覆盖小说、漫画、动画、游戏、衍生品的全产业链的成熟 IP 开发体系，在全球吸引了一大批"二次元"爱好者。

（一）美国

美国具有世界上较完善的版权登记制度以及世界第一大的版权产业，早在 1790 年，美国就颁布了第一部联邦版权法，至今已有 200 多年历史。美国的版权产业包括核心版权产业、部分版权产业、边缘版权产业、交叉版权产业四类。

1977 年美国版权产业的净收入为 550.134 亿美元，其中数据处理服务为 1.3 亿美元、报纸出版发行为67亿美元、广告收入为50亿美元、图书出版为16.6亿美元、音乐和其他出版为10.3亿美元、唱片和磁带为5.2亿美元,占美国国内国民生产总值的2.8%,在同年国民经济各行业中排第二位(美国第一大产业是医疗卫生服务业,产值为687亿美元),排在汽车工业、食品制造业、电子工业、银行业、石油工业、钢铁工业之前。1992年美国发表关于版权产业状况的报告《美国经济中的版权产业》,按照报告所使用的最狭义的版权产业定义,"核心"版权产业1977—1992年创造的价值从964亿美元增加到2265亿美元,净增了1301亿美元;1993年美国版权产业的增加值达到2386亿美元,产值达到3625亿美元,在国民生产总值中的比重达到了5.7%。美国版权产业吸引了一大批版权产业工人,1977—1993年,美国核心版权产业雇佣的工人数从148.4万人增加到299万人,增加了150.6万人,翻了一番,而整个版权产业同期雇佣的人数从304万人增加到569.1万人,增加了265.1万人,版权产业雇佣人数占整个国家产业工人数的比重从3.3%上升至4.8%。

1999年,由于世界范围内对美国独创产品需求的推动,美国外贸出口额达到7965亿美元,比1998年增长15%。版权产业产品的出口额大大超过了其他支柱产业部门(包括汽车和汽车配件业、飞机制造业和农业等行业)。

据《出版参考》2001年3期报道,国际知识产权联盟(IIPA)公布的经济报告表明,美国的版权产业继续成为国民经济的增长点,尤其是在就业、国内生产总值和国际贸易方面更是功不可没。2000年,美国版权产业产值为4572亿美元。从1977年以来,版权产业占美国国内生产总值份额的增长速度一直是经济增产速度的两倍多。

国际知识产权联盟与美国政府合作发布的《美国经济中的版权产业(2018)》报告,运用经济数据分析了版权产业对美国经济的整体影响。报告沿用WIPO的产业分类方法,将版权产业分为核心版权产业、相互依存的版权产业、部分版权产业、非专用支持产业四类。2017年,美国总体版权产业(全部四类)的增加值为2.2万亿美元,占美国GDP的比例达到11.59%,同时为美国贡献了1160万个就业岗位。

相关数据显示了版权产业对美国经济的实质性贡献,并突出了通过有效的版权法来保护版权产业的重要性。以核心版权产业为例,2017年,美国该产业的增加值达到1.3万亿美元,占美国GDP的比重约达6.85%。同期,美国核心版权产业的就业量约570万人,从业人员的平均年薪为9.8336万美元,比美国全部从业人员平均年薪(7.0498万美元)高出39%。美国核心版权产业的增加值平均每年增长5.23%,大大超过了2014—2017年美国经济的平均增长率(2.21%)。另外,部分版权产业、边缘版权产业、交叉版权产业对美国经济也产生了重要影响。随着新技术对合法版权产品新发行方式的改变,版权产业将继续对美国经济增长保持积极的影响,加上美国强有力的立法和有效的执法,其必将继续为美国国内和全球市场的经济增长铺平道路。

(二)英国

英国是版权大国,英国的版权经济主要涉及与版权相关的经济部门,如文学、音乐、录音、电影(录像)、广播、戏剧以及出版、版权集体管理等。其他与版权有关的部门、涉及但经济效果不大或者经济效果很难统计的部门,则进行了有关这些行业的增加值、总产值和雇佣人数方面的评估。

1985年,英国进行了关于版权产业的调查。英国首相指出,"知识产权是一个如此重要而又经常被忽略的问题",随后,英国内阁的总科学顾问罗宾·尼科尔森发表了题为《知识产权与创新》的研究报告。研究报告强调指出,政府过去对知识产权系统没有给予足够的重视。根据上述观点,知识产权普通法研究所认为有必要用数字表示出知识产权的经济价值。为了估算专利、版权和商标的经济重要性,研究所决定进行一系列的调查,版权调查是第一个。

英国知识产权普通法研究所调查的主要目的是努力计算出与版权有关的各种活动,即版权产业在国民收入中的增加值。英国调查中采用的"版权产业"一词的概念非常严谨,即只包括那些直接依赖和在很大程度上依赖版权的部门,主要是以下六大部门:文学、音乐、录音、电影和录像、广播和戏剧,那些只依赖版权保护的实用方面的行业和部门未包括在内。1985年,英国的统计也未包括计算机软件。英国的调查从三个方面分析了版权产业的各主要部门,一是增加值,二是总产值,三是雇佣人数。

1982年,英国的国内生产总值是2325.53亿英镑。其中,版权产业的产值是59.76亿英镑,在国内生产总值中占2.6%,版权产业的雇员为62.8万人。英国版权产业的最大部门是文学,其总产值为45.21亿英镑。其中,报纸的印刷和出版为13.5亿英镑,其他印刷和出版为12.56亿英镑。其余五个部门依次为广播6.44亿英镑、电影和录像3.33亿英镑、录音3.05亿英镑、音乐和戏剧1.73亿英镑。文学部门的雇员最多,总人数为29.4万人。其中,图书的印刷出版业人数为4.5万人,期刊的印刷出版业人数为4万人,报纸的印刷出版业人数为9.5万人,其他印刷出版业人数为11.4万人(零售业和图书馆的人数未列入)。录音部门的雇员为4.3万人,音乐部门的雇员为6.5万人。

英国的调查表明,版权产业在英国国内生产总值中所占的比例(2.6%)超过汽车行业和食品加工业,几乎等于化学和人造纤维制造业之和。自进入20世纪90年代以来,英国的版权产业随着世界知识产权的发展发生了很大的变化,主要转向平装书版权、合作出版版权、书中形象使用权、翻译权、影视及录像改编权、报刊连载权和多媒体版权等的生产和经营。每年的版权收入约为180亿英镑,收入主要来源于上述行业,还包括对外版权贸易。

(三)澳大利亚

澳大利亚国家统计局2013—2014财政年度的统计数据显示,澳大利亚版权产业已经发展成为仅次于金融保险业、采矿业、建筑业的国民经济第四大产业。

就产业规模而言,2013—2014年,澳大利亚版权产业行业增加值为1114亿澳元,占该国当年GDP的7.1%,高于制造业和医疗服务业的行业增加值。其中,核心版权产业增加值为734.02亿澳元,占当年GDP的4.7%。与同期计算版权产业行业增加值的国家相比,澳大利亚版权产业占本国GDP的比重仅次于美国(11.3%)、韩国(9.9%)和匈牙利(7.4%);核心版权产业则位居第三,仅次于美国和巴拿马。

就发展速度而言,2003年至2014年的12年间,尽管受到2008年全球金融危机的冲击,但澳大利亚版权产业仍保持了稳定的状态,行业增加值总体规模增长了21.5%,其占GDP的比重保持在7%的水平线以上。

在创造就业机会方面,2013—2014年,澳大利亚版权产业就业人数超过100万,占该国当年总就业人数的8.7%。版权产业从业人员的平均年薪为6.896万澳元,高于澳大利亚平均薪酬水平。在同期调查的国家中,澳大利亚版权产业就业人数占总就业人数的比例较高,仅次于墨西哥(11%)和荷兰(8.8%)。澳大利亚迅速发展的文化产业不断为众多创意人才提供大量就业岗位。

以上数据充分表明,尽管电子化的发展对版权产业尤其是高产值领域,如音乐、电影、游戏、软件、图书、报纸、电视等的传统商业模式带来了巨大的挑战,但版权产业在澳大利亚经济中仍具有重要地位,版权产业已经成为澳大利亚国民经济的支柱产业之一。

除了经济收益外,澳大利亚版权产业的发展刺激了业内在艺术、游戏、设计、电影等创意领域的原创性,从而产生了较好的文化收益和积极的社会意义。

(四)中国

中国的版权历史可以追溯到古代文明的起源。在古代中国,人们对于知识产权有相当程度的重视和保护。然而,由于各种历史原因和文化影响,版权法律的发展经历了波折和漫长的进程。

最早的著作权制度可以追溯到唐朝(公元618—907年)。在这个时期,出版物的售卖需要通过官方批准,同时售卖者需要支付版权费给政府。这可以被视为中国版权制度的起点之一。

宋朝(公元960—1279年)是中国版权历史上的一个重要里程碑。在这个时期,印刷术的发明和广泛使用极大地促进了书籍的复制和传播。为了保护版权,宋朝政府于北宋初年颁布了《印刷新令》,规定了著作权的保护和版权费的收取。

随着时间的推移,中国的版权制度逐渐发展,并在明朝(公元1368—1644年)得到进一步完善。明朝期间,版权保护的法律条款不断增加,专门针对盗版和假冒伪劣商品进行了明确规定。明代著作权法的发展奠定了中国版权制度的基础,对后来的版权保护产生了积极的影响。

然而,中国的版权保护在清朝(公元1644—1912年)遇到了挑战。外国作品的引入和翻译使版权保护面临新的挑战。清朝政府对外国作品的版权保护采取了一些限制性政策,这在一定程度上抑制了版权保护的发展。

到了20世纪,中国版权保护进入了一个新的阶段。1949年中华人民共和国成立后,中国加入了世界知识产权组织(WIPO),并开始积极参与国际版权保护合作。此后,中国政府颁布了一系列版权法律和法规,进一步加强了版权保护。

改革开放以来,我国版权产业也取得了巨大进步。2021年中国版权产业的行业增加值为8.48万亿元人民币,同比增长12.92%,占GDP的比重为7.41%,比2020年提高0.02个百分点。根据中国新闻出版研究院"2021年中国版权产业经济贡献"的调研报告显示,从2017年至2021年,中国版权产业的行业增加值从6.08万亿元人民币增长至8.48万亿元人民币,产业规模增幅39.47%;从对国民经济的贡献来看,中国版权产业占GDP的比重由2017年的7.35%增长至2021年的7.41%,提高0.06个百分点;从年均增长率来看,五年间中国版权产业行业增加值的年均增长率为8.67%,高于同期全国GDP年均名义增长率0.23个百分点。可见,版权产业规模稳步扩大,对全国经济发展的支撑作用进一步增强。

我国版权产业的行业增加值和就业人数增长较快,核心版权产业增长显著。2021年中国核心版权产业的行业增加值突破5万亿元,达5.36万亿元人民币,同比增长12.74%,占全国GDP的比重为4.68%,占全部版权产业的63.10%,对版权产业发展的贡献最为显著。

2021年,我国版权产业的城镇单位就业人数为1617.19万人,在全国城镇单位就业总人数中的比重为9.50%。中国版权产业对外贸易稳中向好,2021年中国版权产业的商品出口额为4576.10亿美元,同比增长17.72%,占全国商品出口总额的比重为13.61%,连续多年在全国商品出口总额中的比重稳定在11%以上。

可见,版权业尤其是核心版权业,已经成为当代文化产业最重要的主体,其庞大的经济规模与效益和技术构成以及快速发展的经营方式,是当代国际文化产业发展的决定力量。例如,网络文学领域,大量的网络文学作品成为影视、游戏、动漫等文化创意产业的重要内容源头。根据《2022中国网络文学蓝皮书》数据,2022年热播的影视剧,六成由网络文学作品改编;上线动漫约 50% 由网络文学作品改编,是国漫主力;微短剧中网络文学 IP 改编作品占比逐年提高,授权作品年增长率近 70%;有声改编规模急速增长,网络文学 IP 有声授权近 10 万部,占 IP 授权总数的 80% 以上。

三、版权产业运营方式

版权运营,是指从源头的版权登记、版权确权,到版权内容开发、产品化,以及后续的版权分发以及衍生制作等一系列环节,以版权的资产化为纽带,以版权价值开发和增值为主线,在产业经营实践中逐步形成的一个相互支持、彼此渗透、相互协同的版权业务链条。版权运营主体有企业、科研院所、大专院校、各种专业运营机构、专业服务组织。无论是哪类主体,都需要将专利、知识产权、商标等版权的资产价值充分挖掘出来。

(一)产业化实施

产业化是将某种产品或服务转变为大规模实施和商业化运作的过程,通过产业化可以实现产品或服务的规模效应和经济效益。有人会认为,产业化实施是创造版权的自然目的,不应当列在版权运营中。但是,版权的创造与实施有时是分离的,不同的运营主体对实施的理解也有差别。以专利运营为例,产业化实施可以细分为专利技术转化和专利技术创业两类,目的就是实现由技术向产品和服务的转化,是技术商业化的过程,是知识资本的市场价值实现。

对于企业、大专院校、科研机构等运营主体,版权的产业化实施包括内部实施、外部实施和内外部合作实施。

对于文化企业而言,由于版权布局多重目的性,加上版权的实效性和技术换代日益快速,因此文化企业在实现技术产业化时,要尽可能把企业拥有的市场潜力较大的核心技术优先实施。

现代市场体系下,任何企业不可能也不被允许实行技术垄断,技术产业化实施也是相互依存的,专利技术的产业化实施必然相互交叉,这也是通过谈判或诉讼收取实施许可费的原因。

(二)贸易化流通

贸易化流通是版权运营的基础性方式,主要包括许可、转让、并购、技术进出口四小类等。许可方式包括单向许可、交叉许可等。转让主要针对自身不实施专利,或转让后仍可保留实施权的专利。并购一般与企业物质产权购买同时发生。技术进出口大多与设备、服务的贸易一起发生。

流通方式或直接洽购,或通过技术市场、版权(技术)交易所等固定场所进行交易,或通过交易会、拍卖会、交易网站进行交易,或通过技术经纪人、中介机构等进行交易。

通过各种贸易化方式,实现版权的流通,无疑是版权的价值发现过程。与人、财、物等其他生产要素一样,版权要素只有流动起来,才能提高其要素生产力。

(三)货币化融资

货币化融资,是版权价值金融化的直接体现,主要包括版权出资、版权融资两个类别。

所谓版权出资,是利用版权进行出资的形式,包括以版权作为资本投资设立新企业,或者作为资本对已有的企业增加注册资本。按照规定,以版权出资应进行评估并办理权利转移手续。技术作价入股是出资的具体形式。很多拥有专利的企业家也是技术专家,将技术作价投入公司,可以改善公司的财务状况,减少投资时的资金压力。技术作价入股以后,企业可以计入无形资产,合理摊销成本费用。

在版权融资方面，一是通过版权证券化实现直接融资。中小科技企业通过版权证券化可以直接进入证券市场，获得更大成长空间，从而有效地解决中小高科技企业融资难问题，但在当前还不为企业常用。二是通过抵(质)押贷款实现间接融资。版权抵(质)押贷款是指贷款人按法律法规要求，以借款人或第三人的版权权利为抵(质)押物发放的贷款。近年来，在政府相关政策支持下，通过专利权等版权抵(质)押获得金融机构的间接融资，成为越来越广泛的版权货币化方式。

(四)组合化运用

组合化运用是将行业或产品的关联专利进行有效组合，形成专利聚合器，替代单个企业、单一技术专利的一种专利运营方式。其主要包括标准必要专利组合、收购构建专利池、建立版权联盟等形式。

涉及标准的专利运营需要企业积极参与标准的技术研发，参与行业标准的制订等，并在此基础上积极将企业的专利纳入标准，与同行一起构建标准必要专利组合或专利池，提高企业的专利运营能力。

通过收购构建专利池或系列专利组合是非实施专利实体(NPE)最主要的运营方式。

建立版权联盟广义上是一种版权保护方式，特别是对于市场竞争中的弱势企业群体，可以将各自的专利通过联盟进行组合。

无论哪种形式的专利组合，其运营的目的都在于增强参与者的市场竞争地位。

(五)法律维权

法律维权是指通过谈判、依法诉讼等方式，从而获得实施许可费、侵权赔偿费。一般来说，采取这种方式的多为技术实力强的大型科技公司，或专利组合多的非实施专利实体。

法律维权运营方式的存在是由版权的法律属性所决定的，同时，一个国家或地区的版权法律状况和版权保护环境是影响法律维权运营的主要因素。

四、版权授权经营

版权授权经营，也称为版权许可或版权转让，是一种常见的商业模式，它允许版权所有者通过许可或转让的方式，将版权的使用权授予其他实体，以获得一定的经济回报或其他利益。这种模式在许多行业中都有广泛应用，如电影、音乐、书籍、软件等。

(一)版权授权的含义

版权是知识产权的重要组成部分。知识产权通常分为工业产权和著作权两大类。著作权(版权)又分为两部分：一是著作财产权，二是著作人格权。《中华人民共和国著作权法》第六十二条明确规定："本法所称的著作权即版权。"它是指文学、艺术、科学和工程技术作品的作者就其创作的作品在法定期限内依法享有的专有权利。著作权法语境中的作品，一般具有以下特点：

其一，独创性。这是作为作品能够被著作权法保护所应具备的首要条件。即作品应当是由作者独立完成，而不是抄袭复制别人的作品，否则会构成对他人著作权的侵犯。

其二，可感知性。著作权法不保护思想本身，而只保护作品的表达方式，人们通过听觉、视觉等能够感受并欣赏，这也是通常所说的"思想/表达二分法"。《与贸易有关的知识产权协议》(TRTPS)第九条第二款将此作为世界贸易组织(WTO)成员应遵循的国际义务，即"对版权的保护可延伸到公式，但不得延伸到思想、程序、操作方法或数学上的概念等"。思想(创意)本身在技术发明领域可通过专利保护。

其三,可复制性。作品要通过一定的形式表现出来并能够加以复制。《中华人民共和国著作权法》第四条规定:"著作权人和与著作权有关的权利人行使权利,不得违反宪法和法律,不得损害公共利益。国家对作品的出版、传播依法进行监督管理。"

这实际上明确不给予违反宪法和法律、违反社会公共利益的作品以著作权法保护。《中华人民共和国著作权法》第五条还规定了不适用于著作权法保护的三种情形,原因在于其其不具有独创性,或因其表达的形式已具有唯一性,这三种情形包括:法律、法规,国家机关的决议、决定、命令和其他具有立法、行政、司法性质的文件,及其官方正式译文;单纯事实消息;历法、通用数表、通用表格和公式。

著作财产权可以直接转让、继承;而著作人格权不能直接转让和商用,但可以通过授权许可经营。在中国,著作权法的保护期限是作者有生之年加上死后的 50 年。作者去世 50 年之后,作品就变成公共财产,大家都可以使用。在作者去世后的 50 年内,著作权的人格权只有通过人格权拥有者的授权,才能用于版权业开发。著作权的版权业开发的途径包括复制、公开展示、改作、出租等。复制权是著作权的主体,版权业授权经营的基础是作品的复制权。

授权经营的运作,必须通过一系列的授权才能实现,版税也从授权经营中产生。在创作者许可的前提下,授权商通过授权经营得到应有的报酬,并把所得报酬的一部分以版税的形式,回馈给创作者。

(二)版权授权市场

传统文化生产囿于单件作品的创作,没有常态的市场供给和需求,不可能形成规模化的产业。授权经营凭借现代科技手段,应用数字化复制技术,大批量复制生产,并通过各种渠道包括互联网渠道大批量流通,可以形成规范化的授权经营市场和规模化的授权经营产业链。"授权要约"版权交易模式适应数字化、网络化发展的要求,将取代纸介图书等文化产品的一对一洽谈版权交易模式。授权经营不仅出售与文化艺术相关的产品,而且提升传统产业的附加值;不仅出售一般意义上的消费品,而且出售具有文化附加值的产品。也就是说,授权经营除了销售文化艺术作品,还销售"负载着艺术家创造的艺术符号"的高艺术附加值的消费品。随着授权经营产业链的延伸,广大民众的日常生活将充满文化艺术气息。

据《全球授权市场报告》,2021 年全球授权商品和服务产生的销售收入增长至 3155 亿美元,比 2019 年的 2928 亿美元增长了 7.75%。2021 年中国内地与香港的授权商品和服务的销售收入达 119 亿美元,比 2019 年 104 亿美元增长了 14.4%,平均增速高于全球,是增速最快的市场之一;全球排名维持第五,全球市场份额为 3.8%,潜力和空间巨大,前景值得期待。美国仍稳居世界第一,其后分别是英国、日本和德国。从行业类别看,娱乐/角色授权仍然是最大类别,销售收入达 1299 亿美元,占全球授权市场 41.2% 的份额。第二大类是企业品牌,销售收入为 769 亿美元。其中,名人授权、企业品牌、出版授权和艺术授权均呈强劲增长趋势。从商品类别看,服装(占 14.3%)、玩具(占 13.3%)和时尚配饰(占 10.3%)继续领先其他产品类别。根据历年报告数据,全球授权市场规模在持续增长,从 2014 年的 2415 亿美元增长到 2021 年的 3155 亿美元,在此期间复合年增长率为 3.9%。

(三)版权授权交易法律保障

版权业的授权经营不同于传统的文化产业经营。传统文化产业所经营的是出版物的财产权,而授权经营既涉及著作权的财产权,又涉及著作权的人格权。买下一件作品并不等于可以随意用它制作月历或复制销售,如果没有取得著作权所有人的书面同意,复制是违法的。

法律保障是版权业授权经营得以顺利开展的关键因素。1994年,世界贸易组织(WTO)取消原来的《关税与贸易总协定》(GATT),并签署了《与贸易有关的知识产权协定》(TRIPS)。这份TRIPS涵盖了所有创意产品,包括专利、著作权及其邻接权、商标和服务标识、产地标识、新植物的保护、工业设计、集成电路的布局及商业秘密等。TRIPS为文化艺术授权经营的可持续发展提供了重要法律依据。

理查德·E.凯夫斯(2004)指出:"版权的法定有效期决定了原创作者、表演者可以获得版税的期限,版税就是原创作者的盈利。这种持久性就是艺术的永恒性。"因此,在大多数情况下,创作者不能把作品直接卖给公众。他们把作品卖给或授权给市场中介商,如零售商、雇主、出版商或制造商,中介商进而投资经营具有市场竞争力的艺术作品。

"版权共同所有者"买下了创作者所有的或一部分的权利,然后从这些版权中开拓出许多税源。例如,一本书写于印度,通过授权,被排成戏剧在伦敦西区剧院上映;然后该剧在好莱坞又被搬上银幕,有关它的录音带、T恤衫和玩具创制于中国台湾;接下来这部电影又在意大利的电视台上演,电影录音在加纳的广播电台播放;电视时尚和造型激发了德国慕尼黑设计师的灵感,他发布法国巴黎时尚预测;美国俄亥俄州的家具制造商被授权模仿制造影片中的家具;还有一本关于电影结局的书写于纽约,而该部电影却拍摄于加拿大的萨斯卡通。以上一系列授权经营所产生的收入,都来源于最初创作的这本书的版权,而书作者拥有的设置价格的契约权或对这本书保持的剩余索取权却是有限的(哈利·希尔曼沙特朗,2004)。

第二节 智能文化资源的创意业开发

智能文化资源的创意业开发已经成为推动经济发展的重要力量。未来,随着科技的不断发展和社会需求的不断升级,智能文化资源的创意业开发将会更加注重跨界融合和创新,并将在推动经济发展和社会进步中发挥更加重要的作用。

一、文化创意与创意产业

创意作为实现文化价值和产品价值的主导力量,其最大的意义在于对文化的转化。它将物质文化与非物质文化中的文化,或者是其他分类方式中不为人了解的文化以有趣的、消费者能够欣然接受的方式进行传达,使传统文化得到传承。

(一)文化创意的含义

创意是一种通过创新思维意识,从而进一步挖掘和激活资源组合方式进而提升资源价值的方法。广告大师詹姆斯·韦伯·扬在其著作《创意》一书中提出,创意是把已知的、原有的元素打乱并重新地进行各种形式的排列组合形成一个未知的、没有的新元素。创意是一种突破,是对现有技术、产品、营销、管理、体制、机制等方面主张的突破。创意是逻辑思维、形象思维、逆向思维、发散思维、系统思维、模糊思维和直觉、灵感等多种认知方式综合运用的结果。要重视直觉和灵感,许多创意都来源于直觉和灵感。自人类诞生起,"创意"也就开始左右着人类的发展,那个时候没有"创意"两字。人类每一次的发明、创造都是在一定的环境、压力、生存下产生的,否则面对自然界,人类应付灾害最原始也是唯一的办法,只有像其他动物一样,用疯狂奔逃来躲避。语言的创意让人类变成了高级动物,直到人类发明、制造、运用了工具,并在这个开拓性技术过程中深化了思考,驾驭了语言,才与动物们有了质的区别。

文化创意是以文化为元素、融合多元文化、整理相关学科、利用不同载体而构建的再造与创新的文化现象。文化创意,指在文化领域创出新意,或指文化创新的成果;其核心为创造力,即"人的创造力"以及"最大限度地发挥人的创造力"。创意是产生新事物的能力,这些创意必须是独特的、原创的以及有意义的。创意或者创造力包括两个方面:第一是"原创",它是前人和其他人没有的,是自己原创的,如京剧、昆曲、武术就属于中国原创;第二是"创新",其意义在于,某物虽然由他人首先创造,但它可被进一步改造,进而形成一个新的事物,给人新的感觉,如电影《卧虎藏龙》就是一个采用西方化的艺术表达方式来包装中国内核的故事,属于一个创新过程而非原创。

(二)创意产业

英国是第一个为创意产业(creative industries)下定义的国家,并且这一概念影响了欧洲、美洲、亚洲等许多有意发展创意产业的国家。在英国之前,澳大利亚于1994年就已提出"创意国家"的口号,并制定了第一份文化政策。1998年,英国文化媒体体育部成立了由布莱尔首相任主席的"创意产业特别工作组"(Creative Industries Task Force,CITF),定义创意产业为"源于个体创意、技巧及才能,通过知识产权的生成与利用,而有潜力创造财富和就业机会的产业",共包括13个行业:广告、建筑设计、艺术及古董市场、工艺、设计、流行设计与时尚、电影与录像、休闲软件游戏、音乐、表演艺术、出版、软件与计算机服务业、电视与广播。创意产业这个概念在英国被正式命名后,在短短几年内迅速被新加坡、澳大利亚、新西兰、中国香港与中国台湾等国家和地区略做调整后采用,在全球范围内产生了广泛影响。

新加坡政府的创意产业工作组于2002年9月提出的第一份发展创意产业文件《创意产业发展战略:推动新加坡的创意经济》,采用的基本上是英国对创意产业的定义,其创新之处是提出了"创意聚集"(creative cluster)的概念。报告提出将文化艺术、设计与媒体作为发展新加坡创意产业的3个重点,即文艺复兴城市2.0、设计新加坡和媒体2.1。该计划的目标是要把新加坡建设成为一个全球媒体城市,鼓励实验与创新,发展高附加价值的媒体研发与制作,同时定位新加坡为媒体的交易中心,以各种优惠方案吸引媒体资本进驻新加坡,同时拓展海外市场。

中国香港特区政府中央政策组委托香港大学文化政策研究中心研究并完成了《香港创意产业基线研究报告》(2003年)。在这个报告中,共有11项产业被纳入创意产业的范围,并依其属性分为3大类。即文化艺术类:艺术、古董和工艺、音乐、表演艺术;电子媒体类:数字娱乐、电影与录像带、软件与计算机、电视与广播;设计类:广告、建筑设计、出版。2004年,香港政府委托香港大学拟订的"香港创意指数"也宣告完成。"香港创意指数"以美国理查德·佛罗里达(Richard Florida)教授3T(技术 technology,人才 talent,包容 tolerance)理论为基础,拟定了香港5Cs创意指标:创意效益、结构与制度资本、人力资本、社会资本与文化资本。报告既探讨了创意产业与经济发展的关系,也讨论了创意成长、制度与社会文化价值的关联。为了更加明确努力的方向,2005年香港把创意产业改称为"文化创意产业"(cultural and creative industries)。

中国台湾"经济部工业局"将文化创意产业定义为:"源自创意或文化累积,透过智慧财产的形式与运用,具有创造财富与就业机会潜力,并促进整体生活提升之行业。"其范围也包括13个产业:视觉艺术产业、音乐与演艺产业、文化展演设施产业、工艺产业、电影产业、广播电视产业、出版产业、广告产业、设计产业、数字休闲娱乐产业、设计品牌时尚产业、创意生活产业、建筑设计产业。

联合国教科文组织(UNESCO)将创意产业界定为"包括出版、音乐、电影、工艺品与设计在内的文化产业"。可见,创意产业的核心是文化产业,因而往往也称为文化创意产业。"'文化创意产业'这一术语的使用在不同的语境中有很大不同。"本书以"创意产业"指代宽泛的文化创意产业。

一般来说,创意产业具有四个基本特征:一是知识、文化要素密集;二是产业横向延伸很广,脱离了传统产品的生产、制造和销售企业;三是产业关联度强,连接了各个传统行业;四是高附加值、高风险。

"创意产业之父"约翰·霍金斯认为,创意产业是其产品都在知识产权法的保护范围内的经济部门。知识产权法的每一形式都有庞大的工业与之相对应,尤其是这四种知识产权(专利、版权、商标和设计)构成了创造性产业和创造性经济的保障。可见,创意产业组成了市场经济中非常庞大的部门,而且与知识产权有着千丝万缕的联系。

(三)我国创意产业的发展

作为一种新的产业结构,文化创意产业在我国发展的历史并不长。近年来,在政府有关部门和社会各界的共同努力和支持下,文化创意产业发展迅速,在门类品种、规模体量、从业人数等方面都有明显增长。

我国的创意产业最早萌芽于民间。2002年,因经营不善而停产并对外廉价出租的原杭州蓝孔雀化纤厂吸引了一大批设计师和艺术家,从此诞生了第一个充满个性、富有感染力的新型文化和创意产业的聚集地——LOFT49。此后,北京、上海、深圳等经济发达的城市相继出现了各类文化产业园区。2004年12月16日,由《人民日报》华东分社、上海社会科学院、上海市经委联合主办的"中国创意产业发展论坛"在上海举行。这是我国创意产业领域的一个高层次的会议。这很可能是"在中国大陆首次出现'创意产业'的术语"。

2005年7月7日至9日,"中国创意产业国际论坛"在北京召开,提出了"创意产业与创意中国"的主题。同时,中国创意产业研究中心成立。同年8月,全国创意产业领域的第一家协会——上海市创意产业协会成立。中国创意产业自此蓬勃发展起来。2005年12月2日,在主题为"保护知识产权与发展创意产业"的上海知识产权国际论坛上,霍金斯先生应邀做了"创造力·创新能力与知识产权:21世纪的新战略"演讲,介绍了20世纪90年代在英国首先被提出,逐渐在世界各国流行的创意产业概念,并阐明了知识产权与创意产业之间不可或缺的关系。这引起了国内知识产权学界和业界的关注。

近年来,我国文化及相关产业营收的不断增长带动我国文化创意设计营收的增长。据统计,2016—2021年我国文化及其相关产业营业收入由80314亿元增长至119064亿元,规模以上文化创意设计营业收入由9854亿元增长至19565亿元。

伴随5G、人工智能技术的推广普及和元宇宙等虚拟数字环境的创设,文化创意产业将与科技更快结合,智能化、数字化将成为文化创意产业的新趋势。以上海为例,2023年上海市文化创意产业推进工作会议指出,2022年文化创意产业占上海全市GDP的13%左右,文化创意从业人员人均产出达170万元。

综合来看,目前我国仍属于文化创意产业发展的初期,这一时期的特征是各种新兴的文化创意产业新业态如雨后春笋般出现,业界的投资热情和经济效益短时期迅速增长,但也存在缺乏科学合理的规范管理、产业发展步伐不稳健、许多新业态昙花一现的情况。因此,要想让整个产业获得长期可持续性良性发展,未来,人们要持续优化完善文化创意产业的发展秩序,不断增强产业核心竞争力,培育一批有文化、有创意、有服务和懂设计、懂市场、懂运营的示范性文化创意企业,促进产业结构的优化升级。

二、文化创意的特征

文化创意产业的发展开始于城市转型。随着城市经济的快速发展,人力以及土地方面的成本不断提升,城市中的低端制造业需要进行转移,高附加值制造业以及服务业成为城市经济发展的主要支撑产业。而这些产业的高附加值主要通过文化创意得以体现。文化创意产业具有知识密集、高附加值、高度融合性三大特征。

1. 知识密集

文化创意产品以文化、创意理念为核心,是人的知识、智慧和灵感在特定行业的物化表现,人才和技术构成了产业发展的基础和动力。

2. 高附加值

技术创新和研发属于产业价值链的高端环节,文化创意产品一旦得到市场的认可,就可以在全球范围内传播,市场价值成倍提升,还可以拓展相应的衍生品市场。

3. 高度融合性

文化创意产业是经济文化、技术等相互融合的产物,具有高度的融合性、较强的渗透性和广泛的辐射力,不仅能带动关联产业发展、促进区域经济发展,还可以辐射到社会各系统,提升人民群众的文化素质。

三、文化创意的来源

文化创意产业的发展需要寻找到自己的文化创意来源,尤其是演艺、影视、动漫等产业。文化创意来源从纵向可分为传统文化与现代题材,而从横向上要利用空间上的差异进行创新。

(一)源于传统文化

传统文化一直是文化创意的重要来源之一,具有固有文化情结的人们能更容易接受依据传统文化创造出的新文化产品,所以很多人借鉴传统文化的创意元素来创新。传统文化蕴含着丰厚的创意资源,而且这些传统文化为创意者塑造了一个基本的创意导向和市场需求的基础;同时,文化的传播是提升国家影响力和竞争力的重要途径。所以,世界上创意产业比较发达的国家和地区都十分注重对本国或地区传统文化的发掘。英国电影学会、旅游协会、历史学会、博物馆学会、考古机构、古建筑保护机构、文化建筑管理机构等传统文化组织不但利用本国传统文化大力发扬自身的传统精神,而且他们之间的相互合作也促进了文化创意产业各行业的发展。日本动漫的流行,很大程度上也可以归功于他们对传统文化的挖掘,如动漫《海贼王》里的诸多海贼原型均是以历史上著名的海贼为原型。

中国的古装历史剧一贯市场广阔,其深层原因正是对中国传统文化创意来源的不断开发。早期曾以戏剧表演的《西游记》,后来以说书的形式在广播台播出,还被制作成电视剧、电影、动画片,并被翻拍过多次,其创造的价值难以计量。尽管被翻拍了这么多遍,仍有人能从中挖掘到有价值的创意。比较成功的例子如国产动画电影《西游记之大圣归来》,2015年7月25日,该片以 6.2 亿元人民币的票房,成功"登顶"中国动画电影票房总冠军,超过好莱坞动画电影《功夫熊猫 2》保持了 4 年票房之冠的 6.17 亿元,到 9 月 9 日下映,影片最终收获票房 9.56 亿人民币,成为国产动漫最为傲人的战绩。其成功得益于对《西游记》这一耳熟能详的故事进行深入改编和创新开发,片中的孙悟空有血有肉,更具人性化色彩,每个人都能够从影片中找到自己的影子,而幼年唐僧江流儿在搞怪可爱、言语间透露出童真和善良。可见,传统文化仍有诸多潜在价值有待进一步创意开发,需要细细品味传统文化进行再创作。

(二)源于现代题材

有一些永恒的主题,如爱情、亲情和友谊等,也成为文化创意来源。对现代社会的解读而形成的文化创意,往往具有更大的选择空间,创意者可以在当下社会中直接找到创意灵感,从而开发出更多的文化创意产品。中国近几年的大片就是围绕这些现代主题,反中国传统影视模式而大获成功,如《夏洛特烦恼》《致青春》等。还有一些电视剧展示真实的现实生活,如 2015 年播出的《北上广不相信眼泪》等,一改过去严肃而老套的生活片模式,以现代社会为背景,讲述现代中国人的生活处境,以较为深刻的人生哲学和精妙的画面,给人们带来了全新的感受,赢得了广大观众的喜爱。

现代素材的文化创意,还注重互动性和参与性,如现代的互动类节目已经层出不穷,如《鲁豫有约》《星光大道》以及《中国好声音》等。这些节目多而不衰,充分说明我们的生活对文化创意的需求。

由于网络的普及以及大家对原创性的重视,网络剧逐渐流行起来。网络剧之所以能获得如此成功,主要归功于其对现代文化的挖掘,其制作和播放形式迎合了现代生活对快文化的需求,面向现实、内容更切合实际,可以在短时间内吸引受众,并向受众表达出想要表达的内容。而网络的主力军也恰恰是年轻人,很多片子主要表现的是年轻人的生活与文化,吸引年轻受众。唯有对现代题材以现代理念来制作,才能真正形成具有现代意义的文化创意,才能更容易走向世界。

从产业角度来看,各传统行业也因赋予了新的创意而呈现出新的发展态势,如今天农村经济是农业经济、工业经济以及知识经济等各种经济形态的交错与混合,湖南长沙就以"赛事节会+产业链打造"的模式而闻名。这也是新田园经济、绿色农业、(庭院)生态农业、休闲农业、新产业复合体等新提法浮出水面的原因。

由此可见,现代题材的创意通过对其中的深度文化内核的挖掘,把握时代的脉搏,抓到人们思想的兴奋点,抓住了观众的心,而不仅仅是他们的双眼。

(三)空间上的文化差异

创意来源不仅可以借鉴中国的文化创意,还需具备国际化视野,加强对国外文化创意理念的吸收和创造,从而获得某种高质量的创新,如新浪网就是模仿国外的互联网,QQ 模仿 MSN,网易模仿 eBay 等。这些企业最早利用文化上的差异,模仿国外模式,快速占据了国内市场,均已成为各自领域的国内霸主。近年来在电视上十分火热的真人秀节目,诸如《爸爸去哪儿》《极限挑战》等,也是从国外引进的文化,结合中国国内特色加以改造,也取得了不错的收益。中国文化资源极其丰富,具有发展创意产业得天独厚的重要条件。我们需要做的正是挖掘出现代社会所需求的创意点,利用空间上的文化差异,形成文化创意的创新性应用。

四、文化创意产业链

内容创意产业是文化创意产业中的主导产业,作为核心内容创新形式的革新,不管是生产设计制作环节,还是营销推广管理环节,强调的都是内容为王。文化创意产业链的三个环节主要包括创作、生产和传播。

内容的原创性和创新性是文化创意产业链的核心部分,是文化创意产业链的高利润环节,是产业链的开端,也是文化产业发展的基础,属于文化创意产业链上游产业,主要采用知名文化符号打造出最适合最满足消费者需求的创意内容,为下一步的生产设计制作提供创意概念。

生产是文化创意产业链中的重要环节,它需要将创意转化为实际的产品,并保证产品的质量和数量。生产设计制作是将创意概念和策划方案设计制作出具体文化产品的产业活动,包括设计制作实物形式的创意产品(如玩具、文具和时装等)、服务形式的创意产品(如广告、设计服务、休闲娱乐、艺术品交易等),也包括传统形式的创意产品(如广播影视以及文化艺术等)和数字形式的创意产品(如网络游戏以及手机增值服务等)。

传播是指将文化产品推向市场,让消费者了解、购买和使用。营销推广管理是将文化创意产品通过渠道链和资金链整合推广出去最终被用户接受的产业活动,包括利用新闻事件、广告活动、公关营销、会展路演、衍生品生产等多种形式。

文化创意产业链的三个环节相互衔接,共同构成了一个完整的文化创意产业链。通过各环节的协同作用,可以实现文化创意产业的良性发展。

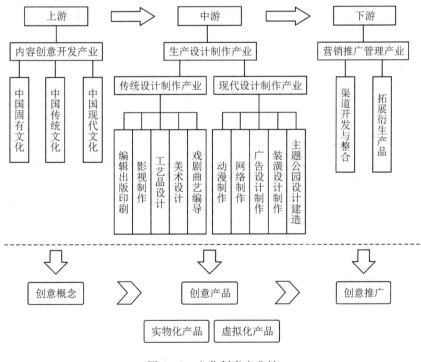

图 8-1 文化创意产业链

五、文化创意业开发的基本路径:创新

(一)创新的定义

创新是一个民族的灵魂,是一个国家兴旺发达的不竭动力。创新是以现有的思维模式提出有别于常规或常人思路的见解为导向,利用现有的知识和物质,在特定的环境中,本着理想化需要或为满足社会需求,而改进或创造新的事物、方法、元素、路径、环境,并能获得一定有益效果的行为。

创新,顾名思义,创造新的事物。《广雅》中记载:"创,始也";新,与旧相对。创新一词出现很早,如《魏书》中有"革弊创新",《周书》中有"创新改旧"。和创新含义近同的词汇有维新、鼎新等,如"咸与维新""革故鼎新""除旧布新""苟日新、日日新,又日新"。创是始的意思,所以创造不是后造,而是始造。创造和仿造相对。通常说创造,含有造出了一个前所未有的事物的意味。说创新,大致有两种意味。一种意味是创造了新的东西,这和创造实际是同一个意思。另一种意味是本来存在一个事物,将它更新或者造出一个新事物来代替它。在这种意味下,创新中包含了创造。但创造不可能凭空而起,新的创造一般是建立在原有的事物或其转化的基础上,包含了对原有事物的创新,因而创造中又包含了创新。人类的创造创新可以分解为两个部分,一是思考,想出新主意,一是行动,根据新主意做出新事物。一般是先有创造创新的主意,然后有创造创新的行动。创造和创新还有一种特定的含义,即创造创新学术界主流的术语定义,创造是指想新的,创新是指做新的。在西方,英语 innovation(创新)起源于拉丁语。它原意有三层含义:第一,更新,就是对原有的东西进行替换;第二,创造新的东西,就是创造出原来没有的东西;第三,改变,就是对原有的东西进行发展和改造。

创新是企业家首次向经济中引入的新事物,这种事物以前没有从商业的意义上被引入经济之中。1912年,约瑟夫·A.熊彼得在《经济发展理论》一书中首次提出"创新理论"(innovation theory)。创新者将资源以不同的方式进行组合,创造出新的价值。这种"新组合"往往是"不连续的",也就是说,现行组织可能产生创新,然而,大部分创新产生在现行组织之外。因此,他提出了"创造性破坏"的概念。熊彼得界定了创新的五种形式:开发新产品;引进新技术;开辟新市场;发掘新的原材料来源;实现新的组织形式和管理模式。彼得·F.德鲁克提出,创新是组织的一项基本功能,是管理者的一项重要职责。在此之前,"管理"被人们普遍认为就是将现有的业务梳理得井井有条,不断改进质量、流程,降低成本,提高效率等。然而,德鲁克则将创新引入管理,明确提出创新是每一位管理者和知识工作者的日常工作和基本责任。

创新又是智力的高级形式,是一种能力结构。创新能力包括创新精神和创新方法两层含义,创新精神指创新能力的非智力因素,如求知欲、创新意识、勇敢精神、顽强精神、科学态度等;创新方法指创新能力的智力因素,包括逻辑思维、非逻辑思维、创造性思维、求解思维等。

(二)创新的类型

创新的表现类型众多,有不同的分类标准。根据创新的表现形式进行分类,创新可以分为知识创新、技术创新、产品创新、服务创新、制度创新和管理创新。

(1)知识创新:通过科学研究,包括基础研究和应用研究,获得新的基础科学和技术科学知识的过程。知识创新的目的是追求新发现、探索新规律、创立新学说、创造新方法、积累新知识。知识创新是技术创新的基础,是新技术和新发明的源泉,是促进科技进步和经济增长的革

命性力量。知识创新为人类认识世界、改造世界提供新理论和新方法,为人类文明进步和社会发展提供不竭动力。

(2)技术创新:生产技术的创新,包括开发新技术,或者将已有的技术进行应用创新。科学是技术之源,技术是产业之源,技术创新建立在科学理论创新的基础之上,产业创新主要建立在技术创新基础之上。

(3)产品创新:改善或创造产品,从而进一步满足顾客需求或开拓新的市场。产品创新可分为全新产品创新和改进产品创新。全新产品创新是指产品用途及其原理有显著的变化。改进产品创新是指在技术原理没有重大变化的情况下,基于市场需要对现有产品所做的功能上的扩展和技术上的改进。

(4)服务创新:使潜在用户感受到不同于从前的崭新内容,即新的设想、新的技术手段转变成新的或者改进的服务方式。

(5)制度创新:在人们现有的生产和生活环境条件下,通过创设新的、更能有效激励人们行为的制度、规范体系来实现社会的持续发展和变革。制度创新的核心内容是社会政治、经济和管理等制度的革新,是支配人们行为和相互关系的规则的变更,是组织与其外部环境相互关系的变更,其直接结果是激发人们的创造性和积极性,促使人们不断创造新的知识和社会资源的合理配置及社会财富源源不断的涌现,最终推动社会的进步。

(6)管理创新:企业把新的管理要素(如新的管理方法、新的管理手段、新的管理模式等)或要素组合引入企业管理系统以更有效地实现组织目标的活动。

此外,根据创新的组织方式进行分类,可以将创新分为独立创新、合作创新、引进创新;根据创新的领域进行分类,可以将创新分为教育创新、金融创新、工业创新、农业创新、国防创新、社会创新、文化创新等;根据创新的行为主体进行分类,可以将创新分为政府创新、企业创新、团体创新、大学创新、科研机构创新、个人创新等;根据创新的层次进行分类,可以将创新分为首创型创新、改进型创新、应用型创新;根据创新的效果进行分类,可以将创新分为有价值的创新、无价值的创新、负效应创新等。

(三)文化产业的创新

联合国教科文组织指出,创造力是经济增长的动力之一。而基于文化多样性的遗产,是人们得以焕发创造力的重要基础。思维有多种形式,有抽象思维、概念思维、逻辑思维、形象思维、意象思维、直感思维、社会思维、灵感思维、反向思维、相关思维等。创新思维最大的特点是相异性、差异性非常突出,所以同样一个问题,不同的人有不同的思维。创新思维是一种优化组合多种思维方式来取得新成果的综合思维,是思维主体在自身具有的知识、经验和实践基础上,伴随着思维方式的变革提出新的理论、观点和想法的思维过程。相对于日常思维而言,创新思维是一种超出已知的认识范围、具有开创意义的思维活动。

文化产业的创新思维是指在文化产业领域中运用创新思维方式来发掘、创造和推动文化产品和服务的发展。它要求从传统的文化创作和生产方式中解放出来,引入新的观念、方法和技术,打破传统边界,创造出新的产品、新的业态。

在文化领域,创新是推动产业发展的重要动力,如何将传统文化与人们的需求相结合,发展文化创意产业,成为文化资源开发的重要途径。从故宫博物院推出的故宫手机壳、"正大光明"充电器等文化创意产品,到展现匠人精神的纪录片《我在故宫修文物》,再到将历史知识和真人秀结合起来的综艺节目《我们穿越吧》,如今各个产业都在探索将文化创意和设计服务与其产品相融合的办法,以获得消费者青睐。以传统书店为例,信息技术的普及和电子商务的冲击,使得传统书店经营面临困境,而以猫咪主题为特色的各种主题书店悄然兴起,在数字时代成功突围。它们借店里的几只猫咪宠物营造出"慢节奏"生活氛围,精美的点心、舒适的座椅以及定期举办的读书沙龙等活动,让书店变成提供思想盛宴的场所,更是为消费者提供社交和休憩的复合文化空间。这些充满创意的经营成为文化产业发展的亮点。

文化创意不仅仅是理念,还是创造经济效益的巨大力量。从产业结构转型升级的角度看,文化创意产业是通过创造性思维对传统文化资源再优化配置,推动不同行业、不同领域重组、提升与合作,从而驱动相关产品制造和后续产品开发,形成一次投入、多次产出、上下联动、左右衔接的产业链条,并使产品生产和消费获得高附加值的产业经济发展模式。以上海迪士尼主体公园为例,拥有米老鼠版权的美国迪斯尼公司凭借版权投资获得70%股权,而投入上千亿资金和土地的上海却只能占有30%的份额。这就是文化创意为产业发展带来的巨大利润。

内隐智能文化资源创意业开发的运营,不但要开发人的逻辑思维、形象思维、创新思维,而且要开发人的求解思维。求解思维是人们围绕问题的目标选择寻求实现目标的手段、途径的思维,其功能是寻求解决问题的手段、途径并统摄逻辑思维和形象思维。此外,中国式东方思维具有独特性,有利于人的创造力的提升,如墨家"同异交得"思维方法、孔子"中庸思维"方法、《易经》中太极"混沌思维方法"等,都值得大力开发和弘扬。

文化产业的可持续发展,根本在于源源不断的文化产品创新。因此,要进一步推动文化产业高质量发展,不断满足人民群众日益增长的文化需求,必须坚持创新驱动,以深化供给侧结构性改革为主线,推动文化产业各领域、全过程、全要素的综合创新,健全现代文化产业体系和市场体系,不断提升文化产品的生命力和创造力。

本章小结

1.知识和智力是智能文化资源的两个核心要素,智力成果和脑力资产共同构成智能文化资源。在现代文化产业发展中,我们可以通过产业开发的相应形式,积极利用与开发智能文化资源,使之形成版权业和创意业这两个重要的文化产业类型。

2.版权产业是指生产经营具有版权属性的作品(产品),并依靠版权法和相关法律保护而生存发展的产业。它涉及文学、艺术和科学作品的创作、复制、发行和传播,也涵盖采集、存储、提供信息的信息产业。按照版权在相关产业中的作用大小,版权产业可分为核心版权产业、相互依存的版权产业、部分版权产业、非专业支持产业等四类。

3.美国具有世界上较完善的版权登记制度以及世界第一大的版权产业,英国、瑞典、澳大利亚的版权产业在国民生产总值中均占有较高的比例。我国版权产业的行业增加值和就业人数增长较快,核心版权产业增长显著。

4.版权产业运营主要有产业化实施、贸易化流通、货币化融资、组合化运用和法律维权五种方式。授权经营是版权经营的主要模式。授权经营的运作,必须通过一系列的授权才能实现,版税也从授权经营中产生。在创作者许可的前提下,授权商通过授权经营得到应有的报酬,并把所得报酬的一部分以版税的形式,回馈给创作者。版权业的授权经营不同于传统的文化产业经营。

5.文化创意是以文化为元素、融合多元文化、整理相关学科、利用不同载体而构建的再造与创新的文化现象。文化创意可以源于传统文化、现代题材和空间上的文化差异。

6. 创新是一个民族的灵魂,是一个国家兴旺发达的不竭动力。根据表现形式,创新可以分为知识创新、技术创新、产品创新、服务创新、制度创新和管理创新。文化产业的创新思维要求从传统的文化创作和生产方式中解放出来,引入新的观念、方法和技术,打破传统边界,创造出新的产品、新的业态。

思考与练习题

1. 简述智能文化资源的含义及形式。
2. 简述授权经营的概念及其方式。
3. 简述知识产权的开发方式。
4. 简述创意产业的发展及开发。
5. 智能文化资源开发的方法有哪些?
6. 简述版权授权在智能文化资源开发中的作用。
7. 创意产业包括哪些内容,如何进行开发?

案 例

实景历史舞剧《长恨歌》创意与发展 ①

中国首部大型实景历史舞剧——《长恨歌》,由陕西旅游集团有限公司依托华清宫丰富的历史文化资源和国家AAAAA级旅游景区的品牌优势,于2006年精心打造并推出。该剧以白居易的叙事长诗《长恨歌》为蓝本,在故事的发生地华清宫,真实再现了大唐盛世的恢宏气象和唐明皇与杨贵妃千古绝唱的爱情传奇。《长恨歌》全长70分钟,以唐明皇与杨贵妃在华清宫中许下的"七月七日长生殿,夜半无人私语时,在天愿作比翼鸟,在地愿为连理枝"的爱情誓言为主线,通过山水风光、古典乐舞、诗歌旁白、高科技灯光音响及特效等表现手法,让观众穿越时空隧道领略1200多年前发生在骊山脚下华清宫中婉转动人、缠绵悱恻的爱情故事,感受浓郁的盛唐文化气息。

《长恨歌》自2006年演出以来,围绕舞剧创意、剧情优化、舞台舞美设计、音乐灯光运用以及现场管理的持续改进,坚持年年有改进、年年有创新、年年有提升,用高标准固化创新成果,用创新推动标准升级,总结提炼了可复制、可借鉴、可运用推广的《长恨歌》模式——"旅游为体、文化为魂、标准为矛、专利为盾"。

(1)旅游为体。华清宫是著名的历史文化景区,集风景园林、文物遗址、温泉沐浴、实景演出、餐饮购物、休闲娱乐为一体,是全国首批AAAAA级旅游景区、国家级风景名胜区、全国重点文物保护单位。作为历代帝王行宫,华清宫拥有深厚的历史文化和丰富的人文遗迹,唐玄宗与杨贵妃长达十年的爱情故事和震惊中外的"西安事变"都发生在这里,成为旅游演艺创作的资源基础和市场基础。

---

① 根据第四届"中国服务"·旅游产品创意案例《大型实景历史舞剧〈长恨歌〉:文化创意与标准实践助推旅游演艺高质量发展》改编。

(2)文化为魂。2006年,陕西旅游集团有限公司在华清宫投资1.2亿元打造中国首部大型实景历史舞剧——《长恨歌》。该剧以白居易同名叙事诗《长恨歌》为蓝本,是真山、真水、真故事、真情感的艺术化呈现,使沉寂的历史活化,有效带动了华清旅游产业结构的转型升级,拉动促进了区域经济发展,被誉为"中国旅游文化创意产业的典范之作"。

(3)标准为矛。随着《长恨歌》演出日趋成熟,质量管理也实现了从标准化、规范化到精细化、品牌化发展的不断跨越。2016年,以旅游资源＋文化创业＋国家标准为指导思想,总结、提炼演出管理经验,华清宫主导编制《实景演出服务规范 第1部分:导则》(GB/T 32941.1—2016)、《实景演出服务规范 第2部分:演出管理》(GB/T 32941.2—2016)、《实景演出服务规范 第3部分:服务质量》(GB/T 32941.3—2016)三项国家标准并成功发布,标准对演出项目的选址、演出管理、服务质量等做出了规范,这是首个国家层面的实景演出类标准,填补了行业空白,为《长恨歌》"领跑"全国实景演出行业提供了强有力的支撑。国标的建立,也使《长恨歌》赢得更多专业领域的认可。2016年,陕西省服务业标准化技术委员会旅游演艺标准化分技术委员会在华清宫成立。2018年,全国唯一一个中国旅游演艺国家标准培训基地落户华清宫,有效带动了旅游演艺行业的发展。

(4)专利为盾。如何避免演艺管理和服务标准在复制推广中被抄袭和模仿,如何保护标准的知识产权?华清宫通过把《长恨歌》多年研发和积累的独有技术转化为专利,嵌入标准,组织申报了16项专利,对包括自主研发的灯效设备、亚洲最大LED软屏、水下舞台、可伸缩隐藏在地下的座椅等10多项技术申请了专利保护,初步为《长恨歌》标准体系穿上了"防弹衣"。

经过多年的标准化实践行动,形成了以3项国家标准、8项地方标准、47项企业标准为骨架的"长恨歌模式",为陕西乃至全国实景演出提供了可借鉴的经验和规范发展的实践案例,促进实景演出市场规范、持续、健康发展,成为全国文旅产业融合发展的典范。

这部"真山真水真历史"实景舞剧《长恨歌》,以精细化服务和演出管理为切入点,以精品打造为价值理念,它的成功不单单是"卖产品","服务"也成为品牌价值体现的重要组成部分,且华清宫建立出一套适应夜间演出需求的"一室三部"管理机构,先后创立了百余项服务标准、工作标准和管理标准。精细化的演出管理能在15分钟内完成3000名观众的退场和3000名观众的入场;演出中突降大雨,能在5分钟内完成全场雨衣发放……这一切,得益于标准化的服务流程,得益于标准化的生动实践。

《长恨歌》的成功绝非偶然,离不开观众的支持和认可。在一次《长恨歌》冒雨演出刚开演4分钟时,贵妃入场的莲花船出现故障,演出技术人员第一时间穿戴装备,毅然跳入大雨中的湖水里进行设备抢修,全场一片寂静,2500名观众选择坐在雨中静静等待,无一人喧哗或离场退票。10多分钟后,当音乐重新响起时,观众席爆发出热烈的掌声,为在雨中抢修的技术人员和始终站在雨中为他们服务的工作人员鼓掌,当时,在场的人都热泪盈眶。

得益于标准化的建设,《长恨歌》网上好评率高达99%以上,且经济效益显著提升,演出收入从2006年的760万元递增到2019年的1.82亿元。华清品牌也不断发展壮大,形成以"华清旅游"为母品牌,华清宫、华清演艺、华清御汤、华清文创、华清管理为子品牌的"一母五子"品牌构架,经营收入从2007年1.04亿到2019年7.6亿元,且华清宫品牌价值不断彰显,由2019年评估的3.06亿元,增长至2021年的8.27亿元。这些数字的体现,不仅打破了华清宫由传统型景区仅依靠门票经营的瓶颈,而且形成了文旅产业的集团化发展模式,成为传统景区突破发展的成功范例。

《长恨歌》的打造,对深厚的历史积淀和独特的人文景观进行了深度挖掘整合,成功地将资源优势转化为文化体验优势,成为中国文旅融合、传承创新最具活力的典范之一,成为陕西文化旅游的"金字招牌"。2010年,《长恨歌》被原国家文化部和国家旅游局列入首批《国家文化旅游重点项目名录》;2014年,《长恨歌》被评为"中国十大未来文化遗产项目";2016年、2018年,"长恨歌""华清池"先后被认定为"中国驰名商标"。2020年,陕西华清宫文化旅游有限公司党委书记、董事长姚新垣与北京大学光华管理学院肖婷教授及其团队共同完成的《古今结合的文化创新和商业探索——〈长恨歌〉文化品牌的建立与发展》等三个案例被北京大学管理案例中心正式收录。2020年,《长恨歌》团队荣获首届西安市"市长特别奖"。2021年,《古今结合的文化创新和商业探索—〈长恨歌〉文化品牌的建立与发展》案例荣获2021"拉姆·查兰管理实践奖"——此奖项由《哈佛商业评论》中文版主办,代表着中国管理实践的至高荣誉。

《长恨歌》演出总结出一条文化挖掘、市场运作、产品升级、标准化管理的创新思路,为旅游景区打造精品演出项目提供了借鉴经验。陕西旅游集团有限公司以《长恨歌》作为样板和突破口,推动旅游演艺行业集约化、规模化经营,持续投资《红色娘子军》《出师表》《法门往事》《延安记忆》《12·12》等演出。此外,陕西旅游集团有限公司将文化产业发展融入国家的发展战略中,携手意大利威尼斯联合投资大型实景演出巨制《马可·波罗》,这不仅是陕西乃至整个中国旅游演艺国际化的破题之作,更为践行中国文化"走出去"战略掀开了新的篇章。《长恨歌》模式的创新和发展,将促进文化旅游产品和消费的结构升级,也为中国文化创意产业的发展探索了新的路径。

《长恨歌》带动文化旅游产业发展的成功实践,不仅强化了华清宫国家AAAAA级旅游景区和西安世界旅游目的地城市的地位和影响力,也为传统旅游景区如何实现资源保护与开发利用并举、经济与文化发展并重、经济效益和社会效益双赢提供了有益借鉴,为西安、陕西乃至全国发展文化创意产业提供了新的范式。

案例思考题:
1.《长恨歌》成功的经验有哪些,有何借鉴意义?
2.搜集整理《长恨歌》演出和评论的视频,思考旅游演艺未来市场发展的趋势和动向。

第九章　文化资源数字化

学习目标

1. 区分数字文化资源和文化资源数字化的概念；
2. 掌握数字文化资源分类；
3. 掌握文化资源数字化的对象；
4. 掌握文化资源数字化的开发与利用；
5. 了解数字藏品、元宇宙的概念。

随着云计算、大数据、人工智能等新技术快速发展，各种新应用新业态不断涌现，超过10亿的中国网民在网络空间了解知识、获取资讯、娱乐交流，海量的信息内容、丰富的文化生态，在满足不同年龄段网民多元多样精神文化需求的同时，也深刻地影响着人们的理想信念、价值观念、道德素养、心理认知和行为规范。提供什么样的数字文化产品，开展什么样的数字文化服务，既事关国家文化繁荣发展，也事关国家长治久安，事关中华民族凝聚力和向心力。

第一节　数字文化资源与文化资源数字化

随着文化产业的数字化新基建、文旅产品数字化、信息数据化等应用和创新，文化领域的新技术、新产品、新模式不断涌现，传统文化因为技术支持、跨时空交互走进人们日常生活，得到了更广泛的传播弘扬；数字技术因为文化赋能、跨载体呈现，给人们以文化滋养。因此，文化产业在现代化产业体系中扮演着非常重要的角色，发挥的作用也越来越大。

一、数字文化资源与文化资源数字化概述

当今社会，数字技术已经渗透到各个领域，其中包括文化领域。数字文化资源已经成为文化传承和发展的重要组成部分。与此同时，文化资源数字化也正在成为一种趋势，它使得这些宝贵的资源能够被更广泛地传播和利用。

（一）数字文化

以5G网络、人工智能、物联网、云计算、大数据、虚拟现实、区块链等为代表的新一代数字信息技术迅猛发展，数字基建不断加速，不仅改变了人类日常生活的衣食住行，更是从根本上催生了新的文化样态——数字文化。

对于"数字文化"这一概念，学界大体从两方面进行界定：就广义性而言，数字文化表现为数字技术与数字化的经济、政治、文化现象以及这些现象之间的关联，尤其是对传统文化的拓

展,不断丰富文化样态,体现文化的现代性;狭义的数字文化是指运用数字技术开展的具体文化活动,如互动剧、数字艺术、虚拟现实应用、游戏动漫、数字藏品等,体现出文化与科技的互动融合。

因此,数字文化可以界定为:以计算机、互联网,以及数字化视频信息采集、处理、存储和传输技术为基础的文化的数字化共享。它依托各公共部门、组织与个体文化资源,利用 VR、AR、3D 等数字技术以及互联网、大数据等平台实现文化传播的时空普及与内容升级,是具备创新性、体验性、互动性的文化服务与共享模式。

与以往的文化样态相比,数字文化的核心在于技术赋能,并且不是简单地将"数字"与"文化"两个词语拼合在一起,或者只体现数字技术的应用,而是要全面赋能文化生产、文化传播、文化消费的完整链条。数字技术完全融入文化之中,使文化由内而外焕发新活力,如此既能形成多元文化生机勃勃的文化原野,也能造就具有深刻思想和精湛艺术表现的文化高峰。

(二)数字文化资源

数字技术通过全面接入跨场景、跨时间、跨区域的数字化触点,让传统文化因技术赋能,得到了更广泛的传播与弘扬。数字技术的应用,为文化遗产的保护传承提供了新路径,为优质内容的创作生产拓展了新空间。

数字文化资源也就是文化资源的数字化,两者拥有相同的内涵而具有不同的表现形式。数字文化资源是基于数字媒体的形式来进行生产、保存和传播的文化资源,是由文化产业与信息产业联合生产的,其全部利用互联网数字化技术,将文化资源的相关内容数字化后变成文字、图像、音视频的产品或服务,其中包含 2D/3D 动画、视频、音频、各种文化游戏软件及文化数字教育等。

具体来讲,数字文化资源的电子媒介形态包括两个方面:一是互联网、手机、数字电视等新兴媒体;二是传统媒体报纸、期刊、广播等与其他移动终端等的相互融合,产生的像手机报、移动电视、电子期刊等新的媒体形态。数字文化资源既有商品属性,也有公益属性。

 拓展阅读

我国建成全国文化和旅游数字资源库(https://res.ccmapp.cn/zykpage)

为建成国家文化大数据体系,实现中华文化全景呈现、中华文化数字化成果全民共享,中国文化传媒集团基于"中传云"和文化和旅游部艺术数字资源库的已有成果,建成全国文化和旅游数字资源库。全国文化和旅游数字资源库汇聚全国各地文化和旅游信息,是一个权威、全面、便捷的数字资源汇聚与服务平台。平台集数字资源收录、图谱构建、宣传报道、品牌运营、拓展收益于一体,通过全国文化和旅游数字资源库、"文旅中国"客户端、文旅中国云演播和文旅行业融媒体平台多个业务端对资源进行转化,为入驻单位/个人提供数字资源整体运营服务,推动发展文化和旅游数字化消费新场景。

全国文化和旅游数字资源库拥有资源标签超过 2000 个,涉及公共服务、艺术、文物、旅游、非遗、产业发展、知识产权等领域。它由行业专家、学者、媒体组成审核工作组,严格把控收录品质。当前入库资源超过 10 万条,图片、视频等数字资源近 30 万件,从不同角度以数字化形式展现中华文化和旅游元素。

数字资源库服务内容分为五个方面,一是数字专馆,主要为入驻机构/个人创建线上数字专馆,收录作品以高清大图呈现,机构/个人也可以对专馆进行自主运营。二是数字名片,为艺术作品提供安全便捷的高水准数字图像采集服务,为机构/个人生成专属二维码,实现"一物一码"。三是媒体宣传,通过开通文旅中国文旅号,并在"文旅中国"客户端、公众号、视频号、抖音、快手等全媒体矩阵提供流量扶持,使数字专馆及作品有机会被百万用户访问。四是主题活动,文旅中国已经成功打造多个特色文旅品牌活动,赋能品牌价值,形成品牌"价值效应"。五是数字营销,平台可以提供线上交易商城,商业数据的权属主体可以在交易中心数据超市下开设专业店铺,推动发展文化和旅游数字化消费新场景。

(三)文化资源数字化

一部文化发展史,也是一部文化和科技不断融合的历史。从"铅与火"助力图书、报刊蓬勃发展,到"光与电"催生广播、电视等行业,再到"数与网"带来网络视听、数字文旅等新业态,数字技术始终是推动文化产业发展的重要动力。

1. 文化产业数字化

"数字化"是一个由来已久的词汇,与"信息化"伴生。狭义上看,"数字化"是对现实世界的事物或信息的模拟信号,经由数字设备的转化,转变为数字信息技术能够进行存储、处理、表现、传播等加工的二进制代码的过程。广义来看,将数字技术整合进日常生活中方方面面的过程,均可被视为"数字化"。从"数字化生存"概念提出,到近年来的"数字人文""数字经济"等概念,都体现了"数字化"在当前意味着虚拟与现实的融合、传播主体的"物化"及其带来的结果和效果。

"数字化"如果加上"产业"的定语,就具有了在生产、分配、交换、消费等经济环节进行数字化变革的意涵。工业革命4.0时代之前,"数字化"已经展现出巨大的对产业的颠覆性革新能力,计算机、互联网等如今被冠以"古典"的新兴事物,深刻影响了人类社会的经济结构和产业组织形式,造就了数字经济的巨大体量。如今,数字孪生、物联网、云计算、边缘计算、智能材料等技术的协同进步进一步推动工业生产和交换的全过程走向智能化,智能体从有机体扩展到非生命体,工业生产对于人类干预的依赖程度将进一步下降甚至不需要人类的参与决策。"数字化"对传统工业生产的资源转化、流程模式与结果产出产生了不可估量的影响。

"文化产业数字化"是"产业数字化"在文化产业领域的具体实践。可是,既有对于"文化产业数字化"的内涵阐释在学理层面显著地落后于文化与数字科技融合的速度、广度和深度,总的来看,已有的"文化产业数字化"的内涵论述分为:其一,将"文化产业数字化"理解为运用现代数字化技术,结合现有文化资源,开发依托数字化媒介的文化商品和服务。这一角度强调"文化产业数字化"的产品和服务产出的"数字原生状态"。其二,将"文化产业数字化"理解为将文化内容变为数字内容的过程,这一角度突出"文化产业数字化"对文化内容从"非数字化"变成"数字化"的转化过程。

在产业经济学的视阈下,"产业"不仅是生产同类产品或服务的供给者或特定部门的简单集合,它更包含了特定的资源开发手段、商业组织模式、供求关系形态、价值生成逻辑等,因此,要将产业视为一个有机生态,对其内外部的产业组织、产业联系和产业结构进行考察。基于此,"文化产业数字化"的内涵是指通过包括网络通信技术、智能算法技术、数字版权技术、影音编码技术等在内的广义的数字技术对文化产业的生态体系进行更新再造,并最终促成社会效益和经济效益最大化的过程。这一表述将"文化产业数字化"的内涵拓展到文化产业外部,并且将"数字化"看作是系统性的技术迭代,而不是"上云用数赋智①"等单一的技术改造。它将"文化产业数字化"既看作一个过程,也看作一个系统。因此,后文的"数字化"也超越了前文所述的传统的"数字化"的意涵,是从系统化的视角看待文化与广义的数字技术融合的进程。

2. 文化资源数字化

文化是人类的创造,文化是人类的本质,"数字化"又是一次生产力革命,"文化数字化"或"数字文化"建设,实际是让人类的本质性创造资源和能力借助于新型的数字生产力实现再造化、无限化、智慧化、互联化、共享化,由此创造出更强的"文化大脑",更有利于分享的文化资源宝库,从而助力建设可持续发展的经济社会模式,也更有利于构建推动人类合作共赢的文化发展机制。

"数字文化"能够把人类有史以来创造的一切成就或"文化资源"作为"发展资源"纳入数字化体系建设,包括数据采集、管理、开发、分享、营销、传播、创造的体系建设。

文化资源的数字化分为两个阶段,第一阶段是将物理形态的资源转化为数字化的形态;第二阶段是在收集了大量文博数据的基础上,完成文化数字转化和创新发展的过程。

文化资源数字化所带来的优势,不但可以借助科技方式平衡传统与创新应用之间的矛盾,还能够突破文化资源传播利用的时空限制,助力建构文化传播的新模式。在文化资源的保护修复领域,数字孪生与预防保护的应用实践,推动数字文保正在向纵深发展;在文化资源内涵挖掘领域,机器学习与知识图谱的应用实践,正在构建文化资源内容的智能挖掘与转换新手段;在文化资源的智慧管理领域,通过构建数据中台与可视系统,创新文化资源智慧管理的新模式;在文化资源活化利用领域,多维技术应用探索"在线+在场"的虚实共生体验,拓展文化资源活化利用的多元创新场景。

二、数字文化资源的特点

数字网络自身就是一种新的文化形态,因此数字文化是一种技术,是社会的现实,更是一种文化的现实。数字文化资源除了拥有文化资源的特点外,还有如下特点:

(1)**无体性**。数字文化资源是由数字方式表达和构建的,不具备物质形体的特性,不占有空间,不像实物文化商品必须依托特定的物质实体而存在,且其内容丰富,占用存储空间小。

(2)**可支配性和可再生性**。数字文化资源因为存在于一定的介质之内得以固定,从而具有可支配性。它不受时空限制,时时可与人交互。但由于其易于复制传播、快速低廉,故会导致规模经济和相关版权保护问题。

(3)**文化价值性**。数字文化资源具有能满足消费者文化和精神生活需要的属性,消费者可以通过使用和欣赏数字文化资源,享受它的审美价值和使用功能,获得从物质产品上无法得到

---

① "上云用数赋智"行动是指通过构建"政府引导—平台赋能—龙头引领—协会服务—机构支撑"的联合推进机制,带动中小微企业数字化转型。"上云"重点是推行普惠性云服务支持政策,"用数"重点是更深层次推进大数据融合应用,"赋智"重点是支持企业智能化改造。"上云用数赋智"行动为企业数字化转型提供能力扶持、普惠服务、生态构建,有助于解决企业数字化转型中"不会转""没钱转""不敢转"等问题,降低转型门槛。

的美感、愉悦和便利。这也是数字文化资源区别于其他数字资源的唯一特性。

（4）具有更强的生命力、渗透力。信息技术的普及促进了传统文化资源以更加便捷、新载体新体验的方式走向大众。同时"地球村"的形成，也促进了全球文化的交流，而数字化的发展，大幅缩短了不同地区之间以及传播者与接受者之间的距离。同样，数字化给传媒领域也带来了翻天覆地的变化，从传播效果看，实现了即时传播。以光纤通信线路为传播载体，数字文化资源实现了随时随地发送，省略了传统纸质媒介的很多环节，且多媒体技术的运用，综合了文字、动画、声音、影像等多媒体形式进行信息传播，可以使公众即时看到文化资源的情况，同时使数字文化资源信息的展现更形象、生动，更容易吸引受众的眼球。当然，不同的数字文化资源及其不同的表现形式，在进行数字化时花费的成本不同，带给消费者的交互体验感受也会随之不同。

数字文化资源的获取需要依赖数字网络平台，其网络传输速度和服务水平直接影响数字文化资源的质量及用户体验。

三、文化资源数字化的意义

新技术的发展促进了人们信息交流、传播、交互模式以及消费理念的变革，而便捷性不断提高和成本逐渐降低是支持变革的关键因素。网络和新媒体的迅速发展，以及网民数量的增加，对网络资源的需求日益增加。数字文化资源作为优秀传统文化的映射和拓展，是网络资源的重要组成部分，其重要性不言而喻。

（一）拓展和"活化"文化资源

文化资源数字化不仅包括对物质和非物质文化资源的重现，而且还包括基于数字技术所产生的新的文化内容、产品和形式，能够使无形文化资源形象化、有形文化资源鲜明化。文化资源数字化拓展并延伸了文化资源表示方式，克服了以单一物理形式对文化资源展示的不足，创新和创造了新型文化资源和产品，以数字文本、图像、音频、视频、动漫、游戏以及立体视觉、虚拟现实（VR）、增强现实（AR）等鲜活的形态"活化"了文化资源呈现形式。

（二）扩大文化资源宣传和推广的力度

文化资源数字化使得文化资源的展示方式、途径、范围等发生了巨大变化。数字化的内容及形式能够基于互联网、移动互联网等多渠道、多终端进行传输、传播，将文化资源信息扩展给更多的用户和群体，实现了文化资源的有效宣传和大力推广。而基于线上-线下（online-offline）的资源展示方式以及用户参与、利用与互动的传播模式，更扩大了文化资源的影响范围和影响力。

（三）提高文化资源利用便捷性

中华文化历史悠久，文化资源分布广泛、形式多样，文化资源利用存在诸多困难，而文化资源数字化为利用提供了便捷。一方面，文化资源数字化能够克服时空界限，便于随时随地体验和感受，以数字化方式获取丰富的全媒体资源；另一方面，基于数字化技术所形成的数字文化资源能够支持多渠道、多方式获取，可以以互联网、移动互联网、有线电视等通道进行传输，以及以计算机、移动终端、数字电视等方式进行展示和利用。

（四）实现文化资源保护与传承

优秀文化资源保护与传承，是中华文明得以延续的关键，也是文化自信永葆青春的支撑和基础。数字化为文化资源的保护与传承提供了新的思路和途径。基于数字技术形成的数字文化资源,能够实现对全景无形和有形文化资源的存档,而且能够支持有形遗产资源的保护、修复、复原和考古研究,以及文化交流、传播和传承等,有效实现了文化资源的完整延续,进而达到保护与传承的目的。

(五)推动和支持文化产业发展

文化资源数字化使数字新媒体技术应用于文化领域,实现了技术与文化的融合,推动了数字文化产业发展,以及"互联网+"支持的跨领域、跨行业文化产业的兴起和繁荣。一方面,文化资源数字化推动了数字文化内容和产品的发展及创新,促进了产业繁荣;另一方面,文化资源数字化延长、充实和丰富了文化产业链,促进了知识产权全媒体开发和运营以及产业的深入和完善。这些都大大提高了文化产业从业人员及参与者的积极性和文化自信。

第二节　文化资源数字化实践

随着科技快速发展,特别是数字技术的迅猛发展,文化资源数字化已是大势所趋,包括文化馆、图书馆、博物馆、档案馆等文化机构,都在推动文化资源数字化。我国是文化资源大国,海量的文化资源散落于各地各级各类公共文化机构。充分运用现代科技成果,按照统一标准对这些文化资源进行数据化采集,全面汇聚关联思想理论、文旅文物、新闻出版、电影、广播电视、网络文化文艺等不同领域和文字、音频、视频等不同形态的文化资源数据,有助于实现文化资源全领域、全地域、全形态、全内容的梳理、挖掘和整合,进而实现中华文化全景式呈现、全样态展示、全维度阐发、全媒体传播,使中华民族最基本的文化基因与当代文化相适应、与现代社会相协调,不断增强中华文明传播力、影响力,形成与我国综合国力和国际地位相匹配的国际话语权。

一、文化资源数字化的对象

各类文化机构经过长期的发展,生产和积累了大量的文化资源,这些文化资源是宝贵的精神财富,是文化传承发展的根脉,是艺术创作的源泉。这些文化资源从存在的形式上主要可分为视频、音频、图文、实物等,只有将这些文化资源进行高质量的数字化采集、分类存储、科学管理,才能为公共文化数字资源建设,为更好地保护和利用文化资源打好基础。

(一)珍贵历史音频资料的数字化修复

历史音频资料数字化修复的对象为各公共文化机构保存的20世纪40年代至80年代的78转老唱片(虫胶唱片与黑胶唱片),以及20世纪50年代中期至70年代的开盘录音带。

然而,随着这些介质存放时间的延长,老唱片的盘体不可避免地出现霉变、变形、损伤等状况,录音带的带基不可避免地出现掉粉、断裂、脱磁等状况,留存其中的珍贵资料随时可能会消失,而且随着产业的转移,相关的配套设施和专业技术人员也越来越匮乏。

对这些历史音频资料的数字化转化和修复,中国数字文化集团采取的是利用最先进的模拟信号转数字信号技术,研究制定转化修复数字技术方案和专业工作流程,配备专业适配的数字化模拟采集设备,加快对珍贵音频资源的数字化及修复整理并加以利用。

(二)近代视频资料的数字化转化

20世纪80年代后,被大部分电视台及高端视频制作单位广泛使用的家用录像系统(VHS)和BETACAM SP录像带,是当时视频制作的普遍形式。很多公共文化机构现在仍保存大量以这两种录像带录制的视频资料。这两种录像带采用磁记录原理,载体磁带十分容易受潮,存放时间越久,老化霉变的程度越严重,直接影响画面质量,甚至永久性损坏。随着数字录像技术的发展,上述两种录像带已很少使用,配套的播放设备大多老化失效,修复难度较大。

数字化转化就是指将前述视频资料,经数字采集后形成可以保存和编辑使用的数字视频文件的工作。

(三)书画等艺术品与纸质艺术档案的数字化

艺术品数字化的对象主要涉及国画、油画、版画、木版水印、漆画、拓片、书法、水彩等多种书画类作品。

书画艺术品价格普遍比较昂贵,原作品的色彩保护对存放环境要求较高,调取及查阅的过程烦琐,且画幅的跨度较大,在鉴赏和复制过程中存在一定的损坏风险。

此外,艺术品的数字化无论是出于复制的角度,还是出于文化交流、传承、建立数据库的角度,对扫描的色彩和精度要求都会更高,而借助先进的技术手段对其展开数字化工作则可有效解决这些难题。

(四)文物资源的数字化

2001年,我国启动了"文物调查及数据库管理系统建设"项目。近年来,随着科技的进步和发展,数字化在文化遗产保护溯源与活化利用全链条的应用方面施展"拳脚":行走的故宫文化、数字敦煌、数字中轴、巴米扬东大佛天井壁画复原件、数字藏品等数字化产品层出不穷;AI辅助文物修复、文物的数字孪生、消失或毁坏文化遗产的数字复原或重建等创新项目令人关注。

"让文物活起来"也是博物馆的一项重要课题。中国国家博物馆从2018年开始推动智慧国博建设,按照5条技术路径推进,即透彻感知、泛在互联、智慧融合、自主学习、迭代提升。其中,透彻感知包括知晓文物的各种状况,让观众实时了解等;泛在互联是指感知数据能够通过网络及时汇总上报;智慧融合要求我们更快更好地将多元异构数据交汇起来,深入挖掘其所蕴含的多方面价值。

二、文化资源数字化的技术手段

文化资源数字化的技术手段多种多样,且随着科技的发展,这些技术也在不断更新和改进。以下是一些常见的文化资源数字化技术手段。

(一)大型工业级扫描仪应用

对书画等艺术品数字化高质量采集主要通过大型工业级扫描仪,如故宫、国博、雅昌等文化机构,均通过这类扫描仪进行书画艺术品的数字化采集。我国一些企业使用世界领先的新型终极2D+3D表面非接触式大型扫描仪(德国CRUSE 4.0)专业装备,为中国对外艺术展览有限公司的国画、书法、油画、版画、拓片、水彩、木版水印等十大类3900余幅艺术藏品提供数字化服务,并为巨幅千米画作《永生》提供数字化采集等服务。

这种大型工业级扫描仪应用于书画等艺术藏品的数字化采集有以下几方面优势：

一是在扫描过程中，光电图像传感器、镜头、光源保持固定，稳定静止，扫描平台移动，使采集图像信号更稳定。

二是扫描速度远超其他同类产品，大大降低原作品库外存放时间。

三是扫描仪的最大扫描范围可达 130 cm×220 cm，可有效减少扫描次数，多数书画作品可一步扫描到位，避免多次扫描产生的色差问题，降低拼接难度，实现对原作品的无损保护。

四是扫描仪采用的是平台真空吸阻方式，并可以随时调节吸阻大小，而采用平台静电吸阻方式，静电会非常容易折断中国书画材料如宣纸、绢中的纤维，对扫描物造成不可修复的损伤。

五是可以在不接触原作品的情况下进行数字化扫描。扫描仪可根据原稿的厚度调节厚度，最大厚度可达 500 mm，且对于一些带画框的艺术品可以带框采集，减少因拆装不当对艺术品造成的损伤。

六是 CRUSE 4.0 可调节扫描分辨率范围为 200～4000 dpi，颜色深度 48 bit，支持金色及银色等专色输入，最终的数字化成果可以最大程度还原原作，满足博物馆、图书馆、美术馆、档案馆对数字化技术的要求。

对于一些纸质艺术档案、资料，其数字化质量的要求不像书画等艺术藏品那么高，可以采用 A3 画幅零边距扫描仪、Alpha 全画幅单反、EOS-1DX Mark3 单反、EOS-5DX Mark4 单反等多种图像采集设备进行采集，满足对艺术档案资料数字化保护和后期利用的需求，既可以提高采集的效率，又可以降低采集的费用和数据存储的空间。

（二）VR/AR/XR、三维全景采集及呈现制作

随着数字技术在文化领域的应用不断深化和提升，平面的数字化已不能满足公共文化数字化服务的需要。在数字展览、舞台效果、影视呈现效果等方面，以及文物、非遗、建筑等立体呈现方面，都对 VR/AR/XR、三维全景技术采集及呈现制作提出了要求。将 VR/AR/XR、三维全景技术、数字媒体技术等新技术在文物、非遗、工艺美术、舞台艺术上进行综合集成应用，可支持与服务舞台艺术、戏曲影视、电影制作、数字展览等相关艺术表现样式、观演方式的创新探索。

（三）4K/8K 直播服务与舞台艺术数字化采集

随着互联网、新媒体的发展，人们获取文化资源的渠道和方式发生了很大的变化，很多人获取文化资源主要通过线上。录制高质量的演出、剧目、文艺节目通过"云端"传播或网络直播，可以使优质的演出、活动等文化内容被更多人共享，让偏远地区的群众可以同步欣赏在国家大剧院举办的音乐会，也可以让人足不出户观看全国各地的演出，这对于实现公共文化服务的均等性、便利性具有重要作用。《"十四五"公共文化服务体系建设规划》提出"推广群众文化活动高清网络直播"的要求及加强公共文化云平台建设，正是让公共文化服务从线下到线上，插上云的翅膀，飞入千家万户。

文艺演出、活动、剧目等在网上传播，一方面要有精彩的内容，另一方面质量要高。现在网上的内容是海量的，没有好的内容和高的质量，同样无法满足人民群众的文化需求。

📝 **知识拓展**

历史文化资源大数据与分析技术

　　大数据是指数据量大,但究竟怎样的量才算大,目前并没有统一的定义。一般认为,大数据的数量级至少应该达"太字节"(TB)以上。因为达到了这个量级以上的数据,利用现有IT技术和软硬件工具将难以实现在可容忍的时间内,对其进行有效感知、获取、管理、处理和利用,必须开发新的数据管理和处理软硬件技术,才能满足应用需求。

　　各类数字化文化资源信息的不断产生,各类数字化文化资源库的不断建立与完善,在客观上为我们建立了一个庞大的、具有大数据特征的数据库和资源库。这为我们进一步利用大数据分析等先进的信息技术手段,实现对这些文化资源信息的整合、梳理、分析,提供了前所未有的基础和条件。

　　其中,基于数字化的历史文化资源大数据是有计划地对各类历史文化资源进行数字化所形成的大数据信息。对这类数据的有效管理和充分挖掘、利用,或许是大数据及其分析技术最为重要的应用角度和需求。

　　1947年春天,一名牧童在死海附近的一个山洞里发现了一些残缺不全的手稿。1948年至1956年间,研究人员又在死海西北基伯昆兰旷野陆续发现11个藏有手稿的洞穴。十多年间,考古学家发掘出近4万件古卷残片,种类多达600多种。这些手稿大部分用希伯来文写在羊皮上,公元前二三世纪到公元70年间写成,记录了大量关于《圣经》和基督教起源的重要信息。这在近代考古史上非常罕见,被称为20世纪最伟大的考古发现之一。这就是著名的"死海古卷"。

　　利用数据处理技术,"死海古卷"机器近几年自动修复的效率,已经与数百人类专家过去一个世纪的成果相当。另外,凡·高、勃鲁盖尔等大师画作鉴别精准度达到了95%以上。这些都是目前利用大数据分析技术进行画作鉴别、古文献修复、历史文物分析等取得的惊人成果。

三、文化资源数字化成果的开发与利用

　　对文化艺术资料、艺术档案等资源通过先进的技术进行数字化,一方面可以更好地保护、保存这些珍贵、稀缺的文化艺术资源,传承文化根脉;另一方面要把其中可开发利用的资源进行创造性转化、创新性发展,应用于公共文化服务数字化、网络化、智能化建设,服务于人们的科研、学习、科普、创作、生产、欣赏、消费等活动中。

(一)整合梳理数据资源,生产优秀数字文化产品

　　文化资源数字化以后,需要对数字资源进行分类、整理,挑选优质内容,精心策划选题,推出系列内容丰富、题材广泛的音像、电子、互联网产品等高质量的数字文化内容精品力作,建设高品质、国际化的数字文化产品原创内容与集成基地。例如,中数集团在收集清末民初早期京剧老生行当名演员演唱资料的基础上,选取了20位名家的唱片录音,运用先进的播放和数字化技术,对早期须生名家的老唱片资料进行数字化修复,并出版了《金石遗音——早期京剧须生唱腔集粹》,集合了20世纪初至30年代灌制的210面老唱片资料。该项目是对京剧老唱片艺术价值和研究价值的进一步开发,也让早期京剧宗师的历史遗响、大家经典重新萦绕于人们

耳边。这个项目入选了中华民族音乐传承出版工程精品出版项目。

中国京剧"像音像"工程是传承和弘扬中华优秀传统文化的一项重要举措,是"十三五"时期国家重点文化工程。工程通过选取当代京剧名家及其代表性剧目,采取先录像后录音再录像的方式,反复加工打磨,为当代京剧名家留下最精彩的艺术记录。中数集团共录制完成104部剧目,经过后期剪辑、制作,这些剧目为京剧艺术的传承留下了基因和标本,同时,陆续在中央电视台戏曲频道播出,让广大观众欣赏到了高质量、精彩的京剧剧目,这对于京剧艺术的传承、传播、普及都起到了重要作用。

(二)研发艺术数据库和数字产品分发平台,培育与壮大数字化服务新业态

中数集团通过超高清影像技术以及高品质拾音技术与信息化、智能化技术相结合,建立与丰富了包括中国戏曲音像库、中国戏剧音像库、中国音乐音像库、中国舞蹈音像库在内的国家舞台艺术音像库,以及包括中华民族音乐资源数据库、京剧绝版赏析数据库、中华戏曲老唱片数据库、中华曲艺老唱片数据库、丝绸之路上民族音乐赏析数据库在内的中国传统音乐资源数据库,包含各类民族音乐和曲艺作品2万余首,逾10万分钟。

例如,"中国连环画数字图书馆"是中数集团对海量连环画数字资源集成开发的一款深受各年龄段人群喜欢的数字文化产品,收录了经典连环画作品近5000种,题材涵盖历史演义、神话故事、党的革命历程、现当代文学和外国精品等,囊括了新中国成立以来已经出版的经典连环画作品、珍藏绘本、连环画期刊以及绝版影印珍品。该产品结合现代数字科技,打造了在线及镜像数据库、多媒体U盘阅读器、触控一体机系统、移动阅读端等产品矩阵,既包含艺术经典的原汁原味,又能实现高清快捷的数字阅读体验。该产品2021年荣获中国政府出版奖和第十届中国数字出版博览会"优秀品牌"。

同时,出版IP衍生数字内容,将出版物的内容和IP进行数字化,能够给观众带来耳目一新的体验,丰富传统文化的内涵,吸引更多受众实现文化破圈。中原传媒出版的"读懂中国画"系列广受好评,书中将器物服饰、民风民俗、故事背景等丰富细节进行深入解读,非常适合改编为系列短视频、纪录片等形式,进一步扩大影响力。中国纹样数据库的B站官方平台"纹藏",将数据库中的图案制作成精美的视频在平台上展示,制作的《中国经典纹样图鉴》图书宣传视频获得近70万观众浏览。同时,经典出版IP也可以与VR/AR等新技术结合,例如国风VR游戏《心境》以《红楼梦》《齐谐》《山海经》等中国古代文学作品为蓝本,融合琴棋书画、榫卯结构、古典园林等元素,带来360度全景呈现的传统文化VR游戏体验,荣获第78届威尼斯电影节"最佳VR作品奖"。

(三)建设沉浸式体验馆,促进文旅资源的数字化及可视化表达

文化需要通过体验进行传承,文化数字化的重要作用在于利用现代科技重塑传统文化的呈现效果,或用现代技术降低传统文化的传播门槛。运用人机交互、虚拟现实、全息影像等信息技术,对音视频、图文资料、三维数据,通过大数据、5G、VR、AR、XR等新技术应用,可促进文化、旅游与科技相融合,推进文化和旅游资源的数字化及可视化表达,形成更多沉浸式、可感知、可体验、可互动的文化和旅游产品及服务,推动文化和旅游体验中心(馆)的建设,加强公共文旅资源"沉浸式""互动式"体验服务。

同时,可利用VR、AR、XR、三维全景技术对非遗实体资源、非遗技艺等进行转化、开发,在全国AAAAA级景区、历史文化名街、非遗街区等建设"非遗数字体验中心"(馆、厅、室),从而打造沉浸式、场景化的文化旅游消费综合体。近年来,以风语筑在浙江衢州打造的"天王塔沉浸式艺术馆"为代表的线下数字化文化体验,通过数字化技术对传统"佛文化"进行呈现,以当代人更能接受的审美风格进行文化空间改造。此外,河南卫视在"七夕奇妙游"主题节目龙门石窟舞蹈表演中,通过3D数字化扫描技术与实景拍摄相结合,打造兼具在场感与奇幻感的视觉呈现;武汉大学万林艺术博物馆通过运用先进的文物扫描和复制技术,把敦煌石窟"搬"了进来,通过数字化技术实现了文物再现。

课堂案例

故宫博物院"数字故宫"建设

建设"数字故宫"是近20年来故宫博物院的重要工作之一,如今已经形成了一个庞大的数字故宫体系。

"云游故宫"是故宫博物院推出的一款综合型全媒体线上服务平台。它以故宫博物院官方网站和移动客户端为依托,综合全景漫游、专家讲坛、高精度文物赏析交互等多种形式,能够同时满足用户在PC端和移动端的使用需求,为观众打造"一站式"触达中华优秀传统文化的服务平台。平台上,既有专门覆盖院藏文物所有类别的文物高清影像数据库"数字文物库",又有专门针对院藏超高清书画鉴赏的"故宫名画记";既有实现文物三维立体交互观赏的"数字多宝阁",又有实现故宫古建筑720度全景浏览体验的"全景故宫"。

此外,故宫博物院在2013年就开始利用移动App平台向公众展示故宫的文化数字资源,已经开发了10款各具特色的App。其中,"每日故宫"以简洁轻快的设计每天向观众推荐1件故宫珍品的高清影像,让故宫成为一种生活方式;"紫禁城365"引导观众由浅入深,全方位、多角度欣赏和领略紫禁城建筑之美;"故宫展览"集合近90个重要展览,将优秀的文物实体展览及展品以数字虚拟形态,面向全球推广。

(四)建设国家文化大数据体系,服务国家文化建设和满足群众文化需求

建设国家文化大数据体系是新时代文化建设的重大基础性工程,也是打通文化事业和文化产业、畅通文化生产和文化消费、融通文化和科技、贯通文化门类和业态,推动文化数字化成果走向网络化、智能化的重要举措。通过数据采集、存储、处理、分析、可视化和系统运维技术,将公共文化大数据资源转化为更强的研判力、决策力和流程优化能力,可对文化需求预测和内容供给提供有效的技术支持,加快推动将相关文化大数据资源纳入国家文化大数据体系建设。

国家文化大数据体系架构主要由前端(供给端、生产端)、终端(需求端、消费端)以及云端构成。

供给端主要是建设中国文化遗产标本库、中华民族文化基因库、中华文化素材库三个数据库。

生产端是通过数据采集、清理、标注、关联、解构、重构,将碎片化的数据、素材资源通过数字化生产转化为适合当下的、可以利用的文化体验产品。

需求端是利用新技术、新装备,打造场景化、沉浸式、互动性的文化体验场景,包括文化体验园、文化体验馆、文化体验厅等。

消费端是将可用于创作、生产、利用的文化素材、文化数据通过交易所、数据超市等服务广

大消费者。

云端也叫国家文化专网(广电网络),作为数据承载网络,是为文化大数据产业各环节中相关设备和系统互联互通提供数据传输通道的专用通信网络。

前端、云端和终端,借助国家文化专网实现互联互通,构成安全可信的文化生产闭环系统。

第三节　数字藏品

随着"元宇宙"概念的兴起和区块链技术的发展,虚拟现实、增强现实、大数据、人工智能等技术逐步应用于文化产业,极大地丰富了人民群众日益增长的文化需求,提高了人民群众的艺术鉴赏力。数字藏品是数字技术催生的新兴文化产物,特别是在元宇宙、区块链技术的助力下,数字文化产业得到较大扶持,数字文化新业态、新形式应运而生。随着区块链技术的发展,以数字藏品为代表的全新数字文化产品逐渐进入大众视野。在文化自信背景下的国风文化消费盛行,国民对于传统文化IP的内容和产品需求旺盛,数字文化产品作为传统文化内容的创新呈现形式,存在巨大的市场空间。

一、数字藏品的概念

了解数字藏品之前,应先了解NFT概念。NFT全称为non-fungible token,指非同质化代币,是用于表示数字资产(包括JPG和视频剪辑形式)在链上具有唯一性的加密货币令牌。数字藏品源于NFT概念,从技术层面来看,数字藏品就是最典型的区块链技术和加密技术的一种具体应用,从发展方向来看,数字藏品是NFT在国内一种无币化发展路径的探索。NFT可将各种物品数字化,并记录在区块链上,每一件NFT作品均独一无二、不可分割。

各平台使用"数字藏品"的本意,在于拆解达意。"品"指交易物;"数字"指"品"利用数字代码进行编写,具有虚拟性;"藏"指利用区块链技术获得唯一性,赋予"品"收藏价值。因此,数字藏品是经区块链技术将数字本体(包括但不限于艺术品、作品、游戏道具等)唯一化、特定化后形成的数字虚拟物品。

目前,关于数字藏品的概念较多。

(1)数字藏品是一种使用区块链技术保证其所有权和真实性的数字资产,包括数字艺术品、加密货币、虚拟地产等。这些藏品的价值来自其独特性、稀缺性和市场需求。它们的所有权和交易记录被保存在区块链上,以确保其不可篡改和可追溯。数字藏品开辟了一种新的市场和投资方式,吸引了越来越多的投资者和收藏家。

(2)数字藏品是指使用区块链技术,对应特定的作品、艺术品生成的唯一数字凭证,在保护其数字版权的基础上,实现真实可信的数字化发行、购买、收藏和使用。数字藏品为数字出版物的一种新形态,并分为区块链作品版权和区块链数字出版产品两种产品类型。

(3)数字藏品是指由计算机和其他电子设备生成的可存储、复制和传输的数字信息。它包括文档、图像、声音、视频等。

(4)数字藏品是指使用区块链技术,对应特定的作品、艺术品生成的唯一数字凭证,在保护其数字版权的基础上,实现真实可信的数字化发行、购买、收藏和使用。

(5)数字藏品是指以数字化形式存在的珍贵、稀有或有历史价值的文物、艺术品、收藏品等。这些数字藏品通常由专业机构或个人收集、整理、数字化,并通过互联网展示和交易。数字藏品的价值在于其珍贵性和历史意义，可以为人们提供文化、艺术和历史方面的知识和欣赏价值。同时，数字藏品也具备便捷性和可访问性，使得更多的人能够接触到它们，并参与到数字藏品的交流和交易中来。

（6）数字藏品是经区块链技术将数字本体（包括但不限于艺术品、作品、游戏道具等）唯一化、特定化后形成的数字虚拟物品。

在国外，数字藏品被统称为 NFT，即非同质化代币，通过区块链技术加密某张图片、电子专辑或其他数字作品，使得其具有唯一性。不同于比特币等数字货币可以不断分割，NFT 强调它是不可分割的唯一资产。简单来说，NFT 就是通过区块链技术为某一件作品打上"防伪编码"。

 拓展阅读

NFT

随着区块链技术的不断成熟和数字资产的兴起，非同质化代币（NFT）市场正迅速发展并引发了巨大的关注。NFT 作为一种基于区块链的数字资产，赋予数字作品唯一性和不可替代性，为艺术、游戏、音乐等领域开辟了全新的商业模式和价值创造路径。

（1）NFT 市场在艺术领域的应用。传统艺术市场往往受到物理空间和中介机构的局限，限制了艺术家的创作和市场的开拓。然而，NFT 市场通过数字化和去中心化的特点，为艺术家提供了一个全新的表现和销售平台。艺术家可以将自己的作品转化为 NFT，并通过智能合约确保其真实性和版权归属。这种去中心化和不可篡改的特点吸引了众多艺术家和收藏家的关注，推动了数字艺术品销售的繁荣。

（2）NFT 市场在游戏领域的发展。数字游戏一直是一个庞大的产业，但传统游戏中的虚拟物品往往缺乏真实性和交易性。而在 NFT 市场中，游戏开发商可以将游戏中的虚拟物品转化为可交易的数字资产，玩家可以在市场上购买、出售甚至交换这些虚拟物品。这种独特的经济模式吸引了大量游戏玩家的关注，为游戏产业带来了新的发展机遇。

（3）音乐产业的 NFT 模式。传统音乐市场一直受到版权和分发渠道的限制，而 NFT 市场的出现为音乐人提供了全新的发行和收益方式。音乐人可以将音频作品转化为 NFT，通过智能合约确保版权归属和收益分配。同时，NFT 的唯一性还鼓励收藏者购买和收藏音乐作品，为艺人创造了新的收入来源。然而，NFT 市场的火爆也带来了一些商业挑战和风险。首先，市场的波动和不确定性给投资者带来了风险。在 NFT 市场中，作品的价值往往存在主观性和波动性，投资者需要具备风险意识和市场分析能力。其次，市场中存在着一些不良行为，如伪造作品和利用技术漏洞进行欺诈。为了保护投资者的权益和促使市场的健康发展，相关监管和规范也亟待加强。

二、数字藏品的价值

数字藏品作为一种 NFT 区块链技术应用，在丰富数字经济模式、促进文创产业发展等方面显现出一定的潜在价值。数字藏品的价值在于其珍贵性和历史意义，可以为人们提供文化、艺术和历史方面的知识和欣赏价值。同时，数字藏品也具备便捷性和可访问性，使得更多的人能够接触到它们，并参与到数字藏品的交流和交易中来。数字藏品也是文博行业探索的新业态。文物数字藏品更接近于数字化的文创产品,本质上可以把它当成是文创产品。它的积极作用主要体现在三个方面。

一是促进文化传播。数字化技术可以使得文物、艺术品等珍贵的历史文化遗产得到更好的保护、保存和传播。文物借助数字藏品"走出"博物馆,通过线上平台的展示与售卖,缩短了文物与社会大众,特别是青少年群体之间的距离感,更大地激发了他们对于文物及其相关历史文化的兴趣。

二是培育新业态。数字化技术不断推陈出新,数字藏品也在不断发展创新,促进了数字文化产业的发展。创意借助文物数字藏品再次隆重进入文博领域,创意使文物焕发出新的生机,文物使创意展现出新的动能,二者有机融合,被社会聚焦、网络透视、行业认可,促进了文化创意产业的转型升级,催生了文化产业的新思路、新业态。

三是催生新消费。文物数字藏品作为新生事物,将文博行业引进互联网经济中,激发了文物爱好者、网民等不同群体的消费需求和购买欲望,同时又通过"创意激发"带动文博行业实体经济发展,构建文博领域消费新模式。数字藏品集合了大量的文物、艺术品等珍贵资源,围绕这些资源形成了一个共同的社群,人们可以通过数字藏品平台展示、交流、分享自己的收藏品或书写评论。

作为一种文创新形态,数字藏品把文博资源背后的历史文化以更年轻化的体验方式传递出来,有利于推动优秀传统文化创造性转化和创新性发展。但与此同时,尚处于早期探索阶段的文物数字藏品也存在不少监管问题与经营风险。

三、数字藏品的特点

数字藏品是一种基于区块链技术的数字资产,其特点包括去中心化、可流通性、唯一性、隐私保护。

(一)去中心化

数字藏品发行平台主要采用去中心化的模式,由用户通过交易平台购买数字藏品,由平台生成唯一的数字藏品编码。平台无须通过第三方发行,直接通过自身的区块链系统发行,从而实现去中心化。

在数字藏品交易过程中,一方面,用户可以直接通过交易平台购买自己心仪的数字藏品,不需要经过第三方机构;同时,在交易过程中也可以根据自身喜好进行自主定价,可以购买到自己喜欢的数字藏品。另一方面,由于区块链的分布式特征,用户可以随时查看数字藏品的流转情况以及相关交易信息。

这种模式有利于保护用户的隐私信息,避免非授权方利用用户信息进行非法活动,同时也为平台自身提供了更多的增值服务。

(二)可流通性

可流通性是数字藏品区别于传统艺术品的另一大特征。数字藏品的流通性体现在以下几个方面:

(1)确权和溯源。在确权方面,数字藏品不像实体收藏品,需要通过第三方机构进行鉴定、盖章等才能证明其版权。在确权之后,数字藏品的所有权就归购买人所有。购买人可以通过数字藏品的平台对其进行溯源,保证其真实性。

(2)可交易。数字藏品是通过区块链技术进行发行,但发行的本质是一种数字化的资产。因此,数字藏品可以被作为一种数字化的资产进行交易和流通。尤其是一些传统艺术品,无法以实体形式进行交易和流通,但其作为数字化资产可以实现可交易性。

(3)可应用。数字藏品不仅可以用于收藏,还可以在某些场景下进行应用。例如,通过购买数字藏品获得 NFT 后,在一些特定场景下,可以通过 NFT 对其进行模拟或复制后再进行使用。比如,在演唱会现场通过 NFT 对其进行数字化还原后再进行表演、投票等。此外,通过购买数字藏品,还可以与其他数字藏品联合收藏、展览、投资等。

(三)唯一性

数字藏品与虚拟货币、区块链等技术一样,也是基于互联网而产生的新型文化产品。数字藏品的唯一性是指其不可复制和篡改,具有唯一性的数字产品可以实现资产化、数字化,可以向公众公开展示和交易。

数字藏品的唯一性是基于区块链技术而产生的,其唯一性来源于区块链的分布式记账模式。在区块链上,所有数字作品、艺术品都会被记录到一个分布式账本上,这个分布式账本由全网所有节点共同维护。每一个用户都可以在该账本中记录自己拥有的每一件作品、艺术品,都有自己唯一的标识和编码,所以每个用户都拥有一份独一无二的数字证书,这些证书是整个区块链上不可篡改的,每一件作品、艺术品都具有唯一性。

(四)隐私保护

数字藏品发行平台在为用户提供服务时,一般需要获取用户的姓名、手机号、身份证号等信息,并且这些信息有可能被第三方使用,所以为了保护用户的隐私,数字藏品平台需要采取一定的隐私保护措施。通常而言,数字藏品平台会采用数据加密技术、访问控制和匿名化技术来保护用户的个人信息不被泄露。具体而言,数据加密技术是指利用加密算法,对数字作品、艺术品等进行加密处理,使其在不被公开或窃取的情况下进行传输、存储和使用。访问控制是指对数字藏品平台内数据进行访问控制,使其只能被授权人员访问。匿名化技术是指在不泄露个人信息的情况下,对数字藏品信息进行匿名化,从而保护用户的隐私。

四、数字藏品的技术及应用场景

(一)数字藏品的技术

数字藏品使用的技术包括数字化、云计算和区块链等。

(1)数字化。数字化是数字藏品的基础技术,它通过扫描、拍摄或其他技术将文物、艺术品等物品的图像、声音、视频等转换成数字形式保存在计算机中。

(2)云计算。数字藏品通常需要存储大量的数据,而云计算可以提供高效可靠的数据存储和处理能力,使得数字藏品能够更好地进行管理和维护。

(3)区块链。区块链技术可以为数字藏品提供去中心化的保护和交易机制。通过区块链技术,数字藏品所有者可以保证数字藏品的唯一性和真实性,而数字藏品交易也可以快速、安全、透明地完成。

(4)虚拟现实和增强现实技术。数字藏品可以通过虚拟现实和增强现实技术呈现出更加生动、立体的效果。通过虚拟现实技术,人们可以在虚拟环境中亲临文物、艺术品等,感受真实的历史和文化;而增强现实技术则可以将数字藏品与现实场景结合起来,提供更加沉浸式的体验。

(5)人工智能技术。数字藏品也可以利用人工智能技术进行数据分析和挖掘,以及图像识别和分类等方面的应用,为数字化收藏品的管理和研究提供更多支持。

综上所述,数字藏品的技术应用涵盖了数字化、云计算、区块链、虚拟现实和增强现实技术、人工智能技术等多个领域,这些技术的不断进步和创新为数字文化遗产的保护、传承和发展提供了新的契机和可能。

(二)数字藏品应用场景

1. 文创领域

文创领域最多的是1∶1或大量发售的图像艺术收藏品,通过区块链技术将数字或实体的艺术收藏品制作成"数字藏品",可确保藏品的唯一性、真实性、永久性。音乐数字藏品也在逐渐发力。利用区块链技术,将数字音乐的专辑或单个音乐制作成数字音乐藏品,确保数字音乐版权和归属,可有效避免盗版和侵权。例如,支付宝在2022年9月推出的《镇魂街》系列虚拟手办,QQ音乐推出的限量版《十三邀》黑胶唱片NFT,阅文集团推出的网文数字藏品《大奉打更人之诸天万界》。

2. 体育领域

体育类数字藏品可将体育类周边上链制作成数字藏品发行,满足新一代体育迷的消费需求。部分球迷群体也可分流到数字藏品市场,从而给平台带来更多新鲜血液,进一步扩大用户群体。例如,阿里巴巴在欧洲杯期间,与合作赛事举办方为射门榜前三名球员颁发"上链"奖杯;中体数科发行"首届北京马拉松纪念徽章"等6款体育数字藏品。

3. 游戏领域

国际上涉及游戏类NFT的多是GameFi,其将游戏中的资产,包括土地、人物、服务、道具、积分等记录在链上,以保证游戏资产的稀缺性和有效流通。而国内市场因半中心化的平台架构和无法自由流通的交易市场,非收藏品项游戏类数字藏品暂且还未落地。

4. 票务类

票务类数字藏品将各种类型的门票,包括实体门票和数字型门票,上链铸造成数字藏品,这既有助于门票的确权和流转,并降低票务成本,又符合了市场热点,以全新的营销手段吸引流量。2022年3月3日,中国东方演艺集团携手阿里文娱,在淘票票及鲸探推出中国演出行业首个数字藏品——《只此青绿》数字藏品纪念票及系列创新数字藏品。

5. 衍生应用场景

衍生的数字藏品的应用场景包括数字保险、数字教育、数字科研、数字社交、元宇宙等。这些领域面临着数字藏品类似的痛点,包括产权确权、知识产权保护等,而区块链技术可以精准有效地解决这些痛点,实现可追溯、可确权、可收藏、可交易等,同时数字藏品应用场景将不断扩展,与各领域结合更加紧密,进而促进数字收藏衍生品的价值发现。

数字科研将实体生物样本、实验数据等上链,记录和追踪生物样本的来源和使用信息,提升科研领域资源的开放性,减少抄袭和维权风险。

数字教育可将网络上的教育视频、课堂等资源上链做成数字教育产品,助力教育资源的确权和流转,将知识真正的价值体现出来。

课堂案例

数字产品交易平台:腾讯集团的幻核 App

腾讯"幻核"的定位较为直接且简单,首先注册用户需要通过身份证进行验证,其次其只有购买和体验数字展览的两个功能,同时用户可搭建自身的藏品展示库,但不具备允许其他用户参观的功能。其产品价格在 50 元至 200 元之间。

幻核平台最大的特点便是开发了 AR 线上展览的功能,它与荣宝斋、故宫等许多文物馆藏的官方机构合作,借助 AR 技术打造线上限时虚拟数字特展,让用户能够通过手机屏幕沉浸式地体验到馆藏文物,同时支持用户在线下扫描展品进入 AR 特展。技术的引进让文物不再局限于博物馆的四维空间,而是每个消费者都能够有机会接触到传统文化与艺术瑰宝,技术搭载平台为民众打造文化盛宴。

幻核对于藏品的销售是通过预约抽奖发放购买名额,用户可以在详情页看到 3D 的藏品视频。幻核目前的合作对象均为官方机构,如南京市博物馆、杭州十竹斋艺术馆、吉林博物馆等,所涉及的数字藏品类型多为书画文物,同时为品牌方如壳牌、LINE FRIENDS 等提供其自主设计的藏品的销售渠道。

幻核目前是国内唯一一个合规运营的平台中不支持藏品转让的,这一方面从源头上杜绝了本平台的数字藏品进入市场被炒价的可能性,另一方面也提高了数字藏品的稀有性,刺激了消费者的购买欲望。并且幻核的页面会实时滚动"购买数字藏品有风险,希望藏家树立正确购买理念,理性参与,感受数藏科技之美"的提示,虽然平台并未推出任何限购管理条例,但通过滚动字幕条来表达平台对于合理消费抵制炒价的态度,能在一定程度上博得消费者的好感与青睐,且该行为的唯一性也能够强化其在数字藏品受众中的记忆度。

五、数字藏品发展趋势

随着网络的普及和数字文化的不断发展,数字藏品逐渐成为一种新型的收藏形式。数字藏品包括数字版权、数字艺术品、数字音乐以及数字视频等,它们利用数字化技术进行保护,并在网络上进行传播和交易。在未来的发展中,数字藏品将会表现出如下的发展趋势。

(一)数字化技术的不断完善

数字藏品是以数字技术为中心的,其品质与收藏价值与数字技术的发展程度密切相关。在持续改进的数字化技术下,数字藏品不但能够确保高质量的数字化传输,还能够复制并保存更多的文化遗产,从而让文化遗产能够更好的保护和传承。

(二)数字藏品市场的商业化发展

在我国数字藏品的商品化程度不断提高的情况下,其价值受到了众多收藏家的重视,其参与的次数也日益增多。数字藏品的价值逐渐得到了全社会的认可,它已经变成了一种重要的经济形态,在将来,更多的高价格的数字藏品将会出现。

(三)保护数字版权的需求增加

在数字藏品蓬勃发展过程中,著作权的保护问题也是一个空前的课题。比如,随着数码音乐的流行等,越来越多的人选择数码平台来欣赏数码音乐。随后出现的盗版和非法下载,已经对数码音乐的商业生态造成了严重的威胁,同时,数码权利的维护也越来越重要。

(四)加强对数字化文化遗产的研究与保护

随着数字技术的进步,越来越多的文物开始进行数字化保存,对数字文物的研究与保护也越来越受到世界各国的重视。比如,在数字博物馆中,通过数字媒体展示、数字化收藏、文物保护、数字保管等诸多技术手段,可以帮助人们展现出文化遗产的价值,从而让公众能够更直观地了解到文化遗产。

(五)数字艺术品的新兴市场将扩大

在目前数字藏品市场上,数码艺术品所占的比重日益增大。数码艺术作品的独特性就是运用数码科技进行创作,这使得数码艺术作品有别于传统艺术作品。随着数码艺术品的流通,其价格也在节节攀升,其发展前景将更加广阔。

总之,随着科技的不断进步和数字化技术的不断发展,数字藏品在今后的发展中有着更为广泛的应用。在数字化技术的协助下,数字藏品将立足于国际市场,并将进一步普及,机构、收藏家以及艺术家都将在今后更多地参与到数字藏品的市场中,进行相互的竞争与合作。数字藏品将会成为文化艺术品市场的一个重要组成部分,对于文化、教育等各个领域产生积极的促进作用。

本章小结

1.数字文化是指以计算机、互联网,以及数字化视频信息采集、处理、存储和传输技术为基础的文化的数字化共享。文化资源的数字化分为两个阶段,第一阶段是将物理形态的资源转化为数字化的形态;第二阶段是在收集了大量文博数据的基础上,完成文化数字转化和创新发展的过程。

2.数字文化资源除了拥有文化资源的特点外,还具有无体性、可支配性和可再生性、文化价值性以及更强的生命力、渗透力的特点。

3.数字文化资源作为优秀传统文化的映射和拓展,是网络资源的重要组成部分,其重要性主要表现在数字文化资源拓展和"活化"了文化资源,扩大了文化资源宣传和推广的力度,提高了文化资源利用便捷性,实现了文化资源保护与传承,以及推动和支持文化产业快速发展。

4.文化资源数字化的对象主要包括珍贵历史音频资料的数字化修复、近代视频资料的数字化转化、书画等艺术品与纸质艺术档案的数字化、文物资源的数字化。

5.数字藏品是一种使用区块链技术保证其所有权和真实性的数字资产,包括数字艺术品、加密货币、虚拟地产等。数字藏品的价值来自其独特性、稀缺性和市场需求。数字藏品具有去中心化、可流通性、唯一性、隐私保护的特点。

6.数字藏品的技术应用涵盖了数字化、云计算、区块链、虚拟现实和增强现实技术、人工智能等多个领域,数字藏品主要应用的场景包括文创、体育、游戏、票务以及衍生应用场景。

思考与练习题

1.什么是数字文化和数字文化资源?
2.简述数字文化资源的特点。

3. 简述文化资源数字化的对象。
4. 简述文化资源数字化的基本路径。
5. 举例说明我国文化资源数字化的必要性。
6. 简述数字藏品出现的背景和意义。
7. 数字藏品的应用场景主要有哪些?

案 例

灵境·人民艺术馆数字化之路

为了给当代中青年艺术家及优秀艺术作品提供数字转化平台,用数字技术服务大众艺术,2022年1月25日,灵境·人民艺术馆正式上线,为艺术品数字确权、数字出版、数字转化、数字认证等提供服务。

一、数字文化创作新思路

1. 注重内容质量,聚焦文化价值

数字技术为文化数字化诞生出的新作品提供全新的展现形式和更多可能性。但是,形成作品的基础是有足够的文化内涵作支撑。没有文化内核,数字作品就会流于泛泛。

灵境·人民艺术馆坚持为大众提供兼具美学性、艺术性的优秀数字艺术藏品,与多位艺术家合作,推出多期高品质数字艺术藏品,实现了传统文化作品的成功跨界和破圈;在传统节日推出相应的数字艺术藏品,唤起大众对传统文化的关注,弘扬社会美德;与国家知识产权局等单位合作,推出知识科普公益作品,回归社会价值。自上线以来,灵境·人民艺术馆累计发行17个系列的数字艺术藏品,涉及艺术家作品、馆藏艺术、音乐、文旅、影视、游戏等多类主题。

2. 注重确权,合法发掘文化资源

从传统文化中汲取灵感和内容,是文化资源数字化的一大趋势。2022年,国家文物局提出"文博单位不应直接将文物原始数据作为限量商品发售",对文物藏品类资源的利用提出了新要求,对文物进行简单数据复刻已成为"过去式"。

灵境·人民艺术馆坚定文化创新的道路,与敦煌研究院、秦始皇帝陵博物院等拥有众多藏品资源的文博单位合作。在获得授权后,以文物资源为参考,通过发掘文物的文化价值和精神内涵进行创作,以数字技术传播文物价值,以创新手段讲好中国故事。如与秦始皇帝陵博物院联合推出"博古通今 数字秦俑"国际博物馆日数字艺术藏品,通过提取将军俑、车士俑、立射俑、跪射俑等13款兵马俑的形象和特征,参考历史资料,制作成扁平化风格的短视频数字产品,让兵马俑"动"起来。同时,发行搭配多篇趣味科普文章,延伸数字艺术藏品的文化价值。

3. 虚实融合,助力实体经济发展

文化资源数字化,要把握准确服务现实社会和实体经济的定位和作用,才具有长远价值。文化创意产品数字化的同时,关联获得相应进阶的实物产品,打造虚实结合的数字新文创,可为数字资产市场注入更持久、更具消费价值的推动力。

数字文化与旅游融合是灵境·人民艺术馆力求以科技赋能实体经济发展的一大尝试。灵境·人民艺术馆与华山景区合作,以"数字艺术藏品＋景区文创"的形式推动数字经济与实体经济的融合,通过科技力量带动文化传播,支持文旅产业繁荣发展。

除了制作景区数字艺术藏品,灵境·人民艺术馆未来还将通过开展红色主题线上展览、设计景区云游体验、发行旅游盲盒、制作景区数字门票等形式,增加数字作品内容交互能力,为作品赋予更多收藏意义,在提升数字作品价值的同时,提升文旅 IP 的影响力,引流线下消费,从而实现数字文化赋能实体经济。

二、探索数字发行新模式

灵境·人民艺术馆在数字艺术藏品发行上进行了新的尝试,将数字艺术藏品纳入数字出版领域,通过内容编校、审核和出版审查提升数字艺术藏品发行的合规性。平台所售出的数字艺术藏品均已通过中宣部出版局审核并获得数字出版物版号(ISBN 版号)。

从审核角度来看,将数字艺术藏品纳入出版领域,是一条具有较高可行性的监管路径:可进行作品版权审核和溯源;可明确价值导向;可筛选出高品质、具有社会效益的艺术作品,提升行业整体作品质量。从行业可持续发展角度看,将数字艺术藏品纳入数字出版物范畴,有助于税务机关依法按照相关税种征税,有利于塑造有秩序的交易市场。

三、开展行业研究,共同探讨发展道路

1. 建立行业智库,推动行业学术发展

如何促进数字资产市场的规范发展、完善数字资产相关政策及监管模式、协调金融科技创新平台发展,是目前数字文化产业学术研究和应用研究的关键课题。2022 年 7 月,灵境·人民艺术馆与新诤信集团联合成立了人民灵境研究院,通过组织理论研究、学术探讨及实践调查,推动行业标准制定,完善管理规范,建立监管模式,与学界、业界展开广泛交流,积极发挥智库作用,为艺术品数字转化提供行业及平台支撑、决策咨询。研究院广泛邀请金融机构、大数据研究、文化版权交易、数字出版方面的企业、专家学者,针对数字资产及数据要素交易、数字版权交易平台建设等课题进行研究。

2. 探讨数字资产交易、结算、流通

部分专家学者认为,以数字空间、数字藏品为代表的数字资产将是未来交易的重要类别。在数字经济中,元宇宙应该是现实世界的数字映射,其目的是通过发展三维虚拟现实技术工具,提升现实世界的管理能力,扩大人民生活的福利边界。将以数字藏品为代表的数字资产交易与产业发展相结合,带动更多文创领域的创业孵化和投入,实现传统文化、数字创新以及创业发展的三融合,对推动产业升级、优化经济结构和创造经济增长点将起到积极作用。当然,在开展相关的数字资产交易时,也要避免诱导人们通过游戏逃避现实、跟风炒作,引发新的经济泡沫。

数字资产交易需要明晰的产权、完善的要素市场化配置机制以及配套健全的相关政策体系。数字资产交易的过程中,要根据交易标的、交易类型及交易形式等设定相关的审查机制,既满足监管要求,也满足市场各类主体对于效率的要求,建议数字资产在监管机构的指导下通过"监管沙箱"等试点方式审慎推进。

综上所述,在国家文化数字化战略的推动下,数字文化产业发展恰逢其时。灵境·人民艺术馆通过多点合作聚焦文化价值,注重作品确权,注重虚实融合,优化数字艺术藏品产业链;通过将数字艺术藏品纳入数字出版审核管理,优化管理模式;成立人民灵境研究院,建立行业智库,为行业发展注入活力。今后,灵境·人民艺术馆将持续探索产业融合新模式,为数字文化产业有序运行提供参考、贡献力量。

案例思考题:

灵境·人民艺术馆数字化的经验有哪些,有什么借鉴意义?

第十章 文化遗产保护与传承

学习目标

1. 掌握世界文化遗产、非物质文化遗产的含义；
2. 理解世界文化遗产的标准；
3. 了解非物质文化遗产的分类；
4. 掌握文化遗产保护的手段与方法；
5. 了解非物质文化遗产的生产性保护；
6. 了解世界重要农业文化遗产、世界灌溉工程遗产；
7. 了解工业遗产保护与发展；
8. 掌握文化遗产保护的概念；
9. 掌握文化遗产保护的必要性；
10. 掌握我国文化遗产保护的主要措施和取得的成绩；
11. 掌握我国国家文化公园的建设情况；
13. 了解国际上文化遗产保护的演变历程。

文化遗产是人类在社会历史实践中创造的具有文化价值的物质财富。精神财富遗存是人类赖以生存和发展的珍贵资源。文化遗产是人类历史活动的珍贵见证，保护好、传承好文化遗产，对于赓续历史文脉具有重要意义。保护文化遗产，保持民族文化的传承，是连接民族情感纽带、增进民族团结和维护国家统一及社会稳定的重要文化基础，也是维护世界文化多样性和创造性，促进人类共同发展的前提。加强文化遗产保护，是建设先进文化，贯彻落实科学发展观和构建和谐社会的必然要求。

第一节 文化遗产的定义

遗产，本义先人遗留的财产，英语中源于拉丁语"遗产"（heritage）一词，意为"父亲留下可为子孙继承的财产"，与古汉语中的遗产一词词义基本相同。文化遗产是个合成词，前者是限定词，后者是中心词。当今国际社会流行的文化遗产一词，本是西方人士指称物质形态的人类文化遗产而率先使用的术语。联合国教科文组织第17届大会上通过了《保护世界文化和自然遗产公约》，使用文化遗产一词而为世界各国所接受。所谓文化遗产，指先人留下的具有文化价值的财产或财富。但是，文化遗产概念的形成，并为世界各国人民所普遍接受，却是在20世纪中叶以后。

一、文物的概念

文物一词本为古汉语中的熟词。文物,顾名思义,它是物质的,是具备一定文化属性的有形的具体存在。文物,其实只是一个较为学术的说法,但对于文物的确切定义,学术界还没有达成一个普遍的共识。现在一个普遍流传的共识是将过去遗留下来的具有历史价值、艺术价值和科学价值的遗存称为文物。《现代汉语词典》(第7版)中对文物的释义为:历代遗留下来的在文化发展史上有价值的东西,如建筑、碑刻、工具、武器、生活器皿和各种艺术品等。

2007年12月29日第十届全国人民代表大会常务委员会第三十一次会议通过了修正的《中华人民共和国文物保护法》,对文物的内容和文物的范围做了明确的规定。《中华人民共和国文物保护法》第二条规定,在中华人民共和国境内,下列文物受国家保护:

(1)具有历史、艺术、科学价值的古文化遗址、古墓葬、古建筑、石窟寺和石刻、壁画;

(2)与重大历史事件、革命运动或者著名人物有关的以及具有重要纪念意义、教育意义或者史料价值的近代现代重要史迹、实物、代表性建筑;

(3)历史上各时代珍贵的艺术品、工艺美术品;

(4)历史上各时代重要的文献资料以及具有历史、艺术、科学价值的手稿和图书资料等;

(5)反映历史上各时代、各民族社会制度、社会生产、社会生活的代表性实物。

二、文化遗产的概念形成

文物的含义与现今国际通用的物质文化遗产一词含义基本一致。可是,文物的概念内涵和外延及其使用的意义却不及文化遗产的概念。因为文物限定为物质形态的文化遗存,只能涵盖物质文化遗产的范围,已经不能满足当今全球化、现代化过程中必须对物质的和非物质的文化遗产进行全面保护与利用的要求,而现今国际通用的文化遗产概念已经在适应其要求的实践中扩展为包括物质文化遗产和非物质文化遗产的大概念。

我国普遍使用国际通用概念的文化遗产这一词语,是自1985年加入《保护世界文化和自然遗产公约》以来。不过,国际社会起初认同的文化遗产概念仅指物质文化遗产。《海牙公约》和《保护世界文化和自然遗产公约》中的文化遗产,指称的是文化财产或文化遗产。随着世界遗产保护实践的深入和对文化遗产认识的深化,国际社会逐渐形成文化遗产既包括物质文化遗产又包括非物质文化遗产的共识。

对文化遗产形成的共识,联合国教科文组织经过了长达30多年对非物质文化遗产保护的探讨和实践。2003年联合国教科文组织第32届大会上通过了《保护非物质文化遗产公约》,不仅将非物质文化遗产作为国际法律术语确定了下来,而且也使国际通用的文化遗产一词的概念更加完善。

据《保护非物质文化遗产公约》对非物质文化遗产的界定,非物质文化遗产大致属于中国所称民间传统文化的范畴。中国政府于2003年在全国启动中国民族民间文化保护工程。关于民族民间文化的保护内容,不仅基本涵盖了《保护非物质文化遗产公约》定义的种类,且依据国情比《保护非物质文化遗产公约》约定的范围更为宽泛。中国政府使用国际通用的文化遗产概念并首次予以阐明的重要文件是国务院于2005年下发的《关于加强文化遗产保护的通知》,通知对文化遗产的概念阐明即采用了国际通用概念的含义,且依据我国实际沿袭并综合了中国关于文物和民间文化的传统认识。

可以说，国际通用的文化遗产概念是随着20世纪世界各国尤其是西方发达国家越来越重视文化遗产的保护与利用而逐渐形成的，是在联合国教科文组织的主导下推进世界遗产保护运动的过程中逐步确定的，这一概念的形成和普及具有广泛的文化意义和社会意义。

第二节 世界遗产

一、世界遗产的概念

世界遗产的概念起源于第二次世界大战后，当时各国经济复苏，大力进行现代化城市建设，人类自然和历史人文环境以及文物古迹遭受急速的改变和破坏。在此背景下，保护自然和文化遗产的价值观日益高涨，同时国际合作共同保护人类遗产的意识也在不断提高和发展。1959年，埃及兴建的尼罗河阿斯旺水坝导致阿布辛贝神殿及菲莱神殿等努比亚珍贵古迹区面临永久沉入水底的危险。为了挽救这两座神殿，当时联合国教科文组织呼吁世界各国共同保护遗迹，并最终在许多国家的协助下完成迁移工程。联合国教科文组织发起的"努比亚行动计划"（Nubia International Campaign），对数百处古迹和文物进行发掘并记录，并将许多重要的神庙进行仔细分解，然后运到高地重新组装，其中便包括阿布辛贝神殿和菲莱神殿。"努比亚行动计划"于1980年3月10日结束，取得了很大的成功。

1965年，"世界遗产（world heritage）"这一概念被首次提出。1972年，联合国教科文组织在世界文化遗产总部巴黎通过了《保护世界文化和自然遗产公约》，成立联合国教科文组织世界遗产委员会，其宗旨在于促进各国和各国人民之间的合作，为合理保护和恢复全人类共同的遗产作出积极的贡献。

《保护世界文化和自然遗产公约》主要规定了文化遗产和自然遗产的定义，文化和自然遗产的国家保护和国际保护措施等条款。公约规定了各缔约国可自行确定本国领土内的文化和自然遗产，并向世界遗产委员会递交其遗产清单，由世界遗产大会审核和批准。凡是被列入世界文化和自然遗产的地点，都由其所在国家依法严格予以保护。

《保护世界文化和自然遗产公约》规定文化遗产为"从历史、艺术和科学观点来看具有突出的普遍价值的建筑物、碑雕和碑画，具有考古性质成份或结构、铭文、窟洞以及联合体"，例如中国的故宫；"从历史、艺术和科学角度看在建筑式样、分布均匀或环境风景结合方面具有突出的普遍价值的单立或连接的建筑群"；"从历史、审美、人种学或人类学角度看具有突出的普遍价值的人类工程或自然与人联合工程及考古地址等"，例如中国的长城、秦始皇陵。文化遗产保护区包括：历史建筑、历史名城、重要考古遗址和有永久纪念价值的巨型雕塑及绘画作品。

《保护世界文化和自然遗产公约》规定自然遗产为："从审美和科学角度看具有突出的普遍价值的由物质和生物结构或这类结构群组成的自然面貌"；"从科学或保护角度看具有突出的普遍价值的地质和自然地理结构以及明确划为受威胁的动物和植物生境区"；"从科学、保护或自然美角度看具有突出的普遍价值的自然景观或明确划分的自然区域"，例如中国的三江并流、九寨沟、武陵源。自然遗产保护区包括：国家公园和其他早已指定的物种保护区。

为了保护和传承人类文化，联合国教育科学文化组织、粮农组织、国际灌溉排水委员会、国际工业遗产保护委员会等国际组织建立文化、自然、农业、灌溉、工业等遗产保护机构，对国际范围内人类共有的具有杰出普遍性价值的文化、自然、农业、灌溉、工业等处所建立遗产保护名录,对各类遗产进行保护。世界遗产是人类文化的保护与传承的最高等级。

二、世界文化和自然遗产

世界遗产分为世界文化遗产、世界文化与自然双重遗产、世界自然遗产三大类。国际文化纪念物与历史场所委员会等非政府组织作为联合国教科文组织的协办组织,参与世界遗产的甄选、管理与保护工作。

(一)世界文化和自然遗产概述

1. 世界文化遗产

世界文化遗产专指"有形"的文化遗产,和联合国教科文组织的另一项"非物质文化遗产"完全不同。世界文化遗产主要包括古遗址、古墓葬、古建筑、石窟寺、石刻、壁画、近代现代重要史迹及代表性建筑等不可移动文物,历史上各时代的重要实物、艺术品、文献、手稿、图书资料等可移动文物,以及在建筑式样、分布均匀或与环境景色结合方面具有突出普遍价值的历史文化名城(街区、村镇)。具体包括:

(1)文物古迹。从历史、艺术或科学角度,具有突出普遍价值的建筑、纪念性雕塑和绘画、具有考古性质的构筑物或元素、铭文、洞窟以及综合体。

(2)遗址。从历史、美学、民族学或人类学角度,具有突出普遍价值的人类作品,或自然与人的共同作品及包括考古遗址的区域。

(3)建筑群。从历史、艺术或科学角度,在建筑整体性、分布均匀或与环境相结合方面,具有突出普遍价值的单立或连接的建筑群。我国的四大古建筑群包括:承德避暑山庄、山东曲阜三孔、北京故宫、山东泰安岱庙,四大古建筑群均已列入世界文化遗产名录,同时也是世界著名的旅游胜地。

(4)遗产运河。运河是人类兴建的水路。历史运河可以被看作一个文物古迹,一种线性文化景观的决定性特征,或是一个复杂的文化景观中的一个组成部分。运河本质上作为文化遗产类型的一个特例,都可能具有突出的普遍价值。

(5)遗产线路。遗产线路的概念丰富多彩,它由各种切实的要素组成,这些要素的文化意义来自跨国界和跨地区的文化交流与多维对话,说明了这条线路上的运动在空间和时间上的交互作用。遗产线路提供了一种特殊构架,对相互理解、对待历史的多样态度与和平文化都将起到一定作用。

(6)历史城镇与中心。历史城镇主要包括三种:无人居住但保存完好的历史城镇,此类城镇一般符合真实性的评价标准且保护状况相对易于控制;尚有人居住的历史城镇,这些城镇在社会经济、文化的变化中不断发展,因此真实性的评估会更加困难,保护政策也存在较多问题;20世纪的新镇,此类城镇最初的城市组织结构仍清晰可见,它的历史真实性不容置疑,但由于未来的不确定性,它的发展基本不可控制。

2. 世界自然遗产

《保护世界文化和自然遗产公约》规定自然遗产为:"从审美和科学角度看具有突出的普遍价值的由物质和生物结构或这类结构群组成的自然面貌","从科学或保护角度看具有突出的普遍价值的地质和自然地理结构以及明确划为受威胁的动物和植物生境区";"从科学、保护或自然美角度看具有突出的普遍价值的自然景观或明确划分的自然区域"。自然遗产保护区包括：国家公园和其他早已指定的物种保护区。

3. 文化与自然双重遗产

世界文化与自然双重遗产,指文化与自然混合遗产,简称"混合遗产""复合遗产""双重遗产"。按照《实施保护世界文化与自然遗产公约的操作指南》,只有同时部分满足《保护世界文化与自然遗产公约》中关于文化遗产和自然遗产定义的遗产项目才能成为文化与自然双重遗产。1987年,我国"泰山"项目申报世界遗产时,主要是申报自然遗产类型,但是我们提交的文本上对泰山的自然遗产价值和文化遗产价值都有充分表述。联合国教科文组织经过考察,高度认可了泰山同时具有两种遗产价值,在世界上开创了"混合遗产"的新类型。

4. 文化景观

联合国教科文组织世界遗产中心《实施保护世界文化与自然遗产公约的操作指南》明确指出:"文化景观属于文化遗产,代表着'自然与人的共同作品'。它们反映了因物质条件的限制和/或自然环境带来的机遇,在一系列社会、经济和文化因素的内外作用下,人类社会和定居地的历史沿革。"

文化景观这一概念是1992年12月在美国圣菲召开的联合国教科文组织世界遗产委员会第16届会议时提出并纳入《世界遗产名录》中的。文化景观的评定采用文化遗产的标准,同时参考自然遗产的标准。为区分和规范文化景观、文化遗产、文化与自然混合遗产的评选,《实施保护世界文化与自然遗产公约的操作指南》对文化景观的原则进行了规定:文化景观,"能够说明为人类社会在其自身制约下、在自然环境提供的条件下以及在内外社会经济文化力量的推动下发生的进化及时间的变迁。在选择时,必须同时以其突出的普遍价值和明确的地理文化区域具有代表性为基础,使其能反映该区域本色的、独特的文化内涵";关联性文化景观:这类景观列入《世界遗产名录》,以与自然因素和强烈的宗教、艺术或文化相联系为特征,而不是以文化物证为特征。庐山、五台山、杭州西湖、红河哈尼梯田、左江花山岩画、普洱景迈山古茶林是中国57项"世界遗产"中仅有的6项文化景观。

5. 濒危世界遗产

在世界遗产之中,还有一类特殊的世界遗产——濒危世界遗产。自1994年以来,为保护世界遗产,联合国教科文组织加强了世界遗产的监测工作,将存在严重问题的遗产列入《濒危世界遗产名录》。一部分世界遗产由于自然因素或是人为因素遭受到了破坏,在这种情况下,遗产所在缔约国可向世界遗产中心申请援助,将其列入《濒危世界遗产名录》,而后采取措施修复和保护世界遗产。如果通过后续的修复维护措施,该遗产的状况能渐渐恢复,那么经由世界遗产委员会评估,可将其从《濒危世界遗产名录》中去除。

(二)世界文化和自然遗产认定的标准

为了保护世界文化和自然遗产,联合国教科文组织于1972年11月16日在第十七次大会上正式通过了《保护世界文化和自然遗产公约》。1976年,世界遗产委员会成立,并建立了《世界遗产名录》。要成为世界遗产,必须符合一定的标准。

1. 世界文化遗产的认定标准

凡被推荐列入《世界遗产》的文化遗产,须至少符合下列一项标准,并同时符合真实性标准:①能代表一项独特的艺术或美学成就,构成一项创造性的天才杰作;②在相当一段时间或世界某一文化区域内,对于建筑艺术、文物性雕刻、园林和风景设计、相关的艺术或人类住区的发展已产生重大影响的;③独特、珍贵或历史悠久的;④构成某一类型结构的最富特色的例证,这一类型代表了文化、社会、艺术、科学、技术或工业的某项发展;⑤构成某一传统风格的建筑物、建造方针或人类住区的典型例证,这些建筑或住区本身是脆弱的,或在不可逆转的社会文化、经济变动影响下已变得易于损坏;⑥与有重大历史意义的思想、信仰、事件或人物有十分重要的关系。它在设计、材料、施工或环境方面的真实性都要经得起考查。真实性不仅仅关系到文物的初始形式和结构,而且也要关系到文物存在过程中有艺术和历史价值的后加的修改和增添。

课堂案例

故宫列入世界文化遗产的标准

一、故宫符合世界遗产遴选标准:
(1)故宫根据文化遗产遴选标准C(Ⅲ)(Ⅳ)被列入《世界遗产名录》;
(2)2004年沈阳故宫作为明清故宫的扩展项目入选《世界遗产名录》。
二、世界遗产委员会对故宫(明清故宫)的评价:
(1)紫禁城是中国五个多世纪以来的最高权力中心;
(2)它以园林景观和容纳了家具及工艺品的9000个房间的庞大建筑群,成为明清时代中国文明无价的历史见证。

2. 世界自然遗产的认定标准

凡被推荐列入《世界遗产》的自然遗产,须至少符合下列一项标准,并同时符合真实性标准:①代表地球演化的各主要发展阶段的典型范例,包括生命的记载、地形发展中主要的地质演变过程或具有主要的地貌或地文特征;②代表陆地、淡水、沿海和海上生态系统植物和动物群的演变及发展中的重要过程的典型范例;③具有绝妙的自然和物种多样性的栖息地,包括有珍贵价值的濒危物种。

(三)我国的世界文化和自然遗产

1985年11月22日,中国加入《保护世界文化与自然遗产公约》的缔约国行列。1986年,中国开始向联合国教科文组织申报世界遗产项目。1987年,中国正式加入该公约及开始申报世界遗产的工作,同年我国首批便有6个世界遗产成功申报。1999年10月29日,中国当选为世界遗产委员会成员。

1998年5月25日,中国联合国教科文组织全国委员会、建设部、国家文物局在北京联合向被联合国授予《世界自然和文化遗产》的遗产管理单位颁发世界遗产标志牌。"世界遗产"标志开始在中国被列入《世界遗产名录》的地方永久悬挂。世界遗产标志由蓝色线条勾勒出的代表大自然的圆形与代表人类创造的方形形状相系相连的图案及"世界遗产"的中英文字样构成。

2005年8月经国家文物局决定,采用四川成都金沙遗址出土的金饰图案作为中国文化遗产标志。精美绝伦的"太阳神鸟"金饰寓意深远、构图严谨、线条流畅,极富韵律,是古代人民深邃的哲学宗教思想、丰富的想象力、非凡的艺术创造力和精湛的工艺水平的完美结合。"太阳神鸟"图案是中华民族对太阳神崇拜的集中体现。"太阳神鸟"图案祥瑞吉祥,是蓬勃向上、团结奋进、和谐包容精神的象征。从2006年起,国务院决定每年六月的第二个星期六为我国的"文化遗产日"。

2023年9月17日,联合国教科文组织世界遗产委员会第45届扩大会议上,审议通过了普洱景迈山古茶林文化景观,将其正式列入《世界遗产名录》,这是全球首个茶主题世界文化遗产。至此,中国世界遗产总数达到57处,其中世界文化遗产39项、世界文化与自然双重遗产4项、世界自然遗产14项。中国是世界上拥有世界遗产类别最齐全的国家之一,也是世界自然遗产数量最多的国家(14项)、世界文化与自然双重遗产数量最多的国家之一(与澳大利亚并列,均为4项)。中国首都北京是世界上拥有遗产项目数最多的城市(7项),中国一共两次承办世界遗产委员会会议(2004年-苏州-第28届、2021年-福州-第44届)。

三、非物质文化遗产

非物质文化遗产是人类世代相承、与人们生活密切相关的各种传统文化表现形式和文化空间。非物质文化遗产既是历史发展的见证,又是珍贵的、具有重要价值的文化资源。

(一)非物质文化遗产的定义

非物质文化遗产是以人为本的活态文化遗产,它强调的是以人为核心的技艺、经验、精神,其特点是活态流变,突出非物质的属性,更多强调不依赖于物质形态而存在的品质。

最初使用"非物质遗产"概念的是联合国教科文组织。20世纪80年代非物质遗产概念开始出现,1982年联合国教科文组织内部特别设置了非物质遗产部门。最早提出非物质文化遗产概念的是日本。日本在1950年颁布的《文化财保护法》中第一次提出了"无形文化财产"概念,"无形文化财产"概念是"非物质文化遗产"概念的主要渊源之一,在内涵和外延上,两个概念基本相同,两个词语可以互相替换使用。中国为了与联合国教科文组织《保护非物质文化遗产公约》的中文文本保持一致,统一使用"非物质文化遗产"的概念。这个概念是适应全面保护和发展文化遗产的需要而产生的。

2003年10月17日通过的联合国教科文组织的《保护非物质文化遗产公约》中对非物质文化遗产的定义:是指被各社区、群体,有时为个人,视为其文化遗产组成部分的各种社会实践、观念表述、表现形式、知识、技能及相关的工具、实物、手工艺品和文化场所。《保护非物质文化遗产公约》根据这一定义,指出非物质文化遗产包括以下五个方面的内容:①口头传达和表达形式,包括作为非物质文化遗产媒介的语言;②表演艺术;③社会实践、礼仪、节庆活动;④有关自然界和宇宙的知识和实践;⑤传统手工艺。

2005年3月,国务院办公厅公布的《关于加强我国非物质文化遗产保护工作的意见》的附件《国家非物质文化遗产代表作申报评定暂行办法》中对非物质文化遗产的定义:各族人民世代相承的、与群众生活密切相关的各种传统文化表现形式(如民俗活动、表演艺术、传统知识和技能,以及与之相关的器具、实物、手工制品等)和文化空间。《国家非物质文化遗产代表作申报评定暂行办法》中指出非物质文化遗产涵盖了六个方面的内容,前五个方面与联合国教科文组织《保护非物质文化遗产公约》界定的五项内容完全一致,在这之外又加了一条,即"与上述表现形式相关的文化空间"。

(二)我国的非物质文化遗产保护

我国是一个历史悠久的文明古国,不仅有大量的物质文化遗产,而且有丰富的非物质文化遗产。我国各族人民在长期生产生活实践中创造的丰富多彩的非物质文化遗产，是中华民族智慧与文明的结晶，是连结民族情感的纽带和维系国家统一的基础。

我国系统化的非物质文化遗产保护政策法规体系建设始于20世纪90年代，国家采用了"先地方后中央"的思路，展开立法体系建设。中国于2004年12月2日正式加入《保护非物质文化遗产公约》，成为世界上最早加入《保护非物质文化遗产公约》的几个国家之一。我国根据《保护非物质文化遗产公约》的规定及其业务指南和其他基本文件的要求，建立了比较完善的非遗保护法律体系和管理体制。在国家层面，我国制定、修改完善了《中华人民共和国非物质文化遗产法》《传统工艺美术保护条例》等法律法规，以及《国家级非物质文化遗产保护与管理暂行办法》《国家级非物质文化遗产代表性传承人认定与管理办法》等部门规章。在地方层面，各地都结合本地文化资源，按照《中华人民共和国立法法》和《中华人民共和国非物质文化遗产法》的规定，制定了省级和设区的市级地方性法规以及民族区域自治地方的单行条例。据不完全统计，截至2023年6月，各地已颁布有关非遗或民族民间文化保护的省级地方性法规41部，设区的市级地方性法规87部，单行条例81部。

作为履行《保护非物质文化遗产公约》缔约国义务的重要内容之一，中国积极推进向联合国教科文组织申报非物质文化遗产名录（名册）项目的相关工作，以促进国际一级保护工作，提高相关非物质文化遗产的可见度。截至2022年12月，中国列入联合国教科文组织非物质文化遗产名录（名册）项目共计43项，总数位居世界第一。其中，人类非物质文化遗产代表作35项（含昆曲、古琴艺术、新疆维吾尔木卡姆艺术和蒙古族长调民歌）；急需保护的非物质文化遗产名录7项；优秀实践名册1项。

建立非物质文化遗产代表性项目名录，对保护对象予以确认，以便集中有限资源，对体现中华民族优秀传统文化，具有历史、文学、艺术、科学价值的非物质文化遗产项目进行重点保护，是非物质文化遗产保护的重要基础性工作之一。我国先后于2006年、2008年、2011年、2014年和2021公布了五批国家级项目名录（前三批名录名称为"国家级非物质文化遗产名录"，《中华人民共和国非物质文化遗产法》实施后，第四、五批名录名称改为"国家级非物质文化遗产代表性项目名录"），共计1557个国家级非物质文化遗产代表性项目（以下简称"国家级项目"），按照申报地区或单位进行逐一统计，共计3610个子项。为了对传承于不同区域或不同社区、群体持有的同一项非物质文化遗产项目进行确认和保护，从第二批国家级项目名录开始，设立了扩展项目名录。扩展项目与此前已列入国家级非物质文化遗产名录的同名项目共用一个项目编号，但项目特征、传承状况存在差异，保护单位也不同。

国家级项目名录将非物质文化遗产分为十大门类，其中五个门类的名称在2008年有所调整，并沿用至今。十大门类分别为：民间文学，传统音乐，传统舞蹈，传统戏剧，曲艺，传统体育、游艺与杂技，传统美术，传统技艺，传统医药，民俗。

截至2023年，我国已经建立了国家、省、市、县四级非物质文化遗产代表性项目名录体系，认定非遗代表性项目10万余项，认定各级代表性传承人9万多人。中国许多非物质文化遗产被国际社会点赞为中国人的"绝活儿"。从传统音乐、传统舞蹈、传统戏剧、传统杂技到书法、木雕、瓷器、刺绣等，其精彩的展示、精湛的技艺、精美的产品，具有跨越时空的魅力。

四、全球重要农业文化遗产

农业文化遗产，是人类与自然和谐相处的典范，是供给人类原材料和食品的重要来源。挖掘整理好农业遗产,并做好农业遗产的活态传承,将会在很大程度上促进生态农业的可持续发展、产业链升级以及农业文化旅游的融合发展。

(一)全球重要农业文化遗产项目

作为历史上人与自然和谐相处的典范,农业文化遗产被称为"关乎人类未来"的遗产。全球重要农业文化遗产(GIAHS)是联合国粮农组织(FAO)在全球环境基金(GEF)支持下,联合有关国际组织和国家,于2002年发起的一个大型项目,旨在建立全球重要农业文化遗产及其有关的景观、生物多样性、知识和文化保护体系,并在世界范围内得到认可与保护,使之成为可持续管理的基础。该项目将努力促进地区和全球范围内对当地农民和少数民族关于自然和环境的传统知识和管理经验的更好认识,并运用这些知识和经验来应对当代发展所面临的挑战,特别是促进可持续农业的振兴和农村发展目标的实现。

全球重要农业文化遗产(GIAHS),在概念上等同于世界文化遗产,联合国粮农组织(FAO)将其定义为:"农村与其所处环境长期协同进化和动态适应下所形成的独特的土地利用系统和农业景观,这种系统与景观具有丰富的生物多样性,而且可以满足当地社会经济与文化发展的需要,有利于促进区域可持续发展。"

按照项目设计,将在世界范围内陆续选择符合条件的传统农业系统进行动态保护与适应性管理的示范。一般而言,这些农业生产系统是农、林、牧、渔相结合的复合系统,是植物、动物、人类与景观在特殊环境下共同适应与共同进化的系统,是通过高度适应的社会与文化实践和机制进行管理的系统,是能够为当地提供食物与生计安全和社会、文化、生态系统服务功能的系统,是在地区、国家和国际水平下具有重要意义的系统,同时也是目前快速经济发展过程中面临着威胁的系统。

按照相关定义及联合国粮农组织所制定的标准,典型的GIAHS包括:①以水稻为基础的农业系统;②以玉米和块根作物为基础的农业系统;③以芋头为基础的农业系统;④游牧与半游牧系统;⑤独特的灌溉和水土资源管理系统;⑥复杂的多层庭园系统;⑦狩猎-采集系统。

(二)全球重要农业文化遗产项目的主要特征

作为一种新型的遗产类型,农业文化遗产除了具有一般文化遗产的特点,更是融经济、生态、技术、文化以及景观等于一体的"活态"遗产,是更加注重人与自然、人地和谐的复合型活态遗产。

农业文化遗产的活态性主要呈现在它的生产功能、生态功能和可持续发展特性上。从生产功能上看,农业文化遗产的生产系统依然是通过精耕细作、间作、轮作等为人类提供丰富、多样化的农产品和服务,保障人类最基本的生计安全。

农业文化遗产体现的是一整套系统,既包括传统农业耕作技术与经验、传统农业生产工具,也包括农业生产民俗与制度、农作物品种以及传统农耕信仰等。这些都需要经过漫长的农业生产活动的积累与沉淀,经过岁月的发展流传下来,这种可持续性是活态传承的最好体现。例如,入选首批中国重要农业文化遗产,同时也入选了世界重要农业文化遗产的云南普洱古茶园与茶文化系统,呈现的是距今3540万年前的宽叶木兰化石,以及树龄2700年的野生古茶树和古老的人工栽培千年万亩古茶园。这些野生古茶树以及古茶园在今天依然是当地重要的农业生产系统,是当地最重要的农业经济作物。

GIAHS的一个显著的特点是其丰富的生物多样性,这种多样性表现在从动植物遗传资源到景观的不同尺度水平上。通过种植不同品种的作物,农民们甚至可以通过较低水平的技术,利用有限的资源,就可以将自然灾害所造成的损失降到最小,并长期保持较为稳定的产量,获得最大的收益。

作为一种新型的遗产类型,GIAHS 与其他世界遗产类型相比,有着显著区别:一方面,它是一类专属于农业的遗产类型;另一方面,GIAHS 是一种更加注重人地和谐的活态的、复合型遗产。

联合国粮农组织的项目负责人曾对 GIHAS 做过准确界定:"GIAHS 主要体现的是人类长期的生产、生活与大自然所达成的一种和谐与平衡。它不仅是杰出的景观,对于保存具有全球重要意义的农业生物多样性、维持可恢复生态系统和传承高价值传统知识和文化活动也具有重要作用。与以往的单纯层面的遗产相比,GIAHS 更强调人与环境共荣共存、可持续发展。"

(三)我国重要农业文化遗产

我国是传统的农业大国,千年厚重的农业文明发展史孕育了我国历史悠久、独特的农业文化。我国也是世界农业文化遗产的倡导者、推动者、实践者和受益者。2013 年,我国开始对重要农业文化遗产进行评选。截至 2022 年,农业农村部已认定六批共 138 项中国重要农业文化遗产,其中有 18 项入选全球重要农业文化遗产名录,数量居世界首位。农业文化遗产,是人类与自然和谐相处的典范,是供给人类原材料和食品的重要来源。

中国重要农业文化遗产是中华民族在长期农耕实践中创造并传承至今的传统农业系统,其申报应具备以下条件:

(1)具有传承发展我国优秀农耕文化的重要价值。农业文化遗产传承历史至少 100 年,在重要农业物种起源传播、重大农耕技术和制度创新推广中有着重要意义,彰显中华民族的思想智慧和价值追求,至今仍具有较强的生产功能,对当地农业生产、农民增收和社会福祉等起着重要作用。

(2)具有明确的核心保护要素和核心保护区域。核心保护要素包括农业物种、生产方式、农业景观、宅院村落、节庆活动、乡风民俗等多个方面,并具有内在关联性;核心保护区域以行政村为单位,不仅包括农业生产系统,也包括乡土文化和生态系统。

(3)具有特色鲜明的传统农业产业和农耕技术知识体系。农业文化遗产的传统农业产业应有一定规模,传承着资源集约利用、水土保持、病虫草害控制、养分循环、生物多样性保护、气候调节与适应等传统农耕技术和知识,保留有相应的特色生产方式,体现了传统农耕智慧,被当地农民普遍掌握和持续应用。

(4)具有以农耕为基础的传统乡土文化。围绕传统农业产业形成的乡土文化,融入群众日常生产生活,蕴含丰富的思想观念、人文精神和道德规范,具有符合中华优秀传统文化审美特征的农业景观,反映当地传统特色。

(5)具备可持续保护传承的社会基础。当地群众对相关传统农业系统的认知度、参与度较高,具有较高的价值认同和保护意识,支持申报中国重要农业文化遗产,自觉履行保护传承义务。有相应的技术支撑力量和志愿服务组织等参与保护传承工作。

(6)存在消亡的风险。面临自然灾害、气候变化、生物入侵等自然因素和工业化、城镇化、农业技术进步、外来文化等社会因素的影响,农业物种、传统生产方式、农业景观、文化表现形式等不断减少、减弱,存在消亡的风险。

五、世界灌溉工程遗产

灌溉工程是农业文明发展的重要支撑。为了更好地保护和利用古代灌溉工程,挖掘和宣传灌溉工程发展史及其对世界文明进程的影响,学习古人可持续性灌溉的智慧、保护珍贵的历史文化遗产,国际灌溉排水委员会(ICID)从 2014 年开始评选世界灌溉工程遗产项目。

(一)世界灌溉工程遗产的概念

1945 年,第二次世界大战结束后,各国普遍关心增加粮食产量的问题。同年,联合国粮食及农业组织成立,并于翌年展开了首次世界粮食调查,调查证实了人们长期以来的认识:饥饿和营养不良广泛肆虐。要解决粮食问题,就要发展农业,提高农业劳动生产率。联合国粮农组织于 1950 年组织开展了"世界农业普查",同时与各国政府召开会议,研究是否要建立粮食储备,以应对战争、自然灾害或沙漠蝗等有害生物引发的严重粮食短缺或饥荒问题。在这样的时代背景下,国际灌溉排水委员会(ICID)于同年在印度新德里成立。ICID 关心的也是与农业生产有关的话题,而之所以强调"灌溉"与"排水",是因为两者与人类农业生产活动息息相关——通过对水与环境的合理管理,以及灌溉、排水和防洪技术的应用,可以减轻水旱灾害的损失,促进粮食稳定生产,实现无贫困和饥饿的水安全世界。

2014 年,ICID 设立了世界灌溉工程遗产名录(WHIS)。世界灌溉工程遗产是国际灌溉排水委员会(ICID)设立和主持评选的文化遗产保护项目,目的为梳理和认知世界灌溉文明的历史演变脉络,在世界范围内挖掘、采集和收录传统灌溉工程的基本信息,了解其主要成就和支撑工程长期运用的关键特性,总结学习可持续灌溉的哲学智慧,保护传承利用好灌溉工程遗产。灌溉工程遗产属于水利遗产中的一种类型。水利遗产除了灌溉工程遗产之外,还有运河工程、防洪除涝、供水工程、水能利用等各类工程遗产,以及历史水利管理机构、水利碑刻、水文题刻、水神祭祀建筑设施、水文测量设施、水利文献档案等非工程遗产,此外还包括传统水利科学、工程技术、管理制度、治水哲学文化等非物质的内容。

2014 年 ICID 开始评选世界灌溉工程遗产项目,首批世界灌溉工程遗产名录共 17 处。世界灌溉工程遗产都是古代水利工程可持续利用的典范。与联合国教科文组织主持评选的世界遗产不同,世界灌溉工程遗产着眼于梳理世界灌溉文明发展脉络,通过保护灌溉工程遗产,总结传统灌溉工程优秀的治水智慧,为可持续灌溉发展提供历史经验和启示。

(二)世界灌溉工程遗产评选的标准

世界灌溉工程遗产分为两类:至今仍在发挥灌溉功能(List A);已不能发挥历史功能但仍具有"档案"价值的遗址(List B)。申报世界灌溉工程遗产的工程历史须在 100 年以上;工程型式可以是引水堰坝、蓄水灌溉工程、灌渠工程,或水车、桔槔等原始提水灌溉设施、农业排水工程,以及古今任何关于农业用水活动的遗址或设施等。除此之外,工程还必须在以下一个或几个方面具有突出价值:

(1)灌溉工程遗产应该是灌溉农业发展的里程碑或转折点,为农业发展、粮食增产、农民增收作出了贡献。

(2)灌溉工程遗产在工程设计、建设技术、工程规模、引水量、灌溉面积等方面(一方面或多方面)领先其时代。

(3)增加粮食生产,改善农民生计,促进农村繁荣,减少贫困。

第十章 文化遗产保护与传承

(4)在其建筑年代是一种创新。
(5)为当代工程理论和手段的发展作出了贡献。
(6)在工程设计和建设中是注重环境保护的典范。
(7)在其建筑年代属于工程奇迹。
(8)独特且具有建设性意义。
(9)具有文化传统或文明的烙印。
(10)是灌溉工程可持续运行管理的典型范例。

截至 2023 年,世界灌溉工程遗产总数量已达 159 项,遍布亚洲、欧洲、非洲、北美洲和大洋洲五大洲的 18 个国家,其中中国的世界灌溉工程遗产总数达 34 项。

(三)我国的灌溉工程遗产

中国灌溉工程的建设发展伴随和支撑着中华文明的历史发展。特有的自然气候条件,使灌溉成为中国农业经济发展的基础支撑。我国在历史上建设了数量众多、类型多样、区域特色鲜明的灌溉工程,许多至今仍在发挥功能。中国的世界灌溉工程遗产几乎涵盖了灌溉工程的所有类型,是灌溉工程遗产类型最丰富、分布最广泛、灌溉效益最突出的国家之一。

截至 2023 年,中国的世界灌溉工程遗产达到 34 处,主要分布在四川、福建、浙江、湖南、安徽、江西、陕西、宁夏、广西、湖北、内蒙古、广东、西藏、江苏、山西等 15 个省份,工程类型比较丰富。我国地域及气候条件的独特性,造就了世界灌溉工程遗产类型的丰富性和每个灌溉工程的独特性,它们都是为了适应各地不同的自然地理条件和当地民众需求而诞生的。例如,西藏萨迦古代蓄水灌溉系统平均海拔在 4000 米以上,是目前海拔最高的世界灌溉工程遗产;都江堰水利工程以其历史悠久、设计科学、布局合理、经济效益突出、自流灌溉面积广等特点享誉中外。

中国灌溉工程遗产是中国传统文化的重要组成部分,具有突出的连续性、创新性、统一性、包容性、和平性等特点。与其他国家相比,中华文明传承数千年从未间断,使得我国的世界灌溉工程遗产历史悠久。同时,很多灌溉工程都沿用至今,并仍然发挥着较大作用,有的甚至超过了其在历史中发挥的作用。

几千年来,灌溉工程一直是我国农业文明发展的根基,也是中华民族生存之本。沿用至今成百上千年的灌溉工程遗产所承载的治水哲学已成为中华文化尊重自然、顺应自然、人与自然和谐共生的传统哲学观的象征。保护传承灌溉工程遗产对于推动文化传承发展、保护中华优秀传统文化、增强民族文化自信、促进文明交流互鉴、推进水利高质量发展以及助推乡村振兴等具有重要现实意义。

六、工业遗产

工业遗产是工业文明的见证,是工业文化的载体,是人类文化遗产的重要组成部分。工业遗产见证着工业文明的辉煌演变,具有宝贵的历史和文化价值,对于维护城市历史风貌、改变"千城一面"的城市形象、保持生机勃勃的地方特色具有特殊意义。

(一)工业遗产的概念

工业遗产涉及的领域十分宽泛。《下塔吉尔宪章》中阐述的工业遗产定义为:"凡为工业活动所造建筑与结构、此类建筑与结构中所含工艺和工具以及这类建筑与结构所处城镇与景观,以及其所有其他物质和非物质表现,均具备至关重要的意义……工业遗产包括具有历史、技术、社会、建筑或科学价值的工业文化遗迹,包括建筑和机械,厂房,生产作坊和工厂矿场以及加工提炼遗址,仓库货栈,生产、转换和使用的场所,交通运输及其基础设施,以及用于住所、宗教崇拜或教育等和工业相关的社会活动场所。"由此可以看出,工业遗产无论在时间方面、范围方面还是内容方面,都具有丰富的内涵和外延。

近年来,工业遗产的概念继续扩大,其中"工业景观"的提出引起了人们的关注,一些国家已经开始实施广泛的工业景观调查和保护计划。原国际工业遗产保护委员会主席伯格恩(Bergeron)教授指出:"工业遗产不仅由生产场所构成,而且包括工人的住宅、使用的交通系统及其社会生活遗址等。但即便各个因素都具有价值,它们的真正价值也只能凸显于它们被置于一个整体景观的框架中;同时在此基础上,我们能够研究其中各因素之间的联系。整体景观的概念对于理解工业遗产至关重要。"如英国的铁桥谷工业旧址,形成一个占地面积达10平方公里,由7个工业纪念地和博物馆、285个保护性工业建筑整合为一体的工业景观。英国的布莱纳文工业景观及其关联景区则延伸30平方公里,包括铁矿石场、石灰岩采石场、煤矿铁炉、砖厂、隧道、蓄水池、露天人工水渠、分散的厂房以及教堂、学校、工人公寓和周围的城镇,还包括草地和树林等一系列内容,具有"生态博物馆"的氛围,集中地反映了该工业景观的真实性和完整性。

因此,工业遗产的概念可以表述为:工业遗产是指在工业长期发展进程中形成的,具有较高的历史价值、科技价值、社会价值和艺术价值的工业遗存,包括作坊、车间、厂房、矿区等生产储运设施,和与之相关的生活设施、生产工具、机器设备等物质遗存,以及生产工艺知识、管理制度、企业文化等非物质遗存。

工业遗产不仅承载着真实和相对完整的工业化时代的历史信息,帮助人们追溯以工业为标志的近现代社会历史,帮助未来世代更好地理解这一时期人们的生活和工作方式,而且,保护工业遗产是对民族历史完整性和人类社会创造力的尊重,是对传统产业工人历史贡献的纪念和其崇高精神的传承。同时,工业遗产对于长期工作于此的众多技术人员和产业工人及其家庭来说,更具有特殊的情感价值,对它们加以妥善保护将给予工业社区的居民们以心理上的稳定感。

(二)工业遗产保护

保护工业遗产的活动起源于英国。早在19世纪末期,英国就出现了"工业考古学",强调对工业革命与工业大发展时期的工业遗迹和遗物加以记录和保存,这一学科使人们萌发了保护工业遗产的最初意识。

随着工业化进程的加速,至20世纪70年代,较为完整的保护工业遗产的理念逐渐形成。1973年,在世界最早的铁桥所在地——铁桥峡谷博物馆召开了第一届国际工业纪念物大会(FIC-CIM),引起了世界各国对工业遗产的关注。1978年在瑞典召开的第三届国际工业纪念物大会上,国际工业遗产保护委员会(TICCIH)宣告成立,成为世界上第一个致力于促进工业遗产保护的国际性组织,同时也是国际古迹遗址理事会(ICOMOS)工业遗产问题的专门咨询机构。

国际社会对工业遗产保护达成广泛共识则是在世纪之交,仅仅数年,工业遗产保护运动迅速波及所有经历过工业化的国家。从2001年开始,国际古迹遗址理事会与联合国教科文组织合作举办了一系列以工业遗产保护为主题的科学研讨会,促使工业遗产能够在《世界遗产名录》中占有一席之地。

2003年7月,在俄罗斯下塔吉尔召开的国际工业遗产保护委员会大会上,通过了专用于保护工业遗产的《下塔吉尔宪章》。该宪章阐述了工业遗产的定义,指出了工业遗产的价值以及认定、记录和研究的重要性,并就立法保护、维修保护、教育培训、宣传展示等方面提出了原则、规范和方法的指导性意见。国际古迹遗址理事会也将2006年4月18日"国际古迹遗址日"的主题定为"保护工业遗产",使工业遗产保护成为全世界共同关注的课题。

国际社会对于工业遗产保护逐渐形成良好氛围,越来越多的国家开始重视保护工业遗产,在制定保护规划的基础上,通过合理利用使工业遗产的重要性得以最大限度的保存和再现,加深公众对工业遗产的认识。同时,工业遗产保护在推动地区产业转型,积极整治环境,重塑地区竞争力和吸引力,带动经济社会复苏等方面也取得了不少成功的经验。

(三)我国工业遗产的保护与利用

根据《国家工业遗产管理办法》,国家工业遗产是指在中国工业长期发展进程中形成的,具有较高的历史价值、科技价值、社会价值和艺术价值,经工业和信息化部认定的工业遗存。数据显示,到2023年,工业和信息化部先后发布5批194项国家工业遗产。

2021年,工信部等八部委联合印发了《推进工业文化发展实施方案(2021—2025年)》,提出工业遗产保护利用的具体措施包括:"弘扬工业文化价值内涵""促进工业文化与产业融合发展""推动工业旅游创新发展""开展工业文化教育实践""完善工业博物馆体系"以及"加大传播与交流"等。

梳理目前我国工业遗产的开发模式,主要有3种:一是将工业遗产改造成为创意产业园、现代艺术区。例如,北京的798艺术区,不仅首开厂区变园区的先河,而且成为一个著名景区,是北京面向世界的名片。二是建立工业主题博物馆。利用原有工业遗产,通过功能改造,实现园区更新,建立主题博物馆或者主题景区,是不少工业遗产开发的常用方式。例如,河北省张家口市以京张铁路、百年桥东工业发展历史脉络为主线,以代表性的工业历史遗存为景观塑造基础,提取工业文化元素塑造景观小品,展示张家口工业历史轨迹与发展成就,建设了张家口首个融工业文化、奥运文化和现代艺术为一体的大型公共城市休闲空间——张家口工业文化主题公园。三是将废旧厂区(特别是矿区)变为景区。例如,甘肃金昌龙首山因挖镍矿形成的"中国第一大天坑",贵州铜仁在有千年开掘史、曾是新中国最大规模汞矿基础上形成的"朱砂小镇",都是国家地质公园、AAAA级风景区,获得过多项工业旅游的荣誉。

第三节 文化遗产保护

文化资源如同自然资源一样,也存在因资源的过度消耗而减少或是流失的现象。如果对文化资源的开发利用不当,或是为了追求经济利益过度开发,必然会造成对文化资源的破坏,严重的还会危及文化资源的存在。历史文化资源一旦遭到破坏,将对文化生态造成很大的影响,将不利于文化的可持续发展。因此,保护文化资源如同保护自然资源一样,具有十分重要的现实意义。

一、文化遗产保护的概念

历史文化资源作为文化资源的重要组成部分,与能源矿产等硬资源不同,可以得到可持续性利用与开发,但这种可持续性的前提是历史文化资源不能遭到破坏,必须进行保护。

1972年10月17日至11月21日在巴黎举行的联合国教科文组织第十七届会议通过的《保护世界文化和自然遗产公约》第五条规定,为确保本公约各缔约国为保护、保存和展出本国领土内的文化遗产和自然遗产采取积极有效的措施,本公约各缔约国应视本国具体情况尽力做到以下几点:

(1)通过一项旨在使文化和自然遗产在社会生活中起一定作用,并把遗产保护工作纳入全面规划纲要的总政策。

(2)如本国内尚未建立负责文化遗产和自然遗产的保护、保存和展出的机构,则建立一个或几个此类机构,配备适当的工作人员和为履行其职能所需的手段。

(3)发展科学和技术研究,并制订出能够抵抗威胁本国文化或自然遗产的危险的实际方法。

(4)采取为确定、保护、保存、展出和恢复这类遗产所需的适当的法律、科学、技术、行政和财政措施。

(5)促进建立或发展有关保护、保存和展出文化遗产和自然遗产的国家或地区培训中心,并鼓励这方面的科学研究。

1976年11月26日,联合国教育、科学及文化组织大会第十九届会议在内罗毕召开,会议通过了《关于历史地区的保护及其当代作用的建议》(简称《内罗毕建议》),提出了若干对于历史地区如何保护的观点和方法,同时指出了"保护(safeguarding)"的定义,包括鉴定(identification)、防护(protection)、保存(conservation)、修缮(restoration)、再生(renovation),维持历史或传统地区及环境,并使它们重新获得活力。

因此,所谓文化遗产保护,即为了避免自然和人为的损毁破坏,运用各种手段对物质性历史文化资源和非物质性历史文化资源进行种种防护、抢救、保养、修缮、维护,保持历史文化资源的原真性,以进一步对其传承和利用。

联合国教科文组织2003年10月第三十二届大会通过的《保护非物质文化遗产公约》,旨在保护以传统、口头表述、节庆礼仪、手工技能、音乐、舞蹈等为代表的非物质文化遗产。其中,关于对非物质文化遗产的保护做出了界定。"保护"指确保非物质文化遗产生命力的各种措施,包括这种遗产各个方面的确认、立档、研究、保存、保护、宣传、弘扬、传承(特别是通过正规和非正规教育)和振兴。

二、文化遗产保护的原则

物质文化遗产与非物质文化遗产是历史文化资源的主体组成部分。2005年,《国务院关于加强文化遗产保护的通知》发布,提出物质文化遗产保护要贯彻"保护为主、抢救第一、合理利用、加强管理"的方针,非物质文化遗产保护要贯彻"保护为主、抢救第一、合理利用、传承发展"的方针,要"正确处理经济社会发展与文化遗产保护的关系"。在开发利用文化遗产资源促进地方经济发展过程中,我们需要严格贯彻遵循国家文化遗产保护与开发的基本方针与原则。

(一)原真性

保持历史文化的原真性,是联合国提倡的标准。历史文化遗产首先要保证是真实的历史原物,要保留它所遗存的全部历史信息和面貌。在后期的整治中,要尽力做到梁思成先生提出的"修旧如旧"原则,修补要用原材料、原工艺、原样式,以求达到还原其本来的历史面目,使遗产能够"延年益寿"。对于残缺的建筑(古遗迹)修复,应"整旧如故,以存其真"。《威尼斯宪章》提出了世界各国公认的修复原则:修复和补缺的部分必须跟原有部分形成整体,保持景观上的和谐一致,有助于恢复而不能降低它的艺术价值、历史价值、科学价值、信息价值。

(二)整体性

事物与其存在环境是密不可分的,不可以脱离环境而存在。历史文化遗产环境的意义更重要,重要的、特色的、与重要历史有关的地形、地貌、原野、水体、花木及其特征都要保护。保护不仅仅是保护其本身,还要保护其周围的环境,特别是对于城市、街区、地段、景区、景点,要保护其整体性的环境,这样才能体现出历史的风貌。整体性还包含其文化内涵,以及形成的要素。

(三)可读性

是历史遗物就会留下历史的印痕,可以直接读它的"历史年轮"。可读性就是在历史遗存上应该读得出它的历史,就是要承认不同时期会留下痕迹,不能按现代人的想法去抹杀它,大片拆迁和大片重建就不符合可读性的原则。

(四)可持续性

可持续性表现为保护历史遗存是一个长期的事业,保护古城不仅是为了保存珍贵的历史遗存,重要的是留下城市的历史传统、建筑精华,且保护这些历史文化的载体,从中可以滋养出新的有中国特色的建筑和城市。可持续性还表现为协调好保护与利用的关系。首先,对历史文化遗产的利用以不损坏遗产为前提,以继续原有使用方式为最佳,且作为景点要慎重,要防止破坏。其次,从经济可持续增长的角度来看,资源的可持续利用永远是第一位的。民族文化资源在某种意义上是不可再生资源,就像生物圈中濒临灭绝的珍稀物种,灭亡了就再也不可能复生。所以,对文化资源的开发利用必须树立稳妥开发、永续的观念,增强开发利用的后续力。

知识拓展

历史文化街区划定和历史建筑确定标准(参考)

一、历史文化街区划定标准

城镇中具备下列条件的传统居住区、商贸区、工业区、办公区等地区,可以划定为历史文化街区:

(1)具有下列历史文化价值之一。

①在城镇形成和发展过程中起到重要作用,与历史名人和重大历史事件相关,能够体现城镇古代悠久历史、近现代变革发展、中国共产党诞生与发展、新中国建设发展、改革开放伟大进程等某一特定时期的建设成就。

②空间格局、肌理和风貌等体现传统文化、民族特色、地域特征或时代风格。

③保留丰富的非物质文化遗产和优秀传统文化,保持传统生活延续性,承载了历史记忆和情感。

(2)具有一定的规模和真实的物质载体,并满足以下条件。

①传统格局基本完整,且构成街区格局和历史风貌的历史街巷和历史环境要素是历史存留的原物,核心保护范围面积不小于1公顷。

②保存文物特别丰富,历史建筑集中成片,核心保护范围内文物建筑、历史建筑等保护类建筑的总用地面积不小于核心保护范围内建筑总用地面积的60%。

二、历史建筑确定标准

具备下列条件之一,未公布为文物保护单位,也未登记为不可移动文物的居住、公共、工业、农业等各类建筑物、构筑物,可以确定为历史建筑:

(1)具有突出的历史文化价值。

①能够体现其所在城镇古代悠久历史、近现代变革发展、中国共产党诞生与发展、新中国建设发展、改革开放伟大进程等某一特定时期的建设成就。

②与重要历史事件、历史名人相关联,具有纪念、教育等历史文化意义。

③体现了传统文化、民族特色、地域特征或时代风格。

(2)具有较高的建筑艺术特征。

①代表一定时期建筑设计风格。

②建筑样式或细部具有一定的艺术特色。

③著名建筑师的代表作品。

(3)具有一定的科学文化价值。

①建筑材料、结构、施工工艺代表了一定时期的建造科学与技术。

②代表了传统建造技艺的传承。

③在一定地域内具有标志性或象征性,具有群体心理认同感。

(4)具有其他价值特色。

三、文化遗产保护的内容

针对文化遗产的保护,联合国教科文组织、国际古迹遗址理事会等组织通过了一系列公约、建议、宪章等。结合国际公约,世界各国纷纷制定了历史文化资源保护的政策法规。2021年9月,中共中央办公厅、国务院办公厅印发的《关于在城乡建设中加强历史文化保护传承的意见》指出,城乡历史文化保护传承体系是以具有保护意义、承载不同历史时期文化价值的城市、村镇等复合型、活态遗产为主体和依托,保护对象主要包括历史文化名城、名镇、名村(传统村落)、街区和不可移动文物、历史建筑、历史地段,与工业遗产、农业文化遗产、灌溉工程遗产、非物质文化遗产、地名文化遗产等保护传承共同构成的有机整体。

宏观上,历史文化资源保护应存在社会保护和技术保护两个层面。社会保护主要指成立相应的保护组织、国家和地方制定颁布必要的政策法规、建立保护场所、对历史文化资源保护进行研究与宣传等。技术保护主要指采用各种措施、技术防范历史文化资源,尤其是属于文化遗产的,防止偷盗外流、火灾、自然腐蚀、风化,修复易受损害的壁画、瓷器等,以及保护、培养非物质文化遗产传承人,等等。具体而言,当前历史文化资源保护主要涉及相关国际公约、国家政策法规以及具体的田野考古、博物馆、遗址遗迹与古近代建筑文物保护、古籍保护、非物质文化遗产保护、口述史抢救及其保护等,以及相关科研、宣传、教育培训、管理方面的工作。

田野考古是文化遗产保护的重要组成部分,也是其保护工作的一项重要前提。田野考古主要就是通过实地调查发现遗址文物点,以确定保护级别。"考古调查最重要的目的和意义首先是为了保护。考古发掘是取得实物资料最系统、最全面的科学手段,是最积极主动的保护,也是日后考古学深入研究和文化遗产保护的先决性条件。"田野考古在文化遗产保护中有着非常重要的意义和作用。"考古实践对遗址保护具有促进作用,通过田野考古有助于弄清遗址的分布范围和空间布局,确定遗址的年代,对大遗址保护的合理规划能够提供科学的依据。"

古籍是文化遗产的重要组成部分,必须得到大力保护。古籍保护目前得到了人们高度重视。2007年,我国国家古籍保护中心在国家图书馆成立,此后省市政府纷纷依托图书馆、高校、科研机构成立古籍保护中心。我国在全国范围内组织开展了古籍普查登记工作,全面了解古籍情况,逐步形成完善的古籍保护制度,逐步形成完善的古籍保护工作体系。目前古籍保护主要有两种模式:一是直接性保护,二是再生性保护。前者是指不改变原件载体情况下,做好古籍的防虫、防潮、防盗、防火等,以及对古籍进行修复、加固及改善藏书环境等工作。后者是指通过现代技术、数字化手段将古籍内容复制或转移到其他载体,以达到对古籍长期保护与有效利用之目的。

非物质文化遗产保护主要包括其组织架构、相关法规制度、保护主体、传承主体以及保护原则等方面的内容。当前非物质文化遗产保护国际组织架构主要是联合国教科文组织和民间艺术国际组织;我国国内主要有设在中国艺术研究院的中国非物质文化遗产保护中心、各省市县级非物质文化遗产保护中心以及其他相关部门机构。非物质文化遗产保护的主体主要是政府部门,高校、科研院所、公共文化机构,民间团体组织等支持性机构,以及社会公众。非物质文化遗产传承主体,即通常所说的"非物质文化遗产传承人",传承人的认定是非物质文化遗产保护的关键环节。采取经济资助、表彰奖励等手段支持保护非物质文化遗产传承人,对保护传承非物质文化遗产起着重要作用。非物质文化遗产保护的原则主要是以人为本原则、活态与创新原则、可持续发展原则以及整体性原则等。

口述史是历史文化资源的重要组成部分,在复原某些历史文化方面具有其他档案、文献资料所无法替代的价值。非物质文化遗产的内容首先就包括了"口头传说",这些"口头传说"有可能是民间传说,也有可能是活态的历史。但是,由于大多历史研究者长期关注文献资料而疏于口述史,目前其面临着失传的威胁。一方面,口述史抢救在历史文化资源保护中有着重要作用;另一方面,口述史料的保护也是历史文化资源保护所面临的问题。

以上是历史文化资源保护的主要内容,相关的科学研究、宣传、教育培训、管理等方面的工作则属于如何保护的问题。这两个方面基本上就是历史文化资源保护"做什么"和"如何做"的问题,两者相辅相成、相互渗透、相互促进,共同推动着历史文化资源保护。

四、文化遗产保护的机构

在文化遗产保护领域,政府部门扮演着重要的角色,它致力于制定科学合理的文化遗产保护规划和政策,组织开展文化遗产调查、登记、评估和修复工作,通过强化对文化遗产的监管和管理,守护国家宝贵的文化遗产。除了政府部门,博物馆和文物保护单位主要行使文化遗产保护的具体职责。

(一)博物馆

博物馆一般是为社会服务的非营利性常设机构,它主要研究、收藏、保护、阐释和展示物质与非物质遗产。博物馆在文化遗产保护中扮演着重要的角色。它们不仅收藏和保护着大量的文物和文化遗产,还通过展览和教育活动向公众展示和传播历史文化知识。

博物馆的建立和发展,通常与国家或地区的经济和文化发展密切相关。一些国家或地区的博物馆已经成为重要的旅游景点和文化交流平台,吸引着大量的游客和学者前来参观和研究。

在文化遗产保护方面,博物馆的主要职责包括:

(1)收藏和保管文物。博物馆通过征集、捐赠、考古发掘等方式,不断扩充馆藏,为研究和展示历史文化提供了丰富的素材。

(2)科学研究和修复。博物馆的专家学者对馆藏文物进行科学研究和修复,还原文物的历史信息和艺术价值。

(3)展览和教育。博物馆通过举办各种展览和教育活动,向公众传播历史文化知识,增强公众的文化素养和保护意识。

(4)文化交流和合作。博物馆通过与国内外同行的交流与合作,共享资源,推动历史文化研究的深入发展。

(二)文物保护单位

除了博物馆,还有其他一些机构也在文化遗产保护方面发挥着重要作用,如文物保护单位、文化遗址保护机构、文化遗产保护组织等。这些机构在文物保护、考古发掘、遗产保护等方面具有专业性和技术性强的特点,为文化遗产保护提供了有力的支持。

文物保护单位为中国对确定纳入保护对象的不可移动文物的统称,并对文物保护单位本体及周围一定范围实施重点保护的区域。文物保护单位是指在具有历史、艺术、科学价值的古文化遗址、古墓葬、古建筑、石窟寺和石刻等所在地设立的,用于文物保护工作的单位。文物保护单位都是古代科学技术信息的媒体,对于科技史和科学技术研究有着重要意义。

文物保护单位分为三级,即全国重点文物保护单位、省级文物保护单位和市县级文物保护单位。文物保护单位根据其级别,分别由中华人民共和国国务院、省级政府、市县级政府划定保护范围,设立文物保护标志及说明,建立记录档案,并区别情况分别设置专门机构或者专人负责管理。

文物保护单位的概念最早是在1956年国务院《关于在农业生产建设中保护文物的通知》中第一次提出来的,1961年被写入了《中华人民共和国文物保护管理暂行条例》,1982年被写入了《中华人民共和国文物保护法》。实践证明,文物保护单位制度作为文物保护领域的一项基本的制度,是符合我们国家国情的,这个制度制定以来,对我国文物的保护起到了不可替代的作用。

《中华人民共和国文物保护法》规定,在文物保护单位的保护范围和建设控制地带内,不得建设污染文物保护单位及其环境的设施,不得进行可能影响文物保护单位安全及其环境的活动。对已有的污染文物保护单位及其环境的设施,应当限期治理。

第四节　我国文化遗产保护的发展

文化遗产是中华文明的历史物证,是中华民族区别于其他民族的文化标志,是建设中华民族现代文明的重要根基和坐标参考。保护传承发展好这些资源,是当代国人义不容辞的职责与使命。文化遗产保护具有强烈的专业性和政策性。我国历来高度重视文化遗产保护工作,在全社会的共同努力下,文化遗产保护工作取得了显著成效。

一、完善加强文化遗产保护法律体系

新中国成立之初,文化遗产保护法规建设就被列入国家文化发展的重要内容,且中央人民政府政务院先后颁布了禁止珍贵文物出口、保护古建筑、考古发掘、征集革命文物等一系列命令、指示和办法,奠定了中国文物事业的法律基础。改革开放以后,我国文化遗产保护法律体系建设过程明显加快。1982年颁布的《中华人民共和国文物保护法》是我国文化领域第一部由国家最高立法机构颁布的法律,也是我国历史上第一次以法律的形式对文物保护工作进行界定。2002年修订的文物保护法提出"保护为主、抢救第一、合理利用、加强管理"的文物工作方针,更加完整、更加确切、更加符合实际,指引我国文物事业科学快速发展。随后,国务院颁布《中华人民共和国文物保护法实施条例》《长城保护条例》《历史文化名城名镇名村保护条例》《中华人民共和国考古涉外工作管理办法》等4部行政法规,完成《中华人民共和国水下文物保护管理条例》(修订)征求意见稿。同时,国家文化、文物部门颁布系列部门规章和规范性文件,一大批地方性法规和地方政府规章出台,以文物保护法为核心,以行政法规为支撑,部门规章、地方性法规、地方政府规章、各种规范性文件相配套的中国特色文物保护法律框架体系不断完善。

在非物质文化遗产保护利用方面,为了继承和弘扬中华民族优秀传统文化,促进社会主义精神文明建设,加强非物质文化遗产保护、保存,《中华人民共和国非物质文化遗产法》发布并于2011年6月1日起施行。为加强文化生态保护,2018年12月文化和旅游部发布《国家级文化生态保护区管理办法》,设立"国家级文化生态保护区",并指出,建设应坚持保护优先、整体保护、见人见物见生活的理念,既保护非物质文化遗产,也保护孕育发展非物质文化遗产的人文环境和自然环境,实现"遗产丰富、氛围浓厚、特色鲜明、民众受益"的目标。2019年7月,文化和旅游部印发的《曲艺传承发展计划》对曲艺类非物质文化遗产传承发展工作进行了专项部署。为加强对非物质文化遗产代表性传承人的保护,2019年11月文化和旅游部发布《国家级非物质文化遗产代表性传承人认定与管理办法》。进入"十四五"时期,国家着眼于社会主义文化强国建设战略,从延续历史文脉,保护文化遗产和推动文化产业高质量发展的高度,出台了一系列文件。2021年,文化和旅游部先后发布了《"十四五"文化产业发展规划》《"十四五"文化和旅游科技创新规划》《"十四五"非物质文化遗产保护规划》等。

二、开展全国性文化资源普查调查

文物资源是国家重要的文化资源和战略资源。20世纪50年代,在条件艰苦的条件下,我国就开展了第一次全国文物普查,登记不可移动文物47200余处,且在对普查结果进行统计分析的基础上,确立了不可移动文物分级保护制度。1961年,国务院公布第一批全国重点文物保护单位180处。改革开放后,我国开展了第二次全国文物普查,调查登记不可移动文物40余万处,为各级人民政府公布相应级别的文物保护单位奠定了重要基础,之后,国务院先后公布第二批到第六批全国重点文物保护单位。2007年6月至2011年12月,我国进行了第三次全国文物普查,普查成果构成了一个丰富的文化资源宝藏,取得了77万处不可移动文物的基础信息和翔实数据,其中古遗址类193282处,古墓葬类139458处,古建筑类263885处,石窟寺及石刻类24422处,近现代重要史迹及代表性建筑类141449处,其他类4226处。同时,各省(自治区、直辖市)和各市县陆续核定公布省级文物保护单位和市县级文物保护单位,分级保护制度更加完善。

文化旅游资源是旅游业发展的载体,正确认识、全面了解文化旅游资源总体概况,是资源保护、产品开发、规划编制和科学决策的前提条件,是一项十分重要的基础性工作。2019年,文化和旅游部确定海南、贵州、四川、青海、浙江、内蒙古、重庆7个省(区、市)为全国文化旅游资源普查试点省份,先行先试,积极探索,取得了良好成效,为全国开展文化旅游资源普查工作提供了样板和示范。全国范围内,甘肃、四川、云南、湖北等省份开展了文化资源普查和分类工作,建设了文化资源数据平台。

三、积极推进博物馆建设

新中国成立之初,全国仅有博物馆21座,业务工作基本停滞,基础设施残破不堪,文物保管分散混乱。随后,国家发布关于征集革命文物的通知和命令,在全国范围内展开了轰轰烈烈的文物征集运动。毛泽东、朱德等老一辈无产阶级革命家带头捐出文物珍品,社会各界纷纷响应,掀起博物馆建设高潮,中国历史博物馆、中国革命博物馆、中国人民革命军事博物馆三大馆的建立,对新中国博物馆事业发展起到了巨大推动作用,奠定了博物馆发展的基础。改革开放初期,全国博物馆增至349家,开启了新一轮博物馆建设热潮。同时,博物馆建设从数量增长向质量提升迈进,形成以国家级博物馆为龙头、省级博物馆和重点行业博物馆为骨干,以国有博物馆为主体、非国有博物馆为补充,门类齐全的博物馆体系。2008年起,全国博物馆、纪念馆开始免费开放,之后力度不断加大,实现基本公共文化服务均等化,人民群众可以零门槛享受文化发展成果,这项惠民政策在博物馆事业发展史上具有重要的里程碑意义。免费开放以来,博物馆参观人次大幅增加,走进博物馆已经成为中国人新的生活方式。

为提升博物馆发展质量,自2010年以来,国家文物局对国家一、二、三级博物馆每三年进行一次运行评估。截至2022年,全国博物馆总数达6565家,排名全球前列,国家一、二、三级博物馆数量达1209家,占全国博物馆总数的18%,且一批革命纪念类、考古遗址类、自然科技类博物馆,国有博物馆和非国有博物馆通过运行评估工作,质量得到有效提升。

四、实施革命文物保护利用工程

新中国成立以来,我国革命文物行政机构从无到有,革命文物保护利用工作进入了快车道。全国不可移动革命文物3.6万多处,国有可移动革命文物100多万件套,革命类博物馆、纪念馆超过1600家。中央宣传部、财政部、文化和旅游部、国家文物局联合公布两批37个革命文物保护利用片区,涉及268个市1433个县,建立革命文物片区合作机制。

实施革命文物保护利用工程(2018—2022年),开展革命文物集中连片保护利用,实施赣南等原中央苏区革命遗址、延安革命旧址群等保护工程,实施一批抗战文物和抗美援朝文物保护项目,革命文物保护状况有效改善。制定革命旧址保护利用导则,编制长征文物和文化资源保护传承专项规划。实施百年党史文物保护展示工程,中国共产党历史展览馆、上海中共一大纪念馆对外开放。加强馆藏革命文物征集和保护,更好展现革命精神谱系,展现中国共产党的丰功伟绩,推出革命文物展览4000多个。推介庆祝中国共产党成立100周年精品展览,实施革命文物"三个百集"宣传传播工程,开展"追寻先烈足迹"短视频网上征集展示活动,启动革命历史文物主题节目《闪光的记忆》,加快发展红色旅游,更好发挥革命文物在党史学习教育、革命传统教育、爱国主义教育等方面的重要作用。

五、科技赋能文化遗产保护

新中国成立初期,文化遗产保护科技工作响应"向科学进军"的号召,成立文物保护科学研究机构,开展人才培养工作。1972年长沙马王堆汉墓发掘与出土文物保护,文物科技工作者攻克了许多科技难题,成为当时跨学科联合攻关保护重要出土文物的典范。改革开放以来,文物保护科技取得重大突破,碳-14测定文物年代的技术革新、石窟围岩的灌浆加固等科研成果获全国科技大会奖,一大批科研成果获国家级和省部级科技奖励。制定《历史文化遗产保护领域中长期科学和技术发展规划战略》和行业科技发展五年规划,有效指导文物科技工作发展。依托国家科技支撑计划项目、国家重点研发计划等专项研究,取得多项关键技术突破。组建全国文物保护标准化委员会,制定出台文物保护国家标准和行业标准,文物保护迎来标准化时代。

六、建立国家文化公园保护体系

国家文化公园的建设是为了保护和传承中国传统文化,同时挖掘和利用文化资源,促进文化产业的发展和经济社会的持续发展。

(一)国家公园与国家文化公园

1. 国家公园

国家公园是保护区的一种类型,最早起源于美国,后为世界大部分国家和地区所采用。国家公园是指由国家批准设立并主导管理,边界清晰,以保护具有国家代表性的大面积自然生态系统为主要目的,实现自然资源科学保护和合理利用的特定陆地或海洋区域。世界自然保护联盟将其定义为大面积自然或近自然区域,用以保护大尺度生态过程以及这一区域的物种和生态系统特征,同时提供与其环境和文化相容的精神的、科学的、教育的、休闲的和游憩的机会。

2017年9月,中共中央办公厅、国务院办公厅印发《建立国家公园体制总体方案》。2019年6月,中共中央办公厅、国务院办公厅印发《关于建立以国家公园为主体的自然保护地体系的指导意见》。2021年10月,我国正式设立三江源、大熊猫、东北虎豹、海南热带雨林、武夷山首批5个国家公园。

2. 国家文化公园

国家文化公园是指具有显著的历史、文化、艺术价值,同时又具备一定自然环境条件的集中展示和传承中国传统文化的公园。该公园以展示传统文化为主要目的,同时具备观赏、游憩、休闲等功能。

国家文化公园包括城市文化公园和自然文化公园两种类型。城市文化公园通常位于城市中心或附近,包含文化历史遗存、公共广场、建筑、城市景观等,如北京的故宫文化公园、南京的明孝陵文化公园等。自然文化公园则是围绕自然景观、生态环境和自然文化资源展开,如黄山的黄山风景区、张家界的张家界国家森林公园等。

(二)我国国家文化公园建设历程

建设国家文化公园,是发掘、利用文化资源,让文物说话、让历史说话、让文化说话,推动中华优秀传统文化创造性转化创新性发展、传承革命文化、发展先进文化等的重要平台。

2017年1月，中共中央办公厅、国务院办公厅印发的《关于实施中华优秀传统文化传承发展工程的意见》中提出，规划建设一批国家文化公园，使之成为中华文化重要标识。

2019年12月5日，中共中央办公厅、国务院办公厅印发《长城、大运河、长征国家文化公园建设方案》。

2020年10月29日，在党的十九届五中全会审议通过的《中共中央关于制定国民经济和社会发展第十四个五年规划和二〇三五年远景目标的建议》中指出：传承弘扬中华优秀传统文化，加强文物古籍保护、研究、利用，强化重要文化和自然遗产、非物质文化遗产系统性保护，加强各民族优秀传统手工艺保护和传承，建设长城、大运河、长征、黄河等国家文化公园。

2020年11月，国家文化公园建设工作领导小组办公室发布《国家文化公园形象标志征集公告》，面向社会公开征集国家文化公园形象标志设计方案。

2021年2月，国家文化公园专家咨询委员会秘书处挂牌仪式在北京举行，标志国家文化公园专家咨询委员会正式组建，国家文化公园工作机制建设开启新的阶段。专家咨询委员会秘书处设在中国艺术研究院，承担委员会的日常运作、协调服务和组织管理。

2021年4月21日，国家文化公园工作推进座谈会暨"中国建筑文化研究会文化公园工作委员会"成立仪式在北京举行。

2021年8月，为深入学习贯彻习近平总书记关于国家文化公园建设的重要指示精神，加快推进国家文化公园建设，国家文化公园建设工作领导小组印发《长城国家文化公园建设保护规划》《大运河国家文化公园建设保护规划》《长征国家文化公园建设保护规划》，要求各相关部门和沿线省份结合实际抓好贯彻落实。

2022年8月，中共中央办公厅、国务院印发的《"十四五"文化发展规划》指出，"整合长城、大运河、长征、黄河、长江沿线等重要文化资源，强化文物和非遗真实完整保护传承，重点建设管控保护、主题展示、文旅融合、传统利用等主体功能区，系统推进保护传承、研究发掘、环境配套、文旅融合、数字再现等重点基础工程，实施公园化管理运营，形成具有特定开放空间的公共文化载体，集中打造中华文化重要标志。"

（三）国家文化公园主体功能区建设

国家文化公园根据文物和文化资源的整体布局、禀赋差异及周边人居环境、自然条件、配套设施等情况，结合国土空间规划，重点建设四类主体功能区：

一是管控保护区，由文物保护单位保护范围、世界文化遗产区及新发现发掘文物遗存临时保护区组成，对文物本体及环境实施严格保护和管控，对濒危文物实施封闭管理，建设保护第一、传承优先的样板区。

二是主题展示区，包括核心展示园、集中展示带、特色展示点三种形态。核心展示园由开放参观游览、地理位置和交通条件相对便利的国家级文物和文化资源及周边区域组成，是参观游览和文化体验的主体区。集中展示带以核心展示园为基点，以相应的省、市、县级文物资源为分支，汇集形成文化载体密集地带，整体保护利用和系统开发提升。特色展示点布局分散但具有特殊文化意义和体验价值，可满足分众化参观游览体验需求。

三是文旅融合区，由主题展示区及其周边就近就便和可看可览的历史文化、自然生态、现代文旅优质资源组成，重点利用文物和文化资源外溢辐射效应，建设文化旅游深度融合发展示范区。

四是传统利用区,即在城乡居民和企事业单位、社团组织的传统生活生产区域,合理保存传统文化生态,适度发展文化旅游、特色生态产业,适当控制生产经营活动,逐步疏导不符合建设规划要求的设施、项目等。

拓展阅读

我国的五大国家文化公园

长城国家文化公园:长城始建于春秋,距今 2600 多年。最早的长城是齐长城、楚长城,因国家之间频繁的战事而修建。其后,历经战国、秦汉、南北朝、隋、唐、五代、宋、西夏、辽、金和明等 2000 余年的修建,最终呈现如今的规模。长城国家文化公园的规划范围包括战国、秦、汉长城,北魏、北齐、隋、唐、五代、宋、西夏、辽具备长城特征的防御体系,金界壕,明长城。其涉及北京、天津、河北、山西、内蒙古、辽宁、吉林、黑龙江、山东、河南、陕西、甘肃、青海、宁夏、新疆 15 个省(市、自治区)。

大运河国家文化公园:大运河从开凿到现在已有 2500 多年的历史,是世界上开凿时间最早、流经距离最长、规模最大的人工运河。我国古代劳动人民利用自然河流、湖泊、湿地等资源,跨越海河、黄河、淮河、长江、钱塘江五大水系,成功地将南北方、政治经济中心与其腹地沟通连接。大运河国家文化公园的规划范围包括京杭大运河、隋唐大运河、浙东运河 3 个部分,有通惠河、北运河、南运河、会通河、中(运)河、淮扬运河、江南运河、浙东运河、永济渠(卫河)、通济渠(汴河)10 个河段,涉及北京、天津、河北、江苏、浙江、安徽、山东、河南 8 个省(市)。

长征国家文化公园:长征铸就了伟大的长征精神,这是中国共产党人的政治本色和精神特质的生动体现,是中华民族精神在长征时期的集中体现,也是马克思主义中国化的具体产物。我国的自然地理条件与长征精神的形成密不可分,同时,也是建立长征国家文化公园的基础。中国工农红军长征历时两年,从江南到西北,行程一共二万五千里,地域覆盖之广阔,不仅在中国历史上绝无仅有,在世界历史上也极为罕见。长征国家文化公园的规划范围以中国工农红军一方面军(中央红军)长征线路为主,兼顾红二、四方面军和红二十五军长征线路,涉及福建、江西、河南、湖北、湖南、广东、广西、重庆、四川、贵州、云南、陕西、甘肃、青海、宁夏 15 个省(市、自治区)。

黄河国家文化公园:黄河,全长 5464 千米,发源于"世界屋脊"青藏高原巴颜喀拉山北麓的约古宗列盆地。黄河自西向东流经青海、四川、甘肃、宁夏、内蒙古、陕西、山西、河南及山东 9 个省(自治区),最后流入渤海。据统计,沿黄九省(自治区)拥有 19 处世界遗产、18 处世界地质公园、47 个国家全域旅游示范区、9 个国家级旅游度假区、31 个国家级生态旅游示范区、65 个 AAAAA 级旅游景区、85 个红色旅游经典景区、214 个全国乡村旅游重点村、278 个自驾车房车营地。黄河国家文化公园拟将河南作为重点建设区,以黄河为轴线,以城市为节点,河南将规划建设"五区联动"黄河文化遗产保护廊道。

长江国家文化公园:长江国家文化公园的建设范围综合考虑长江干流区域和长江经济带区域,涉及上海、江苏、浙江、安徽、江西、湖北、湖南、重庆、四川、贵州、云南、西藏、青海 13 个省(市、自治区)。

长城的巍峨、大运河的壮美、长征的伟大、黄河的厚重,皆是中华文明的精髓所在。国家文化公园作为一种公共文化载体,是国家的象征,承载着中华优秀传统文化的内涵。

本章小结

1. 文化遗产保护,即为了避免自然和人为的损毁破坏,运用各种手段对物质性文化遗产和非物质性文化遗产进行种种防护、抢救、保养、修缮、维护,保持文化遗产的原真性,以进一步对其传承和利用。文化遗产具有原真性、整体性、可读性和可持续性特点。在我国,文化遗产保护的机构为博物馆和文物保护单位。

2. 文化遗产,概念上分为有形文化遗产、无形文化遗产。文化遗产包括物质文化遗产和非物质文化遗产。物质文化遗产是具有历史、艺术和科学价值的文物;非物质文化遗产是指各种以非物质形态存在的与群众生活密切相关、世代相承的传统文化表现形式。

3. 随着文化遗产保护范围的拓展,全球重要农业文化遗产、世界灌溉工程遗产、工业遗产等成为遗产保护的重要内容。

4. 我国正从"文物保护"走向"文化遗产保护"的发展征途,呈现出新的发展趋势。这使文化遗产事业的内涵逐渐深化,领域不断扩大,并由此引发了其要素、类型、空间、时间、性质、形态等各方面的深刻变革。

5. 我国国家文化公园的建设是为了保护和传承中国传统文化,同时挖掘和利用文化资源,促进文化产业的发展和经济社会的持续发展。国家文化公园的建设还有利于城市景观的提升和环境保护,为居民提供休闲娱乐的场所。我国国家文化公园有长征国家文化公园、黄河国家文化公园、大运河国家文化公园、长城国家文化公园和长江国家文化公园。

思考与练习题

1. 成为世界文化遗产的标准是什么?对照世界文化遗产的标准,举例说明当地文化遗产距离成为世界文化遗产还有哪些差距。
2. 举例说明非物质文化遗产生产性保护的方式。
3. 举例说明应该如何开发和保护非物质文化遗产。
4. 认定世界重要农业文化遗产、世界灌溉工程遗产的主要标准有哪些?
5. 什么是工业遗产,工业遗产保护的意义是什么,如何进行工业遗产开发?
6. 保护和利用世界各类遗产地的主要方式有哪些?
7. 分析本地的文化遗产保护中存在的问题,说一说应该采取什么措施。
8. 国外在文化遗产保护方面作出了有益的探索,我们应该如何借鉴国外文化遗产保护的经验?
9. 简述我国文化遗产保护主要采取的措施及取得的成绩。
10. 试述文化遗产保护和文化遗产开发利用的关系。

第十章 文化遗产保护与传承

 **案 例**

苏州保护历史文化名城、传承历史文脉的创新实践①

作为首批国家历史文化名城,江苏省苏州市始终把名城保护放在城市发展建设的核心地位,相关工作走在全国前列。党的十八大以来,苏州将名城保护工作全面融入经济社会发展和城乡建设大局,持续推进历史文化保护传承创新实践,历史文化保护体系更加完善,古城保护和新城发展相得益彰的特色更加显著,江南文化传承利用和内涵挖掘更加丰富,人民群众文化获得感日益增强,文化自信更加坚定。

一、全域全要素建立保护传承体系

历史文化遗产与社会、自然环境不可分割。苏州建立了整体、系统的保护观,对历史文化遗产由单体保护转变为包含单体与周围环境的文化景观整体性保护,构建了覆盖市域、市区、历史城区三个空间层次,包含自然生态环境及景观、文化生态带(廊)、文化景观区、世界遗产、江南水乡历史文化聚落体系、历史文化街区和历史地段、文物保护单位和历史建筑、非物质文化遗产和优秀传统文化8个类型的历史文化名城保护体系,实现了时期全承载、空间全覆盖、要素全囊括。

(一)四角山水守护本底格局

20世纪90年代,吴良镛先生识别出苏州古城"四角山水"的独特格局,高度概括了古城与山水环境的关系,即在古城的东北、东南、西南、西北四个方向,依托阳澄湖、澄湖-吴淞江-独墅湖、石湖-七子山-东太湖、虎丘湿地公园等自然空间,实现了古城与山水环境的有机融合。"四角山水"除了发挥生态涵养、游憩休闲作用之外,还承载了古人寄情自然山水、营造诗意栖居的理想追求,充分体现了人与自然和谐共生的东方营城智慧。

苏州充分认识到"四角山水"的重要价值,在城市增长过程中坚持守护"四角山水"格局,奠定了当今苏州多中心、组团式的城市格局。为了防止城市建设侵占自然山水,苏州在全市划定了山体水体保护线,明确每一座山、每一片水、每一条河的保护范围,严格禁止挖山填水等破坏行为,并制定"一山一策""一水一策"的保护方案,因地制宜开展保护修复工作,让苏州"山水相伴、人水相依"的空间特色得以延续。

(二)水乡古镇再现江南风韵

在古城之外,名镇名村和传统村落,同样是历史文化保护的重要内容。古镇古村是江南市镇体系的重要组成部分,是聚落演变的活态标本。"水乡"是苏州古镇的典型特征,它们因水成街,因水成市,因水成镇,并通过河网水系相互联系,相互依存,形成独特的市镇网络。这些市镇的布局与河道有着密切的关系,因河道形态不同而呈现出不同的特征,其中有依托"一"字形河道形成的带形市镇,如唯亭镇;有依托"十"字形、"上"字形河道形成的星形市镇,如甪直镇;有依托"井"字形河道形成的方形市镇,如周庄镇;有依托网状河道形成的团形市镇,如同里镇。

苏州充分认识到名镇名村和传统村落在历史文化保护方面的重要价值,率先制定实施了

---

① 节选自:王凯,缪杨兵,张祎婧.资鉴当代 继往开来——苏州保护历史文化名城、传承历史文脉的创新实践[EB/OL].(2022-09-28)[2023-05-25].http://www.chinajsb.cn/html/202209/28/29521.html,有删减。

《苏州市古建筑保护条例》《苏州市古村落保护条例》《苏州市非物质文化遗产保护条例》《苏州市历史文化名城名镇保护办法》等法规规章,并在全市范围内开展了古镇古村老街的普查和保护线划定工作,将138个有历史文化价值的古镇、古村、老街全部纳入保护范围。

(三)数字孪生助力名城保护

数字化、信息化等新技术是名城保护的重要支撑。苏州将数字孪生技术率先应用于19.2平方公里的历史城区,搭建"CIM+古城保护更新"应用场景,将建筑、道路、水系、地下空间等不同类型的要素进行数字化建模,在全国率先建成可看、可感、可知的数字孪生古城。

打造数字孪生古城对于催化名城保护、城市更新和治理方式变革具有重要意义。通过对重点园林、文保建筑和道路、桥梁、水系、地下管线等全要素的数字化,监控、诊断、预测古城内各类要素,为古城保护更新和精细化治理提供有力决策支撑。面向公众开放部分非密数据,上线"苏周到-数字古城"栏目,引导广大市民通过数字化方式,深度体验古城园林、文保建筑、戏曲及其他非物质文化遗产的独特魅力,让公众深度体验古城小桥流水园林式"慢"生活以及古城现代化社会繁荣场景。

二、保护中发展,古城演绎现代生活

1986版苏州市城市总体规划确立了"全面保护古城风貌,积极建设现代化新区"的总方针,之后的历版城市总体规划继承和延续这一原则,指导苏州逐步从"跳出古城、发展新区""东园西区、一体两翼"发展成今天的多中心、组团型城市格局。通过科学的规划,全面、整体保护了古城格局和风貌,推动了新城新区建设,形成古今辉映"双面绣"的城市特色。在古城保护过程中,苏州坚持古城保护与现代生活两相宜,做好"整体保护与有机更新、特色塑造与品质提升、环境治理与设施配套、民生改善与社会和谐、业态转型与文化兴盛",通过微更新等方式,让历史建筑、传统街巷成为容纳现代生活、居民满意的宜居空间,使古城更有温度、更具吸引力。

(一)古城水系梦回姑苏城

水是苏州的灵魂,"君到姑苏见,人家尽枕河""绿浪东西南北水,红栏三百九十桥"。近十年来,苏州推进古城河道恢复,实施"自流活水"、清水工程,重现东方水城的独特魅力。

在消失了半个世纪后,2020年,中张家巷河获得重生。短短607米,耗时15年。为了做到原样修复,河道驳岸使用的都是老石头金山石,每一块都从民间收集而来,走在石板路上,可以看到许多大户人家的界石刻字,正所谓"旧时王谢堂前燕,飞入寻常百姓家"。如今的中张家巷河不仅连通了平江片区的水系,串联了沿线文化景点,更成为特色的水上游览线路、展示水城魅力的重要场所。

2013年,古城"自流活水"工程竣工,通过设置娄门堰、阊门堰等,形成北高南低的水位差,每天将太湖250万立方米的优质水源引入分配到古城百余条河道,稀释和冲换城内河道的污染水体,实现古城水系每日一更新、山塘河每日两次更新,盘活了古城水系,实现了古城河道全面活水、持续活水、自流活水。

(二)环河步道慢行千年路

环古城河是苏州古城历史印记的完整边界,是姑苏气质的重要展示窗口。2015年底,苏州环古城河健身步道正式贯通,全长15.5公里,串联起八个古城门、狮子林、山塘街等十几处名胜古迹。根据沿线历史文化资源和环境特色,步道共分为11段,每段都有不同的景色。在东段步道,穿过相门登上城墙,向东远眺东方之门,感受苏州的现代化都市,向西鸟瞰古城和远处的狮子山,感受古城的清亮淡雅底色。在西段步道的盘门上,又能感受苏州不同时期的历史积淀。盘门是国内唯一保留完整的水陆并列古城门，见证了苏州因大运河而兴的历史进程。

环古城河健身步道建成以来，为市民休闲和锻炼提供了活力场所，给游客提供了慢游古城的新路线，展现了苏州的千年古城韵味，成为最受市民游客欢迎的城市公共空间。

（三）双塔市集市井烟火气

双塔市集改造是苏州古城保护更新的有益尝试。在双塔市集，既可以看到退休老人在卖菜摊位上择菜讲价，也可以见到年轻游客捧着咖啡杯在市集里拍照。改造后的双塔市集不再只是一个传统菜场，而是吸引不同人群，让更多人在老菜场遇见苏州市井生活的社区博物馆。

自2019年起，苏州决定对38个城市传统菜市场进行标准化改造，双塔市集就是其中之一。坐落在古城官太尉河旁，双塔菜场藏了许多人记忆中苏州的味道。改造后的双塔市集，不但销售居民日常所需的蔬菜水果、柴米油盐，还成为一个将购物、娱乐、学习、休闲融为一体的艺术空间。通过积极导入新业态，新增网红咖啡店、酒肆、茶馆等15个特色小吃档口和一个小型共享表演舞台，增设艺术装置展览区，定期推出各种跨界活动，同时在市集外增设24小时无人社区书店。周末时，双塔市集还会举办音乐、策展、美食、小书房、手工匠人等活动。

三、活化再利用，文化经济比翼齐飞

苏州传承历史文化并活化利用，坚持江南文化的创造性转化、创新性发展，以更高视野、更大格局塑造江南文化，推动历史文化保护与文商旅产业发展双赢，打造文旅文创新场景，激发文化活力，推动经济发展。推进苏州园林和非物质文化遗产的转化和发展，创新呈现更多繁华雅致的江南风物，打造出一张张令人印象深刻的"江南名片"，不断扩大江南文化的影响力，增强城市综合吸引力。

（一）酒店改造老宅新角色

姑苏古城是外地游客来苏州的首选旅游目的地。但古城入境过夜接待人数仅仅占苏州市区的14.31%，远小于工业园区的60.92%和高新区的19.77%。缺乏高品质、多元化的旅游接待设施是古城留不下游客的症结所在。针对这一难题，苏州盘活古城内的古建老宅，引入社会资本和专业运营团队，将其改造成为高品质的酒店民宿，产生了良好的社会效益和经济效益。

（二）园林旅游沉浸新体验

古典园林是苏州的金名片，是江南文化的代表符号。苏州将园林作为传承、展示江南文化的舞台，做出了许多成功的探索和尝试。通过大力发展园林文化衍生品，文创产品设计推陈出新，打造了一批体验店、精品店，再现江南人文传统和地方风俗。丰富中国传统美学内涵，对江南文化进行"积极融合、创造发展、创新转化"，把具有当代价值的文化精髓提炼到园林旅游中，为游客提供场景式文化体验。沧浪亭中听《浮生六记》、网师园夜赏《游园惊梦》、耦园中看"江南小书场"、艺圃品茗、可园听书，都已经成为苏州古典园林更时尚的"打开方式"。

苏州园林也在汲取当代元素的发展过程中，融合新媒介、新技术，焕发了全新的生命力。网师园融合传统曲艺文化、夜文化，将有形的世界遗产与无形的非物质文化遗产完美结合。狮子林突出定制化旅游服务，游客可以在开园前一小时，提前入园，在无众人打扰下静心游赏。拙政园利用多媒体技术，将种种雅趣场景重构，打造江南立体山水画卷，展现夜间园林的动态美学。

（三）非遗转化古韵新意境

苏州的非物质文化遗产璀璨生辉，"苏工苏作"举世闻名。作为"手工艺与民间艺术之都"，苏州可以生产几近所有传统工艺美术品。通过现代化转化,古韵之中,融合新意,苏州非遗已成为新时代的闪熠明珠。

非物质文化遗产融入了日常生活,成为现代生活的一部分。拙政园内,游人观摩学习"虽由人作,宛自天开"的苏派盆景,非遗传承人带领游客观摩盆景修剪操作,体会苏派盆景的审美旨趣及文化内蕴。苏绣作为苏州非物质文化遗产的代表,在技艺上迭代演进,在题材和理念上吐故纳新,形成了涵盖设计、版权、生产、交易、人才等产业要素的全产业链,促进苏绣产业在新时代仍保持旺盛活力。

非物质文化遗产融合现代技艺,成为苏州的新名片。在举办"中国苏州创博会"基础上,苏州进一步推出"新手工艺运动",形式上融合现代理念,内容上贴近现代生活,生产上结合现代工业。自2015年起,"新手工艺运动"展示近1200件优秀成果,在国内外多个城市巡展,参与设计师达到700余人,促进了传统手工艺产业的转型升级,提升了"苏州制造"的文化内涵。

四、传承中弘扬,坚持讲好中国故事

苏州以更高视野、更大格局塑造江南文化,凝聚苏州精神,帮助人们理解和认知历史文化遗产中蕴含的强大精神力量,增强人民的文化自觉和文化自信。苏州延续园林交流的成功经验,将历史文化遗产带出国门,在国际上开展文化交流活动,用西方听得懂的语言去阐释、传播,主动讲好新时代的苏州故事,存异求同、点滴浸润,不断提升江南文化影响力,让世界更好地了解苏州、了解中国。

(一)草鞋山遗址公园一眼望千年

在阳澄湖南岸,有一座冠以山名的土墩叫草鞋山。20世纪70年代,在草鞋山西侧的山脚下,办起了唯亭公社的第一个砖瓦窑厂,烧窑用的土都取自草鞋山。人们在取土时,挖掘到不少的陶罐、陶片,由此发现了从吴越到良渚、崧泽、马家浜等不同文化时期的遗址遗物。经过十一次考古发掘,草鞋山的遗址遗物跨越了太湖流域、长江下游一带石器时代到先秦时期的全部编年史,被称为是"江南史前文化标尺"。

2020年,草鞋山遗址考古勘探完成,全面摸清了地下遗存的分布与保存情况,为遗址公园规划奠定了科学的基础。2021年,遗址公园核心区建成,总面积40.2万平方米。草鞋山遗址公园复原史前古稻田,为市民提供先民在同一方水土上的水稻田耕作体验,让市民近距离感受到6000年前苏州大地上的文明曙光和太湖流域的文明化进程。公园内还策划开发了沉浸式考古研学、草鞋山文化大讲堂等品牌项目,打造青少年学习、体验文化遗产的"第二课堂"。市民可以在遗址公园中感受先民们造房子、种水稻、做祭台的遗迹,颇有一番访古探幽的意境。在"行走在遗址间"展览中,可见到国内可追溯历史最早的纺织品——野生葛纺织品,以及玉斧、玉钺、玉锛等器物,感受石器制造技艺的变化。草鞋山遗址公园不仅承载了自然人文景观和文化服务的功能,也有效增强了历史文化遗产的教育宣传作用。

(二)一城百馆博物看苏州

苏州一直高度重视文博场馆建设,着力将博物馆打造为彰显江南文化特色、打响"江南文化"品牌的重要抓手。自2012年以来,全市新增博物馆50余家,总量达到102家,其中国有馆74家,非国有馆28家,在省文物部门备案的博物馆44家。2021年苏州博物馆西馆建成,与贝聿铭大师设计的苏博本馆形成"一东一西""一传统、一当代""一江南、一国际"的格局,支撑了苏博"立江南,观世界"的总体定位。除此之外,苏州也非常重视非遗文博场馆的建设和展陈。苏州丝绸博物馆围绕《红楼梦》主题,举办"何以梦红楼——江南运河上的文学、影像与丝绸"展

览,展出与原著描述相似形制、纹样、工艺的清代服饰文物,以及苏州剧装戏具厂创作的87版电视剧《红楼梦》服饰设计手稿,向市民呈现《红楼梦》中的丝绸美学。桃花坞木刻年画博物馆、苏州评弹博物馆、苏州工艺美术博物馆等专题非遗博物馆也相继建成,为展示非遗技艺提供了丰富的载体和空间。

(三)江南文化立苏州样本

从第一次把中国园林文化输送到海外的"明轩",到目前海外规模最大、最完整的苏州园林项目"流芳园",苏州园林频频走出国门,在国际交流中扮演着重要角色。从美国纽约到瑞士日内瓦,40多座苏州园林先后落户30个国家及地区。狮子林与意大利波波里花园、留园与法国枫丹白露宫多次展开线上友好交流对话,就文化特色、遗产保护、旅游服务、青少年教育等议题展开对话。

苏州历史文化名城保护和发展的成就也逐步得到世界认可。2014年苏州获得"李光耀世界城市奖",2018年被授予全球首个"世界遗产典范城市"称号。同年,"干将路古城区段缝合复兴"等古城文化、建筑、社区、产业更新案例在威尼斯建筑双年展上集中呈现。

回首过去,苏州用优异的成绩展现了突出的历史文化遗产保护成效。文物保护示范效应显现,非遗传承能力提升,遗产价值影响力增强,文化对外交流活动丰富,文化产业发展水平进一步提升。未来,苏州将以做强新时代世界遗产典范城市为目标,加强考古发掘和研究,推进世界遗产申报工作,完善全域全要素保护体系。同时,继续致力于当好社会主义文化强国建设的探路者、先行军,用文化驱动创新,促进经济文化比翼齐飞,在国际舞台上展示江南文化、讲好苏州故事。

案例思考题:

1. 苏州历史文化名城保护的经验是什么,有什么借鉴意义?
2. 你还能列举出其他文化遗产保护的典型案例吗?

第十一章 文化资源管理与配置

学习目标

1. 掌握文化资源管理的概念和文化资源管理的作用；
2. 了解我国文化资源管理的体制机制；
3. 掌握文化资源开发的规制；
4. 了解我国文化资源管理的体制改革；
5. 掌握文化资源配置的概念与手段；
6. 比较文化资源的市场配置、宏观配置；
7. 掌握文化资源优化配置的手段。

文化资源是体现一个国家文化软实力的核心要素，也是国家文化及文化产业发展的基础和源头。文化资源开发与利用关乎一个国家的文化繁荣，还影响着国家整体发展的可持续性。一个国家、民族的文化资源是其文明发展的历史过程中沉积形成的独有资产，具有唯一性和不可扩展等特点。

第一节 文化资源管理概述

一、文化资源管理的概念

文化资源管理（cultural resource management，CRM）是针对任何的文化相关产业的管理，例如艺术或文化资产。依据相关机构的定义，文化资产指的是历史的、技艺的、社会的、建筑的或具有科学价值的文化遗产。文化资源管理的不只有传统文物与古代人类遗产，也包括当代的、创新的科技与文化资产；然而对多数人而言，文化资源管理的主要范畴仍然是历史学家、人类学家或考古学家对于历史建筑、环境或人类遗址的管理工作。

文化资源包含了有形的与无形的人类遗产，负责管理的单位包含各阶层的文化相关单位，如地方文化局、博物馆、文艺中心、中央文化主管机关等。当然，管理的内容也从地方的小众事业（如族群风俗传统、宗教信仰）到跨越种族与文化的合作（如语言、教育）。文化资源管理最具体的例子是联合国世界文化遗产组织对于遗产的分类、记录、管理并修复与活化再生。

一般公认的"文化资源管理"（CRM）的理念是在20世纪70年代成型的。20世纪60年代出现的能源和生态危机使西方社会意识到，人类活动已经造成和正在加剧生态环境的恶化与自然资源和文化遗产的枯竭，严重威胁到人类自身的生存和发展，必须加大力度拯救生存环境和保护人类生存所必需的资源。地下的文化遗存被看作是和石油及煤炭等能源一样不可再生的资源,必须为未来而加以妥善保护和合理利用。到20世纪80年代,以保护和管理为宗旨的"文化资源管理"已成为文物考古工作的指导方针。

以立法的形式将"文化资源管理"定为文物考古工作的最高理念,经历了一个漫长的历史过程,并非一蹴而就。这个过程不仅体现了对人与自然关系认识的逐步深化,而且反映了国际社会通过强化立法机制来规范社会和个人行为,以达到实施保护目的的不懈努力。

很显然,这里文化资源管理和本课程所讲的文化资源管理还是有差别的。对于本课程而言,由于文化资源采用的是文化产业意义上的文化资源,因而本书所讲的文化资源管理远比国际社会"文化资源管理"的外延要大得多。本书认为,文化资源管理是指对社会中存在的各种文化资源通过宏观和微观手段,对其进行有效整合、保护和传承的过程,以实现文化资源的公共性、可持续性和社会效益最大化的管理活动。

二、文化资源管理的作用

文化资源具有所有权非私有的特点,因为历史上的很多文化创造都是一种社会性的群体创造活动,尤其是文化资源中的历史文化遗产,更具有这一特点。因此,文化资源在很大程度上属于全社会所有的一种资源,属于一种公共资源。正因为如此,对文化资源如何实施有效管理,就成为一个十分重要的问题。文化资源管理的作用主要表现在以下几个方面。

(一)有助于建立科学有效的管理体系保护文化遗产

从国际经验来看,文化遗产是一个国家非常稀有的一种资源,如何加以有效保护,这涉及文化资源管理问题,很多国家在这方面都形成了较为严密的国家文化遗产管理体系,进行有针对性的管理。例如,以美国黄石国家公园等为代表的国家公园体系,是世界上对文化遗产实施有效管理的突出代表,这个管理体系组织完备、结构严密,符合对文化遗产管理的体系化要求。

(二)可以防止文化资源的流失与破坏

进行文化资源管理,可以防止文化遗产资源的流失与破坏,维护文化遗产资源的完整性。在众多对物质文化遗产构成安全威胁的来源中,战争与自然灾害、城市化和旅游业迅速发展造成的遗产消失的危险、文物走私与盗掘、公共和私人工程的威胁、土地的使用变动或易主造成的破坏,被公认为对文化资源安全造成威胁的五大主要来源。其中,工业化和城市化进程加快,生产、生活方式的改变,都市文化的冲击,原有的文化生存土壤正在以惊人的速度消失,发展与保护的矛盾日益突出,尤其是对历史文化资源,特别是对已被国家列为国家历史文化名城和联合国世界遗产的错位开发和超容量开发,已经现实地构成了当下中国最为严峻的文化遗产安全问题。因此,通过国家立法对文化资源的开发与利用进行规范,势在必行。

(三)可以防止文化资源滥用和庸俗化倾向

文化资源是人类文明的结晶,它凝聚着人类的智慧,记录着人类的历史,具有很高的开发利用价值。因此,世界各国都非常重视对本国文化资源的开发利用,它不仅可以有效地促进社会经济发展,而且还可以弘扬本国文化,激发人们的爱国热情,丰富人们的精神文化享受。越是历史文化悠久的国家,文化资源就越丰富,也就越重视对文化资源的开发利用。文化资源的开发利用与文化资源管理是同等重要的,对文化资源的有效管理可以更好地促进文化资源的开发利用,也更有利于整合文化资源,使文化资源的价值更能被世人所了解。

我国是一个文化资源十分丰富的国家,很多文化资源属于世界上珍贵的文化遗产。但是,在缺少政府有效管理的情况下,各地难免会出现各自为政的情况,出现为了地方的局部利益而损害国家整体利益的做法,最突出的是各地对文化资源的过度开发,或是缺乏有效管理,不惜人为地弄虚作假,制造大量的"世界遗产""伪文化资源""假民俗"等。这些毫无历史价值的"伪文化"资源的开发,不但破坏了文化的真实性内涵,也败坏了文化遗产的名声,从根本上讲,这是对文化资源缺乏有效管理导致的混乱现象。由此可见,加强文化资源管理,对规范人们的行为,切实保护具有历史文化价值的文化资源具有重要意义。

(四)为文化资源产业化转化提供了制度保障

从产业层面上来说,文化资源都具有形成产业的条件和优势。文化资源本身不是一种产业的形态,但它经过一定的开发,可以转化为产业形态的东西。产业属性最直接的呈现方式是文化产品,它是直接适应市场需要而生产出来的,这离不开政府文化资源管理所发挥的独特作用。这个作用主要体现在两个方面:一是可以确保文化资源转化为文化产业过程中政府作用的发挥,包括政策法规、市场环境、文化服务、制度建设等。从文化资源到文化产业,从内部来讲,是市场对资源进行配置的结果,但从外部来看,又与政府的职能作用密切相关,它是文化产业发展应具备的环境因素。二是文化资源变为文化产业,成为一种产业形态,除了离不开市场的作用外,也离不开政府的监管。政府监管是一种行政作用的发挥,即使是在西方国家也是不可缺少的,文化资源开发更是如此。这是因为,从产业的角度来说,文化资源的开发利用更多地是从市场需要考虑的,如果缺少有效的政府行政监督和管理,在文化资源的开发中就有可能过分迎合市场需要而忽略了文化资源保护的要求。在这方面,每个国家之所以根据自己的国情制定出符合本国需要的文化战略,以及相应的文化政策法规,其目的就是为了更好地保护本国的文化资源,使文化资源得到更合理的开发利用。

三、文化资源管理的方法

文化资源承载着一个国家或民族特有的历史文化传统,它包含着人类特定价值观念、道德观念、审美观念等精神内核,因此,文化资源具有鲜明的意识形态属性以及国家和民族的色彩。正因为如此,对文化资源的管理就与意识形态的管理有密切关系。就文化管理而言,越是对意识形态强调的国家,就越重视对文化的直接管理,它往往是通过政府的行政作用来加强对文化的管理和控制;越是在意识形态方面淡薄的国家,越是不主张由政府直接出面进行文化管理,而是采取政府间接管理的模式,这往往与其经济上的自由主义原则相一致,认为政府主要是充当制定规则的人,而不是一个管理者。从政府对文化资源的管理来说,结合当今世界各国普遍的经验与做法,文化资源管理的方法主要可分为垂直管理、分散管理、交叉管理、公众参与等不同形式,这些不同的管理方法都要通过政府作用的发挥来实现。

(一)垂直管理

垂直管理是政府对文化资源的集中管理,是一种直接管理的模式。政府对文化资源加以集中管理,其目的是便于掌握文化资源的总体分布状况,制定文化资源保护与开发利用的长远规划和战略目标,并加以具体实施,减少管理上的麻烦。世界上有不少国家都采用这种管理方法,它体现为对国有资源的一种有效控制,因为文化资源属于国家的公共资源,理应由国家出面进行管理,履行国家对文化资源的管理职能。

在我国，文化资源管理体现了与国情相适应的特点。我国对文化资源实行垂直管理，形成了从中央到地方自上而下的管理体系，这种管理体系有利于政令的上传下达，上下配合，各负其责，有利于形成严密的管理体制，其缺点是管理层次和环节较多，影响了管理效率的提高。

(二) 分散管理

分散管理属于一种平行式管理，它采用非集中的分散的方式进行管理。这种管理一般是由若干个部门牵头分别进行管理，在管理上目标明确，具有针对性，也容易调动各部门的积极性与主动性，充分发挥它们的作用。

分散管理与集中管理的异同：分散管理与集中管理有一定的联系，集中管理同样涉及很多不同的部门，但这些部门一般具有隶属关系，而分散管理涉及的部门不一定具有隶属关系。集中管理能够很好地对遗产资源实施有效管理，有利于遗产资源的保护，集中力量开展相关的研究活动；且政府资金流向较为集中，容易发挥资金的积极作用。但不利的是，它在向公众宣传遗产资源的价值方面表现得不够积极主动，缺乏应有的热情，并且不能解决对遗产资源可持续性保护和开发所需的资金问题。相反，分散管理则比较容易解决遗产资源可持续性保护和开发的资金问题，同时各级管理部门也有很高的积极性与主动性来向公众宣传遗产资源的价值，并且可以利用市场的规则收取合理的费用（如景区门票等）用于遗产的保护工作。但分散管理也有明显的不足，一般来说，它没有很强的动力来保护遗产资源的长期价值和对遗产资源进行深入的研究。

(三) 交叉管理

交叉管理主要指的是管理部门之间在工作上有相互交叉关系，形成一种相互补充、相互配合、彼此协作的密切关系，构成了一个分工合作的管理网络，其工作流程具有交叉性与互补性。上面说到的垂直管理（集中的）和分散管理（非集中的）事实上都涉及交叉管理，它属于管理上既有分工又有合作的关系。但管理上过于强调交叉，也会对管理带来不利影响。

由于种种原因，我国在文化管理上的交叉性比较突出。因为管理部门多、管理层次多，于是很多部门的管理存在着交叉重合，这给管理带来了很多不必要的烦琐环节，也无形中增加了管理成本。我国涉及文化资源管理有多个行政部门，如文化和旅游部、国家文物局、国家新闻出版署、自然资源部、工业和信息化部、住房和城乡建设部等，这些部门都与文化资源管理有关，在管理的权限和职能范围上存在着交叉与重叠，其优点是各部门齐抓共管，缺点是管理层次过多，没有一个主管部门来统管这项工作，容易造成责任不清、任务不明、出了事互相推诿的现象，这就需要政府各部门之间加强协作与配合。

(四) 公众参与

公众参与是现代社会实施管理的一种有效形式，一个社会应注重去调动公众对社会公共事务管理的积极性与多方参与的意识，让全社会都来关注公共事务的管理。它是对政府管理和部门行业管理的一种重要补充。对文化资源管理而言，公众参与属于社会化管理的一种形式，有了广大公众的积极参与，可以有效提高人们对保护文化资源意义的认识程度，在全社会营造一个关注文化资源、保护文化资源的良好社会氛围，这样也就使得管理更能富有成效，也极大地降低了政府在文化资源管理方面的成本。

四、文化资源管理机制

从根本上讲,在现有的文化资源管理体制安排下,开发利用与保护这两个目标之间存在着内在的、难以调和的矛盾,而这种矛盾又是我国经济发展特征的一种现实反映。因此,深入研究保护与危机产生的深层次的体制根源,进而找出现实的解决办法,是非常具有理论和现实意义的。文化资源管理机制指的是各种不同管理功能的综合发挥和协同作用,每一种管理都不可能是单方面的,它与其他管理形式是并存的,共同行使管理的职能。不同管理形式之间的相互配合与相互作用,就使得管理的综合功能得以充分发挥,形成一种有序的管理机制。

(一)政府管理

政府管理是文化资源管理的主导因素,包括代表国家的中央政府的管理和代表地方的地方政府的管理。政府管理是文化资源管理的主导因素,这是因为,文化资源属于一种社会化的公共资源,这方面的管理主要应由政府来承担。政府应把对文化资源的管理当作一项长期不懈的工作来抓,并投入大量的人力、物力和资金,同时成立专门的管理机构、制定有关的政策法规。总而言之,政府应该通过建立一种长效机制对文化资源实施有效管理。政府在这方面的作用是不可替代的,因为政府管理文化资源往往是从国家层面来考虑问题的,其出发点是以国家利益为原则去看待文化资源的意义,它有利于文化资源管理的持续性与稳定性,有效避免了短期行为和商业动机,这从根本上来说更有利于文化资源的保护与持续利用。

政府来管理文化资源是世界上一种较普遍的形式。美国早在100多年以前就开始逐渐形成的国家公园管理体系,就属于一种政府对文化资源的管理模式,这种管理模式在西方国家比较普遍,这证明它是一种非常有效地对国家公园及遗产资源的管理方式。

(二)社团管理

社团管理主要是指一些行业组织所发挥的管理作用,这些行业组织大都是些行业协会和群众机构,是民间自发组织起来的一种社团,对行业中的公共事务通常能起到维护作用,如国际上的绿色和平组织,我国的"自然之友""登山协会""野生动物保护协会""文化产业协会"等。

社团是一种自发性的组织,是一些志同道合者为了某个共同目标、共同爱好、共同兴趣与探究需要,或是某种共同利益与愿望而形成的行业组织。它完全是自愿的,所以,社团管理往往是松散的,并不像政府管理那样带有强制性,但它对本行业内的事务往往比较了解和熟悉,有专业背景,因而在行业内有一定的发言权。它对行业内公共事务能起到维护作用,这种维护作用有时甚至比政府的强制性管理还有作用。社团管理有时候会成为政府行政管理的有力支持,起到对政府管理的维护作用;有时候又形成对政府管理的一种反叛力量,起到对公共事务的纠偏作用,这对促进政府行政管理的合法性与有效性是非常重要的。

(三)民间管理

民间管理是属于民间自发的一种管理,它对民间文化资源能起到管理和维护作用。民间孕育着丰富多彩的文化资源,是民俗文化的重要来源,很多民俗文化资源都在民间存在,如歌舞、戏曲、民间工艺、建筑、绘画、雕刻、风俗习惯、节日、宗教信仰、民间故事、传说等。这些文化资源都分散在民间,成为人们日常生活中最常见的东西,是最具有代表性的大众文化的表现形式。对这些文化资源的管理,除了各级政府的管理外,更重要的是要发挥民间管理的职能。民间管理是民众自我管理的一种机制,它是根据现实需要来进行自我管理的,不像政府管理那样系统严密,依赖于规章制度和条文,而是由公众参与的一种管理。民间管理大都属于自发性的管理,不是十分严格规范,但它也具有一定程度上的管理效用,能起到对文化资源的保存、维护、发展、传承的作用,能有效地维护民间文化资源的完整性。

民间对文化资源的管理主要是依托于村落、街道、社区等基层组织,但它不是通过政府的职能来体现的,而是建立在一种"公众参与""社区参与"的基础之上的自我管理和自我约束机制。在许多少数民族地区,宗教信仰、习俗惯例、民间禁忌、乡规民约等传统文化观念所起的作用有时比起政府的政策规定等管理措施起的作用还要突出,对人们的行为更具约束性,这在客观上对文化资源和自然资源起到了有效的保护作用。

(四)部门管理

部门管理通常是指行业管理,它与政府管理关系密切,因为政府管理是通过各职能部门来实现的,这种管理也属于一种归口管理。

部门管理的特点是政策性强,目标清楚、任务明确、措施到位,强调规划性,是一种有针对性的管理。对文化资源管理来说,部门管理是一种更为直接有效的管理,它体现了管理的连续性和有序性。所谓部门,通常指的是上级主管部门和业务指导部门,这些部门都是政府根据需要设立的。部门之间的管理工作具有交叉性。在管理的具体运作中,特别需要部门之间的协调与合作,这是部门管理最突出的特点。

(五)市场管理

市场管理通过市场机制来进行管理,是其他管理形式的重要补充。尤其是在市场经济条件下,通过市场的手段来加强对文化资源的管理,是当今各国政府普遍采用的一种做法。它可以减少管理上的行政壁垒和障碍,克服管理上的"盲区",尤其是部门管理上的官僚主义、本位主义、集团利益等,有助于文化政策的推进和落实。

市场管理是市场经济的产物,是参照市场经济的原则来进行管理的,体现了市场经济的作用。但对文化的管理与对经济的管理具有很大的不同,它不能完全照搬市场经济的一般原理,必须考虑到文化的特殊性。经济管理可以按照市场经济的一般规律进行,市场经济的一般规律是靠市场机制来发挥作用,市场机制是"一只看不见的手",对经济活动起着调节作用,即通过市场调节供求关系的变化。而文化管理则主要是靠文化政策来发挥它的作用,文化政策不是一种自由状态下的市场属性,它是政府制定出来的一种带有规定性的东西,是"指导某一社会共同体处理文化事务的价值和原则",用它来规范文化活动,管理文化资源,促进文化发展。总之,文化政策是一种超市场的行为,是"一只看得见的手"。

市场经济是一种契约经济,要求人们要遵守市场经济所约定的基本规则,因此,它是一种建立在完善的国家法治体系基础上的经济活动。对于文化资源管理来说,所谓市场管理不是放任不管,完全由市场属性来决定,而是要求制定出相应的文化政策与法规作为市场管理的政策依据,正确引导市场机制对文化资源进行合理配置,使文化资源发挥它最大的效用。也就是说,政府主要的职责是制定符合市场需要的文化政策与法规,而不是取代市场管理。

第二节 文化资源管理政府规制

一、文化资源管理的政府规制

政府规制是指政府为达到一定的目的,凭借其法定的权力对社会经济主体的经济活动所施加的某种限制和约束,其宗旨是为市场运行及企业行为建立相应的规则,以弥补市场失灵,确保微观经济的有序运行,实现社会福利的最大化。与其他的资源开发相比,文化资源的开发有其自身的特殊性,资源开发过程中存在着诸多缺陷和不足,有待于公共利益的守护者——政府,通过其"有形之手",改善和维护社会公平与效率,实现整个文化资源的有效合理开发。

(一)文化资源规制是规范文化产业外部性的方式

文化资源开发形成的文化产业,集知识、审美、价值、娱乐及观念于一身,具有很强的外部性。所谓外部性是指文化企业的生产行为对其他生产者或消费者产生的影响,而这种影响无法通过市场机制反映出来。如果文化资源开发合理、消费理性,不仅可以促进社会经济发展,还能通过传递正能量改善消费者的价值观,提升消费者民族认同感,弘扬优秀文化内涵,由此形成的社会效益就大于私人利益,文化资源开发发挥出正外部性;反之,如果部分开发主体过分追求经济效益而忽视社会效益,破坏文化资源原有形态,传播有害的价值理念,危害社会稳定,此时文化资源开发就形成了负外部性,不利于文化市场的有序发展。此外,文化资源具有公共物品属性,即多人可以同时共享同一文化产品,且不会互相干扰。这种固有属性极易造成文化消费的"搭便车"行为,导致文化资源供应方的利益损失,使得供应方受利益驱使只为那些愿意付费的消费者提供文化产品,忽视低收入消费者的文化需求,从而引发社会不公平现象。文化资源开发的外部性及公共物品属性,难以通过市场调节,因此必须依靠政府规制进行直接或间接的引导、规制,鼓励正外部性行为,惩罚负外部性行为,进而保护消费者利益,维护社会公平。

(二)文化资源规制是合理配置产业资源的要求

在信息经济时代,信息作为一种资源,逐渐成为产业发展的重要一环。文化资源开发利用作为一种市场活动,难免会因市场失灵造成生产者与消费者信息不对称的现象。这种不对称现象往往导致两种不良后果:一是占有信息优势的一方受经济利益驱使垄断信息,做出损害另一方利益的行为,如提供虚假信息、诈骗信息等;二是由于信息封闭造成信息延迟,使文化企业错过最佳市场竞争的时机。不对称现象若不能及时被遏制,不仅文化市场难以进行公平交易,且市场的正常资源配置也会受到影响。因此,政府应当对文化市场进行信息规制,通过提供统一的信息交流平台,促进信息自由、广泛流通,提升市场资源配置效率。

(三)文化资源规制是提升文化产业地位的途径

自文化产业诞生以来,关于其产品内容"真善美"与"假恶丑"的争辩就没有停止过,单纯追逐经济利益与坚挺社会效益左右摇摆的现象未发生转变。文化产业在争议声中逐渐发展与壮大,成为世界各国难以忽视的一种经济与文化引擎。自党的十七届六中全会制定了中国文化大发展、大繁荣的宏伟蓝图以来,打造"文化强国"的观念逐渐深入人心,中国经济发展逐步进入经济与文化双驱动的时代。实施文化资源开发活动,加快发展文化产业,促使文化产业成为国民经济的支柱性产业,已成为中国的一项重要经济发展战略。因此,文化资源开发要服务于国家文化战略的实施,而这一项任务的实施需要一定的规制予以保障。

二、文化资源开发政府规制的必要性

文化资源开发的政府规制的现状并不理想,一是文化资源的政府管理者与企业经营者之间存在信息不对称的经济特征,产业开发与保护这两个规制目标之间存在着内在矛盾;二是文化资源产业开发的管理制度安排存在不少缺陷,又加剧了这种矛盾。文化资源的产业开发单纯依靠市场机制会导致市场失灵,因此,对文化资源产业开发进行政府规制,十分必要。

(一)文化资源具有自然垄断性

文化资源稀缺、不可替代,相互之间难以形成竞争;文化资源不可分割,其经营具有强烈的规模经济和范围经济,容易产生垄断。垄断经营意味着政府必须对文化资源产业经营者的收费实施经济规制,限制其垄断高价。经济规制的主要对象是接入费或门票,而对其他服务如旅馆或食品等价格则不需要(事前)规制,因为只有接入服务,即经营者为观览者提供的便利服务,包括提供的通路等,才具有垄断特征。

(二)文化资源具有公共物品特征

文化资源大多是俱乐部物品,消费者购买得到接入权以后,消费就变得具有非排他性:一人观赏文化景观并不影响其他人的观赏。文化资源的公共物品特征决定了旅游消费中将会产生消费者对于观光服务的"搭便车"问题,文化资源经营者不可能根据成本对观光服务和接入服务各自单独收费,而必须将这些收费捆绑在一起。也就是说,文化资源风景区的收费必然存在交叉补贴。接入服务的收费或门票需要补贴提供其他服务的成本,如文化资源的折旧费、文化资源的维护费等。

(三)文化资源具有外部性

文化资源的外部性表现为:拥挤产生的外部性,由于文化资源的公共物品特征,消费者观赏决策时,往往不考虑自己的决策对他人产生的影响;开发产生的外部性,经营者为了经济利益,过度开发文化资源而对文化景观产生损害。文化资源的外部性特征意味着,为了对文化资源进行适当的保护,避免过度开发,需要对文化资源开发实施严格的政府规制,如严格政府审批、征收庇古税、制定收费政策等。收费既要考虑完全成本,又要考虑文化资源的维护成本、拥挤成本以及其他社会成本。

三、文化资源开发规制的工具

文化产业本身具有文化与经济双重属性,但在实际运营中,受产业特性影响,市场对文化产业经济效益的追逐不断壮大,在一定程度上损害了社会效益。为加强文化资源开发和管理,推动中华优秀传统文化创造性转化创新性发展,着力推动文化事业和文化产业繁荣发展,政府应该审时度势,及时采用恰当、科学的规制方式对其进行约束、规制。

(一)文化资源开发规制的类型

政府规制属于政府的微观经济管理职能,它与旨在保证经济稳定与增长的宏观经济调控一起构成政府干预经济的两种主要方式。政府规制就是政府行政机构依据法律授权,通过制定规章、设定许可、监督检查、行政处罚和行政裁决等行政处理行为,对构成特定社会的个人和构成特定经济的经济主体的活动进行限制和控制的行为。

文化产业规制同产业规制一样,基于不同的方式与优势可以分为不同的类型,在实际应用中,各种规制交叉使用、相互渗透,共同作用于文化市场。

按照规制方式不同,政府规制可分为直接规制与间接规制。直接规制是指政府直接介入文化市场失灵的领域,即政府依法直接干预文化经济主体的决策,如依法对文化企业的市场准入、退出、价格、服务、投资、利润分配、财务会计等活动进行的规制。间接规制是指政府不直接干预文化经济主体的决策,仅通过制约与行业引导来规范文化市场机制职能的发挥,并以完善法律制度、加强行业自律、实现文化市场机制顺畅运行为目的。

按照规制主体数量不同,政府规制可分为联合规制与单独规制。联合规制是指由于文化产业的跨领域性,许多文化市场行为往往需要不同规制主体之间的相互协调配合,达到共同规制的目的。例如,国务院信息产业部门和各省级电信部门、公安部门、文化部门、工商部门对互联网的共同规制就是联合规制。单独规制则是某一部门对某些局部现象进行的规制。

按照规制内容不同,政府规制可分为经济性规制与社会性规制,这是我国最常用的规制分类方法。经济性规制一般存在于对市场失灵与市场缺陷的矫正中,通过政府的规制对其进行调节、缓解、控制,以保证文化市场活动的有序进行,主要手段包括价格规制、进入和退出规制、质量规制等;社会性规制则是以实现社会平等、公平与公民健康为目的,对社会主体的经济活动进行行政性规范与制约的政府行为,主要手段包括许可证规制、标准规制、信息规制以及监督检查等(详见表11-1)。

表11-1 经济性规制与社会性规制简介

分类	主要手段	简介
经济性规制	价格规制	基于资源配置的有效性,政府针对价格情况展开的规制,主要表现为政府决定相关文化产品或服务的价格,或制定相关的标准来约束文化企业的定价行为
	进入和退出规制	进入规制是指在自然垄断行业内,政府为确保企业的规模经济效益与生产效率,避免市场出现恶性竞争现象,确定少数企业获得特许经营证并承担一定责任;退出规制是指为保证市场供求平稳,政府责令相关企业退出或禁止退出市场的行为
	质量规制	政府为防止相关企业因垄断或激烈竞争而导致产品质量下降的问题,制定相关政策与规则直接进行干预行为的总称
社会性规制	许可证规制	政府根据实际情况针对文化产业提出具体的资格限定标准,只有符合相关标准的企业与个人才有资格获得许可并开展生产经营活动
	标准规制	相关机构通过调研审核、测试等程序制定出符合客观情况的标准,并以强制或建议的方式促使文化企业相应进行规范化调整
	信息规制	针对市场信息不对称问题,政府利用相关手段强制企业向市场提供真实有效的信息。在文化产业领域,主要表现在广告规制方面,以保证广告内容的真实、有效为目的
	监督检查	一般与其他社会性规制配合使用。监督的对象既包括文化企业,也包括相关规制机构,具有双向性。检查的对象往往指规制机构

(二)文化资源开发规制的主要工具

文化资源开发规制的实施,需要借助一定的规制工具配合。我国文化资源开发主要的规制工具包括立法、政策以及行业自律。俗话说:"工欲善其事,必先利其器",在实际应用中,各种类型的规制行为都离不开以下工具的配合,见表11-2。

表11-2 文化资源开发与管理规制的工具简介

工具	简　介	举　例
立法	国家制定关于文化活动和文化管理方面的法律与法规,体现了一定的国家意志并通过国家强制力保证实施,包括宪法、法律法规、地方性法规、政府规章以及有关部门颁布的有关文化产业管理的规范性文件	一般法规:《陕西省文化市场管理条例》《博物馆条例》;文化产业部门法:《中华人民共和国电影产业促进法》《娱乐场所管理条例》
政策	综合应用经济手段、法律手段和必要行政手段,为调整文化资源开发的生产关系,规范文化资源开发活动制定的政策。在中国,主要由相关文化行政主管部门制定文化政策	《文化部关于文化事业若干经济政策意见的报告》;《国务院关于加快发展对外文化贸易的意见》
行业自律	文化主管部门为了规范文化企业市场行为,协调同行利益关系,维护文化企业间的公平竞争和正当利益而产生的一种自我约束行为和行业信任行为,主要包括两个方面,一是行业内对国家法律法规政策的遵守和贯彻;二是通过行业内的行规行约约束自身的行为,每一个方面都包含了对行业内成员的监督和保护机能	《中国电视剧制作行业自律公约》《学术文献网络出版服务行业公平竞争自律公约》

(三)文化资源开发规制的手段

文化资源产业开发必须在保护的前提下,在其环境容量允许的条件下进行,否则将带来人类文化财富的毁灭性破坏。文化资源开发政府规制的主要内容有:一是经济规制,包括接入收费(门票价格)、经营行为及利润的规制;二是质量规制,即对文化资源的开发和保护的规制,它是保护文化名胜的关键;三是行政法律手段,即通过立法加强文化资源的保护。

1. 质量规制手段

质量规制手段保护措施包括:其一,严格审批制度,避免过度开发。文化景区内禁止建设对环境有害的设施和项目,新景区的开发和旅游景点的兴建要进行环境影响评价,其废水、废气、废渣的处理处置设施和防止水土流失、植被破坏、景观破坏的措施,必须与主体工程同时设计、同时施工、同时投入使用。其二,通过对开发活动征税,减少经营者过度开发的行为。其三,游客人数总量控制。政府规制机构通过测评文化资源景区的环境容量,确定各个景区年度可接待游客人数,以配额的形式下发给各景区,并监督其执行情况。例如,法国限制参观凡尔赛宫的游客人数;美国严格限制科罗拉多大峡谷自然旅游区旅游人数;印度的泰姬陵要求游客们参观时长不能超过三个小时,在出入口设置新的检票设施,如果旅游时间超过三个小时,就需要重新购买一张新的门票;敦煌莫高窟实行实名制网络预约参观制度,并执行单日游客接待承载量6000人、应急门票执行单日限额12000张的发售制度,并限定游客的停留时间,以减少游客呼出的二氧化碳对敦煌壁画的损害。

2. 经济规制手段

政府通过制定有效的收费政策,解决公共物品特征带来的拥挤外部性,防止出现不合理的垄断价格,进而实现资源的合理配置。接入收费(门票价格)不仅要考虑到文化资源维护等成本,还要考虑到拥挤成本以及其他社会成本。例如,可以实行分时区价格制度,旅游旺季,通过提高价格,限制游客数量;旅游淡季,通过价格下调,来吸引游客,从而平衡一年当中旅游人次的分布。我国很多景区都实行淡旺季票价。

政府通过财政资金支持保护文化资源,也是一种有效的经济规制手段。例如,2022年中央预算内投资64.9亿元支持国家文化公园、国家重点文物保护和考古发掘、国家公园等重要自然遗产保护展示、重大旅游基础设施、重点公共文化设施等288个项目。

3. 行政法律手段

行政法律手段是政府通过立法来保护文化资源和促进文化资源的开发。如果出现文化资源的过度开发,需要政府采取适当的行政法律手段加以遏制。《中华人民共和国非物质文化遗产法》第三十七条规定:"国家鼓励和支持发挥非物质文化遗产资源的特殊优势,在有效保护的基础上,合理利用非物质文化遗产代表性项目开发具有地方、民族特色和市场潜力的文化产品和文化服务。"同时,不少省份也出台了相关政策保护文化资源。2022年7月,广西出台《广西壮族自治区红色资源保护传承条例》,加强对红色资源的保护传承。条例明确鼓励党史馆、档案馆、博物馆、方志馆、纪念馆、美术馆、图书馆等收藏、研究单位对红色资源中的重要档案、文献、手稿、视听资料和实物等进行征集、购买。同时,鼓励单位和个人将收藏的红色资源捐赠或者出借给收藏、研究单位进行展览和研究。

第三节 文化资源配置概述

资源配置是相对稀缺的资源在各种不同用途上加以比较做出选择的过程,是资源实现流动和发挥作用的过程。从深层次上看,促进文化产业高质量发展的本质就是促进文化资源优化配置。从内在逻辑上看,文化资源配置涉及两个相互联系、互相影响的环节:一方面,是如何建立以政府为主导的文化资源保障体系,通过有效的宏观政策,实现各类文化资源的合理配置,转化为文化产品;另一方面,是如何创新文化资源的市场配置机制,提高资源利用效率,解决好资源闲置、利用效率不高等突出问题,实现文化资源供给端和需求端的良性互动,促进文化资源高速流动和高效使用。

一、文化资源配置内涵

在经济学中,资源有狭义和广义之分。狭义资源是指自然资源;广义资源是指经济资源或生产要素,包括自然资源、劳动力和资本等。可以说,资源是指社会经济活动中人力、物力和财力的总和,是社会经济发展的基本物质条件。资源配置是指资源的稀缺性决定了任何一个社会都必须通过一定的方式把有限的资源合理分配到社会的各个领域中去,以实现资源的最佳利用,即用最少的资源耗费,生产出最适用的商品和劳务,获取最佳的效益。资源配置即在一定的范围内,社会对其所拥有的各种资源在其不同用途之间分配。

文化资源配置是指将不同的文化资源经过合理的搭配、组合,从而实现文化资源市场整体利益的最大化,从而形成统一、开放、竞争、有序的现代文化市场体系,更大程度地发挥市场在文化资源配置中的决定性作用。

二、文化资源配置的方式

相对于人们需求来说,文化资源总是稀缺的,而且每一种文化资源又有多种用途。为满足各类文化需求,对如何配置文化资源便有一个选择问题,即要解决生产什么样的文化产品和生产多少文化产品的问题。在市场经济条件下,资源配置的重要原则在于追求资源报酬最大化,即在资源的各种用途中选择其中收益最高的一种。社会主义经济是市场调节与国家调节相结合的市场经济,文化供求机制及资源的配置不可能脱离国家主导型市场经济的框架。文化资源的配置必须充分考虑到文化需求的多样化和多变性,尽量使资源投入在总量和结构上适应它。

(一)文化资源的市场配置

文化资源的配置必须考虑人们的文化需求。文化需求主要指人们在生活过程中对各种提高自身素质有关的如教育、知识、娱乐、立德、信仰等精神文化要素的需求。在生存需要阶段,人们集中于对基本物质消费资料的需求,而对文化消费资料的需求则是少量的和初级的;在享受需要阶段,人们会把很多时间和支出用于文化生活的消费,文化消费需求的比重显著提高;在发展和表现需要阶段,人们较全面地接受教育、积累知识、从事科学活动、进行广泛的文娱活动和社交活动,文化消费需求的比重将达到甚至超过物质消费需求。为满足人们文化生活需求,就需要针对人们不同成长阶段的需要,加强文化产品的有效供给。

资源要素市场化配置是缓解文化市场供需结构错配,健全现代文化产业体系的必由之路。优化文化资源要素市场化配置的根本就是健全完善以利润为导向引导文化生产资源要素流向,以竞争为手段决定文化产品和服务价格,以文化产品和服务价格为杠杆调节供求关系,最终实现文化产品和服务供需平衡。因此,充分发挥市场机制在文化资源要素配置中的决定性作用,就是要进一步明晰公共文化服务和文化产业的边界,打破文化市场存在的条块分割、地区封锁、城乡分离等体制障碍,推进资源要素市场体制机制改革,优化文化资源要素跨区域、跨产业、跨行业、跨企业间市场化流动,提高文化企业全要素生产率,扩大文化产品和服务的有效供给,为居民提供多层次、多样化、有温度的文化产品和服务。

资源优化配置主要靠的是市场途径,由于市场经济具有平等性、竞争性、法制性和开发性的特点,它能够自发地实现对商品生产者和经营者的优胜劣汰的选择,促使商品生产者和经营者实现内部的优化配置,调节社会资源向优化配置的企业集中,进而实现整个社会资源的优化配置。因此,市场经济是实现资源优化配置的一种有效形式。

文化既然作为资源,就涉及对其进行配置和管理的问题。市场经济是迄今为止社会资源配置最为有效的一种经济形式。市场也是文化资源配置的有效经济形式。文化资源市场作为市场体系内容之一,也保持着市场的特征,对文化资源的配置起着基础与主导作用。

(二)文化资源的宏观配置

纯粹的市场配置文化资源,以获取经济利益为第一目标,必然会给文化市场配置特殊的文化资源形成很大的缺陷。市场体制的前提,即完全竞争市场状态,这是一种企业自由竞争,没有垄断的状态,市场反映资源供求状况的价格波动能及时达到与边际成本相平衡(没有溢出或外部经济效果)。这只是新古典经济学家运用数学工具作出的抽象理想的"帕累托最优化"效率状态。在现实经济市场中,完全竞争状态是不存在的,市场价格只能大体反映资源的相对稀缺程度。文化资源的价值特性决定了完全靠市场是难以对其进行有效配置的,反过来,纯粹市场机制必定会限制文化价值的充分体现,限制文化的发展。因此,文化资源的宏观配置就成为文化资源配置的重要手段。

1. 宏观调控的功能

现有的经济理论和管理理论是对传统的自然资源管理实践的概括和总结。因为文化资源的特殊性,故现有的经济理论和管理理论不能完全照搬到文化资源的管理上来。纯粹的文化市场对文化资源的配置,能起一定的积极作用,但也显出很大的局限性。所以,正如实物商品市场需要市场和计划的混合经济一样,文化资源也必须有政府计划经济的宏观调控,才能够有效合理的配置。

2. 宏观调控的目标与机制

文化资源的优化配置应该是社会利益和经济利益的最大化。因此,要从文化资源的物质形态与精神形态相互统一的两方面的投入与产出来核算其价值转换的最大效应,而不能只偏向其某个方面。稀缺的文化资源同样是要有实现其价值的价格,使文化资源能在文化产品中得到不低于其机会成本的社会的和经济的效益。

(1)文化资源宏观调控的目标。就优化配置资源的一般规律来看,文化资源宏观调控的目标如下:

①以稀缺的资源去追求产出利益的最大化。首先,稀缺的资源应该表现为有价值。正确的社会计划要求所有的稀缺资源使用应定出适当的会计价格,以确保社会能决定如何以最好的生产方式来生产物品。其次,要以资源在用作何种产品生产中机会成本值来决定资源在最合适的地点以及最合适的时间被分配到它们最好的用途中去。具体来说,政府宏观调控的目标有:从宏观发展战略上把握资源配置;协调文化发展不平衡;完善文化市场秩序;通过资源配置调整利益关系。

②资源的优化配置必须依赖于信息机制和激励机制。文化资源配置优化过程的信息机制必须是在市场供求信息与价格信息基础上的与文化发展战略相结合的信息处理,其激励机制必须是社会效益与经济效益、整体利益与局部利益的相对应。

文化资源优化配置的内容是与社会文化需求联系在一起的,没有社会文化需求,就不存在文化资源的配置问题。首先,文化资源的配置要与广大人民群众的文化生活需求相适应,即与文化消费的购买力以及知识能力相适应。其次,文化资源的配置与社会整体文化发展需要相一致,即从社会发展需要的角度出发,使资源为社会公共文化事业基础设施建设和人才队伍培养发挥作用。

(2)文化资源宏观调控的机制。为了实现宏观调控的目标,政府主导文化市场调节文化资源配置框架下的政府宏观调控机制为:

①信息-计划机制:针对市场价格信息瞬时而产生的配置资源波动,制定宏观的文化经济计划,以指导性计划改变市场信息结构,稳定文化市场资源配置的不确定性和调节失灵。

②竞争-约束机制：政府制定文化市场法律法规，从宏观上调控文化市场的正常运行，使经营者平等竞争文化资源的配置。

③价格-奖惩机制：政府制定专门条例（包括非经济上的）进行奖励或惩罚，减少文化资源在经济上有效配置中的负面精神效应，抑制不良文化产品的生产。

④收入-再分配机制：政府在市场资源配置效率收入参数的基础上，运用征税手段（累进所得税和娱乐业消费税）进行收入再分配。这一税收政策从市场经济体制的整体中体现出来。

⑤风险机制-产业结构政策：政府发挥国家财政力量来调整产业事业结构。

鉴于文化资源和文化市场的特殊性，文化经济管理体制作为市场经济体制的组成部分，在以市场配置资源方式为基础，政府宏观管理、行政干预相调节的框架下，应更偏重以政府宏观调控为主导。

三、文化资源的优化配置

（一）文化资源优化配置的内涵

资源配置是指资源的稀缺性决定了任何一个社会都必须通过一定的方式把有限的资源合理分配到社会的各个领域中去，以实现资源的最佳利用，即用最少的资源耗费，生产出最适用的商品和劳务，获取最佳的效益。在一定的范围内，社会对其所拥有的各种资源在其不同用途之间分配，其实质就是社会总劳动时间在各个部门之间的分配。资源配置合理与否，对一个国家经济发展的成败有着极其重要的影响。

在市场经济体制下，市场机制是资源配置的决定性力量。但市场配置资源客观上存在不足，不可能使资源配置尽善尽美。当一定时期资源配置出现问题，地区结构、产业结构、市场结构、企业结构存在失衡时，国家可通过财政政策，把掌握或控制的资源转移分配到急需发展的领域，使经济结构符合生产力发展的要求。

文化资源的优化配置就是指在给定的技术水平和消费者偏好下，一个地区或社会通过指令或者市场的方式将有限的文化资源合理分配到各个领域，用最少的文化资源投入，生产出更多的质量更高的文化产品，以实现文化资源的有效利用，提高文化开展效率，最大化地满足人们的精神文化需求。其实质就是将文化资源在不同的文化活动主体和区域之间进行合理分配。文化资源优化配置主要是对文化要素、文化资本、文化创意人才、文化政策、文化设备等进行合理的分配和安排，通过设计、调整文化资源的分布和流向，以尽可能小的本钱投入产出尽可能多的文化产品和效能，尽可能发挥文化资源最大的经济和社会效益，促使文化价值最大化，最大限度地满足人们的文化需求。文化资源的优化配置还包括各种配置主体的整合，主要包括行政资源、人才资源、资金资源、科技资源、传媒资源以及社会组织资源等。

从历史来看，在我国社会主义文化建设实践中，依托区域文化资源，通过行政命令、艺术加工、创意转化、科技提升与市场运作等多种形式提供文化产品和服务，在经历了政治治理（"以阶级斗争为纲"）、经济治理（"以经济建设为中心"）之后，正迈向文化治理（"建设社会主义文化强国"）。这一治理理念的转向表明：文化资源优化配置的最终目标，在于以文化治理方式实现文化资源的价值转换与共享，进而彰显其文化育民、文化惠民、文化富民的公共关怀。转变经济发展方式（区域文化产业）不应成为转变文化发展方式（国家文化治理）的前行障碍，而文化资源优化配置与公共文化服务的良性互动，则较为利于两者的融合共生。

(二)文化资源优化配置的原则

对社会物质资源的安排和搭配,资源配置合理,就能节约资源,带来巨大的社会经济效益;资源配置不合理,就会造成社会性资源浪费。随着社会和经济的发展,对资源的需求在增加,而大多数资源是有限的,不能再生。因此,合理配置资源,使资源得到有效使用,是经济发展的一项重大任务。合理配置资源,必须遵循以下原则:

1. 社会福利最大化原则

文化资源从投入生产到分配、交换、消费的全过程,是一个十分复杂的系统工程,其中会有众多经济主体和非经济主体参与进来,每一个参与主体都承担着相应的角色,并基于某种参与动机。这些主体在资源配置中相互联系,相对独立,彼此之间存在着紧密的利益关系。文化资源的配置必定涉及各个参与主体之间以及文化系统内外部环境之间的利益分配关系。因此,文化资源的优化配置,绝对不能单纯地从某一个或者某一些参与主体的利益角度出发,去考虑文化资源的使用与投入,必须站在社会全局的角度和高度,以实现社会福利最大化为根本出发点。

2. 文化需求导向原则

在资源稀缺限制下,满足更多的需求是资源配置要解决的根本问题。坚持文化需求导向是社会福利最大化原则的一种延伸和直接表现。文化资源的配置必须坚持满足消费者或组织对文化的需求,才能使社会福利趋于最大。如果将文化资源配置到没有需求的组织和消费者手中,就不会产生社会效益。另外,文化需求是随着时间而时刻在变化的,对于文化资源的配置方法、手段、模式和内容也要根据需求的变化而不断调整,因地因时制宜。

3. 市场政府互补原则

市场和政府是资源配置中的两个基本配置主体,各有利弊。市场机制主要通过价格机制、供求机制、竞争机制、风险机制等方式,自发调节文化资源在各个环节中的经济利益关系,在文化资源优化配置中发挥着基础性的作用。政府手段是有效配置资源的另一种重要手段。市场在资源配置中具有先天性的不足,主要体现在盲目性、滞后性而导致的市场失灵,因此需要政府的干预。在文化资源的实际配置中,应该协调使用市场和政府这两种手段,做到有机结合。

4. 效率优先,兼顾公平的原则

文化资源的优化配置必须坚持效率优先,兼顾公平。效率优先要求在文化资源配置的流向、数量等问题上区分出轻重缓急,寻求一种合理的分配机制,以实现社会福利最大化,提高文化资源的开发使用效率,以较小的资源投入获得尽可能大的产出。公平原则要求社会福利在文化资源配置与主体之间的分配要达到均衡状态。均衡分配要求在配置文化资源时,要公正合理地对待每一个参与者,以社会福利最大化和文化需求导向原则配置资源,做到不偏不倚。

本章小结

1. 文化资源管理是针对任何的文化相关产业的管理,例如艺术或文化资产。文化资源管理有助于建立科学有效的管理体系保护文化遗产,可以防止文化资源的流失与破坏,可以防止文化资源滥用和庸俗化倾向,为文化资源产业化转化提供了制度保障。从政府对文化资源的管理来说,结合当今世界各国普遍的经验与做法,文化资源管理的方法主要可分为垂直管理、分散管理、交叉管理、公众参与等不同形式,这些不同的管理方法都要通过政府作用的发挥来实现。

2. 文化资源管理机制指的是各种不同管理功能的综合发挥和协同作用。每一种管理都不可能是单方面的,它与其他管理形式是并存的,共同行使管理的职能。文化资源管理机制主要有国家管理、社团管理、民间管理、部门管理、市场管理五种管理机制。

3. 政府规制是指政府为达到一定的目的,凭借其法定的权力对社会经济主体的经济活动所施加的某种限制和约束,其宗旨是为市场运行及企业行为建立相应的规则,以弥补市场失灵,确保微观经济的有序运行,实现社会福利的最大化。文化资源开发规制是规范文化产业外部性的方式,是合理配置产业资源的要求,是提升文化产业地位的途径。因为文化资源具有自然垄断性、公共物品特征和外部性的特征,因此文化资源开发政府规制有其必要性。文化资源开发规制的手段包括质量规制手段、经济规制手段、行政法律手段。

4. 文化资源合理配置是文化资源管理的重要目标。文化资源的配置应尽可能地与人们对文化产品的需求相适应,实现经济效益和社会效益的统一。文化资源的配置方式一般有市场调节、计划调节、计划调节与市场调节相结合三种方式,在社会主义市场经济条件下,文化资源的配置方式只能是计划调节与市场调节相结合的方式,即在国家宏观计划调控下使市场对资源配置起决定性作用。

思考与练习题

1. 什么是文化资源管理,文化资源管理的方式有哪些?
2. 国外文化资源管理成功的经验有哪些?
3. 试述我国文化资源的管理机制。
4. 请对你所在城市文化资源管理的现状进行分析。
5. 按照你对我国文化管理的认知,谈谈为什么要进一步深化文化管理体制改革。
6. 简述文化资源优化配置的思路和方法。
7. 试述文化资源市场合理配置的基本原理。
8. 试述文化资源市场配置的缺陷。
9. 试述市场机制配置文化资源失灵的原因。
10. 试述政府主导文化市场调节文化资源配置模式存在的制约因素。

案 例

国家考古遗址公园管理办法

第一条 为促进考古遗址的研究阐释和保护利用,规范国家考古遗址公园的管理,有效发挥其在经济社会发展中的作用,传承弘扬中华优秀传统文化,根据《中华人民共和国文物保护法》,制定本办法。

第二条 本办法所称国家考古遗址公园,是指以重要考古遗址及其环境为主体,具有科研、教育、游憩等功能,在考古遗址研究阐释、保护利用和文化传承方面具有全国性示范意义的特定公共文化空间。

第三条　国家文物局负责国家考古遗址公园的评定管理工作,省级文物主管部门负责本行政区域内国家考古遗址公园的监督管理工作,考古遗址所在地县级以上人民政府负责国家考古遗址公园创建和运营的组织实施。

第四条　国家文物局支持国家考古遗址公园的建设。对于在经济社会文化发展中作出突出贡献的国家考古遗址公园,予以表彰、奖励。

第五条　考古遗址所在地县级以上人民政府应开展可行性论证,评估考古遗址条件、地方经济社会条件及管理条件等,科学、审慎创建国家考古遗址公园,给予政策、经费和用地保障。

第六条　符合下列条件的考古遗址,可向国家文物局提出国家考古遗址公园立项申请:

(一)已公布为全国重点文物保护单位;

(二)文物保护规划已由省级人民政府公布实施;

(三)具备考古和研究工作计划;

(四)具备符合文物保护规划的考古遗址公园规划;

(五)具备独立法人资格的专门管理机构。

第七条　国家考古遗址公园的立项申请由考古遗址所在地县级以上人民政府提出,经省级文物主管部门初审同意后,报国家文物局。

第八条　国家考古遗址公园立项申请需提交以下材料:

(一)符合第六条所列条件的相关材料;

(二)国家考古遗址公园建设可行性研究报告。

第九条　经审查符合条件者,由国家文物局批准国家考古遗址公园立项。

第十条　国家考古遗址公园创建过程中,涉及文物保护单位保护范围和建设控制地带内的建设项目须按相关程序报批。

第十一条　国家文物局批准立项的考古遗址公园,符合以下条件,考古遗址所在地县级以上人民政府可提出国家考古遗址公园评定申请:

(一)所有自然或人为因素造成的考古遗址损害或破坏行为已得到控制或纠正;

(二)各建设项目的审批手续齐全;

(三)所有建设项目均符合考古遗址公园规划;

(四)考古和研究工作计划有序实施,出版考古报告等研究成果;

(五)已向公众开放,或已具备开放条件;

(六)无重大安全隐患。

第十二条　考古遗址所在地县级以上人民政府提交国家考古遗址公园评定申请,经省级文物主管部门初审同意后报国家文物局,国家文物局按照《国家考古遗址公园评定细则》开展评定工作。评定合格者,由国家文物局确定为"国家考古遗址公园",并向社会公布。

第十三条　修编国家考古遗址公园规划、变更或扩展建设项目,须按原程序上报。

第十四条　国家考古遗址公园的专门管理机构负责公园的日常管理及运营,须履行以下职责:

(一)依法履行文物保护职责;

(二)实施考古遗址公园规划;

(三)建立健全相关管理规章制度;

（四）提供良好的卫生、服务、消防、救护等公共设施，并不断改善服务质量；

（五）在规定时限内向国家文物局提交年度运营报告。

第十五条　国家考古遗址公园内考古遗址的保护和管理，依照国家有关法律法规执行。

第十六条　国家考古遗址公园的管理与运营除遵守文物保护法律法规外，还应当执行国家其他有关法律法规的规定，并接受文物主管部门的指导和社会监督。

第十七条　国家考古遗址公园实行监测评估、巡查制度。

国家文物局组织开展国家考古遗址公园年度运营监测评估，发布年度评估报告；或指定专家对国家考古遗址公园进行巡查，组织开展全国国家考古遗址公园综合评估，对发现的问题提出整改要求。

第十八条　任何单位和个人不得擅自改变国家考古遗址公园的用途和功能，不得侵占其合法用地，不得擅自改变国家考古遗址公园的用地性质，不得开展任何不利于考古遗址保护的活动。

第十九条　国家考古遗址公园立项后，三年内未开展任何考古研究、文物保护项目和配套设施建设工程的，国家文物局将书面告知所在地县级以上人民政府进行整改；一年内仍未整改的，国家文物局将书面告知考古遗址所在地县级以上人民政府取消国家考古遗址公园立项，三年之内不得再次申报。

国家考古遗址公园评定期间，经核实有弄虚作假、行贿舞弊等违法违规行为的，国家文物局取消其评定申请；已评定为国家考古遗址公园的，撤销评定结果。

对管理和运营不当，监测评估或巡查后落实整改要求不到位，发生责任事故或造成文物损毁，已不具备开放条件的国家考古遗址公园，国家文物局视情节轻重全国通报或撤销评定结果。被撤销评定结果的，三年之内不得再次申报。

第二十条　对违反本办法规定，造成国家考古遗址公园内考古遗址、环境、生态、景观等资源损毁或破坏的机构与个人，依照有关法律法规的规定处理；构成犯罪的，依法追究刑事责任。

第二十一条　本办法自公布之日起施行。

案例思考题：

1. 该文件对提升考古遗址保护管理水平，推进国家考古遗址公园高质量发展提出了哪些意见？

2. 该文件中哪些内容属于行政法律手段，哪些内容属于经济规制手段，哪些内容属于质量规制手段？

参考文献

一、参考书目

[1] 吕庆华.文化资源的产业开发[M].北京:经济日报出版社,2009.

[2] 黄鹤.文化规划:基于文化资源的城市整体发展战略[M].北京:中国建筑工业出版社,2010.

[3] 李沛新.文化资本运营理论与实务[M].北京:中国经济出版社,2007.

[4] 宋培义.文化产业经营管理成功案例解读[M].北京:中国广播影视出版社,2008.

[5] 陈伯君.中国文化产业振兴之路:走进金手指[M].北京:中央编译出版社,2009.

[6] 陈少峰,朱嘉.中国文化产业十年(1999—2009)[M].北京:金城出版社,2010.

[7] 何佳梅,王德刚.山东省文化资源旅游开发研究[M].济南:齐鲁书社,2004.

[8] 张晓.加强规制:中国自然文化遗产资源保护管理与利用[M].北京:社会科学文献出版社,2006.

[9] 蔡嘉清.文化产业营销[M].北京:清华大学出版社,2007.

[10] 姜锡一,赵五星.韩国文化产业[M].北京:外语教学与研究出版社,2009.

[11] 毕佳,尤志超.英国文化产业[M].北京:外语教学与研究出版社,2007.

[12] 孙有中,等.美国文化产业[M].北京:外语教学与研究出版社,2007.

[13] 胡惠林.我国文化产业政策文献研究综述 1999—2009[M].上海:上海人民出版社,2010.

[14] 李庆本,吴慧勇.欧盟各国文化产业政策咨询报告[M].郑州:大象出版社,2008.

[15] 胡惠林.我国文化产业发展战略理论文献研究综述[M].上海:上海人民出版社,2010.

[16] 皇甫晓涛.文化资本论[M].北京:人民日报出版社,2009.

[17] 杨森-弗比克,普里斯特利,罗素.旅游文化资源:格局、过程与政策[M].孙业红,闵庆文,译.北京:中国环境科学出版社,2010.

[18] 范周,奇骥.中国城市文化消费报告[M].北京:社会科学文献出版社,2010.

[19] 陈理.民族历史文化资源与旅游开发[M].北京:民族出版社,2007.

[20] 严荔.四川文化资源产业化开发研究[M].北京:经济科学出版社,2010.

[21] 姚伟钧,等.从文化资源到文化产业:历史文化资源的保护与开发[M].武汉:华中师范大学出版社,2012.

[22] 牛淑萍.文化资源学[M].福州:福建人民出版社,2012.

[23] 唐月民.文化资源学[M].南京:山东大学出版社,2014.

[24] 王晨,章玳.文化资源学[M].南京:南京大学出版社,2014.

[25] 李树榕,王敬超,刘燕.文化资源学概论[M].南京:东南大学出版社,2014.

[26] 姚伟钧.文化资源学[M].北京:清华大学出版社,2015.

[27] 胡郑丽.文化资源学[M].北京:光明日报出版社,2016.
[28] 唐月民,等.文化资源学[M].2版.济南:山东大学出版社,2020.
[29] 王晨,王媛.文化资源学[M].北京:清华大学出版社,2021.
[30] 刘燕,李树榕,王敬超.文化资源学[M].南京:东南大学出版社,2021.
[31] 李林.文化资源学:理论与案例[M].武汉:华中科技大学出版社,2021.
[32] 范文静.文化资源学[M].北京:中国政法大学出版社,2022.
[33] 张宜春.数字文化资源运行模式研究[M].北京:中国传媒大学出版社,2015.

二、期刊论文

[1] 张逸聪,郭晓凌,徐震南.如何使用文化资源中的"他山之玉"?:消费者对品牌文化使用反应的扎根研究[J].外国经济与管理,2024,46(3):18-35.
[2] 刘红,马乔,张淼.文化资源产权:数字时代的现实困境与"帕累托区域"选择[J].理论月刊,2023(5):116-126.
[3] 仇妍,林昱希,曹佳雯,等.文化资源型旅游城市形象提升设计研究:以江苏千灯古镇为例[J].包装工程,2023,44(S1):401-407.
[4] 王文锋,张佳博.文化资源的资本转换:概念流变与价值实现[J].现代传播(中国传媒大学学报),2023,45(4):112-120.
[5] 何淼,徐梦洁.长江文化资源保护利用的基本维度与价值形态[J].南京社会科学,2023(2):143-152.
[6] 王强.讲好黄河故事之数字人文语境下黄河红色文化资源保护与育人价值释放[J].档案管理,2022(6):122-125.
[7] 郑润萍.文化资源对农村经济发展的价值研究[J].核农学报,2022,36(12):2570.
[8] 柴冬冬,金元浦.空间生产:"丝绸之路"文化资源转化的基本范式[J].内蒙古社会科学,2022,43(5):175-182.
[9] 沈康,黄倩桦.记忆的重塑:文化资源整合与情境营造的空间设计策略[J].美术学报,2022(4):134-138.
[10] 宁虹雯,吕本富.历史文化资源IP化的价值实现路径研究:以海南儋州为例[J].管理评论,2022,34(5):332-339.
[11] 段春娥,徐卫民,李昕蒙.线路型文化资源旅游竞合发展格局构建及其应用研究:以秦直道文化资源为例[J].贵州财经大学学报,2022(3):80-89.
[12] 戴艳清,孙英姿.英国公共数字文化资源整合制度体系研究[J].情报资料工作,2022,43(2):93-100.
[13] 吕庆华,林存文,林炳坤.文化资源禀赋与文化产业发展匹配研究:基于69个样本城市数据的实证分析[J].哈尔滨商业大学学报(社会科学版),2021(6):94-104.
[14] 杨致远,李圆.陕西文化资源向电影产业转化的路径探析[J].电影文学,2021(15):10-15.
[15] 邱冰.本期聚焦:大运河历史文化资源认知与保护[J].现代城市研究,2021(7):1.
[16] 石庆功,郑燃,唐义.公共数字文化资源整合的标准体系:内容框架及构建路径[J].图书馆论坛,2021,41(8):20-25.

[17] 徐丽葵. 新时代乡村文化资源的流变与形塑[J]. 青海社会科学,2020(4):82-90.
[18] 张佑林. 文化资源开发与成都文化休闲产业发展模式研究[J]. 社会科学家,2020(1):90-98.
[19] 张燕燕. 中日韩文化资源的异与同[J]. 人民论坛,2019(30):128-129.
[20] 徐拥军,卢林涛. "文化-资本"框架:对历史文化村镇文化资源保护与传承的新解读[J]. 河北大学学报(哲学社会科学版),2019,44(5):104-109.
[21] 宋晓玲,贾旭东. 农村文化资源的活用及其模式[J]. 江苏行政学院学报,2019(5):31-37.
[22] 皮永生,樊亚峤,张田田. 设计为乡村文化资源赋能[J]. 美术观察,2019(9):76-77.
[23] 胡卫萍,王学军,赵志刚. 文化资源商品化权设权的理论构想[J]. 南昌大学学报(人文社会科学版),2019,50(3):57-64.
[24] 王希辉,杨鹏. 回顾与反思:我国文化资源保护与开发研究三十年[J]. 湖北民族学院学报(哲学社会科学版),2018,36(6):77-81.
[25] 徐鹏. 文化资源产业化视域下的河南特色小镇建设研究[J]. 农业经济,2018(9):102-104.
[26] 石虹. 试论地域性文化资源在当代动画中的运用[J]. 中国电视,2018(6):103-105.
[27] 秦璇. 文化资源创意开发应谨防哪些误区[J]. 人民论坛,2018(15):136-137.
[28] 邢楠. 我国文化资源产业化开发研究[J]. 求是学刊,2018,45(3):82-88.
[29] 郑焕钊,孟繁泽. 文化资源创意开发的价值原则及其误区[J]. 杭州师范大学学报(社会科学版),2018,40(1):109-115.
[30] 高红梅. 文化资源何以转化为文化产业[J]. 人民论坛,2018(1):132-133.
[31] 刘东超. 新时代文化资源的开拓和利用[J]. 东岳论丛,2018,39(1):66-68.
[32] 成岳冲. 发掘优秀文化资源创建现代特色小镇[J]. 行政管理改革,2017(12):44-47.
[33] 章顺磊,叶林. 文化资源向文化产业转化的困境与突围[J]. 学术探索,2017(9):126-132.
[34] 冯静. 转换文化资源提升文化自信[J]. 学术探索,2017(5):114-121.
[35] 房勇,周圆. 论我国文化资源的产业化开发[J]. 山东社会科学,2016(11):175-180.
[36] 贾玥. 文化资源丰富的贫困村落[J]. 中国农业大学学报(社会科学版),2016,33(5):2.
[37] 王萍,陈为东,黄新平. 国内数字文化资源整合研究进展[J]. 图书情报工作,2016,60(12):6-13.
[38] 胡卫萍,胡淑珠. 我国文化资源资本化现状及投融资路径[J]. 企业经济,2016(7):110-114.
[39] 唐义,肖希明,周力虹. 我国公共数字文化资源整合模式构建研究[J]. 图书馆杂志,2016,35(7):12-25.
[40] 宗娅琮. 文化资源资产化、金融化发展路径的核心要素[J]. 学习与探索,2016(6):116-118.
[41] 刘朝霞. 文化资源艺术转化的"敦煌模式"[J]. 学习与探索,2016(2):142-146.
[42] 尹明明. 传统文化资源的创新性开发利用[J]. 江西社会科学,2015,35(11):236-241.
[43] 肖希明,卢世晴. 公共数字文化资源整合政策体系探讨[J]. 图书馆,2015(9):1-5.

[44] 纪芬叶.特色文化资源保护利用与新型城镇化[J].开放导报,2015(2):71-73.

[45] 夏春红,章军杰.山东省文化资源开发利用综合研究[J].山东社会科学,2015(3):188-192.

[46] 肖希明,李金芮.国外公共数字文化资源整合模式及其借鉴[J].图书与情报,2015(1):9-14.

[47] 赵东.陕西历史文化资源的特性与类型[J].西安财经学院学报,2014,27(6):101-104.

[48] 肖希明,田蓉.国外公共数字文化资源整合的现状与发展趋势[J].国家图书馆学刊,2014,23(5):48-56.

[49] 解玉军.我国文化资源学的拓荒之作:评牛淑萍编著《文化资源学》[J].东岳论丛,2014,35(7):192.

[50] 赵东.资源内涵的新拓展:历史文化资源[J].人文杂志,2014(4):126-128.

[51] 熊花.文化资源整合与城市文化品牌建设[J].重庆社会科学,2014(2):69-75.

[52] 杜森,刘岩芳,过仕明.我国文化资源整合研究现状及其展望[J].情报科学,2013,31(12):141-146.

[53] 王晓静.中原城市群文化资源保护与开发研究[J].河南社会科学,2013,21(12):15-19.

[54] 陈可猛.文化资源开发中现象学方法的应用研究[J].中州学刊,2013(11):86-90.

[55] 王慧敏.现代文化产业体系的构建:基于历史文化资源的创意转化[J].社会科学,2013(11):28-35.

[56] 王华斌,吴琼.文化资源的整合及思路提升[J].理论视野,2013(10):78-79.

[57] 佟金丹.鲁商文化资源的旅游开发[J].东岳论丛,2013,34(7):189-192.

[58] 陈雅岚.论道教文化资源的保护与开发[J].中国宗教,2013(6):64-66.

[59] 李冰燕,刘新霞,王萌.历史文化资源优势向产业优势转化的路径研究:以河北为例[J].科技管理研究,2013,33(11):228-230.

[60] 段峰峰.文化正义:文化资源的分配与消费[J].青年记者,2013(11):22-23.

[61] 唐月民,阮南燕.文化资源、文化产业与文化强国建设[J].理论学刊,2013(4):112-114.

[62] 严荔.文化资源产业化开发的区域实现机制研究[J].四川大学学报(哲学社会科学版),2013(2):132-136.

[63] 韦文杰.文化资源向资本转化的模式分析:基于动漫产业的经济力理论视角[J].编辑之友,2012(5):65-66.

[64] 刘新静.文化资源与文化都市建设研究[J].学习与实践,2012(4):129-134.

[65] 王志标.传统文化资源产业化的路径分析[J].河南大学学报(社会科学版),2012,52(2):26-34.

[66] 王娟娟.民族文化资源开发潜力评价[J].统计与决策,2011(22):75-77.

[67] 徐艳芳.区域文化资源优势向产业开发优势转化机制研究[J].山东社会科学,2011(11):150-153.

[68] 黄庆.文化资源的资本转化刍议[J].当代文坛,2011(4):37-40.

[69] 肖劲奔.文化资源的产业发展[J].中国矿业,2011,20(S1):104-106.

[70] 王齐国. 文化资源的选择与利用[J]. 福建论坛(人文社会科学版),2011(2):11-13.
[71] 姜长宝. 从文化资源优势向文化经济优势转化的路径选择[J]. 社会科学战线,2010(9):274-276.
[72] 姚伟钧,任晓飞. 论中国文化资源产业化发展方略[J]. 湖北大学学报(哲学社会科学版),2010,37(4):88-92.
[73] 李立,高慧燃. 中国传统文化资源与影视剧艺术创作[J]. 现代传播(中国传媒大学学报),2010(7):51-55.
[74] 厉无畏. 历史文化资源的开发利用与创意转化[J]. 学习与探索,2010(4):114-118.
[75] 李新安. 文化资源向文化创意产业转化的支撑因子分析[J]. 经济经纬,2010(4):35-39.
[76] 王生鹏,孙永龙. 甘肃旅游资源与文化资源整合战略研究[J]. 西北民族大学学报(哲学社会科学版),2010(3):95-100.
[77] 严荔,尹宏. 四川文化资源的创意产业开发研究[J]. 现代管理科学,2010(6):83-85.
[78] 李微. 西部文化资源的产业化利用状况[J]. 新闻爱好者,2010(4):130-132.
[79] 金强一. 边缘文化:一种多元文化融合的文化资源[J]. 东疆学刊,2009,26(4):50-55.
[80] 郭莲纯. 传统文化资源的产业化思考[J]. 商业时代,2009(26):108-109.
[81] 董雪梅,丁培卫. 公共历史文化资源产业开发的学理依据探析[J]. 理论学刊,2009(4):104-107.
[82] 檀文茹,徐静珍. 论文化资源及其功能[J]. 河北师范大学学报(教育科学版),2009,11(2):12-14.
[83] 任志明,黄淑敏. 文化资源产业化开发的策略与构想:以甘肃为例的分析[J]. 甘肃社会科学,2008(6):83-86.
[84] 刘昂. 民俗文化资源产业开发刍议[J]. 齐鲁学刊,2008(6):106-109.
[85] 汤晖,王官诚. 当代文化资源的独特性及其产业化开发思路[J]. 商业时代,2008(26):98-100.
[86] 徐凤兰. 地方文化资源与创意经济发展:以浙江宋城集团为例[J]. 浙江社会科学,2008(9):63-66.
[87] 杜超,王松华. 文化资源转化与文化产业业态创新[J]. 同济大学学报(社会科学版),2008(4):99-103.
[88] 周惠,李继凯. 作为文化资源的"国学"[J]. 福建论坛(人文社会科学版),2008(4):89-93.
[89] 陈伟. 论发掘民俗文化资源[J]. 岭南学刊,2008(2):97-101.
[90] 吕庆华. 文化资源的产业开发的文化资本理论基础[J]. 生产力研究,2006(9):183-185.
[91] 陈炎. 文化资源论[J]. 天津社会科学,2006(1):92-95.
[92] 吴圣刚. 文化资源及其利用[J]. 山西师范大学学报(社会科学版),2005(6):134-136.
[93] 陈文红. 文化资源的资本性与经济转化:以客家为例[J]. 企业经济,2005(12):29-30.
[94] 刘明. 论中国共产党执政的文化资源[J]. 中共福建省委党校学报,2005(9):14-17.
[95] 吕庆华. 文化资源产业开发的政府规制分析[J]. 商场现代化,2005(27):169-170.

[96] 冯务中. 中国文化资源的现代性之维:"文化资源与中国现代性"国际学术会议综述[J]. 清华大学学报(哲学社会科学版),2005(1):107-108.

[97] 米子川. 文化资源的时间价值评价[J]. 开发研究,2004(5):25-28.

[98] 焦斌龙. 文化资源的产权属性演变与文化体制改革[J]. 开发研究,2004(5):28-30.

[99] 徐纪律. 论文化资源开发利用的时代性和民族性标准[J]. 社会科学研究,2004(3):61-63.

[100] 李书文,尹作升. 文化产业化与传统文化资源的开发[J]. 社会科学研究,2004(3):64-66.

[101] 李东红,杨利美. 文化资源的价值评估、成本核算与经济补偿[J]. 思想战线,2004(3):97-101.

[102] 郑垣嘉,王清荣. 整合配置文化资源发展城市文化产业[J]. 社会科学家,2004(2):158-160.

[103] 彭岚嘉. 甘肃文化资源的整合与开发[J]. 西北师范大学学报(社会科学版),2003(6):130-132.

[104] 徐纪律. 论文化资源的实践鉴别[J]. 西南民族大学学报(人文社科版),2003(10):265-268.

[105] 蔡云辉. 论城市文化资源的资本转化[J]. 长白学刊,2003(4):88-91.

[106] 吴圣刚. 文化资源及其特征[J]. 河南师范大学学报(哲学社会科学版),2002(4):11-12.

[107] 张晓虹. 重视文化资源的开发与利用[J]. 探索与争鸣,2000(6):17-18.

[108] 高毓秀,曹娟. 对文化资源的认识和思考[J]. 发展研究,1999(3):46-47.

[109] 赵长华. 以可持续发展论指导文化资源的开发利用[J]. 复旦学报(社会科学版),1997(4):6-7.

[110] 程恩富. 文化生产力与文化资源的开发[J]. 生产力研究,1994(5):14-16.

三、参考网站

1. 中华人民共和国文化和旅游部 https://www.mct.gov.cn/
2. 中国文明网 http://www.wenming.cn/
3. 中国文化产业网 http://www.cnci.net.cn/
4. 中国文化创意产业网 http://www.ccitimes.com/
5. 中国文化产业信息网 http://www.ci-360.com/
6. 中国经济网/文化产业 http://www.ce.cn/culture/
7. 中国文化产业协会 http://www.chncia.org/
8. 北京大学文化产业研究院 https://www.ici.pku.edu.cn/
9. 中国人民大学文化产业研究所 http://cncci.ruc.edu.cn/
10. 中国文化传媒网 https://www.ccdy.cn/
11. 中国非物质文化遗产网·中国非物质文化遗产数字博物馆 https://www.ihchina.cn/
12. 浙江智慧文化云 https://why.zjwhhly.com/
13. 华夏文化资源云平台 https://www.gansucrcp.com.cn/column/main.html

14. 中国数字艺术馆/中华文艺资源数据库 https://www.artnchina.com/goIndex.action
15. 人民网文化栏目 http://culture.people.com.cn/
16. 文物出版社/数字出版·产品矩阵 https://wenwu.wbsjk.com/wzsy
17. "文化资源学"中国大学慕课 https://www.icourse163.org/u/mooc9850519093694874?userId=1408574464#/home/course